J. W. A. von Eckardt

Russische Wandlungen

Neue Beiträge zur russischen Geschichte von Nikolaus I. zu Alexander III.

J. W. A. von Eckardt

Russische Wandlungen
Neue Beiträge zur russischen Geschichte von Nikolaus I. zu Alexander III.

ISBN/EAN: 9783743440173

Hergestellt in Europa, USA, Kanada, Australien, Japan

Cover: Foto ©ninafisch / pixelio.de

Manufactured and distributed by brebook publishing software (www.brebook.com)

J. W. A. von Eckardt

Russische Wandlungen

Russische Wandlungen.

Neue Beiträge

zur

Russischen Geschichte

von

Nikolaus I. zu Alexander III.

— —

Erste und zweite Auflage.

Leipzig,

Verlag von Duncker & Humblot.

1882.

Inhaltsverzeichniss.

Kaiser Nikolaus und die Julirevolution.

Die Stellung des Kaisers Nikolaus von Russland zur Julirevolution und zur französischen Julidynastie und der von diesem Monarchen entworfene Plan zur Wiederherstellung der „legitimen Ordnung" in Europa sind ihren Umrissen nach bekannt — über das Einzelne haben die näheren Angaben bis jetzt noch gefehlt. Ueber den vollen Umfang der damals über Europa schwebenden Gefahr ist überhaupt nur eine verhältnissmässig kleine Anzahl von Personen unterrichtet gewesen; was von diesen verlautbart worden, genügte aber, damit man von des Zaren weitgehenden Absichten und von dem bändigenden Einfluss wusste, den Friedrich Wilhelm III. auf seinen Schwiegersohn geübt hatte. Einsicht in das Detail der damals geführten Verhandlungen ist der historischen Forschung bisher nicht gewährt worden. Dass die Sache im buchstäblichen Sinne des Wortes zu Zeiten an einem Haar hing, hat der damalige französische Geschäftsträger am russischen Hofe, jener Baron Paul de Bourgoing, dessen im Jahre 1864 veröffentlichte „Souvenirs d'histoire contemporaine" eine ausserordentlich eingehende und lichtvolle Darstellung der damaligen Lage und der in der russischen Hauptstadt herrschenden Stimmung enthalten — allerdings gewusst, über die Dauer dieser Gefahr ist er indessen nicht unterrichtet gewesen. Dass der im August 1830 nach Berlin entsendete Feldmarschall Graf Diebitsch-

Sabalkanski und der Kriegsminister Graf Tschernytschew
an der Spitze der Kriegspartei standen, während der
Vicekanzler Nesselrode den Frieden zu erhalten suchte,
konnte natürlich kein Geheimniss bleiben: die höchst
merkwürdigen, Diebitsch gewordenen Instructionen sind
Bourgoing dagegen ebenso wenig bekannt geworden, wie
die im Schosse der russischen Regierung geführten Verhandlungen und die wechselnden Chancen des zwischen
den beiden Parteien geführten Kampfes. Grade über
diese Punkte giebt die Publication einer Anzahl bisher
geheim gehaltener Actenstücke genaue Auskunft, welche
im Juli v. J. von der Zeitschrift „Russkaja Starina“ veranstaltet und ihrem Hauptinhalte nach auf den nachfolgenden Blättern wiedergegeben worden ist. — Um den
Leser sofort *medias in res* zu stellen und Recapitulationen
der Vorgänge zu sparen, welche der Berliner Mission
des Grafen Diebitsch vorher gingen, schicken wir einige
Mittheilungen über den ersten Eindruck der Pariser
Vorgänge auf den Kaiser Nikolaus voraus, die dem
wenig bekannten und ausserordentlich lesenswerthen
Bourgoing'schen Buche entnommen und der Hauptsache
nach durch den Anonymus bestätigt worden sind, der
zu den Hinterlassenschaften des Grafen Diebitsch Zutritt
erhalten und dieselben der „Starina“ zu Verfügung gestellt hat.

Französischer Botschafter am St. Petersburger Hofe
war während der letzten Regierungsjahre Karl's X. der
Herzog de Mortemart, derselbe, der während der verhängnissvollen Julitage einen Urlaub in Paris verbrachte
und den der König nach der Entlassung Polignac's mit
der Bildung einer neuen Regierung und mit der bekannten Mission an den Herzog von Orleans betraute.
Als Geschäftsträger fungirte während dieser Abwesen-

heit seines Chefs der der Botschaft seit dem Jahre 1828
als erster Secretär beigegebene einundvierzigjährige Baron
Paul Bourgoing, ein in den Napoleonischen Kriegen empor-
gekommener Edelmann aus altem Geschlecht, der sich
durch seine militärischen Antecedenzien und durch seine
(im Auftrage der französischen Regierung unternommene)
Theilnahme an dem letzten türkischen Feldzuge die besondere Gunst des Kaisers Nikolaus erworben hatte. — Nikolaus, der mit Karl X. in naher Beziehung stand und der
Allianz mit Frankreich besondere Sympathien zuwandte,
wusste von dem bevorstehenden Erlass der Ordonnanzen,
hatte dieselben durch seinen Botschafter Pozzo di Borgo
indessen missbilligen und nachdrücklich widerrathen lassen.
Da ihm nicht verborgen geblieben war, dass sein Rath
auf den verblendeten König keinen Eindruck gemacht
habe, war der Kaiser während der Julitage ausserordentlich unruhig, obgleich dieselben durch fürstliche Besuche
(Prinz Wilhelm von Preussen [der deutsche Kaiser] und
der Kronprinz von Schweden [nachmals König Oskar I.]
weilten damals am russischen Hofe) und durch in der
Umgebung Gatschina's und Peterhof's abgehaltene militärische Uebungen besonders in Anspruch genommen
waren. Während eines dieser Manöver, am Mittage des
27. Juli, winkte der Monarch den in seinem Gefolge
reitenden französischen Geschäftsträger zu sich heran,
um ihm nach einigen einleitenden Worten zu sagen, dass
er ihn ausführlich zu sprechen wünsche. Als Bourgoing
sich Abends in dem Gatschinaer Palais einfand, eröffnete
Nikolaus mit folgenden Worten das Gespräch:

„Sie haben mich während dieser letzten Tage, und
namentlich heute, trüb gestimmt und präoccupirt gesehen, — der Grund davon ist, dass die Nachrichten
aus Paris immer schlimmer werden. Pozzo di Borgo

schreibt mir wahrhaft verzweifelte Depeschen — hoffentlich übertreibt er. Haben Sie mir etwa bessere Nachrichten zu geben oder denkt der König wirklich daran,
die Verfassung anzutasten?" — Nachdem Bourgoing zur
Antwort gegeben, dass ihm genauere Informationen fehlten,
dass Polignac aus seinen Plänen ein Geheimniss mache,
dass er (B.) indessen allen Grund habe, den Grafen Pozzo
di Borgo für wohl informirt zu halten, ergriff der Kaiser
wiederum das Wort: „Es handelt sich in der That um
eine dringende Gefahr, — nach Pozzo's Berichten ist die
exaltirte Partei oben auf und gehen die gemässigten und
constitutionellen Rathschläge, welche u. A. auch ich dem
Könige ertheilt habe, wirkungslos an ihm vorüber. Mich
bringt das zur Verzweiflung, denn wie Sie wissen, liebe
ich Frankreich und liebe ich den König Karl. Ich bin
der Meinung, dass er in sein Verderben rennt, denn nach
den Berichten meines Botschafters hat man sich bereits
für einen Staatsstreich entschieden." — Bourgoing erwiderte, dass es soweit hoffentlich nicht kommen werde,
Nikolaus aber wiederholte, dass das Aeusserste zu be-
fürchten sei, wenn der König seines Eides vergässe, und
dass es solchen Falls nur darauf ankommen werde, wer
im Strassenkampf Sieger bleibe. Bourgoing suchte diesen
Auseinandersetzungen auszuweichen und berief sich auf
seinen amtlichen Charakter, der es ihm unmöglich mache,
die Eventualitäten eines königlichen Eidbruches und einer
bewaffneten Revolte zu erörtern, — der Kaiser aber versicherte, dass er nicht als Monarch zum Gesandten, sondern nur als „Freund Frankreichs zu einem Franzosen"
rede, und dass er den kommenden Dingen mit höchster
Spannung entgegensehe.

In den Stunden dieser zu Gatschina gepflogenen
Unterredung hatten die entscheidenden Pariser Ereignisse

bereits ihren Gang zu nehmen begonnen. Neun Tage
später liess der Kaiser dem Baron Bourgoing durch
den stellvertretenden Minister des Auswärtigen, Fürsten
Lieven *) eine aus Berlin eingegangene, dem dortigen
Geschäftsträger v. Maltitz durch Vermittelung eines
Handlungshauses gewordene Mittheilung aus Paris zur
Kenntniss bringen, nach welcher ein bewaffneter Aufstand ausgebrochen und in der Nähe des Palais royal
gekämpft worden war. Bourgoing begab sich sofort
zum Kaiser, den er in dem (am Newski-Prospect belegenen) Anitschkow-Palais in lebhafter Erregung an-
traf. „Sie sehen", begann Nikolaus, „dass unsere Befürchtungen von neulich sich bereits verwirklicht haben. Ich
weiss nur, was Fürst Lieven auch Ihnen mitgetheilt hat —
das genügt aber, um das Aeusserste fürchten zu lassen.
Dass die Communication unterbrochen ist, beweist den
Sieg der Insurrection." Man erging sich in Muth-
massungen der verschiedensten Art, — einen Sieg des
Königs wagte Nikolaus nicht mehr in Aussicht zu nehmen, er hoffte indessen, dass das monarchische Element
die Oberhand gewinnen werde. Ausführlicher verweilte
er nur bei der trefflichen Haltung der Grenadiere der
königl. Garde, indem er ausrief: „Ich wollte Jedem von
ihnen ein goldenes Standbild errichten". Dann nahm
Nikolaus „auf sechs Tage" Abschied, um nach Finnland
zu reisen, indem er seine baldige Wiederkehr verhiess
und die Hoffnung aussprach, dass der auf einer Bade-
reise begriffene Vice-Kanzler Nesselrode demnächst wieder
zur Stelle sein werde.

---

*) Es ist derselbe Fürst Lieven gemeint, der die berühmte
Dorothea von Benckendorf zur Frau hatte und viele Jahre lang
den Londoner Botschafterposten bekleidete.

Während der folgenden Tage trafen die entscheidenden Nachrichten ein und Bourgoing wurde alsbald gewahr, dass ein grosser Theil der zur näheren Umgebung des Kaisers gehörigen General-Adjutanten auf eine Kriegserklärung gegen das revolutionäre Frankreich rechne und im Sinne einer solchen agitire. Zur Gewissheit wurde diese Befürchtung, als Tags nach der Rückkehr des Kaisers der Kriegsminister Tschernytschew bei Bourgoing erschien, um ihm „als Freund" mitzutheilen, er (B.) habe sich auf den Abbruch der diplomatischen Beziehungen zwischen Russland und Frankreich und auf die sofortige Zustellung seiner Pässe gefasst zu machen; Se. Majestät sei der Meinung gewesen, dass der Baron diese peinliche Mittheilung aus „befreundetem Munde" am Liebsten hören würde. Bourgoing, der seinen „Freund" als Oberhaupt der Kriegspartei und ausserdem als gewissenlosen Ränkeschmied kannte, gab zur Antwort, dass er Mittheilungen solcher Art einzig von Sr. Maj. Minister des Auswärtigen entgegen nehme und dass er sich sofort an diesen und ausserdem direct an den Kaiser wenden werde. Tschernytschew warnte vor dem Zustande der Erregung und des Zorns, in welchem der Kaiser sich augenblicklich befinde, Bourgoing aber bestand auf seinem Willen und fuhr sofort zu Lieven, dem er von Tschernytschew's Eröffnungen und der darauf ertheilten Antwort Mittheilung machte.

„Sie haben durchaus Recht gethan", gab Fürst Lieven zur Antwort, — „Nichts lässt darauf schliessen, dass der Kaiser Entschliessungen in dem bezeichneten Sinne gefasst habe. Sie wissen, wie er die Pariser Vorgänge beurtheilt, einen Entschluss hat er indessen nicht gefasst und ich hoffe, dass uns, wenn erst der erste Eindruck verwunden ist, gelingen werde, ihn zu beruhigen."

„Wie ich höre", nahm Bourgoing weiter das Wort,
„sind verschiedene französische Schiffe, darunter der
Kauffahrteifahrer *Fulgor*, unter dreifarbiger Flagge vor
dem Hafen von Kronstadt erschienen und hat man denselben den Eingang verwehrt. Ich lege gegen diese Ausschliessung Protest ein, da dieselbe ein Verfahren in sich
schliesst, das an und für sich bedenklich und ausserdem
durchaus danach angethan ist, den durch die jüngsten
Pariser Ereignisse erregten Kriegseifer meiner Landsleute
zu schüren."

Lieven versprach die sofortige Zurücknahme dieser
von ihm missbilligten Massregel zu beantragen und gab
dabei zu verstehen, dass dieselbe wohl mit den Absichten
der Kriegspartei zusammenhänge. Bourgoing nahm daran
Veranlassung, eine Audienz beim Kaiser zu verlangen,
die ihm zum Abend des nämlichen Tages bewilligt wurde
und in dem auf einer Newainsel befindlichen Lustschloss
Jelagin stattfand. — Nikolaus empfing den ihm persönlich genehmen Franzosen (er hatte Bourgoing anbieten
lassen in russische Dienste zu treten, falls derselbe unter
der neuen französischen Regierung nicht im Amte bleiben
wolle) in seinem Cabinet; was Tschernytschew von seines
Monarchen übler Laune gesagt, war augenscheinlich nicht
übertrieben gewesen, denn dieser eröffnete die Unterhaltung mit der folgenden, Nichts weniger als ermuthigenden
Anrede:

„Haben Sie Nachrichten von Ihrer Regierung und
von dem Herrn Statthalter des Königreichs? Sie wissen
ja, dass ich keine andere Ordnung der Dinge als diese
anerkenne und auch diese nur, weil sie von der legitimen
königlichen Autorität herstammt."

Bourgoing hatte einen solchen Ausbruch vorherge-
sehen und glaubte, denselben nicht ohne Weiteres hin-

nehmen zu dürfen. „Ich bin, wie ich nicht leugne, erstaunt", gab er zur Antwort, „dass Ew. Majestät eine von
meinem Lande endgiltig entschiedene Angelegenheit so
ansehen: mein Vaterland hat alle Zeit das, was es ein
Mal gethan, aufrecht zu erhalten gewusst."

Diese Worte waren während des Auf- und Nieder-
gehens der beiden Sprecher im kaiserlichen Arbeitszimmer
gewechselt worden. Nikolaus blieb vor einem in diesem
Zimmer befindlichen Tische stehen und rief mit erhobener
Stimme:

„Meine Meinung ist, dass ich mich in dieser Angelegenheit nur durch das Legitimitätsprincip werde bestimmen lassen — niemals werde ich dem, was sich in
Frankreich begeben hat, meine Anerkennung ertheilen."
Und dabei schlug er heftig auf den Tisch.

B. Sire, — das Wort „Niemals" sollte man heut
zu Tage nicht mehr brauchen: die Ereignisse besiegen
zuweilen die stärksten Widerstände.

N. Nie werde ich von meinem Prinzip abweichen.
Mit Principien transigirt man nicht und mit meiner Ehre
werde ich auch nicht transigiren.

In diesem Ton ging die Unterhaltung eine Weile
fort; dann schien der Kaiser ruhiger zu werden, — er
setzte sich, lud Bourgoing zum Sitzen ein und liess sich
von diesem ein Bild der Lage in Paris entwerfen. Ob
Bourgoing den in seinem Buche enthaltenen, eleganten
und wohlstilisirten Vortrag in der That ganz so gehalten
hat, wie er berichtet, mag dahin gestellt bleiben; er will
dem Kaiser auseinandergesetzt haben, dass ein Bruch
zwischen Russland und Frankreich die übrigen Mächte
möglicher Weise zur Abberufung ihrer von Pozzo di
Borgo stark beeinflussten Gesandten bewegen, dadurch
aber dem Einfluss der radicalen Partei in die Hände

arbeiten und dieselbe veranlassen würde, sich auf Europa zu werfen und allenthalben die Fahne der Revolution zu erheben. Die Folge davon würde ein allgemeiner Krieg sein, für welchen Russland und dessen Beherrscher die Verantwortung zu tragen haben würden. — Nikolaus gab auf diese Auseinandersetzung die folgende Antwort:

„Ich bin darüber, was ich' thun werde, noch nicht schlüssig; indessen werde ich meine Auffassung meinen Collegen (mes collègues) mittheilen und ihnen rückhaltlos sagen, was geschehen ist und was, meiner Meinung nach, geschehen sollte; Graf Orlow wird das binnen Kurzem in Wien auseinandersetzen: dem Prinzen Wilhelm (von Oranien, dem Schwager des Kaisers) habe ich bereits gestern geschrieben. Den Krieg werden wir Ihnen nicht erklären, dessen können Sie gewiss sein; wenn wir aber jemals das, was immer bei Ihnen besteht, anerkennen sollten, so wird das nur geschehen, nachdem wir uns darüber unter einander verständigt haben."

„Und was", fragte Bourgoing, „wird bei einem solchen Congress herauskommen?"

— „Um einen Congress handelt es sich nicht, wir haben andere Mittel zur Verständigung."

„Bis es dazu gekommen, wird aber doch wohl die Pflicht jedes Einzelnen von Ihnen sein, sich jedes aufregenden Wortes und jeder Demonstration zu enthalten, welche uns beunruhigen oder verletzen könnte."

— „Mit dem was geschehen", replicirte Nikolaus, „musste ich im höchsten Grade unzufrieden sein, — meine Meinung pflege ich aber niemals zu verhehlen."

Dann wiederholte der Kaiser, dass er Nichts überstürzen, auch keine Kriegserklärung aussprechen, wohl aber dahin zu wirken suchen werde, dass die Mächte Frankreich gegenüber eine im Voraus vereinbarte conforme Stellung einnähmen. Auf Bourgoing's Einwurf, dass Frankreich sich ein kühles und verletzendes Verhalten der übrigen Mächte nicht werde bieten lassen, gab der Monarch zur Antwort, dass unter den übrigen Mächten unzweifelhaft nicht wenige sein würden, welche Frankreichs Rückfall in revolutionäre Zufallsspiele nicht (wie Russland es thue) bedauern, sondern im Gegentheile Freude darüber empfinden würden, die günstige wirthschaftliche Lage dieses Landes erschüttert zu sehen. Bourgoing gab darauf zur Antwort, dass ein feindseliges Verhalten von russischer Seite wahrscheinlich dazu führen würde, Frankreich in ein engeres Verhältniss zu England zu treiben.

„Zwischen mir und England", rief der Kaiser aus, „müssen Sie einen tiefgehenden Unterschied machen. Selbst jetzt, wo ich durch das, was sich bei Ihnen zugetragen, in Erregung und Unzufriedenheit versetzt worden bin, habe ich nicht aufgehört, mich für die Geschicke Frankreichs zu interessiren. Grade während dieser letzten Tage bin ich fortwährend durch den Gedanken beunruhigt worden, England, das Sie wegen Ihrer Algerischen Eroberung beneidet, könne auf den Gedanken kommen, von Ihren inneren Wirren Nutzen zu ziehen und Ihnen diesen schönen Besitz streitig zu machen. — Was Oesterreich anlangt, so zittert dieses für Italien und ist es Italiens wegen mit Ihrer abermaligen Revolution höchst unzufrieden. Im Uebrigen macht Oesterreich sich Nichts daraus, wenn es Ihnen übel ergeht, während wir uns aufrichtig freuen, wenn Frankreich in Bezug auf Macht und Wohlstand Fortschritte macht."

Bourgoing griff diese Worte lebhaft auf. Er erinnerte an den warmen Antheil, welchen Frankreich an den russischen Erfolgen von 1828 genommen habe und an die erhebliche Anzahl vornehmer Franzosen, welche den Feldzug nach Adrianopel freiwillig mitgemacht hätten. Frankreich und Preussen seien Russlands einzige wahre Freunde und hätten sich auch während des letzten Krieges als solche erwiesen. „Und", fuhr der gewandte Anwalt der französischen Interessen fort, „da Ew. Majestät auch jetzt nicht aufgehört haben, sich für uns zu interessiren, so können Sie sich auch jetzt als unser Freund zeigen, indem Sie es vermeiden, unsere Verlegenheiten durch ein feindliches Verhalten zu vermehren." Nikolaus berief sich darauf, dass er die in Frankreich zur Geltung gekommenen Principien verabscheue, und dass ausserdem ein Angriff von französischer Seite gefürchtet werden müsse, Bourgoing versicherte, dass ein solcher Angriff unmöglich werden würde, wenn Frankreich nicht etwa durch eine Coalition herausgefordert würde, dass in solchem Falle aber auch die von Sr. Majestät am höchsten geschätzten Franzosen, die Mortemart und la Ferronays für die Unabhängigkeit ihres Vaterlandes einstehen würden.

Damit war das Gespräch beendet. Bemerkenswerth ist aus demselben nur noch die folgende Aeusserung des Kaisers: „Wenn es während der letzten blutigen Auftritte dazu gekommen wäre, dass das Volk die russische Botschaft geplündert und die in derselben aufbewahrten Actenstücke veröffentlicht hätte, so würden die Leute zu ihrer Verwunderung entdeckt haben, dass ich gegen den Staatsstreich gepredigt habe *(que je prêchais contre le coup d'état)*, und dass der autokratische Beherrscher Russlands seinem Repräsentanten den Auftrag gegeben, einem constitutionellen Könige die Beobachtung der bestehenden und beschworenen Verfassung zu empfehlen."

Als man sich trennte, glaubte Bourgoing so vollständig gewonnenes Spiel zu haben, dass er den Kaiser bat, von einer ihm früher zugegangenen Einladung auch unter den veränderten Umständen der Gegenwart Gebrauch machen und Se. Majestät auf der bevorstehenden Reise durch die bei Wolkow belegenen Militärcolonien begleiten zu dürfen, — eine Erlaubniss, die Nikolaus nach kurzer Ueberlegung und mit einem Hinweis auf das Aufsehen, welches die Sache erregen werde, lächelnd ertheilte.

Bourgoing's fernere Darstellung bestätigt, dass der kluge Franzose des Glaubens war, die Gefahr eines russischen Ausbruchs gegen Frankreich definitiv beschworen zu haben. Er nimmt nicht nur das Verdienst in Anspruch, den Kaiser von einer Uebereilung zurückgehalten und dem Abgesandten Ludwig Philipp's, dem General Athalin eine huldvolle Aufnahme am russischen Hofe bereitet zu haben, er stellt die Sache wesentlich so dar, als sei Nikolaus auf seine Coalitionspläne erst nach Ausbruch des belgischen Aufstandes zurückgekommen. — In Wahrheit hat die Sache anders gelegen. Wie durch die nachstehend mitgetheilten Actenstücke *) bestätigt wird, hielt Nikolaus unentwegt an der Absicht einer Coalition gegen Frankreich fest und war Graf Diebitsch zum Behuf der Vorbereitung einer solchen bereits nach Berlin abgereist, bevor die entscheidenden Brüsseler Ereignisse

---

*) Mit Ausnahme der beiden an den Grafen Tschernytschew und den Feldmarschall Diebitsch gerichteten kaiserlichen Handschreiben vom 5. (17.) Oct. und 1. (13.) Nov. sind diese Documente sämmtlich in russischen Uebersetzungen mitgetheilt, so dass nur eine nochmalige Uebersetzung derselben übrig blieb. Nesselrode und Grossfürst Constantin bedienten sich gewohnheitsmässig des Französischen, Diebitsch hatte die russische Sprache zu unvollständig erlernt, um russisch schreiben zu können. Auch die zwischen ihm und dem Kaiser in den Jahren 1827 und 1828 gewechselten Briefe sind französisch abgefasst.

eintraten, bevor General Athalin nach St. Petersburg gekommen und bevor Ludwig Philipp als König der Franzosen anerkannt worden war.

Bereits unter dem ersten Eindruck der Pariser Meldungen hatte der Kaiser Diebitsch zu sich beschieden,
um mit ihm wegen der zunächst zu ergreifenden Schritte
in Berathung zu treten. Der durch den glücklichen Abschluss des Friedens von Adrianopel auf den Gipfel seines
politischen und militärischen Einflusses gelangte Feldmarschall hatte aus seinen kriegerischen Neigungen von
Hause aus kein Hehl gemacht und mit denselben bei dem
Kaiser und dessen näheren Freunden (unter denen
Tschernytschew und der nach Wien entsendete Graf,
später Fürst Orlow besonders zu nennen sind) ebenso
vollen Anklang gefunden, wie mit seinem leidenschaftlichen Hass gegen die Revolution und die liberalen Ideen.
Dass der Kaiser sich im Sinne einer A g g r e s s i o n gegen
Frankreich entschied, geht schon aus dem Umstande hervor, dass die beiden Kriegslustigen unter seinen Rathgebern, nämlich Diebitsch selbst und Orlow nach Berlin
und Wien entsendet und mit den an diesen Höfen zu
führenden Verhandlungen betraut wurden. — Alles Weitere ergiebt sich aus den nachstehenden Actenstücken,
die jedes Commentars entbehren können und deutlichen
Einblick in die Sachlage und in die Rollenvertheilung
unter den russischen Würdenträgern jener Zeit gewähren.
Besonderes Gewicht ist auf das erste dieser Documente
zu legen, weil dasselbe aller Wahrscheinlichkeit aus denselben Tagen herrührt, während welcher Bourgoing seinen
entscheidenden Sieg über die Erregung des Kaisers er-
fochten zu haben glaubte. Den Unterredungen mit dem
französischen Geschäftsträger, die wir aus diesem Grunde
ausführlich wiedergegeben haben, waren Berathungen mit

Diebitsch parallel gegangen, an welchen die französischen
Sympathien, welche Nikolaus dem Baron Bourgoing gegenüber betheuert hatte, offenbar keinen Antheil gehabt
haben. Vor seiner Abreise nach Berlin fasste Diebitsch
die Summe dieser mit dem· Kaiser mündlich geführten
Verhandlungen in das nachstehende Memoire zusammen.

„Angesichts der gegenwärtigen Zeitverhältnisse hat
Se. Majestät der Kaiser für dringend geboten gehalten,
sich mit seinen Bundesgenossen, insbesondere mit seinem
hohen Schwiegervater, ins Einvernehmen zu setzen und
so weit möglich, einerseits die im gegenwärtigen Augenblick zu beobachtende Handlungsweise, andererseits die
künftig zu ergreifenden Massregeln festzusetzen. Se. Majestät ist dabei der Meinung, dass unter Verhältnissen
von der Wichtigkeit der gegenwärtigen, schriftliche Auseinandersetzungen nicht genügen und da er gleichzeitig
den Wunsch hegt, dass seine intimsten auf diese wichtige
Angelegenheit bezüglichen Anschauungen Sr. Majestät
dem Könige zur Kenntniss gebracht würden, hat er seinen
Feldmarschall, den Grafen Diebitsch-Sabalkanski ausgewählt, diesen in sein volles Vertrauen gezogen und ihn
beauftragt, seine (des Kaisers) Anschauungen über die
gegenwärtige Lage und deren voraussichtliche Folgen vor
Sr. Majestät dem Könige auszubreiten.

In vollem Vertrauen zu der Gesinnung seines Erlauchten Schwiegervaters wünscht der Kaiser sich nach
dessen Meinung zu richten und seine Politik genau in die
von Preussen eingeschlagenen Wege zu lenken; hinsichtlich der weiter zu befolgenden Richtung wird der Kaiser
die Meinung Sr. Königl. Majestät grade so aufnehmen,
als käme dieselbe von dem Kaiser Alexander I. geseg-
neten Andenkens. Demgemäss hält der Kaiser für Pflicht,

auch seine Anschauungen offen und rücksichtslos darzulegen.

Aufrichtig bekümmert über die Unglücksfälle, in welche die gesetzwidrige und unbegreifliche Handlungsweise Karl's X. Frankreich und Europa aufs Neue gestürzt hat und durch die Schwäche, welche die Prinzen der älteren Linie bewiesen haben, ebenso beunruhigt, wie durch den Jacobinismus des Herzogs von Orleans, hat Se. Majestät dennoch nicht umhin gekonnt, den Letzteren **als legitimes Oberhaupt Frankreichs für die Dauer der Minderjährigkeit des Herzogs von Bordeaux** anzuerkennen, nachdem Karl X. den Herzog Louis Philippe in gesetzlicher Form zum Statthalter des Königreichs ernannt und sogar mit dem Oberbefehl über die Reste seiner tapferen und getreuen Garde betraut hat. Diese Anerkennung der legitimen Gewalt des Herzogs von Orleans gilt indessen nur der Eigenschaft desselben als eines Stellvertreters Heinrich's V.; zum legitimen Könige von Frankreich könnte der Herzog nur werden, wenn der Herzog von Bordeaux auf den Thron verzichtete oder stürbe.

Obgleich diese Meinung bei Sr. Majestät unerschütterlich fest besteht, hält der Kaiser eine sofortige Einmischung in die inneren Verhältnisse Frankreichs nicht für wünschenswerth. Hat doch König Karl X. dadurch, dass er die unter der Aegide der verbündeten Höfe verliehene Verfassung zuerst verletzte, selbst auf das Recht verzichtet, die Unterstützung dieser Höfe anzurufen. Dazu kommt, dass eine Invasion Frankreichs, welche nicht etwa durch aggressive Handlungen der gegenwärtigen Regierung veranlasst worden, von ganz Frankreich auf die Rechnung ehrgeiziger Absichten der benachbarten Staaten geschrieben werden würde, und dass selbst im Falle

eines Seitens der Verbündeten erfolgreich geführten Krieges (und ein solcher würde wahrscheinlich zum Volks-
kriege werden), für diese letzteren die schwierige Aufgabe übrig bleiben würde, eine Erbfolgeordnung für Frankreich festzusetzen; der Herzog von Bordeaux ist noch
sehr jung und ein Vormund für ihn ausserhalb der nämlichen Familie nicht wohl zu beschaffen.

Andererseits hält der Kaiser für ausserordentlich
wichtig, dass die verbündeten Höfe sich bei ihren zu er-
lassenden Erklärungen auf den reinen Legitimitätsstand-
punkt *(de la légitimité pure et simple)* stellen, da dieser
die einzige Bürgschaft für die Erhaltung der staatlichen
Ruhe bildet; demgemäss vermag Se. Majestät in dem
Herzoge von Orleans nichts Anderes, als den Statthalter
des Königreichs zu erblicken.

Sollten die übrigen verbündeten Höfe sich veranlasst
sehen, höheren Rücksichten entsprechend, die gegenwärtige
Ordnung der Dinge in Frankreich anzuerkennen, so ist
der Kaiser der Meinung, dass das nur geschehen könnte,
wenn sie die Ueberzeugung gewinnen, die allgemeine
Ruhe werde erhalten bleiben; die gehörige Garantie Seitens der französischen Regierung und eine einigermassen
gesetzliche Grundlage würde diese Ueberzeugung durch
die Thronentsagung Karl's von Bourbon zu Gunsten seines
Enkels erhalten, wenn eine solche Thronentsagung auch
nichts weniger als normal wäre. Fassen die verbündeten
Regierungen eine solche, auf solide und beruhigende Garantien gegründete Entschliessung, so wird der Kaiser
nicht anstehen, ihrem Beispiel zu folgen. Aber auch wenn
er der Ruhe und dem Glück Europa's ein solches Opfer
seiner intimen Ueberzeugung bringt, wird der Kaiser im
Grunde seines Herzens die Empfindung behalten, dass
es in Frankreich nur einen legitimen König, Heinrich V.

giebt. Se. Majestät wird es auch solchen Falls für eine
Ehrensache ansehen, den Anschauungen seiner hohen
Verbündeten als Letzter nachzugeben und gegenüber dem
jacobinischen Verhalten der gegenwärtigen französischen
Regierung ein Gefühl von Verachtung niemals überwinden
können.

Se. Majestät hält für möglich, dass König Karl und
der Dauphin, wenn sie ihre auf den Herzog von Orleans
gesetzten Hoffnungen durch das Verhalten desselben getäuscht sehen, ihre Erklärungen zurückzunehmen und die
Zügel der Regierung selbst zu ergreifen versuchen werden. Se. Majestät würden eine solche Handlungsweise
für ebenso unangemessen und schädlich, wie ungesetzlich
ansehen; eine Erhebung zu Gunsten der Sache des Herzogs von Bordeaux würde Sr. Majestät dagegen nicht für
illegal gelten. Der Kaiser theilt die von seinem Erlauchten Schwiegervater für die Erhaltung des Friedens
gehegten Wünsche vollständig, — verhehlt sich indessen
nicht, dass die gegenwärtigen Zeitverhältnisse für die
Erfüllung dieses gemeinsamen Wunsches nur geringe Hoffnung übrig lassen.

Der durch die ungesetzlichen Handlungen der vorigen
französischen Regierung beschleunigte Umsturz der Verfassung Frankreichs ist durch die Revolutionspartei und
die gegenwärtigen Machthaber in ausgesprochen demokratischer Weise besiegelt worden. Was an dieser Verfassung von monarchischem Element noch übrig war, ist
durch eine auf illegalem Wege versammelte, auf den Pöbel ge-
stützte Deputirtenkammer und durch den Herzog von Orleans vernichtet worden; seine Richtung hat der Herzog
durch die die Nationalfarben betreffende Declaration
sattsam gekennzeichnet. Angesichts der unbegrenzten
Gefügigkeit, mit welcher der Herzog allen Forderungen

2*

der Demokratie nachgegeben hat, ist Se. Majestät überzeugt, dass die Demokratie immer neue Zugeständnisse fordern werde und dass dieselbe nicht mehr weit davon entfernt sei, zur reinen Republik überzugehen. Der Herzog und dessen Partei werden schliesslich bei der Republik ankommen oder den Versuch machen müssen, einen verspäteten Widerstand zu leisten. Das Eine wie das Andere aber wird direct zur demokratischen Republik und damit zu den revolutionären Erscheinungen der Jahre 1789 und 1793 und den mit diesen verbunden gewesenen Kriegen führen, wenn nicht rechtzeitig an die Anwendung derjenigen Mittel gedacht wird, mit denen die Gnade Gottes die heilige Sache der Gesetzlichkeit ausgestattet hat.

Der Kaiser wünscht aufrichtig, dass diese Befürchtungen sich nicht erfüllen möchten, er würde es sich indessen nicht verzeihen, wenn er sich dieselben nicht ihrem ganzen Umfange nach vergegenwärtigte und wenn er nicht rechtzeitig Massregeln ergriffe, um jedem Ausbruch des Liberalismus oder richtiger des Jacobinismus mit Festigkeit und Energie entgegenzutreten; zu solchen Ausbrüchen kann die gegenwärtige Ordnung der französischen Dinge aber führen.

Se. Majestät wiederholt nochmals, dass die Ergreifung irgend welcher öffentlichen Massregeln, seiner Meinung nach im gegenwärtigen Augenblick inopportun wäre, weil dieselbe die Erregung der Gemüther in Frankreich verstärken würde. Von höchster Wichtigkeit ist aber, dass die verbündeten Höfe sich rechtzeitig für den Fall eines aggressiven Vorgehens von französicher Seite verständigen, da ein solches früher, als man erwartet, Platz greifen kann; ebenso wird nothwendig sein, dass man sich auf solche Eventualität eines theilweisen Ausbruchs vorbereite,

da ein solcher zu Folge der in Belgien und Piemont
herrschenden Erregung leicht grössere Verhältnisse annehmen könnte.

Unter allen Umständen wünscht der Kaiser in vollem
Einvernehmen mit seinen Verbündeten und namentlich
mit seinem Erlauchten Schwiegervater zu handeln. Se.
Majestät wünscht, dass die preussische und die russische
Armee im Falle eines Krieges gegen Frankreich mit derselben Einigkeit vorgehen, welcher die grossen Erfolge
von 1813 und 1814 zu danken waren. Weiter wünscht
der Kaiser, dass die Action seiner Armee (deren quan-
titative Stärke der Grösse und der Wichtigkeit des Ziels
entsprechen würde) sich mit der Action der preussischen
Armee in vollem Einklange befände, — dass beide Ar-
meen so eng verbunden würden, als mit ihrer Organisation vereinbar ist und dass die russische Armee mit
allen ihr zu Gebote stehenden Mitteln zur Ausführung
eines gemeinsamen, von Sr. Maj. dem Könige zu billigen-
den Operationsplanes mitwirke.

Indem Se. Majestät den Feldmarschall Grafen Diebitsch-Sabalkanski zum Befehlshaber der vorläufig für
den Fall eines solchen Krieges bestimmten, aus 14 In-
fanterie- und 12 Cavallerie-Divisionen zusammengesetzten
Armee ernannten, waren Allerhöchstdieselben der Hoffnung, es werde das Vertrauen, dessen auch Se. Maj. der
König diesen General würdigten, — demselben die Ausführung des ihm ertheilten Auftrages erleichtern. Dieser
Auftrag besteht darin, dem Könige die nöthigen Einzelheiten über die gegenwärtige Dislocation der Armee mitzutheilen, und dessen Anweisungen gemäss, mit den dazu
bestimmten Personen über Alles Rücksprache zu nehmen,
was sich auf die Bewegung und die Operationen des
russischen Heeres bezieht.

In Gemässheit der oben entwickelten Anschauungen wird Se. Majestät zur Zeit keinerlei feindselige Absicht bekunden, sondern darauf warten, dass Se. Majestät der König den Krieg für unvermeidlich in Folge der Vorgänge in Frankreich geworden erklärt. Dann wird der Kaiser seine Armee auf den Kriegsfuss setzen und an die Grenze marschiren lassen; für die entferntesten Truppentheile werden dazu drei bis vier Monate erforderlich sein. Sollte indessen ein französischer Einbruch nach Belgien oder in die Rheinprovinzen eine raschere, partielle Hilfe nothwendig machen, sollte dann noch Zeit dazu sein und Se. Majestät der König es für wünschenswerth halten, so wird der Kaiser die zweite russische Garde-Division sammt deren Artillerie über das Meer senden und an einem von seinem Erlauchten Schwiegervater bestimmten Punkte landen lassen.

Bezüglich des Vormarsches der russischen Truppen an die Grenze wird Se. Majestät eine Aufforderung Sr. Majestät des Königs abwarten. Sodann gedenkt der Kaiser, nach Ertheilung der nöthigen Befehle, nach Berlin zu eilen, sich mit seinem Erlauchten Schwiegervater persönlich zu berathen und Schulter an Schulter mit ihm gegen die Feinde der allgemeinen Ruhe zu kämpfen."

Im Besitz dieser Instruction und von der Absicht erfüllt, derselben eine möglichst kriegerische Auslegung zu geben, traf Diebitsch am 26. August 1830 in Berlin ein. Tags darauf vom Könige in Charlottenburg empfangen, überzeugte er sich alsbald davon, dass Friedrich Wilhelm III. trotz seiner Uebereinstimmung mit der Auffassung seines Schwiegersohnes vor Allem den Wunsch hege, seinem Volke den Frieden erhalten zu sehen und dass die Mehrzahl preussischer Staatsmänner diesen Standpunkt theile. Obgleich Preussen dem von England und

Oesterreich gegebenen Beispiele folgend, die Anerkennung
Ludwig Philipp's aussprach, obgleich auch Russland sich
einer solchen nicht entziehen konnte und obgleich die
numerische Schwäche des an den Rhein entsendeten
vierten preussischen Armeecorps (dasselbe soll kaum 8000
Mann stark gewesen sein) deutlich durchsehen liess, dass
Preussen auf einen Krieg wenig vorbereitet sei, hielt der
russische Feldmarschall doch an der Hoffnung fest, „dass
ein blutiger Kampf zwischen der legitimen Gewalt und
der Revolution auf die Dauer nicht werde vermieden
werden können" (Depesche vom 28. August), und dass
der belgische Aufstand Preussen zur Action nöthigen
werde. Sein Hauptverbündeter in St. Petersburg war
dabei (wie erwähnt) der Kriegsminister Tschernytschew,
der auf den Kaiser in diesem Sinne einwirkte und dessen
legitimistischen Eifer zu stacheln suchte. Zunächst zog
der Ausbruch der Cholera in Moskau durch diese Rechnungen einen fatalen Strich; von dem Grafen Benckendorf und zwei Flügeladjutanten begleitet, hatte Nikolaus
sich am 27. Sept. (9. Oct. n. St.) in seine erste Hauptstadt begeben müssen, um die zur Bekämpfung der Seuche
erforderlichen Massregeln in Person zu überwachen. Um
die Mitte des Octobers schienen die kriegerischen Neigungen des Monarchen indessen wieder die Oberhand
gewinnen zu sollen. Am 5. (17.) October schrieb er
seinem Kriegsminister den nachstehenden, von Moskau
datirten Brief:

Moskau, den 5. Oct. 1830.

Die mir neuerdings zugegangenen Depeschen, liebster
Freund, sind so beschaffen, dass mir's darauf ankommt,
die zum Behuf des Beginns unseres Feldzugs erforderlichen Massnahmen sofort in's Werk zu richten. Der
König der Niederlande hat mich auf Grund bestehender

Verträge um meine militärische Unterstützung ersucht
und dabei so grosse Ungeduld bewiesen, dass Wilhelm
(sc. Prinz von Oranien, Schwager des Kaisers) in seinem
Namen bei mir angefragt hat, ob es nicht möglich sein
würde, ihm einen Theil der Truppen auf dem Seewege
zu senden. Sie werden selbst wissen, dass die Sache in
dieser vorgeschrittenen Jahreszeit nicht mehr ausführbar
ist, — wäre diese verspätete Anfrage auch nur einen
Monat früher eingetroffen, so hätte ich derselben, mit
Hilfe der von mir ergriffenen Massregeln, nachkommen
können. Gegenwärtig wird es hauptsächlich darauf ankommen, dass Sie den Feldmarschall*) Sacken davon in
Kenntniss setzen, es müssten das erste und das zweite
Corps, sowie das dritte und fünfte Reserve-Cavallerie-
Corps sofort auf Kriegsfuss gesetzt werden. Durch Edu-
ard (sc. Adlerberg) werden Sie bereits wissen, dass dem
fünften Reserve-Artillerie-Corps der directe Befehl ertheilt worden ist, nach Wollhynien einzurücken und sich
dadurch der Grenze zu nähern. Dem bereits auf den
Kriegsfuss gesetzten dritten Reserve-Cavallerie-Corps
werde ich morgen den Befehl senden, nach Podolien einzurücken, daselbst Cantonnements zu nehmen und einst-
weilen unter den Befehl Sacken's zu treten; gleichzeitig
wird die dritte Infanterie-Division angewiesen werden,
sich in der Richtung auf Wilna zu concentriren. Darauf beschränken sich die bis jetzt ergriffenen Massregeln. Mit dem Ankauf von Pferden für die 12 Ge-
schütze und für den Train wird sofort vorgegangen werden müssen; zum Behuf möglichst beschleunigter Ausführung dieser Massregel haben Sie sich mit dem Grafen

---

*) Es ist der aus den Freiheitskriegen bekannte Graf (später
Fürst) Fabian Sacken gemeint.

Pahlen hinsichtlich seines Corps direct in Verbindung zu
setzen; ebenso haben Sie meinen Bruder Constantin darüber zu verständigen, dass er die nämliche Massregel
für seine gesammte Armee (in der für den Fall eines
Vormarsches vorgesehenen Zusammensetzung) sofort in
Ausführung zu bringen habe. Tragen Sie dafür Sorge,
dass all' diese Massregeln mit möglichster Sparsamkeit ausgeführt werden und treten Sie darüber mit
dem Finanzminister und mit Grabowski*) in Verhandlung. Von den Grenadieren und der Garde rede ich
vorläufig noch nicht, da diese Truppentheile nur äussersten Falls in Bewegung gesetzt werden sollen; übrigens
würden die Grenadiere binnen 14 Tagen marschiren
können — unsere Massregeln sind danach getroffen.

Sie haber ferner (unter gleichzeitiger Mittheilung an
den Feldmarschall Sacken) Peter Pahlen zu schreiben,
er möge die vierten Bataillons der vierten Regimenter
der vierten Division nach Riga, und die beiden Jäger-
bataillons derselben nach Dünaburg beordern, um daselbst
Garnison zu nehmen. Die erste Division wird in möglichster Nähe von der preussischen Grenze aufgestellt
werden müssen, um das Kopfende der Heeressäule zu
bilden. Behufs möglichst beschleunigter Completirung
des Artillerie-Pferdebestandes des ersten und des zweiten
Corps mache ich den Vorschlag, dass für denselben die
Pferde der 4. und der 8. Artillerie-Brigade genommen
und an Stelle dieser die neugekauften Pferde eingestellt
werden. — Sie müssen ferner meinem Bruder Constantin
mittheilen, dass die erste Husaren-Division unter Pahlen's
Befehl tritt, sobald das erste Corps auf Kriegsfuss gesetzt
wird; selbstverständlich sind alle Halbjahrs-Urlauber der

---

*) Minister-Staatssecretär für Polen.

zum Ausmarsch bestimmten Corps sofort einzuberufen.
Die Mittheilungen an Constantin sind ihm mittelst Couriers zuzustellen, desgleichen diejenigen an Diebitsch,
welcher sich entweder bei ihm oder auf der Rückreise
befindet. Machen Sie auch Nesselrode entsprechende
Mittheilung; dieser Brief wird für eine ausführliche Antwort auf sein Schreiben gelten können. Das erste Truppen-
Contingent, welches ich als Mitglied der Alliance zu
stellen habe, soll aus der Armee meines Bruders gebildet
werden, dem ich morgen darüber schreiben will. —
Meiner Rechnung nach können wir früher, als über zwei
Monate nicht marschbereit sein, — mindestens nicht mit
unserer Gesammtheit. Jeder Augenblick darüber hinaus,
der gewonnen wird, ist darum von höchstem Werth. —
Es wird darauf ankommen, ob nicht am Ende schon die
Kunde so umfassender Vorbereitungen (aus denen Sie nicht
nur kein Geheimniss zu machen brauchen, sondern über
welche Sie laut — wenn auch ohne Affectation — reden
dürfen) dazu hinreichen wird, diesen Krieg zu verhindern, welchen wir in Wahrheit so gern vermieden. —
Geben Sie dem General Witzleben von all' den getroffenen Anordnungen Kenntniss und sagen Sie ihm, er
könne dem Könige melden, dass ich von diesem Augenblick an unsere Heere als bereits vereinigte ansehe und
dass ich den Wunsch hege, es möge für Alles, was sich auf
unsere militärischen Angelegenheiten bezieht, die diplomatische Form bei Seite gelassen werden. Fügen Sie hinzu,
dass Ihnen der Auftrag geworden sei, ihn (den General)
über Alles, was bei uns vorginge, auf dem Laufenden zu
erhalten und dass ich es dem Könige Dank wissen würde,
wenn er gestattete, dass mir gegenüber ebenso und in
den einfachsten und directesten Formen verfahren werde.
Für's Erste wird es, wie ich hoffe, mit dem Vor-

stehenden genug sein; den Rest schiebe ich bis zu dem Zeit-
punkte auf, an welchem ich mit Gottes Hilfe ausserhalb
des Bereichs der Cholera und der auch für mich unvermeidlichen Quarantäne sein werde. Die Krankheit nimmt
(Gott sei Dank) bei uns ab, namentlich rücksichtlich
ihrer Intensität. Suchen Sie Cancrin *) über diese unvermeidlichen ersten Ausgaben zu beruhigen und nehmen
Sie darauf Bedacht, dieselben möglichst niedrig zu stellen.
    Ganz der Ihrige *(Tout à vous)* N.
    Beschleunigen Sie den Marsch der Kosaken nach
Möglichkeit."

Freudestrahlend sandte Tschernytschew eine Ab-
schrift dieses Briefes dem Feldmarschall Diebitsch, indem
er hinzufügte, dass der Kaiser bei Absendung desselben
von dem Entschluss des Königs der Niederlande, den
Prinzen von Oranien mit der Statthalterschaft über
Belgien zu betrauen, noch keine Kunde erhalten habe.
Er sprach dabei die Hoffnung aus, dass die russischen Kriegsvorbereitungen eine „erregende" Wirkung
üben und die übrigen Kabinette zu erhöhtem Eifer an-
spornen würden. — Gleichzeitig mit diesen Mittheilungen gingen Diebitsch indessen Nachrichten ganz anderer Art zu. Der inzwischen auf seinen Posten zu-
rückgekehrte Minister der auswärtigen Angelegenheiten,
Graf Nesselrode, schrieb ihm unter dem 10./22. October
das Folgende:

„Die Abwesenheit Sr. Majestät, lieber Graf, setzt
mich ausser Stande, unseren Alliirten Mittheilungen zugehen zu lassen, wie sie durch die Wichtigkeit der Lage
bedingt erscheinen. Die Entschliessungen Englands sind

---

*) Der Finanzminister Graf Cancrin stand auf der Seite der
Friedenspartei.

uns übrigens erst vor zwei Tagen bekannt geworden und
so lange dieselben ausstanden, waren wir überhaupt nicht
in der Lage, uns bestimmt resolviren zu können. Was
man in England beschlossen hat, ist freilich nicht so beschaffen, wie von einem Manne hätte erwartet werden
sollen, der sich s. Z. so muthig und so energisch gegen
Napoleon geschlagen hatte. Niemals ist mir der Ausspruch besser begründet erschienen, dass Wellington im
Felde ein Löwe, im Kabinet ein Hase sei. Wie immer
er aber auch verfahren möge, meiner festen Ueberzeugung nach wird er weiter gehen müssen, als er denkt
und wenn er auch noch so schüchtern auftritt, wird er
früher oder später doch da ankommen müssen, wo wir
ihn hin haben wollen. Durchaus begreiflich erscheint
mir, dass er zu sofortigen Massregeln nicht geschritten
ist, denn dazu hat es ihm an Mitteln gefehlt. Alles was
er an Truppen hätte nach Belgien senden können, wären
zehntausend Mann gewesen; da Preussen die Rheinprovinzen nicht entblösst lassen darf, hätte es von den dortigen Truppen höchstens fünfundzwanzigtausend Mann
abgeben können, — unsere Verstärkungen aber hätten
frühestens über vier Monate heranrücken können. Was
ich gewünscht hätte, beschränkt sich darum darauf, dass
man zu Frankreich in einem energischeren Tone geredet
hätte, denn allein der Krieg mit England wird in Frankreich gefürchtet. Wenn man den Franzosen die Möglichkeit eines solchen Krieges für den Fall zu fühlen
gegeben hätte, dass sie sich von ihrem odiösen Nichtein-
mischungsprincip nicht lossagten, so wäre das das geeig-
netste Mittel zur Erhaltung des allgemeinen Friedens gewesen. Anlangend Preussen muss ich Ihnen gestehen,
dass ich es höchst natürlich finde, wenn diese Macht sich
auf weitaussehende Complicationen nicht einlassen will,

so lange sie Englands und einer bewaffneten englischen
Unterstützung nicht sicher ist. Die Schwierigkeiten, auf
welche Sie gestossen sind, erscheinen mir aus diesem
Grunde ebenso wenig verwunderlich, wie die Unschlüssigkeit, über welche Sie klagen; diese Unschlüssigkeit scheint
mir vielmehr in der Schwäche der Preussen zur Verfügung
stehenden Mittel, in der Abgelegenheit unserer Unterstützung und in der ungünstigen Strömung des öffentlichen Geistes, thatsächlich begründet zu sein. Der einzige
Vorwurf, den man dem Berliner Kabinet machen könnte
ist der, dass es ohne vorgängige Berathung mit uns,
seinem Geschäftsträger in London Instructionen gesendet
hat, welche die vom Herzog von Wellington zu Gunsten
seines Verhaltens vorgebrachten Argumente eher verstärkt
als abgeschwächt haben.

Da ich von dem Kaiser getrennt bin, beschränkt
sich Alles, was ich Ihnen, lieber Graf, sagen kann, auf
die vorstehenden Ausführungen, die ich Sie indessen
als blossen Ausdruck meiner persönlichen Meinung anzusehen bitte. Man gibt uns Hoffnung darauf, dass
Se. Majestät am nächsten Dienstag (14./26. October) zurückkehren werde. Sie werden sich leicht vorstellen, wie
peinlich mir die Trennung von Sr. Majestät grade in dem
gegenwärtigen kritischen Augenblick sein muss. Auf
Rosen sind wir überhaupt nicht gebettet, lieber Graf;
die Cholera haust in einer grossen Anzahl von Gouvernements, die aus diesem Grunde von der Rekrutirung
haben ausgenommen werden müssen; wegen der gegen
die weitere Ausbreitung der Seuche ergriffenen Massregeln stockt der innere Handel; wir sind keineswegs
sicher, dass die Cholera, — die bereits in Tichwin auf-
getreten sein soll, — nicht auch hierher gelange. Wir
haben eine schlechte Ernte gehabt und die Steuern laufen

nur spärlich ein, — und unter so beschaffenen Zeichen treffen wir Vorbereitungen zu einem Kriege, dessen Folgen Gott allein vorher zu sehen vermag. Es versteht sich von selbst, dass man den Muth nicht sinken lassen und dass man sich von den Verhältnissen nicht deprimiren lassen darf: ich habe aber doch für Pflicht gehalten, das traurige Bild unserer inneren Lage vor Ihnen zu entrollen, damit Sie dasselbe bei Ihren Verhandlungen mit dem preussischen Kabinet gehörig in Betracht ziehen können."

So wenig Diebitsch Nesselrode's friedliche Neigungen theilte, — der Ueberzeugung, dass dieser die preussischen Stimmungen richtig beurtheile und dass an ein Vorgehen Preussens nicht zu denken sei, so lange das in Paris allein gefürchtete England einer Action widerstrebe, vermochte sich auch der kriegslustige Feldmarschall nicht zu entziehen. Er glaubte seine Berliner Mission beendet und schrieb dem Kaiser, dass er abzureisen hoffe, als ein vom 14. (26.) October datirtes Schreiben des Statthalters von Polen, Grossfürsten Constantin, ihn davon benachrichtigte, dass der Kaiser die sofortige Mobilisirung der polnischen Armee angeordnet habe, dass er (der Grossfürst) dieser Ordre aber noch nicht nachgekommen sei, weil er Behufs Ausführung derselben auf eine Berathung mit Diebitsch hingewiesen worden, welche der Kaiser für bereits geschehen gehalten habe. Der Brief des Grossfürsten Constantin enthielt u. A. die folgenden Sätze:

„Da ich von Ihnen keinerlei Anweisung erhalten habe, — da ich nicht weiss, welche Massregeln preussischer Seits gegenüber den Vorgängen in Belgien ergriffen worden und da ich überdies aus dem „Oesterreichischen Beobachter" ersehe, dass Oesterreich an keinerlei aggressive Schritte denkt, so habe ich zu der Annahme Grund, dass, wenn wir allein und ohne vor-

güngige Versicherung analoger Massnahmen der übrigen
Mächte Vorbereitungen treffen, welche zu einer bewaffneten Einmischung in die belgische Angelegenheit führen
müssten . . . . . eine solche Ueberstürzung von unserer
Seite die allgemeine Erregung nur schüren und den
Interessen Preussens Schaden zufügen würde. — Wäre
in Belgien eine Revolution ausgebrochen während Karl X.
noch auf dem Throne Frankreichs sass, so würde eine
im Einverständniss mit den übrigen Mächten unternommene bewaffnete Einmischung Russlands in ganz anderem
Lichte erscheinen; die blosse Thatsache eines Aufstandes
und die bezüglichen Bestimmungen der Verträge würden
für eine solche Einmischung die Grundlage gebildet und
den übrigen Mächten die gebieterische Verpflichtung auferlegt haben, die Ruhe des Landes und die königl. Autorität ihrem vollen Umfange nach wiederherzustellen.
Gegenwärtig müsste dagegen gefürchtet werden, dass der
nicht nur in Frankreich, sondern auch in vielen anderen
Ländern Europa's herrschende Geist des Aufruhrs durch
den Lärm militärischer Vorbereitungen gesteigert und
dass eine allgemeine Feuersbrunst herbeigeführt werden
würde, an der Frankreich sich betheiligte und deren Folgen
zur Zeit kaum abzusehen sein würden.

Da der mir durch den Grafen Tschernytschew mit-
getheilte Allerhöchste Befehl den 10. (22.) December als
Termin bestimmte, bis zu welchem die Truppen zum
Ausrücken bereit gemacht sein sollen und da dieser
Termin bereits heranrückt, so sende ich Ihnen einen
Feldjäger, indem ich Sie ersuche, mich mit möglichster
Beschleunigung wissen zu lassen, ob ich diese Anord-
nungen in Ausführung bringen soll oder nicht. Inzwischen
werde ich mir angelegen sein lassen, alle nöthigen Vor-
bereitungen zu treffen."

Auf diesen Brief gab Diebitsch die folgende, vom 17. (29.) October datirte Antwort:

„Bereits vor einigen Wochen hatte ich die Ehre, Ew. K. H. meine Meinung dahin auszusprechen, dass im Hinblick auf die Stärke der durch die gegenwärtige Lage Europa's veranlassten Rüstungen, die Mobilisirung der polnischen Armee und des Reservecorps derselben noch für einige Zeit aufgeschoben werden könnte, zumal diese Armee sich in der Nähe des präsumtiven Kriegstheaters befindet. Ew. K. H. haben mir darauf noch nicht geantwortet, — wahrscheinlich weil Sie — gleich mir — annahmen, dass ich sofort zurückkehren würde. Nichts desto weniger und ohne Rücksicht auf die politischen Veränderungen, welche sich inzwischen in Europa vollzogen haben, bin ich der Meinung, dass die Mobilisirung der polnischen Armee und des Reserve-Corps derselben noch auf mindestens einen Monat hinausgeschoben werden könnte."

Am 18. (30.) October berichtet Diebitsch, er sei von dem Könige in einer längeren Audienz empfangen worden und habe in dieser Veranlassung genommen, ausführlich über die von dem Kaiser angeordneten Kriegsvorbereitungen zu berichten. Die Mobilisirung eines Theils der russischen Armee habe Friedrich Wilhelm III. als rettende Massregel freudig begrüsst und versichert, dass auch er an die Unvermeidlichkeit des Krieges glaube, bezüglich der angewendeten Mobilisirung der polnischen Armee indessen geäussert, dass er dieser Massregel nicht zustimmen könne, da die mit den polnischen Truppen in einer strategischen Linie stehenden preussischen Heerestheile ihre Landwehren noch nicht zu sammeln vermocht hätten und auch sonst auf Hindernisse gestossen seien. Sodann habe der König ihm (Diebitsch) die letzten Depeschen aus England gezeigt, seine Unzufriedenheit über das Verhalten der Londoner Regierung ausgesprochen und gesagt, dass ihm Nichts übrig geblieben sei, als ein Memoire über die gegenwärtige Lage, deren Folgen, die Kriegspläne u. s. w. abfassen und den Höfen von London und Wien zustellen zu lassen. Die Antwort auf dieses Memoire ersuche er den Grafen Diebitsch in Berlin abwarten zu wollen.

Trotz seines dringenden Wunsches, endlich zu einem definitiven Resultat zu gelangen und abreisen zu können, musste der Feldmarschall sich abermals auf das Warten verlegen. Aber noch bevor die Antworten auf die preussische Denkschrift aus Wien und London eingegangen waren, erhielt Diebitsch den nachstehenden, vom 1. 13. November datirten Brief seines inzwischen von Moskau nach St. Petersburg zurückgekehrten, von gleicher Ungeduld verzehrten Kaisers:

„Auch ich, liebster Freund, fange an die Geduld zu verlieren. Von Brief zu Brief verheissen Sie mir entweder die Absendung eines entscheidenden Couriers oder Ihre eigene, nahebevorstehende Abreise: darüber sind fast zwei Monate verflossen und weder das Eine noch das Andere ist geschehen. Damit haben Sie zugleich die Lösung des Räthsels, warum ich auf Ihre Briefe nicht geantwortet habe; ich wollte Ihnen auf positive Mittheilungen antworten und diese positiven Mittheilungen kommen nicht. Gestern endlich hat meine Frau einen Brief des Königs erhalten, in welchem derselbe mittheilt, er habe Sie aus wichtigen Gründen zurückgehalten. Ich möchte wenigstens, dass Sie erfahren, wir befänden uns wohl und die Kriegsvorbereitungen seien mit Gottes Hilfe vorwärts gegangen. Am 10. (22.) November werden wir mit dem 1., dem 2. und dem lit-

tauischen Corps, der polnischen Armee, den Grenadieren
und der Reservereiterei ausrücken können. Um alle
Zweifel an meinen entschieden und unwiderruflich gefassten Entschliessungen zu beseitigen, habe ich Alles in
die Zeitungen setzen lassen. Fester denn je bin ich davon überzeugt, dass wenn es überhaupt ein Mittel giebt,
diesen Krieg zu vermeiden, dasselbe darin besteht, dass
man den Jacobinern aller Länder beweist, man fürchte
sie nicht, — man sei allenthalben unter Waffen und wir
würden, auch wenn die Vorsehung unsern Untergang beschlossen haben sollte, mit Ehren und auf der Bresche
unterzugehen wissen. Das ist seit fünf Jahren meine Empfindung und wird es bis an das Ende meines Lebens bleiben.
Allenthalben und Jedermann wünsche ich von dieser meiner
Anschauungsweise Kunde gegeben zu sehen; inzwischen
aber wollen wir unsere Pflicht zu thun versuchen.

Der Kaiser von Oesterreich wünscht, dass die Ar-
meen unter Ihren Oberbefehl gestellt würden, — ich habe
das als Zeichen schmeichelhaften Vertrauens und als
Unterpfand seiner guten Absichten angesehen und zu-
gestimmt.

Von der Denkungsweise unserer Truppen bin ich
durchaus befriedigt: Alle sind marschbereit und marsch-
lustig, ich aber bitte Gott, — dass der Marsch nicht nöthig werde. Constantin will den Oberbefehl nicht übernehmen, er ist bereit sich unter den Befehl jedes von mir
ernannten Andern stellen zu lassen.

Treffen diese nach Berlin adressirten Zeilen Sie noch
daselbst, so bitte ich alle Bekannten bestens zu grüssen.
Meine Frau empfiehlt sich Ihnen und ich umarme Sie,
indem ich für das Leben bleibe, Ihr wohlaffectionirter N."

Vier Tage später gingen dem Feldmarschall zwei
Briefe Nesselrode's und des Grossfürsten Constantin zu,

welche durchsehen liessen, dass die Meinungen an leitender Stelle immer noch getheilte seien. Nesselrode schrieb unter dem 5. (17.) Nov. das Folgende:

„Hat Graf Alopäus Ihnen meine lange an Tatischtschew gerichtete Depesche vorgelesen, so wissen Sie, wie der Kaiser über die wichtigen Dinge denkt, die sich gegenwärtig in Europa vollziehen. Da trotz besten Willens keine der betheiligten Mächte — einschliesslich Russland — im Stande war, sofort zur Action überzugehen, so ist Nichts übrig geblieben, als den Winter dazu zu benutzen, die furchtbare Coalition der vier Mächte zu organisiren. Nur diese Combination vermag Belgien zu retten und Europa vor neuen grossen Unglücksfällen zu behüten; liessen die betheiligten Mächte sich e i n z e l n und eine nach der anderen auf einen Kampf mit Frankreich ein, so würden dieselben Fehler begangen werden, welche zur Auflösung aller zwischen dem Feldzuge in der Champagne und der Schlacht bei Wagram geschlossenen Coalitionen geführt haben. Allerdings lassen wir dem Feinde Zeit, seine Kräfte zu organisiren, da dieser Feind seine Hilfsmittel aber i m m e r näher bei der Hand hat, als das bei uns der Fall ist, so bin ich der Meinung, dass dieser Zeitgewinn uns schliesslich grösseren Vortheil bringen wird, als Frankreich — zumal, wenn es uns während des Winters gelingen sollte, England auf unsere Seite zu ziehen und über eine von ihm zu leistende praktische Beihilfe Sicherheit zu gewinnen; das letztere aber würde unmöglich sein, wenn ein allgemeiner Krieg durch das Verhalten einer einzelnen continentalen Macht herbeigeführt würde. Diese Erwägungen werden unser Bedauern über Preussens Zurückhaltung und Unentschlossenheit vermindern müssen. Preussens Verhalten trägt allerdings das Merkmal der Schwäche an sich, — diese

Schwäche aber ist das Ergebniss von Preussens gesammter Lage, der Unzureichendheit seiner Mittel, endlich des in ganz Deutschland herrschenden dem Kriege abgeneigten Geistes; für unvermeidlich wird der Krieg den Deutschen eben nur gelten, wenn die Franzosen zu einem offenen Angriff übergehen. Russland braucht diese Erwägungen glücklicherweise nicht auf sich selbst anzuwenden; immerhin sind wir genöthigt, dieselben bei unseren Berechnungen mit in Betracht zu ziehen, da es auf eine vollständige Uebereinstimmung unserer politischen und militärischen Operationen mit denjenigen der übrigen Mächte abgesehen ist. Nichts aber ist schwieriger herzustellen, als das volle Einverständniss verschiedener, zur Erreichung des nämlichen Zweckes verbündeter Regierungen, nichts unbehilflicher, als eine Coalition. Um sich mit einer solchen zurechtzusetzen, bedarf es einer Mischung von Festigkeit und Gefügigkeit; nur ein Aufgebot besonderer Anstrengungen und grosser Aufmerksamkeit kann dazu führen, dass im Laufe der Zeit Entschlüsse gefasst und Mittel in Bewegung gesetzt werden, für welche der rasche Lauf der Ereignisse ein ungleich beschleunigteres Tempo gefordert hätte. Ganz resultatlos wird eine solche Handlungsweise nicht bleiben; wir sehen bereits gegenwärtig, dass England Frankreich gegenüber eine entschiedenere Sprache anschlägt und dass Preussen seinen Londoner Bevollmächtigten Instructionen in Sachen Belgiens ertheilt, die Nichts zu wünschen übrig lassen. Diese ersten Zeichen von Energie haben wir unzweifelhaft Ihren Anstrengungen, lieber Graf, und unseren Kriegsvorbereitungen zu danken, welche, wie es heisst, energisch vorschreiten. Hätten Sie Preussen nicht mit dem Degen aufgestachelt (*si vous ne leur aviez pas mis constamment l'epée dans les reins*), so würden wir nicht ein Mal so

weit gekommen sein. Sie haben uns auf solche Weise
einen wichtigen, von Sr. M. dem vollen Umfange nach
gewürdigten Dienst geleistet. Matuszcewicz*) thut in
seinem Wirkungskreise das Mögliche, um dem edlen Herzog,
der England regiert, grössere Energie einzuflössen; er ge-
niesst Wellington's Vertrauen und übt auf seinen Geist
so grossen Einfluss, wie ihn ein Ausländer auf einen
englischen Premier überhaupt üben kann. Auf diesem
Felde müssen wir weiter reiten und den Zügel in Händen
behalten; wir haben es mit einem widerspenstigen Pferde
zu thun, das sich auf die Hinterbeine stellen würde, wenn
man ihm die Sporen geben wollte. Durch Verträge und
Conferenzen muss man den Herzog so hineinreiten, dass
er nicht wieder herauskann, und dass Seitensprünge für
ihn unmöglich oder schimpflich werden. In Sachen der
Türkei haben wir ihn so geführt; mir ist die Bezug-
nahme auf dieses Antecedens um so lieber, als dasselbe
Russland unter Ihrer Führung auf den Höhepunkt des
Ruhms und der Macht gebracht hatte. Schliesslich giebt es
auf dieser Welt gewisse Dinge, die man mit Augen gesehen
haben muss, um an sie zu glauben, und ich stelle mir
nur ungern vor, dass eine Macht, wie England, es geschehen lassen könnte, dass Frankreich sich Belgiens bemächtigte und damit eine Combination zerstörte, die England selbst als Gegengewicht gegen diese seine Rivalin
ausgedacht hatte. Ihnen brauche ich die Grösse der Ungeduld nicht zu schildern, mit welcher ich der Eröffnung
der Londoner Conferenz und der ersten Berathungen derselben entgegensehe — in der Conferenz sehe ich unsern
Rettungsanker. Unter Umständen kann ein ohne England unternommener Krieg für uns zur Nothwendigkeit

---

*) Damaliger interimistischer Geschäftsträger in London.

werden und ich bin durchaus nicht der Meinung, dass
wir vor dieser Möglichkeit zurückschrecken müssten;
in solchem Falle aber würden wir eine grosse Chance
weniger in der Hand haben und ich glaube daran fest-
halten zu müssen, dass wir zum Behuf eines sicheren Erfolges versuchen müssen, so viel moralische und
materielle Hilfsmittel, wie immer möglich, in unseren
Händen zu vereinigen. Unsere Vorbereitungen werden
energisch gefördert und erleiden keinen Abbruch durch
die Cholera."

Gleich dem Leiter des St. Petersburger Auswärtigen
Amtes schien auch der Statthalter von Polen (bekanntlich Urheber des Ausspruchs „*Je déteste la guerre, elle
gâte les armées*") dem Gedanken an kriegerische Unternehmungen gründlich abgeneigt zu sein. Seinem vom
6./18. November datirten Bericht darüber, dass das littauische Corps und die polnische Armee auf Kriegsfuss gebracht worden seien, folgen die nachstehenden Bemerkungen:

„Bei allen meinen Anordnungen beobachte ich möglichste Vorsicht und behalte ich die Absicht im Auge,
Uebergeschäftigkeiten und unzeitgemässe Massregeln zu
vermeiden, welche den Interessen unseres erlauchten,
verehrten und hochverehrlichen Bundesgenossen, des
Königs von Preussen, Schaden bereiten könnten. So
weise die mir aus St. Petersburg zugehenden Anordnungen auch sein mögen — mir bedeuten sie gewöhnlich
nur alte Geschichten, da ich von Allem, was passirt, zwei
Wochen früher Kunde erhalte. Grade darum erwarte
ich von Ihnen, lieber Feldmarschall, Anordnungen und
was mich persönlich anlangt, so werde ich ausserordentlich bedauern, wenn Sie Berlin verlassen: werde ich dann
doch die Empfindung haben, mich in der schwierigen

und wenig dankbaren Position zwischen Hammer und Ambos zu befinden. Durch die mir aus England zugehenden Nachrichten werde ich in meiner Haltung nur bestärkt; in dem Verhalten dieser Macht vermag ich lediglich eine formelle Lossagung von der Uebereinstimmung zu sehen, auf welche es bei den Absichten der hohen Verbündeten allein ankommen muss. Was Frankreich anlangt, so kann dieser Staat, wenn er nicht sich selbst und aller Logik in's Gesicht schlagen will, nicht wohl im Auslande andere Principien predigen, als zu Hause; wenn zu Hause alles Revolution athmet, kann man auswärts nicht gegen die Revolution in die Schranken treten. Meiner bescheidenen Meinung nach sollte man es Frankreich selbst überlassen, sich zu zerfleischen und in Stücke zu zerreissen — und das nicht nur durch kurzathmige Putsche und Verschwörungen, sondern mittelst eines wohlorganisirten Bürgerkrieges. Entgegengesetzten Falls würde ein europäischer Krieg gegen Frankreich doch nur die Wirkung haben, die verschiedenen Parteien zum Behuf der Wahrung der Integrität des französischen Bodens und der Abwehr fremder Angriffe mit einander auszusöhnen. Natürlich darf uns diese Erwägung nicht daran verhindern, zur Action bereit zu sein, — ich werde aber dabei bleiben, Nichts zu überstürzen, sondern mit Ruhe und Kaltblütigkeit die Bewaffnung zu betreiben.

Das, lieber Feldmarschall, ist mein Glaubensbekenntniss seinem ganzen Umfange nach; ich habe Ihnen dasselbe in vollem Vertrauen auf Ihre erleuchtete Einsicht vorgelegt. Sollte ich zu Thaten berufen werden, welche meiner Anschauung zuwiderlaufen, so werde ich mich mit dem Ihnen bekannten Gehorsam unterwerfen, mein Urtheil aber für mich behalten."

In der Meinung, dass die Freunde des Friedens die

Oberhand behalten würden, musste Diebitsch noch dadurch bestärkt werden, dass Nesselrode ihm unter dem
6. (18.) November von einer Sitzung des Minister-Comité's
Mittheilung machte, in welcher der Finanzminister Cancrin
„ein Bild der Aermlichkeit unserer finanziellen Mittel"
entwarf und hinzufügte, er habe nicht umhin gekonnt,
seinem Collegen rücksichtlich dieser „Unmöglichkeiten" zu-
zustimmen: die Dinge lägen einmal so, dass ohne englische Subsidien an die Führung eines Krieges von un-
gewisser Dauer nicht wohl gedacht werden könne. —
Gleichzeitig mit diesem Brief ging dem Feldmarschall
aber ein von demselben Tage datirtes Schreiben des
Kriegsministers Tschernytschew zu, das aus ganz anderem Tone redete und dafür Zeugniss ablegte, dass die
Kriegspartei nichts weniger als entmuthigt, sondern nach
wie vor des Glaubens sei, den Kaiser zum Kriege bestimmen zu können. Tschernytschew sprach von der
„Blindheit gewisser Leute, welche an der thörichten Hoffnung festhielten, dem herannahenden Verderben mit Hilfe
von Conferenzen und Verhandlungen begegnen und dem
Kriege auf Tod und Leben vorbeugen zu können, der
zwischen der legitimen Gewalt und einer zu äusserstem
Cynismus herabgekommenen Demagogie geführt werden
müsse". Die allgemeine Feuersbrunst sei in unaufhalt-
samer Weiterverbreitung begriffen, weil Niemand ihr
ernstlich entgegen zu treten gewusst habe. Wenn die
Cabinette von Berlin, London und Wien von Hause aus
so gedacht hätten, wie der Kaiser Nikolaus gethan, so
würde das Uebel bereits gegenwärtig mit Stumpf und
Stiel ausgerottet worden sein. — Anlangend die Rüstungen und Kriegsvorbereitungen, sei allerdings nicht zu leug-
nen, dass dieselben durch die Cholera und die Stockung
des inneren Verkehrs vielfach gehemmt worden seien;

immerhin aber würden die für den Feldzug designirten Truppenabtheilungen bis zum Ende des Decembermonats (1830) marschbereit gemacht sein. Zum Sammelplatz der activen Armee sei das Königreich Polen bestimmt, das nicht nur entscheidende strategische Vortheile, sondern zugleich die Möglichkeit erheblicher finanzieller Ersparungen biete; Polen schulde dem russischen Staatsschatz nämlich dreissig Millionen Rubel und werde mit Rücksicht darauf und dem Willen des Kaisers gemäss verpflichtet werden, die Armee zu erhalten, zu deren Stabschef Diebitsch's Kriegsgefährte von 1828, der Graf Toll bereits designirt worden sei. —

Obgleich der Sturz des Ministeriums Wellington den Hoffnungen auf den Uebertritt Englands auf die Seite der nordischen Mächte damals einen schweren Stoss versetzte, glaubte Diebitsch den Mittheilungen Tschernytschew's grösseres Gewicht beilegen zu dürfen, als den Kundgebungen der Friedenspartei. In der Hoffnung, auch den Minister des Auswärtigen von der Nothwendigkeit eines energischen kriegerischen Vorgehens überzeugen zu können, schrieb Diebitsch demselben am 11. (23.) November (d. h. eine Woche vor Ausbruch des Warschauer Aufstandes) das Folgende:

„Meiner Meinung nach drängt der Gang der Ereignisse auf eine Krisis hin, die in demselben Masse an Stärke und Gefährlichkeit zunehmen wird, in welchem wir derselben durch halbe Massregeln und was noch schlimmer ist, durch Zugeständnisse auszuweichen versuchen. Aus diesem Grunde bin ich es herzlich zufrieden, dass unsere Kriegsvorbereitungen ihren Fortgang nehmen, — wir werden derselben nur allzu bald bedürfen. Möge Gott verhüten, dass diese Vorbereitungen in Folge unseres Zögerns unzureichend geworden sind, und dass nicht noch neue Verstärkungen und neue unvermeidliche Opfer nothwendig werden."

Noch dringender sprach der Feldmarschall sich in einem zweiten, an Nesselrode gerichteten Brief vom 18. (30.) November aus: „Gestattet unsere Finanzlage uns nicht, die Ruhe Europa's zu vertheidigen, so wird sie uns noch weniger gestatten, den Kampf aufzunehmen, wenn dieses Europa Polen zu befreien unternimmt. Da ich niemals die Ehre gehabt habe, in der österreichischen Armee zu dienen, so kann ich das Montecuccolische Axiom auch noch nicht verstehen; im Gegentheil bin ich der Meinung unseres letzten grossen Lehrers in der Kriegskunst, dass der Krieg auch die Mittel zur Kriegführung bietet, wenn man ihn in der richtigen Weise, d. h. mit „Vorwärts" und „Hurrah" führt. Dann dauert der Krieg kürzere Zeit, kostet er weniger Geld und — was die Hauptsache ist — weniger Opfer an Menschen und an Principien; als Edelmann vom alten Schlage und als eifriger Dienstmann muss i c h d a s für viel wichtiger halten, als den finanziellen Motor (mobile d'argent). Aus diesem Motor droht ein von Juden und Atheisten ausgedachtes System die Grundlage der gesammten künftigen Ordnung Europa's zu machen, und d i e Begriffe von Glauben und Ehre, welche für unsere Väter und für uns, die wir es für eine Ehre halten, denselben zu folgen, massgebend waren, — durch Metall und Werthpapiere zu ersetzen.

Wenn man mir zuweilen zum Vorwurf macht, die Dinge durch allzu rosig gefärbte Gläser zu betrachten, so werden wenigstens Sie, lieber Graf, sehen, dass meine Anschauungsweise nicht immer von dieser Farbe ist. Diese Anschauungsweise wird sich indessen ändern, sobald ich wahrzunehmen Gelegenheit haben werde, dass man einzusehen beginnt, die Dinge würden dadurch, dass

man sie aufschiebt, nicht gefördert, sondern verschlechtert. Was in Sachen des Orients mit Hilfe des Schwertes
entschieden worden ist und anders als mit dem Schwerte
nicht entschieden werden durfte und nicht entschieden
werden konnte, — das wird sich in solchem Falle wiederholen, denn das Schwert allein vermag den Knoten der
belgischen Frage zu durchhauen. Der erforderliche Hieb
wird um so wuchtiger geführt werden müssen, je längere
Zeit man den Fäden zur Verwirrung lässt, die Opfer —
auch diejenigen an Geld und Credit — werden dadurch
nur grösser werden."

Als Diebitsch diese Zeilen schrieb, war bereits entschieden, dass das russische „Schwert" nicht rosten
sollte. Hinsichtlich des demselben bestimmten Zieles
aber hatte der Sieger von 1828 sich gründlich geirrt;
vierundzwanzig Stunden vor Absendung seines Schreibens war zu Warschau der wahnwitzige Aufstand ausgebrochen, der dem im Jahre 1815 constituirten Königreiche Polen seine Verfassung, seinen nationalen Charakter, seine Armee und seinen Wohlstand und Russland
zehntausende von Menschenleben kosten sollte. Was geworden wäre, wenn man Preussen mit fortgerissen und,
dem Rathe des Feldmarschalls gemäss, unter dem ersten
Eindruck der Juli-Revolution dem europäischen Westen
den Fehdehandschuh hingeworfen und sich dadurch der
Möglichkeit begeben hätte, dem hinter dem Rücken der
Armee ausgebrochenen polnischen Aufstande ernstlich
zu begegnen, entzieht sich der Berechnung. Zur Action
gegen den „Westen" waren ausser der an die Spitze des
Aufstandes getretenen polnischen Armee bestimmt worden: das gesammte Garde-Corps, ein demselben bei-
gegebenes Reserve-Cavallerie-Corps, das Grenadier-Corps,
zwei Infanterie-Corps (I. und II.), das dritte und das

vierte Reserve-Cavallerie-Corps, das abgetheilte littauische
Corps und das vom Grossfürsten Constantin commandirte,
in Polen stehende Reserve-Corps — ein erheblicher Theil
dieser Truppenabtheilungen befand sich Ende November
bereits auf dem Kriegsfuss *). Des Aufgebots dieser gesammten Streitmacht und mehrmonatlicher ernster Anstrengungen bedurfte es, um Polen zum Gehorsam zurückzuführen, obgleich derselbe Mann an der Spitze des
russischen Heeres stand, der sich anheischig gemacht
hatte, mit Hilfe dieses Heeres Frankreich Gesetze zu
dictiren und den Knoten der belgischen Frage auf e i n e n
Streich zu durchhauen! — Dass dieses verzweifelte, am
Vorabende einer polnischen Erhebung schier aussichts-
lose Unternehmen nicht vorschnell unternommen worden,
hatte Russland wesentlich Preussen und der weisen
Zurückhaltung König Friedrich Wilhelms III. zu danken
gehabt!

---

*) Als solche werden bezeichnet: das 1. und 2. Infanterie-
Corps mit Ausnahme zweier Divisionen, das 3. und 5. Cavallerie-
Corps, das littauische Corps, die 3. Grenadier-Division, die 1. Ulanen-
Division und zwei Abtheilungen reitender Artillerie.

Polnisch-russische
Aussöhnungsversuche.

Es wird nächstens hundert Jahre her sein, dass die königliche Republik Polen aus der Reihe der selbständigen europäischen Staaten vollständig gestrichen worden ist; die Säcularfeier des Vertrages, der der ersten Theilung dieses unglücklichsten aller modernen Länder vorherging, hat bereits am 5. August 1872 begangen werden können. An Versuchen zur Rechtfertigung dieses Actes haben es weder die Zeitgenossen desselben, noch die späteren Geschlechter fehlen lassen, — die Folgen des Unternehmens, an einer lebenden Nation ein politisches Todesurtheil zu vollziehen, sind von den Unternehmenden selbst bis zur Stunde nicht verwunden worden. Wohl ist es dem preussischen Staate mit Hilfe einer überlegenen wirthschaftlichen, staatlichen und geistigen Cultur gelungen, die Widerstandsfähigkeit der innerhalb seiner Grenzen lebenden Erben des polnischen Namens auf ein Geringes herabzudrücken, für vollständig gelöst wird das von der preussischen Krone übernommene Problem indessen erst gelten können, wenn die russisch-polnischen Rechnungen regulirt sind, und wenn thatsächlich feststeht, dass Russland sich durch seine polnische Politik um die Möglichkeit einer slawischen Politik gebracht hat. Für Oesterreich liegen die Dinge der Hauptsache nach so, wie sie vor hundert Jahren lagen. Der Kaiserstaat ist genöthigt, sich in dem Besitz Galiziens zu behaupten,

weil dieses Land sonst Russland in den Schoss fiele;
mehr als eine Nichtverminderung seiner Macht und derjenigen Sicherheit seiner Grenzen, die das Haus Habs-
burg vor dem Jahre 1772 besass, hat die galizische Erwerbung dem Wiener Cabinet aber kaum jemals bedeutet.
Und selbst dieses Ergebniss ist zweifelhaft geworden,
seit die Bewohner des östlichen Galizien sich als Russen
zu fühlen beginnen, und seit auf diese Weise auch in
Oesterreich mit der polnischen eine russische Frage in
unauflösliche Verbindung gebracht worden ist. Russland
ist zum dritten Male dabei angelangt, einer Aussöhnung
mit Polen dringend, und zwar im eigenen, russischen
Interesse zu bedürfen. So lange der Besiegte von 1863/64
nicht versöhnt worden, ist der Sieger nicht nur ausser
Stande, seine vielbesprochene slawische Mission aufzunehmen, sondern zugleich ausserhalb der Möglichkeit,
seinem eigenen Hause eine befriedigende Einrichtung zu
geben.. Trotz der schweren, anscheinend vernichtenden
Schläge, welche die St. Petersburger Regierung vor fünf-
zig und vor siebzehn Jahren gegen Polenthum und Katholicität geführt hat, stellen diese Elemente nach wie vor
in dem sog. Königreich bestimmende, in Littauen,
Samogitien und Weissrussland dem Russenthum nahezu
ebenbürtige Mächte dar. Um die Aussichten, welche die
polnische Nationalität auf Wiederherstellung ihrer staatlichen Unabhängigkeit hat, ist es freilich nie trauriger bestellt gewesen, als in dem Zeitalter der Aufhebung der
russischen Leibeigenschaft, der Wiederherstellung des
deutschen Reichs und des sog. Culturkampfes; der einzige
polnische Staatsmann dieses Zeitalters hat mit dem Project eines russisch-polnischen Ausgleichs und einer dadurch zu bewirkenden Rettung seines Vaterlandes ebenso
vollständig Fiasko gemacht, wie sein einstiger Vorgänger

Fürst Drucki-Lubecki, und ist eben so hoffnungslos wie
dieser verstorben: daran, dass es Millionen von Polen
giebt, die als Polen zu leben und zu sterben fest entschlossen sind, hat sich seit den letzten fünfzehn Jahren
aber so wenig verändert, dass die Nothwendigkeit einer
Rechnung mit dieser Thatsache zu einem Glaubenssatz
derselben russischen Partei geworden ist, welche vor kaum
einem halben Menschenalter die Vernichtung des Polenthums für ihre Lebensaufgabe und für die Hauptbedin-
gung einer erfolgreichen slawistischen Politik erklärt hatte.
In demselben Masse, in welchem Russland sich dem
deutschen Nachbar entfremdet hat, ist das russische
Verlangen nach einer Aussöhnung mit Polen von Jahr
zu Jahr brünstiger und leidenschaftlicher geworden. Die
Wiederherstellung des deutschen Reichs setzte dieses
Thema zuerst auf die publicistische Tagesordnung, der
Ausgang des russisch-türkischen Krieges von 1877 hat
demselben in der liberalen Presse des gesammten Russland Bürgerrecht verschafft. Die russischen Nationalen
glauben des polnischen Verbündeten nicht entbehren zu
können, weil sie von ihm die Vermittelung mit dem
Westslawenthum erwarten, während die St. Petersburger
Liberalen in der Fortdauer der Gewaltherrschaft über
das Königreich eines der Haupthindernisse für die Verwirklichung ihrer Verfassungswünsche sehen: in den
Programmen beider Parteien nimmt der polnische Ausgleich einen erheblichen Raum ein. Innerhalb der hohen
russischen Aristokratie hat es an Polenfreunden niemals
gefehlt, und würde die Zahl derselben eine noch grössere
sein, wenn nicht bekannt wäre, dass der Ausgleichsge-
danke bei den polnischen Conservativen bis jetzt nur geringen Anklang gefunden hat. Ein gewisses Entgegenkommen haben die russischen Werbungen überhaupt nur

in Preussisch-Polen und bei einzelnen panslawistisch an-
gelaufenen Führern der polnischen Demokratie gefunden;
der streng katholische und entschieden antirussische Adel
Galiziens verhält sich ebenso ablehnend, wie die Mehrheit der Magnaten des Königreichs, denen der gegenwärtige Zustand immer noch erträglicher dünkt, als die
Wiederkehr eines zuerst von den eigenen, dann von den
russischen Demokraten geübten Terrorismus. Wunder-
bares Verhältniss, wo die Sieger der Aussöhnung dringender bedürfen, wie die Besiegten!

Sind die Zeichen, unter denen die Freunde des
russisch-polnischen Ausgleichs ihre Thätigkeit aufgenommen haben, bis jetzt auch wenig ermuthigende gewesen,
so kann doch nicht zweifelhaft sein, dass dieselben mit
dem Winde segeln und dass über kurz oder lang mindestens der Versuch gemacht werden wird, der sog.
„russischen Lösung" der polnischen Frage eine über die
russische Reichsgrenze hinausragende Bedeutung zu geben.
Mit gewohnter selbstbewusster Offenheit haben die Führer
der russischen öffentlichen Meinung im Voraus angegeben,
wie die Sache fertig gebracht, wie die äusseren und
wie die inneren Bedingungen dieses Friedensschlusses
hergestellt werden sollen. Bezüglich Preussisch-Polens
und der westlichen Provinzen des Königreichs rechnet
man in Moskau und St. Petersburg darauf, dass die unaufhaltsam vorschreitende Germanisirung des Grossher-
zogthums Posen und des Gouvernements Lodz die polnischen Patrioten zu Panslawisten machen werde, — in
Ostgalizien und der Bukowina soll das ruthenische Bauernthum die für die künftige Grenzregulirung nothwendige
Vorarbeit besorgen. Ist diese Vorarbeit gethan und
gleichzeitig das nationale und kirchliche Bewusstsein der
nicht-magyarischen Bewohner Ungarns, vor Allem der

500,000 westlich von der Karpathenwand lebenden ungarischen „Russen" gehörig wiederbelebt worden, — dann
ist den widerstrebenden polnischen Elementen keine andere Rettung und Unterkunft, als diejenige bei dem
„stammverwandten" russischen Staate übrig geblieben.
Die Herstellung der inneren für den Ausgleich erforderlichen Bedingungen erwartet man von der grossen
Umgestaltung, welcher die Organisation des russischen
Staates entgegen geht und von dem wachsenden Einfluss
der liberalen Parteien. Dass die „wahren" russischen
Liberalen sich der Nothwendigkeit billiger Zugeständnisse
an das Polenthum niemals verschlossen haben, und dass
die Mehrzahl die gegenseitige Auffassung bekundender Zeugnisse der russischen Literatur auf „Missverständnisse", „Inconsequenzen" und momentane Stimmungen zurückgeführt
werden müsse, hat der einflussreichste russische Literatur-
Historiker der Gegenwart noch vor Kurzem in einer ganzen
Serie vielgelesener und vielbesprochener Aufsätze nachzuweisen versucht *). Herrn Pypin und dessen Gesinn-

---

*) „Die polnische Frage in der russ. Literatur, von
A. N. Pypin" (abgedruckt in der St. Petersburger Monatsschrift
Wesstnik Jewropy). Diese Aufsätze sind wegen der genauen Kenntniss russischer Literatur, welche sie voraussetzen, nicht übersetzt
worden, auch nicht wohl übersetzbar. Desto grössere Aufmerksamkeit verdient die von demselben Verfasser in Gemeinschaft mit
V. D. Spassowitsch verfasste „Geschichte der slawischen
Literaturen" (deutsch von Traugott Pech, Leipzig bei F. A.
Brockhaus), ein Abriss der literarischen und zugleich der nationalen und politischen Bewegung in sämmtlichen slawischen Ländern, der seiner Klarheit und Uebersichtlichkeit wegen als vor-
zügliches Hilfsmittel zum Studium der slawischen Geschichte und
der panslawistischen Idee empfohlen werden kann. Der bis jetzt
erschienene erste Band umfasst die Geschichte der bulgarischen,
serbischen, kroatischen, slowenischen, klein-russischen und ruthenischen Literatur und Nationalentwickelung; der demnächst er-

4*

·ungsgenossen gilt seit lange für ausgemacht, dass das
Verlangen nach einem russischen Systemwechsel zugleich
das Verlangen nach radicaler Umgestaltung der russisch-
polnischen Beziehungen in sich schliesst und dass die
beiden grossen ostslawischen Stämme nur „frei" zu
werden brauchten, um sich sofort auf ihre wahren Interessen zu besinnen und den uralten Hader für immer zu
begraben. — Was kümmert diese Allerneusten die Geschichte der in den verschiedenen Theilen slawischer Erde
gemachten „freiheitlichen" Experimente — was fragt
ein Geschlecht, dem die Vergangenheit für eine blosse
Rumpelkammer von Widersinnigkeiten gilt, nach den Erfahrungen, welche allein während der letzten hundert
Jahre von den Männern gemacht worden sind, die das
Werk einer russisch-polnischen Aussöhnung ernsthaft in
die Hand genommen, und die den Versuch, diese Völker
einander zu nähern, für keinen Zweiherrndienst, sondern
für die Grundvoraussetzung jeder gesunden Lebensge-
staltung in Ost-Europa angesehen und die eigene Existenz
an diese Aufgabe gesetzt haben? — Das Jahr, in welchem
die Pypin'sche Abhandlung erschien und in welchem polnische und russische Enthusiasten an der zu Krakau begangenen Kraszewski-Feier Veranlassung nahmen, den russisch-
polnischen Ausgleich als unmittelbar bevorstehend zu
proclamiren ist zugleich das Jahr der Veröffentlichung
eines Buchs gewesen, welches sowohl wegen seiner Anpassung an die damals in Petersburg herrschenden Stimmungen als wegen der Fülle seiner thatsächlichen Mittheilungen über die Warschau-Petersburger Verständi-

---

scheinende zweite Band wird es mit Russen, Polen und Czechen
zu thun haben. Der Uebersetzer hat dafür gesorgt, dass das Buch
dem Verständniss und den Bedürfnissen deutscher Leser allenthalben entgegenkommt.

gungsversuche der 50er und 60er Jahre ein ausserge-
wöhnliches Interesse darbietet. Ein conservativer, den
Tendenzen der aristokratischen und der demokratischen
Emigration durchaus feindlicher Pole, Herr Lisiçki, hat
auf Grund ihm zur Verfügung gestellter umfassender Ma-
terialsammlungen eine Geschichte des einzigen polnischen
Staatsmannes der Neuzeit, des Marquis Wielopolski
und seiner dreissigjährigen öffentlichen Wirksamkeit publicirt, die als Zeugniss für die in gewissen
Schichten der polnischen Gesellschaft herrschenden Tendenzen ebenso bedeutsam ist, wie als Beitrag zur Zeit-
geschichte *).

Das Lisiçki'sche Buch gewährt nicht nur in die
russisch - polnische Geschichte der 60er Jahre, sondern
zugleich in das Wesen der zwischen beiden Völkern
bestehenden Verhältnisse Einblicke, wie sie bisher nirgend
geboten gewesen; durch gleichzeitige deutsche Publicationen sind die einzelnen Lücken so glücklich ergänzt
worden, dass jene hart hinter uns liegende Epoche wie
eine abgeschlossene historische Periode übersehen werden
kann. Ist es überhaupt möglich, dem russisch-polnischen
Ausgleich der Zukunft das Horoskop zu stellen, so wird
das am geeignetsten in Anknüpfung an dieses Buch geschehen, das die Geschichte polnisch-russischer Wechsel-
wirkungen des gesammten neunzehnten Jahrhunderts re-
capitulirt.

Bevor wir uns auf den Inhalt derselben einlassen,
wird indessen zweckmässig sein, mit einiger Ausführlich-
keit bei einem Manne zu verweilen, dessen der Biograph

---

*) Die polnische Ausgabe des Lisiçki'schen Buches ist vom Jahre
1879, die französische Version vom März 1880 datirt und bei Faesy
und Frick in Wien erschienen.

Wielopolski's nur gelegentlich Erwähnung thut, obgleich
derselbe in der doppelten Eigenschaft eines Vorgängers
und eines Widerspiels des hervorragendsten polnischen
Staatsmannes neuerer Zeit, merkwürdig gewesen ist. Von
ungleich günstigeren Verhältnissen begleitet, als sein
Nachfolger, im Besitz fast aller Eigenschaften, die jenem
fehlten, und als Sprosse eines seit Jahrhunderten in
Littauen ansässigen russischen Adelsgeschlechtes für
eine Vermittlerrolle gleichsam geboren und dabei im Besitz
eines unvergleichlich zu nennenden finanziellen Talents,
hat Fürst Druçki-Lubeçki unter Alexander I.
eine Rolle gespielt, die derjenigen Wielopolski's unter dem
zweiten Alexander vielfach ähnlich sieht. Wenigstens in
Kürze sei gesagt, wer dieser Mann gewesen, was er ausgerichtet und nicht ausgerichtet hat.

I.

Die Verwaltung Druçki-Lubeçki's.

Fürst Xaver Druçki-Lubeçki wurde als Sohn einer
ursprünglich russischen, im Laufe der Jahrhunderte längst
katholisirten und polonisirten littauischen Adelsfamilie zu
Minsk im Jahre 1777 geboren und im siebenten Lebensjahre in die St. Petersburger Infanterie-Kadettenschule
geschickt, der er dreizehn Jahre angehörte, um 1797 als
Lieutenant des Nisow'schen Infanterie-Regiments in die
russische Armee zu treten und Suworow's italienische
Feldzüge mitzumachen. Fünf Jahre vor der Geburt Lubeçki's hatte die erste Theilung Polens Littauen zu einer
Provinz des russischen Reichs gemacht, die inneren Verhältnisse dieses Landes indessen nur scheinbar umgestaltet
und eben darum einen erheblichen Theil des Adels mühelos
in das russische Interesse gezogen, dem viele Magnaten bereits in den letzten Zeiten der Republik ergeben gewesen
waren. Dem kosmopolitischen Charakter des Zeitalters
entsprechend war der junge nach Petersburg verpflanzte
Fürst ein guter russischer Unterthan geworden, ohne
dass er darum aufgehört hätte, Pole und Katholik zu sein.
Für die Erhaltung der Katholicität ihrer an der Newa
lebenden polnischen Glaubensgenossen wussten die in St.
Petersburg eingebürgerten Jesuiten vortrefflich zu sorgen,
die Bildung der damaligen vornehmen Russen aber war

eine so durchaus unrussische, dass das Volksthum der
unter ihnen lebenden Polen ernsten Gefahren schlechterdings nicht ausgesetzt sein konnte. Die Lehrer des In-
fanterie-Kadettenhauses waren — wie alle Lehrer in den
damaligen höheren Bildungsanstalten Russlands — zumeist Franzosen und Deutsche; den mathematischen Unterricht z. B. ertheilte Euler, dem Lubeçki sich besonders
anschloss und unter dessen Führung er höchst solide
Kenntnisse erwarb. — Dank diesen Umständen und Dank
dem ferneren Umstande, dass er seine blosse drei Jahre
umfassende militärische Dienstzeit ausschliesslich in Italien
und der Schweiz verbracht hatte, war Lubeçki, als er
1800 in seine Heimath zurückkehrte, in jeder Rücksicht
Pole geblieben: eine (durch einen Sturz verursachte)
leichte Rückgrat-Krümmung, der Annenorden vierter Classe
und das für einen Polen doppelt schätzbare Recht, sich
als „Combattanten Suworow's" geriren zu dürfen, war
Alles, was er aus Russland mitgebracht hatte.

Dauernd sollte dem jungen Exlieutenant das Stillleben
der Heimath indessen nicht gegönnt sein. Unter dem
polnischen Adel Littauens begann sich nach dem Tode
des Kaisers Paul ein neues Leben zu regen, — man
fühlte das Bedürfniss, die dem Lande gebliebenen alten
Einrichtungen den Einmischungen des russischen Beamtenthums gegenüber sicher zu stellen und der alsbald
nach seiner Verabschiedung zum Kreis-Adelsmarschall
von Grodno erwählte „Combattant Suworow's" wurde von
seinen Standesgenossen nach St. Petersburg entsendet,
um der Regierung verschiedene Wünsche vorzutragen.
Dem fähigen und kenntnissreichen Manne gelang es nicht
nur seine Angelegenheit glücklich durchzusetzen — er
wusste die Aufmerksamkeit des Kaisers auf sich zu ziehen,
mit dem damals allmächtigen Staatssecretär Speransky,

dem Polzeiminister Balaschew und andern hochgestellten
Männern in nähere Beziehung zu treten und seine
Kenntniss der littauischen Verhältnisse in ein so glän-
zendes Licht zu stellen, dass der Kriegsminister Barclay
de Tolly ihn zu Rathe zog, als im Jahre 1812 die Frage
zur Entscheidung kam, ob zu der durch die Napoleonische
Invasion nothwendig gewordenen Rekruten-Aushebung,
das halbpolnische Littauen mit heran gezogen werden
sollte. Lubeçki, der mit den französischen Sympathieen
seiner Landsleute nur allzu genau bekannt war, wusste
von dieser bedenklichen Maassregel so eindringlich ab-
zureden, dass Barclay den bereits erlassenen bezüglichen
Ukas unausgeführt liess und dem Kaiser über die ihm
von dem Fürsten ertheilten Rathschläge berichtete. Die
Antwort darauf war ein kaiserlicher Ukas, der die Aus-
hebungs-Ordre widerrief; diesem war ein an Lubeçki gerichteter Gnadenbrief beigelegt, der dem (inzwischen zum
wirklichen Staatsrath beförderten) Lieutenant a. D. Band
und Stern des Annen-Ordens erster Classe ertheilte.

Inzwischen rückte die französische Armee unaufhaltsam vor. Lubeçki, der seine Stellung als Adelsmarschall
nach Kräften dazu benutzt hatte, seine Landsleute auf
der russischen Seite zu halten, verliess Littauen, schloss
sich dem kaiserlichen Hauptquartier an, nahm ein nomi-
nelles Amt im Polzeiministerium an und wusste sich durch
loyales Verhalten so vortheilhaft hervorzuthun, dass der
Kaiser ihn am 13. Januar 1813 zum Civil-Gouverneur
des inzwischen von den Feinden wieder befreiten Gouvernements Grodno ernannte. Aber noch bevor er dieses
Amt angetreten hatte, wurde Lubeçki zu einer höheren,
wichtigeren Stellung berufen: das von Napoleon constituirte „Herzogthum Warschau" war von den Franzosen
geräumt, von den Russen besetzt worden, — Georg Adam

Czartoriski hatte Alexander I. bestimmt, dieses Land zum Ausgangspunkte einer Wiederherstellung Polens zu machen und einen Verwaltungsrath niederzusetzen, der die Verwandlung des bisherigen Herzogthums in ein constitutionelles Königreich vorbereiten sollte. In diesen Verwaltungsrath wurde Fürst Lubeçki gezogen und vorläufig mit der Leitung der inneren Angelegenheiten betraut, die er nach Beendigung des Organisationswerkes indessen in die Hände Mostowskys niederlegte, um nach Grodno zurückzukehren. Aber auch dieses Mal nur für kurze Zeit; im Juni 1816 wurde er abermals nach Warschau berufen, um als russischer Commissar in die von den drei nordischen Grossmächten niedergesetzte Liquidations-Commission zu treten. Zwölf Monate später wurde der Fürst zum Präsidenten eines Comités ernannt, welches die verwirrten Rechnungsverhältnisse zwischen Russland und dem neuen Königreich Polen ordnen sollte; das ihm gleichzeitig übertragene Amt eines Civilgouverneurs von Wilna (dessen nomineller Träger er sieben Jahre lang blieb) hat Lubeçki niemals zu übernehmen Gelegenheit gehabt. Die Geschicklichkeit und Sachkenntniss, welche er bei den polnisch-russischen Abrechnungsarbeiten bewiesen, veranlasste den Kaiser, ihn im Jahre 1818 nach Aachen zu berufen und mit einer verwandten, aber noch wichtigeren und schwierigeren Mission zu betrauen. In einer von seinem Freunde Przewalski veröffentlichten Notiz hat Lubeçki selbst über diese Mission das Folgende berichtet:

„Die Feldzüge der Jahre 1813, 1814 und 1815 hatten zu ausserordentlich schwierigen und complicirten militärischen Rechnungsverhältnissen geführt, bei denen es sich um die Feststellung und Verrechnung der von jeder der drei verbündeten Grossmächte geleisteten Ausgaben handelte. Nach einer, ich weiss nicht von wem aufgemachten

Calculation, sollte Preussen von Russland erhebliche Summen zu fordern haben, deren Feststellung im Einzelnen indessen noch vorbehalten geblieben war. Zufällig von mir gesammelte Daten hatten mich zu der Meinung gebracht, dass das preussische Guthaben auf einem Irrthum beruhe und dass im Gegentheil Russland und das Königreich Polen von Preussen noch Geld zu bekommen hätten. Meine darüber gelegentlich gethanen Aeusserungen waren dem Kaiser zu Ohren gekommen, der mich nach Aachen kommen liess und mir in einer Audienz die Frage vorlegte, ob ich meine Behauptungen zu beweisen im Stande sei. Auf meine Antwort, dass ich das thun zu können hoffte, zur Zeit aber nur im Besitz unvollständiger Daten sei, erwiderte Se. Majestät, die bezüglichen Acten würden mir zur Verfügung gestellt werden und ich sollte mich desshalb andern Tages an den damaligen Minister des Auswärtigen, Grafen Capodistrias wenden. — In trocknem Tone und nicht ohne einen gewissen Sarkasmus bemerkte dieser Staatsmann mir, dass mir auf kaiserlichen Befehl eine Vollmacht zu Verhandlungen mit dem Berliner Cabinet ertheilt werden werde, dass es ihn aber aufs Höchste verwundern würde, wenn dieses Kabinet von mir davon überzeugt werden sollte, dass seine Forderungen unberechtigte seien. Die Sache war dem Grafen offenbar unbequem. „Ich halte mich für einen guten Physiognomen", fügte er hinzu, „und wenn ich nach dem Ausdruck Ihres Gesichts urtheilen darf, so bin ich überzeugt, dass Sie uns mit Preussen brouilliren werden."

„Ich werde", gab ich zur Antwort, „mein Möglichstes thun, um Ihre Physiognomik Lügen zu strafen. So weit mir bekannt, wimmeln unsere mit Preussen geführten Rechnungen von Ungenauigkeiten und Missverständnissen. Den guten und ehrlichen Willen beider Betheiligten vorausgesetzt, muss es gelingen, diese Schwierigkeiten zu beseitigen und die Sache in ein einfaches Rechenexempel zu verwandeln. Zu einer Störung der gegenseitigen guten Beziehungen wird keine Veranlassung da sein, da ich für unmöglich halte, dass man über arithmetische Wahrheiten streiten könnte." . . . . . So trennten wir uns, Capodistrias machte aus seiner Meinung über meine angebliche Unerfahrenheit und Selbstüberschätzung kein Hehl, der Kaiser aber beharrte bei der getroffenen Entscheidung und liess mich nach Berlin abreisen.

Glücklicher Weise hatte ich es hier mit gescheuten und ehrlichen Leuten zu thun. Die Resultate der über die gegenseitigen Rechnungen geführten Verhandlungen und der am 22. Mai 1819 getroffenen Convention sind bekannt: statt von uns Geld zu bekommen, bezahlte Preussen uns einige Millionen Thaler und ausserdem war mir geglückt, einen für das Königreich Polen commerziell ausserordentlich günstigen Vertrag zu schliessen."

Lubeçki's Bericht über den Eindruck, den das Ergebniss der in Berlin gepflogenen Verhandlungen auf den Kaiser und auf den Grafen Capodistrias machte, übergehen wir. Seine Autorität in finanziellen Dingen stand von Stunde an in St. Petersburg und Warschau unbestritten fest und als ihm im Jahre 1820 gelungen war, auch noch die Rechnungsverhältnisse mit Oestreich zu ordnen, wunderte sich Niemand, dass der Mann, der so ausserordentliche Proben von Arbeitskraft und Einsicht abgegeben hatte, am 19. Juli 1821 an Stelle des Grafen Matuszewicz zum Finanzminister des Königreichs ernannt wurde.

Das Ministerium, in welches Druçki-Lubeçki trat, datirte zum grössten Theil aus den Zeiten der französisch-sächsischen Verwaltung des „Herzogthums Warschau".

Alexander I. hatte seinen polnischen Unterthanen durch die Beibehaltung der Männer, die den Krieg gegen Russland hatten organisiren helfen, einen noch sprechenderen Beweis seines Vertrauens gegeben, als durch die Ertheilung der Verfassung von 1815. Zum Vice-Könige von Polen war ein Combattant der Invasionsarmee von 1812, derselbe Generallieutenant Zajonczek ernannt worden, der an der Spitze französischer Truppen Smolensk erstürmt und an der Beresina ein Bein verloren hatte. Entsprechend dem Misstrauen, das in Alexanders Charakter zu tief gewurzelt war, um von den grossmüthigen Regungen dieses Monarchen jemals vollständig überwunden werden zu können, residirte neben diesen polnischen Parteien indessen ein Mann in Warschau, den alle Welt als Feind der polnischen Verfassung und der polnischen Politik des Kaisers kannte, der „kaiserliche Kommissar" Graf Nowossilzow. — Innerhalb dieses Kreises eine massgebende Rolle zu spielen, war der neue Finanzminister nicht nur durch seine fachmännischen Eigenschaften, sondern in noch höherem Grade durch seine Antecedenzien und seinen Charakter berufen. Unter seinen sämmtlichen Collegen war er der einzige, der stets auf russischer Seite gestanden, in Russland seine Carriere gemacht, das Vertrauen der Petersburger Regierung durch dieser geleistete wichtige Dienste erworben hatte; den hervorragenderen russischen Staatsmännern war er durch jahrelangen geschäftlichen Verkehr genau bekannt geworden, und mit der finanziellen und politischen Lage des grossen Reichs hatte die Praxis ihn ebenso vertraut gemacht, wie mit der Sprache und Gesetzgebung desselben. Dabei war er als Vertreter eines der ältesten littauischen Magnatengeschlechter, als eifriger Katholik und als Vertrauensmann des Grodnoschen Adels gradeso gut Pole geblieben, wie seine übrigen, in Petersburg emporgekommenen Landsleute. Familientradition und eigenes Interesse wiesen den Fürsten darauf hin, Polen seine privilegirte Stellung und seine Unabhängigkeit von der russischen Verwaltung zu erhalten, ebenso nachdrücklich aber allen auf eine Losreissung des polnischen Staates gerichteten Bestrebungen abgeneigt zu sein. Die seinen Landsleuten eigenthümliche patriotische Excentricität und der aus Frankreich importirte liberale Enthusiasmus waren seiner nüchternen, praktischen und geschmeidigen Natur durchaus fremd. Zu gebildet, um an die Möglichkeit eines unter russischem Scepter zu entwickelnden „parlamentarischen Systems" zu glauben, schätzte er die Constitution von 1815 vornehmlich als Mittel, seinem Lande russisch-bureaukratische Einmischungen fern zu halten und die Grundlagen einer festen Verwaltungsordnung zu gewinnen; den modischen Redensarten von geheiligten Volksrechten und von dem Beruf Polens, durch constitutionelle Sittenstrenge für den Parlamentarismus in Ost-Europa Propaganda zu machen, stand er durchaus ironisch gegenüber. Mit der Wohlfahrt seines Vaterlandes, insbesondere mit der materiellen Wohlfahrt desselben, meinte Lubeçki es durchaus ernst und redlich, — wo wirkliche Interessen auf dem Spiel standen, war er consequent bis zur Hartnäckigkeit, — die Würde seines Amtes wusste er als geborener Aristokrat stets zur Geltung zu bringen. Bezüglich der Wahl der zum Ziel führenden M i t t e l liess er sich dagegen durch constitutionelle Rücksichten und Bedenken nie im Geringsten geniren, und im täglichen Verkehr mit russischen Machthabern von wirklicher Bedeutung konnte Niemand gefügiger und bequemer befunden werden, als der „Combattant Suworows". Wenn irgend Jemand schien er dazu berufen, zwischen dem constitutionellen Polen und dem absolutistischen Russland zu vermitteln und die Schwierigkeiten auszugleichen, welche einer Eingewöhnung und Verständigung der beiden auf einander angewiesenen Völker noch im Wege standen. Was ihm an Popularität und Einfluss bei seinen Landsleuten fehlte, konnte durch seine eminente fachmännische Befähigung und durch seine Verbindungen mit den massgebenden Führern der polnischen Aristokratie ausgeglichen werden, — der anscheinend schwierigsten Seite seiner Aufgabe, der Erhaltung des kaiserlichen guten Willens und Vertrauens, war Lubeçki in so hohem Masse gewachsen, dass er keines Gehilfen und keiner Unterstützung bedurfte. In jeder Rücksicht schien er der rechte Mann an der rechten Stelle zu sein.

Lubeçki's Verwaltung der polnischen Finanzen wurde in der That von Erfolgen begleitet, wie sie nie vorher und nie nachher ein polnischer oder russischer Finanzminister aufzuweisen gehabt hat. Gleich sein erstes Werk war eine Meisterleistung. Mit dem Scharfblick des Genies erkannte er, dass auf den Hauptzweig des polnischen Wirthschaftslebens, die Landwirthschaft, der Mangel geordneter Kreditverhältnisse lähmend wirke und dass der Verschuldung der Gutsbesitzer und dem von wucherischen Geldleuten getriebenen Moratorien-Unfuge um jeden Preis ein Ende gemacht werden müsse. Er rief einen Hypotheken-Verein ins Leben und organisirte mit den einfachsten Mitteln jene „polnische Bank", die bis heute besteht und die die allen übrigen polnischen Einrichtungen verhängnissvoll gewordenen Krisen von 1831 und 1864 überlebt hat. Dann nahm er die Ordnung des Staatsschuldenwesens in die Hand; wenige Jahre reichten hin, damit die Zinsen der öffentlichen Schuld spielend aufgebracht und die polnischen Staatspapiere auf

einen noch nicht dagewesenen Coursstand gebracht
wurden. Des Fürsten wichtigstes Werk aber lag
auf einem andern Gebiet. Der russische Finanzminister
Graf Cancrin hatte ein Prohibitiv-System eingeführt, das
die Einfuhr ausländischer Tuche nahezu ausschloss, ohne
der russischen Tuchfabrikation den erwarteten Nutzen
zu bringen; Lubeçki sah ein, dass von einem selbständigen polnischen Zollsystem nicht die Rede sein könne
und dass Alles darauf ankomme, von den ein Mal un-
abänderlich gewordenen Verhältnissen den möglichsten
Nutzen zu ziehen. Er rief die grossartige Tuchindustrie
im Gouv. Lodz ins Leben, die noch gegenwärtig zu den
bedeutendsten grossgewerblichen Unternehmungen auf dem
festen Lande zählt und eine der Hauptquellen polnischen
Wohlstandes geworden ist. Als Cancrin durch Errichtung innerer Zollschranken Russland gegen die Ueber-
schwemmung mit polnischen Tuchen schützen und dem Kaiser einreden wollte, das angebliche Lodzer Fabrikat werde
nicht an Ort und Stelle hergestellt, sondern aus Oesterreich und Preussen eingeschmuggelt, wusste Lubeçki
sich so meisterhaft zu vertheidigen, dass die kaiserliche
Entscheidung zu seinen Gunsten ausfiel. Dann ging er
dem verrotteten alten Steuersystem zu Leibe. Ohne fühlbare Anspannung der Steuerkraft wurden die Einnahmen
des Königreichs binnen eines einzigen Jahrzehnts ver-
dreifacht, sämmtliche Unkosten der polnischen selbstständigen Armee auf die königlichen Kassen übernommen;
als es sich gegen das Ende der zwanziger Jahre ein Mal
darum handelte, dem r u s s i s c h e n Finanzbedürfniss durch
Vorschüsse zu Hilfe zu kommen, setzte Lubeçki eine
Vorauserhebung der Steuern des Königreichs in Scene,
welche dem Kaiser Nikolaus so gründlich imponirte, dass
derselbe dem polnischen Minister eine Freiheit der finan-

ziellen Gebahrung verstattete, deren sich keiner seiner
russischen Kollegen jemals zu erfreuen gehabt hatte.
Dass die Bevölkerung des Königreichs binnen fünfzehn
Jahren um 1½ Millionen, diejenige seiner Hauptstadt
um 30,000 Menschen gewachsen, dass ein System von
Kanal- und Chausseebauten ins Leben gerufen worden
war, von dem man in dieser Heimath wirthschaftlicher
Barbarei niemals eine Ahnung gehabt, dass man — Dank
dem glänzenden Zustande der Finanzen, — die Ablösung
der bäuerlichen Lasten auf den Domainengütern hatte in
Angriff nehmen können, war wesentlich das Verdienst
der Lubeçki'schen Verwaltung, der schliesslich auch des
Fürsten zahlreiche Feinde Gerechtigkeit widerfahren lassen
mussten.

Die Zahl dieser Feinde war Legion. Der „Vice-
König" Zajonczek und dessen Nachfolger, der Minister-
Präsident Graf Sobolewski zählten ihrer geistigen Un-
bedeutendheit wegen allerdings nicht mit und liessen es
gern geschehen, dass der fähige und unermüdliche Fi-
nanzminister nicht nur alle Arbeit, sondern auch allen
Einfluss und die Entscheidung aller wichtigeren politischen
Fragen an sich riss. Dafür hatte Lubeçki den officiellen
Vertreter des russischen Interesses in Polen, den „kaiserlichen Kommissar" Grafen Nowossilzow zum erklärten
Gegner und gelang es diesem einflussreichen und intri-
guanten Manne zu wiederholten Malen, den als Oberbefehlshaber der russischen und der polnischen Truppen in
Warschau residirenden Grossfürsten Constantin gegen
Lubeçki aufzuhetzen. Bei dem Grossfürsten kamen
auch nach der Verheirathung mit seiner Bändigerin, der
liebenswürdigen Fürstin Lowicz Uebereilungen und Wuth-
ausbrüche vor, die jede vernünftige Verhandlung unmöglich machten und gegen welche es nach dem Thronwechsel

von 1825 keine Remedur gab; der Kaiser Nikolaus vergass nie, dass Constantin sein älterer Bruder und der eigentliche Thronerbe war und überliess es seinen Warschauer Beamten, mit dem unberechenbarsten aller Prinzen seines Hauses auszukommen, so gut sie eben konnten. Nowossilzow war es ein Leichtes, den Grossfürsten mit einem Misstrauen gegen Lubeçki zu erfüllen, das sich zu wüthendem Hass steigerte und schliesslich dazu führte, dass Constantin dem Fürsten durch seinen Stabschef, den General Kuruta ein Mal sagen liess: „*S. A. I. vous tient pour un infâme, parce que vous faites tout pour le brouiller avec son auguste frère.*" Ohne seiner Würde zu vergeben, wusste Lubeçki sich so geschickt zu vertheidigen, dass der Grossfürst ihm einige Tage darauf in Zeugengegenwart ein Paar entschuldigende Worte sagte und den „alten Suworow'schen Cameraden" um seine Freundschaft bat. Diese „Freundschaft" verstand Lubeçki zu einer allmäligen Unterwühlung der Stellung Nowossilzows auszubeuten und den Mann, der seit länger als einem Jahrzehnt der officielle Vertreter Russlands in Warschau gewesen war, so vollständig aufs Trockne zu setzen, dass derselbe sich im Sommer 1830 nach Wilna zurückzog und hinfort auf das Amt des Curators der Hochschule und des Schulbezirks der littauischen Provinzen beschränkte.

Ungleich schwieriger als die Beziehung zu dem Grossfürsten und zu den Russen von dessen Umgebung, war Lubeçki's Verhältniss zu den eignen Landsleuten. Dass die vorgeschrittenen liberalen und die exaltirt patriotischen Parteien den Mann der Vermittelung und der Anpassung an das ein Mal unvermeidlich gewordene System und an die kaiserlich russische Auffassung der Verfassung, als Verräther hassten und dass sie ihm seine,

zumeist ohne Hinzuziehung des Reichstags ins Werk
gerichteten wirthschaftlichen und·finanziellen Erfolge zum
schweren Vorwurf machten, verstand sich von selbst.
Was in Wahrheit des Fürsten höchstes Verdienst war,
die Besserung der materiellen Interessen des Landes und
die Ablenkung der öffentlichen Aufmerksamkeit von liberalen Doctrinen und aus Frankreich importirten staatsrechtlichen Theoremen, gereichte Lubeçki nicht nur in
den Augen der radikalen Geheimbündler, sondern vielfach auch in der Meinung der Gemässigten, ja seiner
eignen Kollegen zum schweren moralischen Vorwurf.
Dass der Reichstag während der fünf ersten Regierungsjahre nur zwei Mal (in den Jahren 1825 und 1830) einberufen worden war, sollte ausschliesslich seine Schuld
sein und damit zusammenhängen, dass der sonst so talent-
volle Minister kein Parlamentsredner, überhaupt nicht
der Mann grosser öffentlicher Versammlungen war; auf
absichtliche Böswilligkeit und auf Neigung zum Despotismus wurde es zurückgeführt, dass Lubeçki die dringen-
deren seiner finanziellen Operationen, insbesondere die
Begründung von Creditbanken auf eigne Hand vor-
nahm und nicht bis zur Einberufung des Parlaments
verschob; Sclavensinn und charakterlose Gefügigkeit sollten
die Hauptgründe dafür sein, dass der Minister nicht nur
bei dem Grossfürsten, sondern auch bei dem starren,
unnahbaren Monarchen Dinge durchsetzte, die anderen
Leuten unmöglich gewesen wären, und dass er russische
Staatsmänner und Magnaten, die man in Warschau für
Polen- und Verfassungsfeinde hielt, zu Freunden und zu
Verbündeten seiner Politik zu machen wusste. Die
eigentliche Basis von Lubeçki's Stellung, jenes intime
Verhältniss zum Hof und zu den St. Petersburger Regie-
rungskreisen, das in Russland die Grundvoraussetzung

jeder staatsmännischen Wirksamkeit in grösserem Styl
bildet — sie war für die meisten Polen jener Zeit ein
Stein des Anstosses, über welchen sie nicht hinweg
konnten. Die eigentlichen Volkslieblinge hatten französische Waffen getragen, waren in den Jahren 1807 bis
1812 im Lager Napoleons zu finden gewesen, mit französischen Titeln und mit dem Kreuz der Ehrenlegion geschmückt worden, während Lubeçki seinen Weg als
streng loyaler Unterthan der russischen Krone und als
Förderer der Interessen eines Todfeindes des grossen
Franzosenkaisers gemacht hatte. Was kümmerte es die
Thoren des Warschauer Clubbs und der weitverzweigten
Geheimbünde, dass die Popularitätstitel ihrer Lieblinge
in den Augen der russischen Gesellschaft blosse Anklagen
gegen die Loyalität diese Männer bildeten und dass die
Dienste, welche Lubeçki der finanziellen Unabhängigkeit
und dem wirthschaftlichen Aufschwunge des Vaterlandes
hatte erweisen können, allein durch seine russischen
Antecedenzien möglich geworden waren? Neben den
Helden, die vor Smolensk und Moskau für die angebliche
„wahre Freiheit" gefochten hatten, erschien der „Combattant Suworows" doch immer nur wie ein halber, wenn
nicht wie ein ganzer Verräther!

Auf die Rolle, welche Fürst Druçki-Lubeçki während
des Aufstandes vom November 1830 und der ersten
Phase der Revolutionsgeschichte spielte, werden wir in
dem folgenden, den politischen Anfängen des Marquis
Wielopolski gewidmeten Abschnitt dieser Betrachtung
einzugehen Gelegenheit haben. Gleich hier sei indessen
bemerkt, dass der sonst so scharfsinnige und nüchterne
Mann sich über das Maass der eignen Leistungsfähigkeit,
über sein Verhältniss zu den Landsleuten und über die
Natur der ihn umgebenden Verhältnisse total täuschte,

als er den Versuch machte, nach ein Mal erfolgtem Bruch
der Loyalität, das Heft in Händen zu behalten und
zwischen der empörten Nation und dem bloss der Gelegenheit zur Beseitigung der Verfassung harrenden
Kaiser Nikolaus zu vermitteln. Der Masse seiner Volksgenossen war Lubeçki ebenso entfremdet, wie der Aristokratie, die sich zu der Masse hatte hinüberziehen lassen.
Weder verstand er die Sprache, die rings um ihn geredet wurde, noch wurde seine Sprache verstanden. Er
war ein Sohn des 18. Jahrhunderts, der trotz seines
Polenthums und seines kirchlich-katholischen Eifers, den
nationalen und liberalen Strebungen, die die Welt und
sein eignes Volk ergriffen hatten, durchaus fremd gegen-
überstand. Ob er es gewusst oder nicht, — das Napoleonische „Alles für das Volk, aber Nichts durch das
Volk" war die Devise der Thätigkeit gewesen, die er
als freisinniger, wesentlich kosmopolitischer Aristokrat
des philosophischen Jahrhunderts geübt, der er seine
grossen Erfolge zu danken gehabt hatte. Wo ein Mal
der Chorus populärer Stimmen entfesselt war, musste
er überschrieen, wo Volksgunst und demagogisches Geschick den Ausschlag gaben, bei Seite geschoben werden. — Und das Nämliche galt von seinem Verhältniss
zu dem Russland des Kaisers Nikolaus. Auch hier hatten
Tendenzen die Oberhand gewonnen, von denen in Lubeçki's politischem Katechismus Nichts geschrieben stand,
Tendenzen — denen er sich wohl anzupassen wusste,
deren eigentlichen Sinn er aber erst verstand, als es zu
spät war. Auf den freisinnigen, wesentlich humanen
Zielen zugewendeten Absolutismus oder richtiger gesagt
Despotismus der Schule des ersten Alexander verstand der Fürst sich vortrefflich, — der Absolutismus,
der um seiner selbst willen da war, der „nicht Staats-

männer und Berather, sondern nur Agenten und Werkzeuge brauchte, und der politische Gedanken durch Feldwebelbegriffe und Marschir-Reglements ersetzte". — dieser mit den brutalsten nationalen Instinkten versetzte Absolutismus blieb dem Sohne einer anders gearteten Zeit innerlich fremd. Trotz des hohen Ansehens, in welchem er sich auch nach der für fast alle Polen seiner Zeit verhängnissvoll gewordenen Katastrophe zu erhalten wusste und trotz der Gefügigkeit, mit welcher er sich der neuen Ordnung der russischen und der polnischen Dinge unterwarf, blieb Lubecki nach dem Jahre 1831 von jedem eingreifenden Antheil an den Geschicken seiner Zeit und seines Landes ausgeschlossen. Instinctiv fühlte der Kaiser Nikolaus, dass ein Mann, der (wenn auch nur der Form und dem Namen nach) constitutioneller Minister und Träger eines selbstständigen politischen Systems gewesen war, für ihn nicht passe. Von seinen Landsleuten aber war und blieb der fähigste Pole der ersten Hälfte des 19. Jahrhunderts grade so geschieden, wie ein Menschenalter später sein Nachfolger und Schicksalsgenosse, der Marquis Alexander Wielopolski.

II.

Wielopolski's politische Anfänge.

Graf Alexander Wielopolski, Marquis Gonzaga Myszkowski, wurde am 13. März 1803 als Sohn einer
ursprünglich deutschen, im 14. Jahrhundert nobilitirten
Familie geboren, die zu Anfang des 18. Jahrhunderts
mit dem Majorat Minsczow Titel und Würden des in
männlicher Linie ausgestorbenen Geschlechts der Mirow
von Gonzaga-Myszkowski geerbt hatte. Für Alexander
Wielopolski's politische Laufbahn war diese Erbschaft
von entscheidender, aber keineswegs glücklicher Bedeutung. Der kinderlose Oheim seines Vaters hatte sich
während der Zeit der sächsischen Herrschaft über das
Herzogthum Warschau die Erlaubniss zum Verkauf des
Majorats Minsczow zu verschaffen gewusst, diesen Ver-
kauf bewerkstelligt und seine Erben dadurch zur An-
strengung eines Processes veranlasst, der ein halbes
Menschenalter dauerte, im Jahre 1826 vor dem War-
schauer Appellhof verloren, zehn Jahre später in der
Cassationsinstanz gewonnen wurde, — den gewinnenden
Theil indessen mit einer Unpopularität belud, deren
Folgen Alexander Wielopolski niemals verwunden hat.
Der intellectuelle Urheber des Verkaufsprojectes und
Käufer des grössten Theils der Güter war ein Advocat
Olryk, der als demokratischer Parteiführer auf dem Land-

tage von 1826 und während des Aufstandes von 1830
eine Rolle gespielt, seinen Processgegner als Vertreter
mittelalterlicher Missbräuche und als verkappten Anhänger des „Moskowiterthums“ nach Kräften ange-
schwärzt und sich endlich nach Paris geflüchtet hatte,
wo er als Verbannter gestorben war. In dem von leidenschaftlichen politischen Gegensätzen bewegten Lande verstand sich von selbst, dass die öffentliche Meinung für
den „besseren“ Patrioten und Vertreter volksthümlicher
Grundsätze gegen den Aristokraten Partei ergriff und
diesem zum schweren Vorwurf machte, dass er gegen
einen Volksliebling Recht behalten, und zwar in einem
Namens des Kaisers von Russland entschiedenen Process
Recht behalten hatte. Lange bevor er eine politische
Rolle zu spielen begonnen, war der stolze, Pöbelneigungen
und Pöbelstimmungen grundsätzlich abgewendete Erbe
der Myszkowski'schen Güter zum Gegenstande besonderer
Abneigung der durch Olryk's zahlreiche Freunde beein-
flussten demokratischen Partei geworden. Diese Unpopularität wurde durch die Starrheit gesteigert, die
Wielopolski in einem anderen, später ausgefochtenen
Rechtsstreit, dem Process um die ihm von seinem Freunde
Swidzinski vermachte Bibliothek von Chroberz bewies;
seine Gegner führten die Entschiedenheit, mit welcher
er in diesem, wie in ähnlichen Fällen auf seinem Rechte
bestand, auf Habsucht und unaristokratische Neigung zur
Wirthschaftlichkeit zurück, — Eigenschaften, die in dem
Vaterlande planloser Verschwendung und Grossthuerei
für unverzeihlich galten.

Aber nicht nur auf die äussere Stellung, auch auf
den inneren Entwickelungs- und Bildungsgang Wielopolski's war der von dem früh verstorbenen Vater überkommene Erbschaftsprocess von nachhaltigem Einfluss.

Die Mutter, eine strenge und energische Frau, hatte sich
frühe gewöhnt, in dem nach ihr gearteten, körperlich
und geistig höchst robust angelegten Sohne einen Vertrauten ihrer Sorgen zu sehen und ihn durch körperliche
Abhärtung und rechtzeitige Gewöhnung an ernste Arbeit,
auf die Schwierigkeiten seiner künftigen Laufbahn vorzubereiten.

Nach absolvirtem Schulunterricht (er besuchte zuerst
das Theresianum zu Wien, dann das Warschauer Lyceum)
wurde der junge Marquis nach Paris gesendet, um sich
durch das Studium der Rechte auf die Fortführung des
Rechtsstreits vorzubereiten, an welchen die Zukunft seines
Geschlechts geknüpft zu sein schien. Die üppige französische Hauptstadt, deren Anziehungskraft auf polnische
und russische vornehme Herren sonst unbeschränkt zu
sein pflegt, behagte dem ernsthaft angelegten jungen
Manne aber so wenig, dass derselbe schon nach Jahresfrist in das bescheidene Göttingen übersiedelte, wo er
den philosophischen Doctorgrad erwarb, um sich sodann
einem gründlichen Studium des römischen Rechts zu
widmen. Seinem mehrjährigen Göttinger Aufenthalt hatte
Wielopolski nicht nur tüchtige Rechtskenntniss und eine
umfassende philosophische Bildung, sondern die gesammte
dem unerbittlichen Ernst des Lebens zugewendete Richtung seines geistigen Lebens zu danken. Im Gegensatz
zu der Art und Tradition seines Landes war der eifrige
polnische Patriot und spätere Prophet der polnisch-
russischen Alliance ein so gründlicher Kenner und Freund
deutscher Sprache, Literatur und Wissenschaft, dass er
zeitweise daran dachte, Docent an einer deutschen Hochschule zu werden, dass er noch als reifer Mann Hegel
studirte und dass ihm die Gewohnheit, sich auf Aus-
sprüche deutscher Dichter und Denker (namentlich

Goethe's) zu berufen, sein Leben lang eigenthümlich blieb. In dem mit besonderer Vorliebe betriebenen Rechtsstudium brachte er es so weit, dass er sein eigener Advocat werden und auch in dieser Rücksicht die Selbständigkeit behaupten konnte, die das entscheidende Merkmal seines Wesens bildete und mit welcher seine souveräne Verachtung populärer Schlagworte und Stimmungen aufs engste zusammenhing. Dazu kam, dass die Nothwendigkeit der Erfüllung ernster Pflichten ungewöhnlich frühe an ihn herantrat. Unmittelbar nach Beendigung seiner akademischen Studien musste Wielopolski die Verwaltung der seiner Familie gebliebenen Güter und die Leitung der Erziehung seiner jüngeren Geschwister übernehmen, — dann erheischte die Wiederaufnahme des grossen Processes die volle Thätigkeit des kaum 23jährigen jungen Mannes, der einem fähigen, reichen und populären Gegner die Spitze bieten und gegen die Ungunst ankämpfen musste, mit welcher sein Rechtsanspruch von den zahlreichen Anhängern der Grundsätze des (bekanntlich auch in Polen geltenden) Code Napoléon beurtheilt wurde. Vor dem lärmenden Treiben der eleganten Warschauer Gesellschaft hielten ihn eine frühe Eheschliessung, der schwerfällige Ernst seines Wesens, seine Schweigsamkeit und eine gewisse Schüchternheit fern, die sich hinter kühler Zurückhaltung verbarg und gewöhnlich für Hochmuth genommen wurde; an den durch den Reichstag von 1825 entzündeten parlamentarischen Kämpfen konnte er sich seines jugendlichen Alters wegen noch nicht betheiligen. So gewöhnte der Marquis sich frühe an eine zurückgezogene, auf seine Familie und einen engen Kreis von Freunden beschränkte Lebensführung, die seiner geistigen Vertiefung die grössten Dienste erwies, seiner öffentlichen Wirksamkeit und seinem Einfluss indessen

nicht zu Gute kam und ihn in Mitten der in unaufhör-
licher Bewegung begriffenen Gesellschaft des gastfreund-
lichsten, unruhigsten und mittheilsamsten Landes der
Welt zum einsamen Manne machte. Die Kunst, den in
den östlichen Ländern politisch allmächtigen Salon zu
beherrschen und gesellige Beziehungen für staatliche
Zwecke fruchtbar zu machen, hatte Alexander Wielopolski
nicht gelernt und er hat diesen Mangel bis an das Ende
seines Lebens empfinden müssen.

Während der letzten Jahre der Regierung Alexanders I. und zur Zeit der Anfänge des Kaisers (oder wie
er in Warschau hiess, des „Königs") Nikolaus arbeitete
der Marquis in der legislatorischen Abtheilung des polnischen Justizministeriums, seit dem Jahre 1825 bekleidete er gleichzeitig die (übrigens blos tituläre) Stellung
eines königlichen Kammerherrn. Auf die politische Bühne
wurde er erst durch die Ereignisse gezogen, die sich an
die Revolution von 1830 knüpften.

Um die Verschwörung, welche zu dem Ausbruch
vom 29. November des Jahres der Julirevolution führte,
hatten verschiedene höhere Officiere der polnischen Armee
und einzelne angesehene Parteiführer gewusst — Theilnehmer dieses Unternehmens waren aber ausschliesslich
Leute von untergeordneter Stellung (nach Lubeçki's be-
kanntem Ausspruch „Aerzte und Advocaten ohne Praxis
und Subaltern-Officiere, die höhere Stellungen ambirten"
— nach der Meinung Wielopolski's „Auswürflinge aller
Klassen) gewesen. Dass ein grosser Theil des Adels
sich den durch die Schuld des Grossfürsten Constantin
zu Siegern gewordenen Empörern anschloss, geschah (von
einzelnen Ausnahmen abgesehen) nicht aus Sympathie
für die Revolution, sondern aus Furcht vor der durch
die Demokratie bestimmten öffentlichen Meinung und aus

falscher patriotischer Scham. Zufriedenheit mit den gegebenen Zuständen und Vertrauen zu der Möglichkeit
einer diesen Namen verdienenden constitutionellen Entwickelung wurden freilich bei Niemand, auch nicht bei
den Männern gefunden, die Namens des „Königs" Nikolaus die Regierung des Königreichs führten. Im Gegentheil wusste man in den höchsten Kreisen der Warschauer Gesellschaft genauer, als sonst irgend wo, dass
dem neuen Herrscher der blosse Schatten verfassungs-
mässiger Verpflichtungen eine Beleidigung seiner Sou-
veränität dünkte, dass die einflussreichsten Berather der
russischen Krone nur der Gelegenheit harrten, um die
vollständige Beseitigung der Charte vom 12./24. December
1815 zu beantragen und dass des alten Grafen Mostowski
Ausspruch „il ne s'agit plus de discuter, mais d'obéir"
durchaus das Wesen der Sache getroffen hatte. Nichts
desto weniger war die grosse Mehrheit der den höheren
Klassen angehörigen und urtheilsfähigen Polen darüber
einig, dass die einmal gegebenen Zustände unter
den obwaltenden Verhältnissen immer noch als relativ
günstige angesehen werden müssten und dass nur vollendeter politischer Aberwitz an denselben rütteln könne.
Polen besass eine selbständige, ausschliesslich von Landeskindern bediente Verwaltung, die trotz ihrer handgreif-
lichen Mängel unvergleichlich besser organisirt war, als
irgend eine der Verwaltungen, die in den gepriesenen
Tagen der Unabhängigkeit und Grösse des polnisch-
littauischen Doppelreichs existirt hatten; es besass eine
wohlorganisirte, alle Parallelen mit der Vergangenheit
ausschliessende nationale Armee, über deren Unabhängigkeit Niemand so eifersüchtig wachte, wie ihr despotischer
und launenhafter Oberbefehlshaber, der Grossfürst Constantin. Zu Beschwerden über die kirchlichen Verhält-

nisse war in dem glaubenseifrigen Lande gleichfalls kein
Grund vorhanden, da die katholische Kirche sich den
Vollbesitz ihrer geschichtlichen Stellung und ihrer reichen
Dotationen zu erhalten gewusst hatte. Und ähnlich lagen
die Dinge auf den übrigen Lebensgebieten. War den
beiden constitutionellen Körperschaften, dem Senat und
der Landboten-Versammlung, auch nur ein bescheidenes
Maass von freier Bewegung gestattet, so befanden dieselben sich immer noch in der Lage, gewisse Interessen des Landes zur Sprache bringen und in geordneter
Weise discutiren zu können. Das Mass von literarischer
und gesellschaftlicher Freiheit, dessen man sich erfreute,
hielt den Vergleich mit London und Paris allerdings
nicht aus, war aber doch erheblich grösser, als die den
russischen Unterthanen des Kaisers oder den unter öster-
reichischer Herrschaft lebenden Polen zugemessene Por-
tion von „Gedankenfreiheit“. Die materiellen Verhältnisse
befanden sich, wie wir oben gesehen haben, endlich in
einem Zustande des Aufschwunges und der Besserung,
wie ihn ˙nicht nur das alte Polen, sondern auch das
Herzogthum Warschau niemals gekannt hatte. Dass es
ein diesen Namen verdienendes polnisches Unterrichtswesen gab, hatte man gleichfalls erst der vielgescholtenen
Ordnung von 1815 zu danken. Was wollten die gelegentlichen Plackereien, mit denen die Fähnrichsschule,
die Universität und die Lyceen Warschau's durch den
kaiserl. Commissar Nowossilzow und den General Trem-
binski heimgesucht wurden, im Vergleich zu den Zuständen jener alten Zeit bedeuten, zu welcher keine
einzige Anstalt zur Ausbildung von Aerzten, keine Rechtsschule, — andere als von Priestern geleitete höhere Lehranstalten in Polen überhaupt nicht vorhanden gewesen
waren?

Kein Zweifel, dass die Gewaltthätigkeiten, deren der
Grossfürst und die Männer seiner Umgebung, und dass
die Verfassungsverletzungen, deren der Kaiser-König und
seine Minister sich schuldig machten, zu den durch das
Grundgesetz von 1815 garantirten Verhältnissen in ausgesprochenem Gegensatz standen und dass zu „constitutionellen" Beschwerden über Beeinträchtigung der Pressfreiheit, der richterlichen Unabsetzbarkeit, der den Mitgliedern des Reichstags zugesicherten Immunität u. s. w.
überreichlicher Grund vorhanden war: Beschwerden
ähnlicher Art hallten zu jener Zeit aber aus allen Ecken
und Enden Europa's wider und konnten in Polen um
so weniger für unerhört gelten, als Willkür und Gesetz-
losigkeit in diesem Lande von Alters her gewohnt gewesen waren und als hochangesehene Landeskinder (zum
Theil solche von unbestreitbar patriotischer Gesinnung)
an den Verschuldungen der „Moskowitischen Gewalt-
herrscher" reichlichen Antheil hatten. Was am meisten
verdross und erbitterte, waren auch keineswegs die von
der Landtags-Opposition und von den demokratischen
Geheimbündlern emphatisch gescholtenen Rechts- und
Verfassungsverletzungen (wirklich gesetzliche Zustände
hatte man in Wahrheit niemals gekannt), sondern die
einzelnen brutalen Ausbrüche, durch welche der im Grunde
wohlmeinende Grossfürst Constantin und dessen polnische
und russische Günstlinge sich verhasst gemacht hatten.
Und grade in diesen letzteren Beziehungen schien es in
den dem Ausbruch der Revolution vorhergegangenen
Jahren besser geworden zu sein. Seit seiner Verheirathung mit der Fürstin Lowicz zeigte der Grossfürst
sich traitabler und menschlicher, als er je zuvor gewesen
und war in der Person der Fürstin eine Vermittlerin
vorhanden, welche stattgehabte Zerwürfnisse und Ueber-

eilungen mit ebenso viel Geschick, wie gutem Willen auszugleichen wusste. Mit Druçki-Lubeçki hatte der Grossfürst Frieden geschlossen; der Todfeind Druçki's, der polnischen Nation und der polnischen Verfassung, der als kaiserl. Commissar bei der Warschauer Regierung fungirende General Nowossilzow hatte seit dem Tode Kaiser Alexander's I. von seinem früheren Einfluss erheblich verloren und sich, wie erwähnt, im Sommer 1830 zu längerem Aufenthalt nach Wilna begeben. Was die Person des Kaisers Nikolaus anlangte, so verstand sich allerdings von selbst, dass derselbe seine autokratische Natur und seine Abneigung gegen das constitutionelle System niemals verleugnete, und dass der polnische Staatssecretär in St. Petersburg, Graf Grabowski, einen ausserordentlich schweren Stand hatte, wenn er auch nur das Decorum eines verfassungsmässigen Regimentes gewahrt sehen wollte. Dafür hatte der Kaiser es äusserlich an einer gewissen Rücksicht gegen seine polnischen Unterthanen niemals fehlen lassen; er hatte sich der Ceremonie einer Warschauer Königskrönung unterworfen, während der Warschauer Aufenthalte von 1829 und 1830 bereitwillig die polnische Uniform getragen, den Warschauer Hofstaat durch Neuernennungen (u. A. war der ihm persönlich von je verhasst gewesene Freund Alexander's I., Fürst Georg Adam Czartoriski zum königl. Oberkammerherrn befördert worden) ansehnlich vermehrt, der Landeshauptstadt alljährliche Besuche in Aussicht gestellt und dafür Sorge getragen, dass der künftige Träger der Piastenkrone die polnische Sprache erlernte. Dass der grundsätzliche Gegner des Constitutionalismus zu einer förmlichen Antastung der Verfassung von 1815 nicht geneigt sei, schien endlich durch das Verfahren bescheinigt worden zu sein, welches Nikolaus

in Sachen des vom Senatsgerichtshof über die polnischen
Mitverschworenen von 1825 gefällten Urtheils beobachtet
hatte. Dieses Urtheil war Gegenstand einer erbitterten
Kritik aus Allerhöchstem Munde und Veranlassung zu
höchst unbilligen Chikanen gegen seine Urheber gewesen,
nach längerer Beanstandung aber schliesslich doch bestätigt worden. Im entscheidenden Moment war der
barsche, herrische Mann, der dem Grafen Grabowski
grad' heraus gesagt hatte, „dass die Richter, welche die
Schuldigen von 1825 zu retten versuchten, ihr Land in's
Verderben stürzen würden", Erwägungen der Vernunft
und des Staatsvortheils grade so zugänglich gewesen,
wie weiland sein bestimmbarer und trotz aller äusserer
Liebenswürdigkeit despotisch launenhafter Vorgänger.
Urtheilsfähigen musste es als Vortheil erscheinen, dass
man ein für alle Mal wusste, wie man mit dem neuen
Herrscher daran sei und dass die einfache Natur desselben Widersprüche und Schwankungen ausschloss, wie
sie unter Alexander I., auch zu dessen besten Zeiten, die
Regel gebildet hatten. Um mit Nikolaus auszukommen,
musste auf die ersehnte Ausbildung der Verfassung verzichtet, jeder energische Gebrauch der durch diese Verfassung garantirten Rechte vermieden, die Schonung
Allerhöchster Empfindlichkeiten zum Rang eines leitenden Princips erhoben werden. Geschah das, und begnügte Polen sich bis auf Weiteres mit der Pflege seiner
materiellen Interessen und mit der formellen Aufrechterhaltung der ihm im Jahre 1815 verliehenen staatsrechtlichen Stellung, so liess sich auf eine immerhin erträgliche Existenz und auf eine bessere Zukunft rechnen!
Der Einsicht in die wahre Lage der Dinge hatte
man sich in denjenigen Kreisen der polnischen Gesellschaft, welche für die leitenden galten, keineswegs ganz

verschlossen. Nicht nur die Mitglieder der Regierung
und der conservativen Reichstagspartei, auch die frondiren-
den Generale der Napoleonischen Schule und die gemässigten Liberalen waren darüber einig, dass andere
Veränderungen als solche zum Schlechteren nicht möglich
seien, und dass es vor allem darauf ankomme, Geduld
und Vorsicht zu üben. Von einer gewissen Connivenz
gegen die pseudo-patriotischen Geheimbündler der Demokratie und von Illusionen über den moralischen Rückhalt, welchen der einzige constitutionelle Staat des östlichen Europa an den Westmächten besitzen sollte, waren
freilich auch die besten und einsichtsvollsten Polen jener
Zeit nicht frei geblieben — in dem Wunsche, die Dinge
nicht auf das Aeusserste zu treiben, begegneten sich nichtsdestoweniger alle zurechnungsfähigen Zeugen des toll-
köpfigen revolutionären Ausbruchs vom 29. November
1830.

Ein nicht unerheblicher Theil polnischer Generale
und verschiedene grössere Truppenkörper waren dem
Grossfürsten in der Stunde der Gefahr treu geblieben
und auf die Seite der siegreichen Revolution erst getreten, als ihr Oberbefehlshaber seine Sache selbst
verloren gegeben, in unbegreiflicher Rathlosigkeit die
Stadt geräumt und trotz der dringenden Vorstellungen
Lubeçki's, dass die Wiederherstellung der Ordnung und
Loyalität mit geringer Anstrengung werde herbeigeführt
werden können, nicht wieder betreten hatte. Unter den
Anführern, auf deren Unterstützung die Aufständischen
gerechnet hatten, waren mehrere, die ihre Anhänglichkeit
gegen den König mit dem Leben bezahlten. Niemand verurtheilte die Herausforderung der überlegenen russischen
Macht so bitter und so unbedingt, wie der zum Dictator
erwählte General Chlopiçki, dessen Sträuben gegen die

Uebernahme dieser Stellung Lubeçki*) vornehmlich mit
der Vorstellung besiegt hatte, die Wahl eines populären,
dem Grossfürsten persönlich verhassten Mannes werde
die Truppen „aus der Revolution herausziehen“, die
Aufrichtung eines conservativen Regiments, einen Ausgleich mit dem Zaren und eine Restauration des begangenen Fehlers ermöglichen. Lediglich in der Absicht, die „vorgeschrittenen Elemente“ zu Vernunft und
Mässigung zu bringen, hatte der ad hoc eingesetzte Verwaltungsrath sich durch eine Anzahl volksthümlicher
und zu den Aufständischen neigender Patrioten verstärkt,
und die erste Massregel, zu welcher die Männer der
Situation sich entschlossen, war die Absendung einer mit
Friedensverhandlungen beauftragten Deputation in das
Hauptquartier des Grossfürsten gewesen. Diese Verhandlungen blieben infolge der wahrhaft beispiellosen
Ungeschicklichkeit resultatlos, deren der Grossfürst und
bei dieser Gelegenheit auch die Fürstin Lowicz sich
schuldig machte**) (seine Vorwürfe richtete der e r s t e r e
vornehmlich an den loyalsten der anwesenden Unter-
händler, den Fürsten Druçki, während die letztere ihre
Hauptaufmerksamkeit dem „Republikaner“ Lelewel zuwandte), — an dem Verhalten der Warschauer Conservativen aber wurde auch durch dieses unbefriedigende
Ergebniss noch Nichts verändert. Die Besetzung der

---

*) An Chlopiçki hatte der Fürst sich gewendet, nachdem der
Grossfürst Lubeçki's Vorschlag „ihm behufs Niederwerfung der Rebellen zwei Regimenter anzuvertrauen“ abgelehnt hatte.

**) Einen genauen Bericht über diese merkwürdige Unterredung
hat die Russkaja Starinà im Juni 1878 (Jahrg. IX, 5. 6. pag. 317 ff.)
auf Grund der Aufzeichnungen eines Ohrenzeugen veröffentlicht.
Vgl. auch Karnowitsch „Der Zesarewitsch Constantin Pawlowitsch“
(Russk. Starinà vom Februar 1876, pag. 237 ff.).

am 21. November installirten „provisorischen Regierung"
gab Druçki den revolutionären Elementen in der ausgesprochenen Absicht Preis, die Demagogenpartei in
ihrer eigenen Brühe zu kochen und den bestimmenden
Einfluss dem Dictator und den Ministern zu erhalten.
Obgleich dieser Plan wegen des unaufhaltsamen Wachs-
thums der revolutionären Leidenschaften missglückte,
Druçki selbst bei Seite geschoben und die demokratische
Partei alsbald zur alleinigen Herrin der Situation gemacht wurde, hielten der Dictator Chlopiçki und die um
diesen gescharten Beamten und conservativen Edelleute
unerschütterlich an der Absicht fest, die Autorität des
Kaiser-Königs aufrecht zu erhalten und zwischen diesem
und der einmal zur vollendeten Thatsache gewordenen
Revolution zu vermitteln. Chlopiçki richtete ein langes
Schreiben an den Kaiser, in welchem die „durch ein unerhörtes Zusammentreffen von Umständen" herbeigeführte
Umwälzung nicht sowohl gerechtfertigt als entschuldigt
und der dringende Wunsch nach einer durch die „Grossmuth" des Monarchen zu bewerkstelligende Aussöhnung
ausgesprochen, als Preis derselben die Wiedervereinigung
Littauens mit Polen bezeichnet und schliesslich darauf
hingewiesen wurde, dass zwei Deputirte ernannt worden
seien, um nach St. Petersburg zu reisen und Namens
der provisorischen Regierung die Wünsche der Nation
vor dem Throne Sr. Majestät niederzulegen.

Der eine dieser Deputirten war Fürst Druçki-Lubeçki, dem vornehmlich daran gelegen sein mochte, das
empörte, seiner persönlichen Sicherheit gefährlich gewordene Warschau zu verlassen; Illusionen über die Unmöglichkeit, den Kaiser zur Wiedervereinigung Polens
und Litthauens zu bestimmen, wird der erfahrene Praktiker
sich schwerlich gemacht haben. Zeugniss dessen war

die ausserordentliche Vorsicht, mit welcher er in Petersburg
auftrat und die er soweit trieb, erst auf Grund einer durch
den Staatssecretär Grafen Grabowski eingeholten kaiserlichen Erlaubniss das Pflaster der Newa-Residenz zu betreten. Ganz überflüssig scheint diese Vorsicht nicht gewesen zu sein, denn es vergingen Wochen, bevor Lubeçki
und sein College Jezierski auf ihr Gesuch, von dem Kaiser
empfangen zu werden, auch nur eine Antwort erhielten.
Erst nachdem er darüber schlüssig geworden, mit seinem
„la soumission ou ,la mort" rücksichtslosen Ernst zu
machen und nachdem er diesen Entschluss in dem bekannten Manifest vom 17. Decbr. 1830 niedergelegt hatte,
gewährte Nikolaus dem Fürsten, dem er in früherer Zeit
so zahlreiche Zeichen seiner Gunst und seines Vertrauens
gegeben, den nachgesuchten Empfang. Die Mittheilungen,
die Lubeçki seinem Freunde Przewalski über diesen Auftritt gemacht hat, lauten wie folgt:

„Ich hatte eine Privataudienz erbeten, da ich vieles
Intime auf dem Herzen hatte, das sich nur unter vier
Augen sagen liess. Ich war darum aufs Peinlichste
erstaunt, als ich bei der Hauptauffahrt zum Winterpalais
eine Anzahl Wagen und Lakayen bemerkte, die offenbar
zu Gesandtschaften gehörten. Man führte mich in einen
Saal, in welchem ich den Kaiser, umgeben von sämmtlichen in St. Petersburg anwesenden Diplomaten, vorfand.
Als ich eintrat, richtete S. M. die folgenden Worte an
mich:

„Prince Lubeçki, vous avez demandé une audience, en
qualité de mon conseiller intime?"

— Oui Sire.

„Cela veut dire, que vous avez un conseil à me
donner?"

— *Précisement Sire*, *je crois de mon devoir de le faire.*

„*Parlez*, *je veux que les répresentants des puissances amies vous entendent.*"

Ich war auf einen solchen Auftritt nicht vorbereitet gewesen, — wie die Dinge einmal lagen, konnte ich aber nicht umhin, einen „Rath" zu improvisiren. Was ich unter dem Eindruck eines solchen Empfanges sagte, wäre unter anderen Verhältnissen wahrscheinlich in anderer Form gesagt worden:

— *Sire*, *le manifeste de V. M. I. adressé dernièrement à l'armée et à la nation polonaise a pour but de mettre fin à une guerre fratricide. Ce but ne saurait être atteint par cette voie. Pour qui connait le caractère national des insurgés, le ton de cet acte et les conditions qu'il impose, ne pourraient que pousser l'aveugle exaltation des Polonais à une résistance désespérée.*

„*Alors que conseillez-vous?*"

— *J'ose penser, que l'impression, produite par le manifeste, pourrait être atténuée par une proclamation plus conciliatrice, laissant pressentir la possibilité d'une issue de la soumission moins humiliante pour l'orgueil national.*

„*Comme une telle concession n'est pas possible, ce serait donc selon vous, une guerre à mort?*"

— *Malheureusement, Sire, ce sera une guerre à mort.*

Der Kaiser winkte mit der Hand, meine Audienz war zu Ende, — ich verbeugte mich, die Gesandten wollten sich entfernen, wurden indessen zurückgehalten."

In ähnlichem Sinne war Jezierski beschieden worden, nur dass der Kaiser ihm gesagt hatte, die Polen sollten dem Wort ihres Monarchen vertrauen, die Schuldigen bestrafen und ausser Landes weisen, das Weitere werde sich finden, der erste Kanonenschuss dagegen Polen in's Verderben stürzen.

Mit diesem Bescheide traf Jezierski am 13. Januar 1831 in Warschau wieder ein. Jetzt trat ein vollständiger Scenenwechsel ein und wurde die Fiction von der Fortdauer der königl. Autorität auch der Form nach aufgegeben. Von den Männern, die bis dahin die Regierung geführt hatten, schieden die beiden bedeutendsten von Stunde an vollständig aus; Chlopiçki legte am 17. Januar 1831 die Dictatur nieder, Druçki-Lubeçki blieb in der russischen Hauptstadt, — dass die Czartoriski und Zamoiski sich von der Sache ihres Vaterlandes nicht trennten, geschah wesentlich in der (allerdings unbegründeten) Hoffnung, die turbulenten Elemente schliesslich unterkriegen und eine nachträgliche, durch die diplomatische Vermittelung des Auslandes angebahnte Verständigung mit dem Kaiser herbeiführen zu können. Es ist bekannt, dass die beiden Nachfolger Chlopiçki's im militärischen Obercommando, Fürst Michael Radziwill und General Skryczineçki, den Kampf gegen Russland nur widerwillig aufnahmen und bei jeder sich darbietenden Gelegenheit zur Anknüpfung von Verhandlungen riethen.

Auf dem Standpunkte dieser Männer stand auch der 27jährige Alexander Wielopolski. Gleich ihnen hatte er den Aufstand vom 29. November bedingungslos verurtheilt, gleich ihnen an der Hoffnung auf eine Verständigung mit St. Petersburg festgehalten, gleich ihnen hatte er den von Hause aus aussichtslosen Kampf gegen die Schwätzer und französirenden Ideologen der demokratischen Clubs aufgenommen. Von dem weitverbreiteten Wahne, dass Polen äussersten Falles auf die Vermittelung des Auslandes rechnen könne, und dass es möglich sein werde, durch rechtzeitige Anrufung dieser Vermittelung

auf die in Petersburg zu fassenden Entschliessungen einzuwirken, war freilich auch er nicht frei geblieben.
Gleich der Mehrzahl seiner Landsleute befand der Marquis
sich in so vollendeter Unkenntniss der Wiener Congressverhandlungen, dass er d i e s e zu Ausgangspunkten der
mit den Cabinetten von London und von Paris an-
zuknüpfenden Verbindungen zu machen vorschlug und
dass er ein in diesem Sinne verfasstes Memorial dem
Fürsten Adam Georg Czartoriski Tags nach der Verkündigung von Chlopiçki's Dictatur überreichte. Der
vieljährige Vertraute Alexander's I. und Mittheilnehmer
der Wiener Verhandlungen war mit der Vorgeschichte
der Constitution von 1815 zu genau bekannt, um die
Illusionen seines jungen Landsmannes theilen zu können.
Unbegreiflicher Weise hiess er den von diesem ent-
worfenen Plan indessen gut. Gegen Chlopiçki's Wunsch
und Willen und ohne Rücksicht darauf, dass der Versuch
einer Anknüpfung mit dem Auslande den Kaiser Nikolaus
auf's Aeusserste erbittern und der gehofften Verständigung
allen Boden entziehen musste, wurde am Abende des
13. Decembers (zwei Wochen nach Ausbruch des Aufstandes, vier oder fünf Tage, nachdem Fürst Druçki-
Lubeçki und Graf Jezierski behufs Anknüpfung von
Verhandlungen nach St. Petersburg abgereist waren)
Wielopolski in diplomatischer Mission nach London, der
General-Intendant der königl. Armee Woliçki mit einem
entsprechenden Auftrage nach Paris abgesendet.
  In Wielopolski's Leben und für den Entwickelungs-
gang von Wielopolski's politischen Anschauungen hat die
thörichte Londoner Mission von 1830—1831 Epoche gemacht. Mit einem auf den Namen Dupasquier aus-
gestellten Pass, mit einem Beglaubigungsschreiben und
einer Hand voll von Czartoriski geschriebener Briefe

ausgerüstet, traf er am 28. December in Paris, am
2. Januar 1831 in London ein, wo sieben Wochen zuvor
die Tories den angeblich polenfreundlichen Whigs Platz
gemacht hatten. In der französischen Hauptstadt hatte
der Marquis nicht erreichen können, dass der Minister-
Präsident Lafitte das Schreiben, in welchem der polnische
Regierungs-Agent um eine Unterredung bat, auch nur
beantwortete, — in London wurde ihm durch einen Lands-
mann, den Fürsten Leo Sapieha, unmittelbar nach seiner
Ankunft mitgetheilt, dass er vielleicht als „vom Fürsten
Czartoriski empfohlener Reisender", keinenfalls aber als
diplomatischer Agent von den Ministern werde empfangen
werden. Wielopolski liess sich diese Bedingung gefallen,
musste aber nichtsdestoweniger erleben, dass der Premier-
Minister Lord Grey zu dem Zusammentreffen, welches
im Hause eines gemeinsamen Bekannten stattfinden sollte,
n i c h t erschien, sondern sagen liess, dass die Rücksicht
auf „eine befreundete Macht" ihm verbiete, Herrn Wielopolski's Mittheilungen direct entgegen zu nehmen. Minder
schwierig zeigte sich Lord Palmerston, der den Marquis
zu wiederholten Malen in Downing Street empfing und
keinen Anstand nahm, dem russischen Botschafter mittheilen zu lassen, dass ein Warschauer Abgesandter da
sei, den er privatim und ohne Anerkennung der amtlichen Eigenschaft desselben sprechen werde. Dass dem
kühlen nüchternen Britten weder Berufungen auf die
Wiener Congressverhandlungen noch Warnungen vor der
ansteckenden Wirkung einer sich selbst überlassenen
polnischen Revolution den geringsten Eindruck machten,
wusste der Marquis bereits nach der ersten Unterredung.
Anlangend den ersten Punkt hatte Palmerston zur Antwort gegeben, dass die in Wien gefassten Beschlüsse sich
wol auf die E i n f ü h r u n g einer constitutionellen Ver-

fassung, nicht aber auf den Inhalt und nicht auf die
Ausführung derselben bezogen hätten, und dass zur Anrufung der bezüglichen internationalen Feststellungen jede
auch nur scheinbare Veranlassung fehle; die Revolution selbst
hatte der Lord als Thorheit und als Verletzung rechtlich
bestehender Ordnungen verurtheilt und darauf hingewiesen,
dass ihre Gefährlichkeit lediglich als Argument für beschleunigte Erstickung des entzündeten Feuers angesehen
werden könne. Nachdem Palmerston in einer späteren
Unterredung mit der ihm eigenthümlichen Klarheit und
Nüchternheit ausgesprochen hatte, dass die Bedrohung
Europa's durch das revolutionäre Frankreich wie alle
übrigen Rücksichten, so auch die unter andern Umständen vielleicht in Betracht gekommenen Vortheile einer
Polen gewährten „mässigen Freiheit" zum Schweigen
gebracht habe, und dass Vergleichungen zwischen der
einer Niederlage entgegengehenden Sache Polens und
derjenigen der siegreichen Belgier und der Griechen
nicht möglich seien, konnte Wielopolski über die Ver-
geblichkeit seiner Mission und über die Aussichtslosigkeit
der polnischen Interventions-Hoffnungen nicht mehr im
Zweifel sein: dass der Staatssecretär des Auswärtigen
ihn überhaupt noch empfing und bereitwillig anhörte,
führte der nüchterne Mann mit gutem Grunde auf das
Verlangen des Londoner Cabinets nach andern als
russischen Meldungen über die Lage des insurgirten
Landes zurück. Und selbst diesem Verlangen konnte
der unglückliche Vertreter der unglücklichen polnischen
Sache nicht entsprechen, da er oft Wochen lang ohne
alle Nachrichten aus Warschau blieb und die ihm spärlich
zugehenden Meldungen beinahe regelmässig durch die
Zeitungen überholt wurden. Dem Beispiele seines heiss-
blütigen Pariser Collegen Woliçki zu folgen, der mit den

Führern der radicalen Opposition gegen die Regierung,
auf welche er einwirken sollte, conspirirte, Club- und
Pöbel-Demonstrationen in Scene setzte und um die Gunst
demagogischer Journalisten warb, — dazu war Wielopolski nicht der Mann. Der durchaus ungünstige Eindruck, den die von den Warschauer Reichstags-Thoren
ausgesprochene Absetzung des Hauses Romanow und die
Unabhängigkeits-Erklärung Polens auf die Londoner
Regierungskreise machte, und die Erfahrung, dass der
Einfluss der Fürstin Lieven ihm die Thüren der französischen Botschaft und das gastfreie Haus des polenfreundlichen Lord Holland ohne Weiteres verschloss, bestärkten Wielopolski in der Absicht, bei erster sich darbietender Gelegenheit sein zu übler Stunde übernommenes
Amt niederzulegen und in die Heimath zurückzukehren.
Diese Gelegenheit fand sich, als Graf Alexander Walewski
(der spätere Minister Napoleon's III.) in London eintraf,
um Lord Palmerston die Candidatur eines österreichischen
Erzherzogs für den Warschauer Thron vorzuschlagen.
Ende März (oder Anfang April) des Jahres 1831 reiste
Wielopolski ab, um über Krakau nach Warschau zurückzukehren. Noch bevor er die erstere Stadt erreicht hatte,
ging ihm die Trauerkunde zu, dass seine junge Frau
einen todten Knaben geboren habe und diesem in's Grab
gefolgt sei.

Eine Schilderung der Zustände, welche Wielopolski
bei seinem Wiedereintreffen in Warschau vorfand, liegt
ausserhalb der Absicht dieser Blätter. Für unsern Zweck
genügt, dass die demokratische Partei ihr Werk gethan,
durch die gegen den Kaiser-König Nikolaus decretirte
Absetzung jede Verständigung mit dem übermächtigen
Feinde unmöglich gemacht, eine wirksame Vertheidigung
des Landes durch Unbotmässigkeit gegen die selbst ge-

wählten Führer und durch Zerwühlung der Armee nach
Kräften erschwert hatte — und dass die Conservativen
schwach genug gewesen waren, ihren Rivalen Schritt für
Schritt das Terrain zu räumen und durch fortgesetzte
Theilnahme an der thatsächlich durch unzurechnungs-
fähige Clubredner bestimmten Regierung eine Mitverant-
wortung für die Thorheiten zu übernehmen, die sie nicht
hatten verhindern können. Während die russische Armee
sich der polnischen Hauptstadt langsam aber stetig näherte,
General Skrzyneçki und die übrigen sachkundigen Feld-
herren trotz einzelner über den Feind errungener Vortheile keinen Augenblick darüber im Zweifel waren, dass
ein schliessliches Unterliegen unvermeidlich sei und dass
eine gänzliche Vernichtung höchstens durch rechtzeitig
begonnene Verhandlungen abgewendet werden könnte,
nahm die in Warschau herrschende Begriffsverwirrung
stündlich zu. Angesichts einer tödtlichen Gefahr fuhr die
Demokratie fort, Illusionen der sinnlosesten Art zu hul-
digen. Preussens der polnischen Sache feindliches Verhalten wurde nach Möglichkeit ignorirt, über Metternich's
dem Grafen Zamoiski gespendeten freundlichen Worte
die durchaus abwehrende Haltung des kaiserl. königl.
Cabinets vergessen und von einem bevorstehenden „Systemwechsel" in Wien gefabelt, endlich für feststehend angesehen, dass die Pariser Demokratie den Bürgerkönig
in Bälde dazu nöthigen werde, den Warschauer Volks-
helden mit einer grossen, unüberwindlichen Armee zu
Hilfe zu kommen.

So vollständig waren bestimmender Einfluss und
politischer Credit an demagogische Hampelmänner vom
Schlage des polnischen „Robespierre" Mochaçki und des
Doctrinärs Lelewel übergegangen, dass der einzige dem
übrigen Europa bekannte und für einen Staatsmann an-

gesehene Pole jener Zeit, der Fürst Adam Georg Czartoriski, die Rolle eines blossen Figuranten spielte, dass der
Rücktritt der beiden populärsten Minister, des Grafen
Malachowski und des als Gefährten Kosziusko's bekannten
Niemojewski, spurlos an der Bevölkerung vorüberging,
und dass der von Wielopolski angestellte Versuch, die
Stimme der Vernunft mindestens in der wichtigsten der
obschwebenden Fragen, der littauischen, zur Geltung zu
bringen, mit einem totalen Fiasko endete. Mit dem In-
stinct des wirklichen Politikers errieth der 28jährige
Marquis, dass der von der radicalen Reichstagspartei erhobene Anspruch auf Auslieferung der grösstentheils von
Nicht-Polen und Nicht-Katholiken bewohnten, weder in
den Verträgen noch in der Verfassung irgend erwähnten
weissrussischen und littauischen Provinzen an das Königreich und die Aufpflanzung der Revolutionsfahne in
denselben, den zwischen Polen und Russen gährenden
Zwiespalt zu einem unausfüllbaren machen und die vorhandenen staatsrechtlichen Gegensätze zu nationalen erweitern werde. Um dieses Aeusserste abzuwenden, liess
Wielopolski sich als Regierungscommissar in die Reichs-
tagssitzung vom 5. Mai 1831 abordnen, in welcher die
Anträge auf Proclamation der Untrennbarkeit Littauens
und Polens verhandelt werden sollten: er unterlag nicht
nur, sondern war von Stunde an mit einem Odium be-
haftet, das er in der Folge nie wieder ganz los geworden
ist. Als er am 8. August als Vertreter Grodno's in den
Reichstag trat, wurde der wegen seiner in London be-
wiesenen Mässigung hart gescholtene Marquis von der
Demokratie mit einer Feindseligkeit verfolgt und als
Verräther denuncirt, die selbst in jener Zeit leidenschaftlich verschärfter Gegensätze beispiellos genannt werden
musste.

Die Geschicke, welche die falschen Vaterlandsfreunde
über das unglückliche Land beschworen hatten, nahmen
inzwischen ihren unaufhaltsamen Gang. Paskewitsch,
der nach dem Tode des Feldmarschalls Diebitsch das
Commando über die russische Invasions-Armee übernommen hatte, stand in den letzten Tagen des August
1831 vor Warschau. In seinem Auftrage überbrachte
General Dannenberg am 4. September die folgenden,
unter den einmal gegebenen Umständen beispiellos
günstig zu nennenden Bedingungen. Der russische Ober-
commandirende versprach den Erlass einer Amnestie,
unveränderte Aufrechterhaltung der Verfassung, Conser-
virung der polnischen und Zurückziehung der russischen
Armee, wenn polnischer Seits die Anerkennung der
Autorität des Kaisers und der Rückzug der polnischen
Truppen auf Płock zugestanden würden; er ging soweit
den polnischen Officieren die Anerkennung der Grade
anzubieten, welche sie im Revolutionskampfe erworben
hatten. Einstimmig riethen die Generale zur Annahme
dieser Vorschläge. Die revolutionären Clubredner und
ihre der Regierung angehörigen Gevattern aber wussten
es besser und setzten durch, dass das letzte der polnischen
Sache dargebotene Rettungsmittel schnöde von der Hand
gewiesen wurde: die unsinnigen Phrasen von der Nothwendigkeit vollständiger Unabhängigkeit des Vaterlandes
und von der Wiederherstellung seiner historischen Grenzen
hatten noch einmal ihr Werk gethan. Drei Tage später
hatte das im Sturm genommene Warschau capitulirt, war
die Armee vernichtet, der Reichstag nach Modlin geflüchtet, von wo er sich weiter nach Zakroczym zurück-
ziehen musste. Hier versuchte man, das Gaukelspiel
einer allgemeinen Versöhnung der Parteien und der Aufrichtung eines „Coalitions-Ministeriums" in Scene zu

setzen, in welchem neben Demokraten vom Schlage der Lelewel und Olryk auch Wielopolski und dessen Freund Swidzinski Platz finden sollten. Beide Männer lehnten die ihnen zugedachte Ehre ab. Nach einigen mit gegenstandslosen Berathungen und unaufhörlichen Intriguen ausgefüllten Wochen hatte es mit der parlamentarischen Farce ein Ende. Der Reichstag und die Ueberreste der Armee flüchteten über die Grenze, welche Fürst Czartoriski, Ladislas Zamoiski und andere Führer der conservativen Partei bereits früher überschritten hatten. Wörtlich hatte sich erfüllt, was Gentz einem Freunde geschrieben: „dass die polnische Sache nicht nur durch die feindlichen Bajonette, sondern vornehmlich durch das Treiben der Factionen vernichtet werde, welche die Freiheit in ihren mörderischen Armen erstickten".

Gleichzeitig mit dem Reichstage verliess auch Wielopolski das zur Beute eines erbarmungslosen Siegers gewordene Land. Auf Verlangen des russischen Residenten aus Krakau ausgewiesen, wo er sich mit der Schwester seiner verstorbenen Frau verheirathet hatte, wandte Wielopolski sich zu längerem Aufenthalt nach Dresden. Sein Vermögen und sein Heimathsrecht glaubte er verwirkt zu haben, vor dem Müssiggang und der Verlumpung einer Emigranten- und Verschwörer-Existenz empfand der energische Mann ein so unüberwindliches Grauen, dass er sich nach der Begründung eines neuen Herdes und einer bürgerlichen Thätigkeit umsah. Er beschloss nach Basel zu gehen und sich mit dem Rest seines Vermögens als Privatdocent niederzulassen. — Dazu sollte es indessen nicht kommen. Ohne sein Zuthun wurde der Ex-Gesandte der polnischen Revolutions-Regierung in die Amnestie vom 1. November 1831 eingeschlossen und in den Stand gesetzt, nach zwei in

Krakau verbrachten Jahren in sein Vaterland zurückzukehren, wo er sich während der folgenden Jahre ausschliesslich der Bewirthschaftung seiner nach im Jahre
1835 endlich erstrittenem Processsiege um das Majorat
von Pinczow vermehrten Familiengüter widmete und von
allen öffentlichen Angelegenheiten fern hielt.

Der Charakter des fast ein Viertel-Jahrhundert umfassenden Willkür-Regiments, welches der zum Statthalter
des Königreichs ernannte Besieger Warschau's und der
Revolution, der Feldmarschall Graf Paskewitsch-Eriwanski,
Fürst Warschawski aufrichtete, ist bekannt. Der Statthalter waltete als Dictator, der seinen russischen Gehilfen
die Schrankenlosigkeit der ihm ertheilten Befugnisse
ebenso erbarmungslos zu fühlen gab, wie den Bewohnern
des Landes, einerlei ob dieselben hochgeborene, zur Aussöhnung mit Russland neigende Magnaten, ergraute Bischöfe oder in den kaiserlichen Civil- und Militärdienst
gepressten *Patres minorum gentium* waren. Eine gesetzlich geregelte Ordnung der Dinge bestand nur dem Namen
Namen nach, thatsächlich dauerte der bei dem Einrücken
der russischen Truppen verkündigte Belagerungszustand
auch nach der äusseren Pacification des Landes fort.
Das an die Stelle der Verfassung getretene „Organische
Statut" vom 23. Februar 1832 kam nur rücksichtlich
seiner Bestimmungen über die Incorporation der polnischen in die russische Armee, über die Einsetzung
eines Statthalters und über die zur Berathung polnischer
Angelegenheiten bestimmte Abtheilung des St. Petersburger Reichsraths in Ausführung, — zur Verwirklichung
der der polnischen Nationalität in diesem Gesetze gegebenen Versprechungen wurde niemals auch nur Miene
gemacht. Vor wie nach Verkündigung des Statuts wurden alle höheren Verwaltungsämter in die Hände russischer

Beamten und Officiere gelegt, die confiscirten Güter und
zahlreichen Domänen Generalen russischer Herkunft und
griechisch-orthodoxen Bekenntnisses verliehen, die der
katholischen Kirche gewährleisteten Rechte mit Füssen
getreten und der Rücksicht auf eine möglichst erspriess-
liche Propaganda des griechisch-russischen Kirchenthums
geopfert, alle politischen Processe und sehr zahlreiche
strafrechtliche Fälle *ad hoc* eingesetzten Militär-Com-
missionen zur Aburtheilung überwiesen. Dass die Warschauer Universität aufgehoben, die Mehrzahl höherer
Lehranstalten geschlossen, die Erlernung der russischen
Sprache für die Beamten des Königreichs obligatorisch
gemacht, die unirte Kirche Littauens und Weissrusslands
gewaltsam mit der griechisch-orthodoxen vereinigt, jede
Spur einer freien Bewegung der Presse vernichtet und
über das ganze Land das Netz eines Spionirsystems aus-
gebreitet wurde, verstand sich von selbst. Andere als
rein gesellige und auch dann auf eine mässige Anzahl
von Personen beschränkte Vereinigungen abzuhalten, war
bei dem Umfang, den die Spionage gewonnen hatte, unmöglich; selbst die Begründung von Lesegesellschaften
und Journalzirkeln galt mit der öffentlichen Sicherheit
für unvereinbar, seit drei Viertheile aller polnischen und
aller im Auslande gedruckten Bücher verboten worden
waren. Der einzige Verein, den Paskewitsch dulden zu
dürfen glaubte, war derjenige der Land-Credit- und
Hypothekengesellschaft, die alle zwei Jahre zur Wahl
eines Präsidenten und eines Cassencuratoriums zusammentrat, indessen so ängstlich überwacht wurde, dass es für
eine unerhörte Kühnheit galt, als Wielopolski eine im
Jahre 1842 abgehaltene Versammlung mit einer Ansprache
eröffnete.

Polen wurde als eine eroberte Provinz behandelt,

die so schnell und so rücksichtslos wie immer möglich in eine russische Provinz verwandelt werden sollte, deren Einwohnern man allenfalls den privaten Gebrauch der polnischen Sprache und innerhalb gewisser enger Grenzen die Befolgung katholischer Kirchenvorschriften gestatten wollte. Die Schulanstalten des Königreichs wurden 1839 dem russischen Ministerium der Volksaufklärung unterstellt, die Functionen des Warschauer Staatsraths und des Cassationshofs im September 1841 auf zwei Departements des St. Petersburger Senats übertragen, — die fünf alten Palatinate im Jahre 1844 in zehn nach russischem Muster eingerichtete Gouvernements verwandelt, die Vorschriften des russischen Strafgesetzbuchs 1848 auf das Königreich ausgedehnt und gleichzeitig die öffentlichen Strassen und Canäle unter die Verwaltung der von dem berüchtigten Grafen Kleinmichel geleiteten St. Petersburger General-Direction gestellt. Dass die beabsichtigte „Annäherung" des polnischen bürgerlichen Rechtes an das russische Muster nicht in Ausführung kam, lag lediglich an der Unfähigkeit der mit dieser Aufgabe betrauten Commission, — das Gesetz, nach welchem alle in gemischten, d. h. von Katholiken und Protestanten mit Angehörigen der russischen Staatskirche eingegangenen Ehen, erzeugten Kinder, der Religion des griechisch-orthodoxen Theils bei schwerer Criminalstrafe folgen mussten, war bereits um die Mitte der dreissiger Jahre auf das Land ausgedehnt worden, dem das Organische Statut unbeschränkte Cultusfreiheit und besondere Beschützung der „Religion der katholischen Mehrheit" verheissen hatte. Die Rechtlosigkeit des Landes und seiner Bewohner war eine so vollendete, dass Paskewitsch einem polnischen hohen Beamten, der ihm in einer Finanzangelegenheit Opposition zu machen gewagt hatte,

allen Ernstes die drohenden Worte sagen konnte: „Ich
werde Sie hängen lassen und in meinem nächsten Jahres-
bericht an den Kaiser einfach bemerken, es sei auf meine
Anordnung „ein gewisser Senator" gehängt worden."
Das war um die Mitte der vierziger Jahre geschehen; —
seinen Höhepunkt erreichte das von dem Kaiser Nikolaus
etablirte Repressions- und Bevormundungssystem aber
bekanntlich erst n a c h dem Jahre 1849, wo der Besieger
Ungarns und der Revolution sich zum Herrn des Welttheils gemacht zu haben glaubte und wo die sog. Pe-
traschewski'sche Verschwörung und die Theilnahme einzelner Polen an dem magyarischen Nationalkampf zu
abermaliger Verschärfung der Massregeln den Vorwand
gegeben hatten, durch welche das heilige Russland vor
revolutionären Ansteckungen behütet werden sollte.

Die Unmöglichkeit, Zustände so widersinniger, der
menschlichen und der polnischen Natur direct zuwider
laufenden Art *in infinitum* fortzusetzen, war so einleuch-
tend, dass dem Polenthum kaum verübelt werden konnte,
wenn es gerade aus der Härte des geltenden Systems
Hoffnungen für eine bessere Zukunft schöpfen zu können
glaubte. Während äusserlich eine nur selten unterbrochene
Kirchhofsruhe herrschte, Handel und Verkehr sich auf
die Beschaffung der dringendsten Lebensbedürfnisse beschränkten, die von Soldaten starrenden Städte von den
höheren Ständen gemieden wurden und der Bauer stumpf-
sinnig zwischen Ueberanstrengung und Berauschung da-
hinlebte, waren Augen und Ohren des denkenden Theils
der Nation ausschliesslich auf die Vorgänge ausserhalb
der Grenzen des Landes gerichtet. Der in den kleineren
Städten und auf dem flachen Lande lebende Adel hielt
sich von jeder Berührung mit den gouvernementalen
Elementen zurück, um ungestört politischen Speculationen

nachzuhängen, die sich zumeist um die Ereignisse in
Paris und um die Nachrichten drehten, welche die im
Exil lebenden Freunde und Vettern in die Heimath gelangen liessen, um die Hoffnung auf einen allendlichen
Sieg der nationalen Sache und auf eine von Westen
kommende Rettung derselben am Leben zu erhalten.
Für die Masse der sog. Gebildeten und besonders für
das jüngere Geschlecht stand ein für alle Mal fest, dass
die Zukunft Polens mit derjenigen der europäischen
Demokratie untrennbar verbunden sei und dass es der zu
erwartenden Universal-Revolution gelingen werde, was
der polnischen Local-Revolution nicht geglückt war. In
den Kreisen des höheren Adels, für deren typischen Repräsentanten der Graf Andreas Zamoiski gelten konnte
(derselbe der 1831 durch die Weichsel geschwommen
und nach Wien gegangen war, um den Beistand des
österreichischen Cabinets anzurufen), herrschten allerdings andere Anschauungen. Hier rechnete man auf die
Wechselfälle der hohen Politik, auf das durch die römische
Mission Ladislas Zamoiski's neu belebte Interesse der
römischen Curie für das „katholischste Volk der Erde",
und vor Allem auf die Geschicklichkeit, mit welcher die
um den Fürsten Czartoriski gruppirte aristokratische
Emigranten - Fraction in Paris, Frankreichs Bedürfniss
nach einem Stützpunkt gegen den vordringenden Einfluss
der drei nordischen Mächte auszubeuten wissen werde.
Während die polnische Aristokratie die Tendenzen der
Demokratie im Uebrigen nach Kräften bekämpfte und
durch eine streng kirchliche Erziehung der Jugend den
revolutionären Zeitideen entgegen zu arbeiten versuchte,
traf sie an zwei entscheidenden Punkten mit der Revolutionspartei zusammen: in der Ueberzeugung, dass das
Heil allein von Westen zu erwarten sei und dass der

7*

polnische Patriot seine Pflicht erfüllt habe, wenn er der
Regierung auf allen Gebieten und unter allen Umständen
passiven Widerstand leiste und sich auf keinerlei die
inneren Zustände des Landes betreffenden Transactionen
einlasse.

Innerhalb einer so gearteten Gesellschaft musste ein
Mann vom Schlage Wielopolski's vollständig isolirt da-
stehen. Er, der seine Rechnungen mit dem Auslande
grundsätzlich abgeschlossen, alle Beziehungen zu der
Emigration und zu seinen ehemaligen Genossen von der
Czartoriski'schen Partei abgebrochen hatte und dem überdies die geselligen Talente und Gewohnheiten fehlten,
auf welche der polnische Magnat seinen Einfluss zu
gründen gewohnt ist, — er zählte in den Kreisen der
von Pariser Neuigkeiten und eingeschmuggelten Zeitungs-
artikeln lebenden Gelegenheitspolitiker nicht mit. Seine
Aufmerksamkeit und seine Thätigkeit waren ausschliesslich auf seine nächsten Pflichten und auf eine möglichste
Besserung der ihn umgebenden realen Verhältnisse gerichtet. Sparsam, energisch und bedürfnisslos wie er
war, liess Wielopolski sich zunächst die Consolidation
seiner durch die Revolution und den vieljährigen Erbschaftsprocess zerrütteten Vermögensverhältnisse angelegen sein und das mit so glücklichem Erfolge, dass er im
Verlauf weniger Jahre die auf seinen Gütern lastenden
Schulden bezahlt, einen grossen Theil der versplitterten
Majoratsgüter eingelöst, seine Brüder und Schwestern
abgefunden hatte und zum wohlhabenden, wenn auch
nicht eben reichen Manne geworden war. Mit gleichem
Eifer widmete er sich der Erziehung seiner Kinder, die
er Anfangs im eignen Hause, später unter der Obhut
der Mutter in Breslau erziehen liess. Dann nahm er die
ökonomische Reorganisation der bäuerlichen Insassen

seiner Güter in die Hand, um von der einzigen Freiheit,
welche die russische Regierung dem Edelmanne liess,
Gebrauch zu machen und dem guten Beispiele Folge zu
leisten, das dieselbe auf ihren Domänengütern gegeben
hatte. Er begann damit, die Frohnleistungen der Bauern
in Geldpacht zu verwandeln (der Pferdetag wurde zu
1 Mark, der Fusstag zu 25 Pfennige berechnet) und die
Naturallieferungen abzuschaffen, um sodann zu einer Ge-
meinheits-Theilung, endlich zum Verkauf der Gebäude
und Gärten an die Pachtinhaber und zum Abschluss für
24 Jahre giltiger Pachtverträge zu schreiten, die nach
den für die Domänen geltenden, anerkannt billigen Sätzen
berechnet wurden. — Erst nachdem diese Angelegenheiten geordnet worden waren, erlaubte der Marquis sich
eine jener ausländischen Reisen, die unter den gegebenen
Verhältnissen für jeden Gebildeten zum unabweisbaren
Bedürfniss geworden waren. Aber auch in dieser Beziehung machte er es anders, als seine Landes- und
Standesgenossen: statt nach Paris zu gehen und den
Geheimnissen des Hotel Lambert nachzuspüren, begnügte
Wielopolski sich mit Ausflügen nach Krakau, Prag und
Breslau, denen im Jahre 1841 ein längerer Aufenthalt
in Berlin folgte, welchen der ehemalige Göttinger Student
dem Studium der Hegel'schen Philosophie, namentlich
dem Besuch der Vorlesungen Hotho's widmete. Durch
einen Ex-Commilitonen, den russischen Gesandten Baron
Peter Meyendorff, wurde er damals am Hofe Friedrich
Wilhelm's IV. vorgestellt und in die Lage gebracht,
Verbindungen anzuknüpfen, die sich in der Folge als
höchst nützliche auswiesen.

Ein unerwartetes, in allen Theilen der ehemaligen
Republik mit starrem Entsetzen aufgenommenes Ereigniss
rief den Mann, der mit der politischen Thätigkeit abge-

schlossen zu haben schien, im April des Jahres 1846 auf die öffentliche Bühne. In Veranlassung jener gegen den Adel des Tarnower Kreises gerichteten Jacquerie vom Februar 1846, zu welcher ein thörichter Aufstandsversuch des letzteren das Signal gegeben hatte und dessen Mitschuld infolge der Rathlosigkeit und Aengstlichkeit der galizischen Localbehörden auf die österreichische Regierung gewälzt worden war, veröffentlichte Wielopolski eine Flugschrift, die auf seinen ferneren Lebensgang grösseren Einfluss gewann, als er selbst geahnt haben mochte. Es war das die vielbesprochene (in dem Lisicki'schen Buch neu abgedruckte) „*Lettre d'un gentilhomme polonais sur les Massacres de Galicie, adressée au P^{ce} de Metternich, à l'occasion de sa dépéche circulaire du 7 Mars 1846*".

Die Vorgänge, welche zu dieser Publication die Veranlassung gaben, sind in der Folge bis ins Einzelne festgestellt worden. Ohne Rücksicht auf die weitverbreitete, nur der Gelegenheit zu einem gewaltsamen Ausbruch harrende Erbitterung der galizischen Bauern gegen ihre Herren, hatten diese letzteren einen Aufstandsversuch unternommen, der sich über das gesammte ehemals polnische Gebiet erstrecken sollte und bei welchem mit der Ueberrumpelung des kleinen Freistaates Krakau der Anfang gemacht wurde. Die überraschten Localbehörden Tarnowo's und einiger benachbarter Kreise hatten in ihrer Besorgniss vor den Folgen des Aufstandes die ihnen angebotene Beihilfe des Landvolks nicht zurückgewiesen, einzelne Beamte die Bauern förmlich zu den Waffen gerufen und Preise auf die Ergreifung der aufständischen Gutsbesitzer gesetzt. Davon war von dem wüthenden, durch Misshandlungen und harte Frohnen seit lange verletzten Landvolk zu einem Massacre der adligen Herren

des Tarnower Kreises Veranlassung genommen worden,
das mehreren hundert Menschen das Leben kostete und
dessen Folgen Niemand mehr überraschten als die (unbegreiflicher Weise) ahnungslos gebliebene österreichische
Regierung. — Was das Product der Rathlosigkeit und
Feigheit eines verkommenen, jeder Initiative und jeder
Selbständigkeit entwöhnten Beamtenthums gewesen war,
galt im ersten Augenblick dem übrigen Europa für die
Ausführung eines wohldurchdachten teuflischen Planes,
der darauf abgezielt haben sollte, das polnisch-aristokra-
tische Element Galiziens dem rohen, in das österreichische
Staatsinteresse gezogenen ruthenischen und masurischen
Bauernthum ans Messer zu liefern. Bei der Unpopulari-
tät, deren das Metternich'sche System sich bei allen
Zeitgenossen erfreute, konnte nicht ausbleiben, dass diese
Version allgemeinen Glauben fand und dass aus allen
Ecken und Enden des Welttheils leidenschaftliche Anklagen gegen das pseudo-conservative Regiment erhoben
wurden, welches die nationale Erhebung des polnischen
Adels mit der Entzündung einer Bauernrevolte beantwortet und Greuel verschuldet haben sollte, die an die
schlimmsten Zeiten der mittelalterlichen Bauernkriege
gemahnten. Es sollte ein Beweis dafür geliefert worden
sein, dass der Absolutismus unter Umständen den Jacobinismus an Blutgier und Gleichgiltigkeit gegen die Wahl
seiner Mittel noch übertreffen könne und dass der leitende
Minister des *par excellence* conservativen österreichischen
Staates mit dem Socialismus Brüderschaft getrunken habe,
um dem liberalen Polenthum das Garaus zu machen.
Unter dem Eindrucke der damals in ganz Europa
getheilten Ueberzeugung, dass die galizischen Beamten
auf Grund ihnen von der Centralstelle ertheilter Weisungen
gehandelt hätten, und dass Fürst Metternich der eigent-

liche Anstifter der Tarnower Jacquerie sei, hatte Wielopolski zur Feder gegriffen. Er war nicht nur als Pole
und als Conservativer aufs Aeusserste darüber empört
worden, dass eine absolutistische Regierung sich zur Erreichung selbstischer Zwecke revolutionärer Mittel bedient, sich zur Parteigängerin gegen das „Eigenthum"
gerichteter anarchischer Ideen gemacht und in noch nicht
dagewesener Weise zu dem „Divide et impera" bekannt
hatte, — er sah in dem angeblichen Vorgehen des Wiener
Cabinets eine Bestätigung der ihm im Laufe der Jahre
mehr und mehr zur Ueberzeugung gewordenen Meinung,
dass die revolutionären Zeitideen seiner Heimath das
Verderben bereiteten, dass Polen von dem germanischen
und romanischen Europa nur Feindschaft und Gleichgiltigkeit zu erwarten habe und dass es für sein Vaterland keine andere Rettung, als die Aussöhnung mit Russland, als den Anschluss an das Russen- und Slaventhum
gebe. In diesem Sinne warf er dem Adressaten seines
Briefes vor, die Widersinnigkeit der galizischen Agrar-
zustände absichtlich gehegt und dann als revolutionäre
Waffe gegen den polnischen Adel gebraucht zu haben,
dessen an dem Aufstandsversuche völlig unschuldige conservative Elemente auf die Proscriptionsliste des mit der
Anarchie verbündeten Absolutismus gesetzt worden seien.
Oesterreichs Bündniss mit denselben westeuropäischen
Revolutionsideen, welche bereits ein Mal das Verderben
Polens gewesen, hätten dem polnischen Adel keinen andern Ausweg, als den des Anschlusses an das conservative
und slavische Russland gelassen, das sich zu gleich
schimpflichen Kampfesmitteln nie herbeigelassen habe
und mindestens sich selbst treu geblieben sei. „Blut ist
ein ganz besonderer Saft" —. das in Galizien vergossene
Blut aber werde den Kitt zwischen Polen und Russen

bilden, den Ersteren die Augen darüber öffnen, wo sie
ihre wahren Feinde zu suchen hätten und die Ueberzeugung zu einer allgemeinen machen, dass Polen, wenn es
nicht völlig untergehen wolle, nur noch von dem „edel-
müthigsten" seiner Feinde, dem russischen Kaiser Rettung
hoffen dürfe.

Einer Kritik dieser von falschen thatsächlichen Voraussetzungen ausgehenden, in ihrem entscheidenden Punkte
schiefen und in der Folge durch die littauische
Jacquerie von 1863 auch thatsächlich wider-
legten Sätze, kann es für uns nicht bedürfen. Dass
dieselben ein panslawisches Programm enthielten, ist von
Wielopolski's Gegnern mit Unrecht behauptet worden
(von den nicht-polnischen und nicht-russischen Slawenstämmen ist gar nicht die Rede, und die Erhaltung der
innerhalb des russischen Staatskörpers vorhandenen historischen Bildungen, z. B. des baltisch-deutschen Elements
wird ausdrücklich vorbehalten*) — über die sonstige Bedenklichkeit ihres Inhalts sind verschiedene Meinungen
dagegen kaum möglich. Bei dem Publikum von 1846
hat eine solche Verschiedenheit der Meinungen auch niemals bestanden, weil Wielopolski's leitender Gedanke zu
den herrschenden Stimmungen in directem Gegensatze
stand. Die Schrift erregte ein ungeheures Aufsehen, blieb
aber völlig wirkungslos, weil der in derselben versuchte
Appell weder bei dem conservativen Polenthum, noch
bei dem Kaiser Nikolaus irgend welchen Anklang fand.

---

*) Es heisst a. a. O. unter Anderem: *Les provinces de la
Baltique ne marquent pas en Russie comme état, comme corps poli-
tique, mais à part l'accroissement de force matérielle qu'elles lui ont
apporté, elles exercent comme élément allemand, une influence impor-
tante sur ses destinées .... L'anéantissement du caractère propre
de ses provinces appauvrirait l'empire de toutes ces influences u. s. w.*

Auf die Bedeutung dieses Appells haben Russen und
Polen sich erst ein halbes Menschenalter später besonnen:
zur Zeit des Erscheinens der „Lettre" nahm man in
Petersburg von polnischen Kundgebungen überhaupt keine
Notiz und war man in Paris, Warschau und Krakau
übereinstimmend der Meinung, der Gedanke eines polnischen Anschlusses an Russland sei mit der Zumuthung
„eines Selbstmordes aus Rache gegen Oesterreich" gleichbedeutend.

Dass er mit dieser Gelegenheitsschrift weit über das
Ziel hinausgeschossen und sich selbst einen ausserordentlich schlechten, seiner Sache einen geradezu lebensgefähr-
lichen Dienst erwiesen habe, scheint Wielopolski in der
Folge selbst eingesehen zu haben. Was dabei seine
eigentliche Meinung gewesen, liegt heute, wo der
Gang seiner Entwickelung sich im Zusammenhang übersehen lässt, klar zu Tage. Er glaubte an den galizischen
Ereignissen von 1846 eine passende Gelegenheit gefunden
zu haben, mit einem politischen Gedanken hervorzutreten,
dessen Ursprünge bis in das Jahr 1830 zurückreichten
und der das Resultat vieljähriger Beobachtungen und Erwägungen gewesen war.

Seit der Theilung Polens hatte es für dieses Land
nur eine erträgliche, zu Hoffnungen auf eine Zukunft
des polnischen Volkes berechtigende Periode, diejenige
des constitutionellen Königreichs von 1815 gegeben.
Damals waren die Bedingungen einer nationalen Gesundung und einer Weiterentwickelung vorhanden gewesen,
welche die Hoffnung auf eine Wiedererwerbung der
preussischen und der österreichischen Gebietstheile mindestens nicht ausschloss. Diese Vortheile waren durch
einen revolutionären Ausbruch verscherzt worden, den
der Einfluss französisch-demokratischer Ideen und die

unbegründete Rechnung auf den Beistand des westlichen
Europa verschuldet hatten. War das mit Russland aus-
gesöhnte Polen von 1815 an der Thorheit der revolutionären Ideologen, an der Connivenz der Conservativen
gegen die pseudo-patriotische Demokratie und an seinem
blinden Vertrauen auf das selbstsüchtige Westeuropa zu
Grunde gegangen, so konnte eine Rettung nur möglich
werden, wenn man mit diesen Factoren der Vergangenheit grundsätzlich und für immer brach. Mit Westeuropa
war Wielopolski seit seinen Londoner Erfahrungen von
1831 fertig, die Unmöglichkeit eines Ringens mit der
moralischen und intellectuellen Ueberlegenheit Preussens
hatte er von jeher anerkannt, dass von Oesterreich Nichts
zu hoffen sei, glaubte er 1846 endgiltig erfahren zu haben.
So blieb nur Russland übrig; eine Verständigung mit
Russland erschien aber nur möglich, wenn der denkende
Theil der Nation nicht nur selbst mit der Revolution
brach, sondern in sich die Fähigkeit und den Entschluss
entwickelte, die in seinem Schosse vorhandenen revolutionären Elemente als Vaterlandsfeinde und Verräther zu
behandeln und erforderlichen Falls der Vernichtung
preiszugeben. Die grösste aller überhaupt möglichen Gefahren aber sah Wielopolski in dem von der demokratischen Emigration und deren Anhängern verkündigten
Bündniss zwischen der polnischen Sache und der europäischen Revolution, weil dieses Bündniss das Volk
innerlich auflöste und bis in die Knochen verderbte und
weil er den Friedensschluss mit dem einzigen Staate unmöglich machte, der überhaupt mit dem Polenthum Frieden schliessen konnte und wollte und der diesen Willen
in dem Erlass einer die polnische Nationalität anerken-
nenden Verfassung wenigstens ein Mal bethätigt hatte.
Dieses Programm giebt nicht nur für die Entstehung

des an den Fürsten Metternich gerichteten Briefes, sondern für das gesammte fernere Verhalten Wielopolski's
den Schlüssel. Diesem Programm ist er mit der ihm
eigenthümlichen Starrheit während der Revolutionsjahre
1848 und 1849 *), während des Krimkrieges, während
der sogenannten russischen neuen Aera und endlich
während der Jahre seiner Verwaltung treu geblieben,
um die letzten Consequenzen desselben in der Gewalt-
conscription vom Januar 1863 (bekanntlich dem Vorwande
für den letzten Aufstand) in Ausführung zu bringen.
Der Gedanke, Polens Wiederherstellung innerhalb gewisser Grenzen auf legalem Wege und im Einverständniss mit der russischen Regierung zu ermöglichen, bestimmte ihn, dem zu Breslau von dem General Dem-
binski (seinem Oheim und Freunde) einberufenen „Congress polnischer Patrioten" (1849) seinen Beitritt zu ver-
sagen, dem ungarischen Kriege durchaus fern zu bleiben **),
gelegentlich einer im Jahre 1850 unternommenen Reise
nach Paris mit den Czartoriski und Zamoiski vollständig
zu brechen und nach Ausbruch des Orientkrieges seinen
ältesten Sohn, den Grafen Sigismund, für einige Jahre in
ein russisches Ulanenregiment treten zu lassen. —

Die Probe auf die Richtigkeit und Ausführbarkeit
des Wielopolski'schen Programms wurde zehn Jahre
später gemacht.

*) Um von den Annäherungsversuchen zwischen den ver-
schiedenen Slawenstämmen eine directe Vorstellung zu gewinnen, erschien Wielopolski während des Slawen-Congresses von 1849 in Prag.
An den Congressverhandlungen hat er keinen Antheil genommen.

**) Nach Lisicki's Versicherung ist Wielopolski ein gewisses
Misstrauen gegen die den magyarischen Nationalbestrebungen bei-
gemischten revolutionären Elemente nicht los geworden und von
jeder grundsätzlichen Feindschaft gegen Oesterreich frei geblieben.

III.

Das polnische Staatssecretariat und die polnische Gesellschaft in St. Petersburg.

Obgleich die administrative Unabhängigkeit Polens nach der Krisis von 1831 zum blossen Schatten herabgesunken war, blieb das zur Vertretung der Interessen des Königreichs bestimmte polnische Staatssecretariat in St. Petersburg fortbestehen. Um diese zumeist von Gliedern der Warschauer Aristokratie bediente Verwaltung gruppirten sich die zahlreichen Beamten, Gelehrten und Geistlichen polnischer Herkunft, welche in die Newa-Residenz verschlagen worden waren und dem Beispiele der Petersburgischen Vertreter anderer, dem russischen Reiche angehöriger fremder Nationalitäten folgend — eine Welt für sich bildeten. Das Staatssecretariat wurde Anfangs von demselben Grafen Grabowski verwaltet, dem dasselbe bereits vor dem Aufstande von 1830 anvertraut gewesen war, — dann wurde der Gehilfe Grabowski's und Vorsitzende einer Commission zur Durchführung und Zusammenstellung der polnischen Gesetze, Herr Ignaz Turkull, mit diesem immerhin wichtigen Amte betraut. — Von einer schaffenden und productiven Thätigkeit konnte nicht die Rede sein, wo alle Welt wusste, dass das „Organische Statut" des Jahres 1831 nur des Scheines wegen erlassen worden sei, und dass der Kaiser eine vollständige Ver-

schmelzung, richtiger ein Aufgehen Polens in das
Kaiserreich anstrebe. — Das Beste, was das Staatssecretariat leisten konnte, war rein negativer Natur und
beschränkte sich auf Verhinderung und Verschleppung
der von Nikolaus angeordneten Russificirungs-Arbeiten,
insbesondere der Thätigkeit jener zur „Annäherung" der
beiderseitigen Gesetzgebungen bestimmten Commission, von
welcher in dem vorigen Abschnitt berichtet worden. Im
Uebrigen beschäftigte man sich damit, gegen den in
Warschau waltenden Statthalter einen kleinen Krieg zu
führen, den von diesem Allmächtigen verübten Brutali-
täten die Spitze abzubrechen, auf eine dem katholischen
und nationalen Interesse nicht allzu ungünstige Besetzung
der Bisthümer, Abteien und Prälaturen des Königreichs
hinzuwirken, möglichst zahlreiche Landsleute in den
Staatsdienst einzuschieben und im Hinblick auf mögliche
Veränderungen der Zukunft, Polen und den polnischen
Adel der russischen „Gesellschaft" gegenüber möglichst
anständig zu repräsentiren. Trotz seiner Abneigung gegen Alles, was nach polnischen National-Ansprüchen
schmeckte, sah Nikolaus es nicht ungern, wenn polnische Edelleute von erträglich gutem Hause in seiner
Garde oder in den Ministerien Dienste nahmen und
wenn das frondirende Magnatenthum des Königreichs wenigstens durch einzelne vornehm klingende Namen an seinem
Hof vertreten war. Den älteren Hof- und Staatsbeamten
polnischer Herkunft sah man bereitwillig nach, wenn sie
der russischen Sprache nicht mächtig waren und französisch verhandelten; einzelne dieser Herren hatten es
durch glatte und gefügige Haltung dazu gebracht, nicht
nur Lieblinge der vornehmen Gesellschaft zu werden,
sondern für besondere Günstlinge des Kaisers zu gelten,
der ihnen in Gnaden nachsah, wenn sie in ihren pri-

vaten Beziehungen Polen, in kirchlicher Rücksicht gute
Katholiken blieben und wenn 'sie innerhalb der kosmo-
politischen, um allen Zusammenhang, ja um jede Erinnerung an ein bestimmtes Volksthum gebrachten grossen
Welt St. Petersburgs eine besondere Spielart darstellten.
So hoch standen französisch lackirte Vornehmthuerei
und aristokratische Ausschliesslichkeit damals im Preise,
dass es innerhalb der tonangebenden Kreise für eine Art
Empfehlung galt, wenn einem neuen Ankömmling die
Nationalität gar nicht, die Zugehörigkeit zur exclusiven
Gesellschaft dagegen auf den ersten Blick angesehen
werden konnte, und wenn der Pariser Firniss dick genug
aufgetragen war, um die Recognoscirung einer bestimmten
National- und Individual-Physiognomie vollständig unmöglich zu machen. In den Künsten, welche innerhalb
dieser Gesellschaft den Ausschlag gaben, waren die
Polen aber so unübertreffliche Meister, dass sie nur zu
wollen brauchten, um zu Tonangebern des Petersburger
High life zu werden. Dass die Zahl dieser „Wollenden"
eine nur geringe war, trug dazu bei, die Einzelnen hoch
im Preise stehen zu machen und den von ihnen entwickelten Fertigkeiten das gehörige Publikum zu sichern.
Wo es darauf ankam, die Mazurka mit „wahrhaft poe-
tischer Auffassung" zu tanzen, ein ausserhalb Frankreichs
erlerntes Französisch parisisch und völlig unslawisch
auszusprechen, — die grössten Geldsummen mit der voll-
endetesten Gleichgiltigkeit zu verspielen und mit einer
möglichst geringen Summe von Kenntnissen ein möglichst
ausgedehntes Conversationsgebiet zu bestreiten, hoben
die polnischen Cavaliere ihre russischen Nebenbuhler
regelmässig aus dem Sattel und dass es im Leben auf
diese Dinge zunächst und vor Allem ankomme, stand an
dem glücklichen Newa-Ufer seit so unvordenklicher Zeit

und so unanfechtbar fest, dass für Leute von gutem Blut
und von wahrer Bildung Zweifel ein für alle Mal ausgeschlossen waren. — Die Polen selbst glaubten eine Art
patriotischer Pflicht zu erfüllen, wenn sie ihre Künste vor
der russischen Gesellschaft spielen liessen und wenn sie die
gesellschaftliche Repräsentanz des unglücklichen verlorenen
Vaterlands innerhalb der tonangebenden Kreise zu ihrem
Lebensberuf machten. In gewissem Sinne thaten sie das
wirklich, — die Einen, indem sie die Möglichkeit polnisch-
russischen Zusammenlebens und eine Verständigung im
Sinne höherer slawischer Einheit practisch zu illustriren
suchten, Andere, indem sie Einzelentscheidungen zu
Gunsten ihres Landes, die sich amtlich nicht erreichen
liessen, aus gesellschaftlichen Hinterthüren exportirten.
Dass ein Haupttheil dieser Erfolge nur in der Einbildung
der Betheiligten existirte, schloss kleine Gewinne im Einzelnen nicht ganz aus. Wollte es doch immerhin etwas
bedeuten, wenn Polenthum und polnische Katholicität
innerhalb der herrschenden Kaste überhaupt vertreten
waren, wenn Hof- und Gesellschaft der russischen Hauptstadt wenigstens gelegentlich an das Vorhandensein einer
polnischen Frage erinnert wurden, und wenn es an der
Newa eine gefriedete Stätte gab, an welcher die Elemente, welche einander an der Weichsel und am Niemen
auf Tod und Leben bekämpften, friedlich auf einander
trafen!

Den Mittelpunkt dieser polnischen Gesellschaft St. Petersburg's bildete in den Tagen des Kaisers Nikolaus das
Staatssecretariat, — der hervorragendste Mann dieser Gesellschaft aber war bis zur Mitte der 40er Jahre nicht der
Pan-Staatssecretar, sondern der uns bekannte, seit seiner
Mission vom Winter 1830/31 in St. Petersburg verblie-
bene Fürst Druçki-Lubeçki. Bei dem ungünstigen Em-

pfang den Kaiser Nikolaus diesem Abgesandten der Warschauer provisorischen Regierung bereitete, hatte es sein
allendliches Bewenden nicht behalten. Bereits im Februar
1832 war der Fürst zum Mitgliede des (russischen) Reichsraths ernannt und in das neuerrichtete Reichsraths-Departement für Angelegenheiten des Königreichs Polen
gezogen, ausserdem mit verschiedenen auf Abrechnungen
mit fremden Regierungen und auf die Revision des polnischen Codex bezüglichen Arbeiten betraut worden. Den
ihm gestellten Aufgaben hatte der fleissige und fähige
Arbeiter sich unterzogen ohne nach der speciellen Natur
derselben zu fragen, auch zu wiederholten Malen Gnaden-
erweise seines Monarchen zu rühmen gehabt: dabei
aber war es geblieben und von der Wiederherstellung
des früheren Vertrauensverhältnisses eben so wenig die
Rede wie von der Ernennung des fähigsten, jemals in
russischen Diensten gewesenen Finanzmannes zum russischen Finanzminister. Seine fachmännische Ueberlegenheit gab Lubeçki dem Grafen Cancrin bei jeder sich darbietenden Gelegenheit zu fühlen, seine und seines Landsmannes Tengoborski im Reichsrathe gehaltenen Reden über
Gegenstände der Finanz- und Wirthschaftsgesetzgebung
erregten regelmässig ein gewisses Aufsehen, die von ihm
an den Cancrin'schen Budgetvorschlägen geübte Kritik
war die einzige, welche der alte Finanzminister überhaupt
zu erfahren und zu fürchten Gelegenheit hatte, — mehr
wie ein Mal und namentlich als Cancrin kränklich zu
werden begann, schlugen einsichtige Russen Lubeçki zum
Nachfolger des Grafen vor, — zu anderer, als bloss ge-
legentlicher Benutzung der Fähigkeiten und Kenntnisse
des letzten polnischen Finanzministers vermochte der
Kaiser sich indessen nicht zu entschliessen. Seiner hohen
Meinung von Lubeçki's Brauchbarkeit gab Nikolaus u. A.

dadurch Ausdruck, dass er ihn im Sommer 1834 nach
Paris sandte, um gemeinsam mit Tengoborski eine Rech-
nungsangelegenheit zu ordnen, bei welcher es sich um
die Realisirung einer russischen Forderung an die französische Staatskasse handelte. Obgleich Lubeçki diese
Verhandlung in höchst erfolgreicher Weise zum Abschluss
brachte und obgleich er während seines dreijährigen
Aufenthaltes in der französischen Hauptstadt keinen
Augenblick vor den Dolchen fanatischer polnischer Re-
volutionsmänner sicher gewesen war (auf den Rath guter
Freunde ging Lubeçki nie anders wie bewaffnet und von
zwei zuverlässigen Männern begleitet auf die Strasse),
konnte Nikolaus sein Misstrauen gegen den angeblichen
Mitschuldigen der Warschauer Magnaten-Partei nicht
überwinden. Er begnügte sich damit dem Fürsten in
einem Handschreiben seine „Anerkennung und Dankbar-
keit" auszusprechen, Lubeçki aber blieb, was er gewesen
war — ein durch seine geistige Bedeutung hervorragen-
des Mitglied des Reichsraths, das in Dingen, welche
polnische Zustände oder ökonomische Fragen betrafen,
regelmässig um seine Meinung gefragt, von jedem durch-
schlagenden Einfluss indessen fern gehalten wurde. — In
der vornehmen Gesellschaft, insbesondere der Damenwelt,
war der feine, geistreiche Pole ausserordentlich gern
gesehen, mit dem Grafen Kisselew, dem Fürsten Men-
tschikow und andern Würdenträgern, die zeitweise die
Opposition gegen das Cancrin'sche System repräsentirten,
stand er auf intimem Fuss, von dem loyal gebliebenen
Theil seiner Landsleute und den Beamten der polnischen
Kanzlei wurde er als Nestor politischer Weisheit verehrt,
von Turkull und Tengoborski in allen wichtigen Fragen
um seinen Rath gefragt, — eine Stellung die seinen
Antecedentien entsprochen und ihm Ersatz dafür geboten

hätte, dass er bei den guten Patrioten seines Landes als
Russenfreund verfehmt war, blieb ihm versagt. Gleich
den vielen vornehmen Herren seiner Zeit, die sich nie
vom Hofe trennen und nie völlig mit demselben identificiren konnten, ist er im Jahre 1846 als guter Katholik
und — wie er und seine Freunde meinten — zugleich als
guter Pole und guter russischer Unterthan zu St. Petersburg verstorben.

Was dem fähigen, arbeitslustigen und arbeitstüch-
tigen Lubeçki trotz aller dem russischen Interesse gebrachten Opfer versagt geblieben, war seinem geistig und
sittlich eine reichliche Etage tiefer wohnenden Landsmanne
Turkull spielend in den Schoss gefallen. Der unvergleichlich elegante polnische Staatssecretär mit den sanften
einschmeichelnden Manieren und schwermüthigen grossen
Augen, der schöne Ignaz Turkull war nicht nur der beste
Masurka-Tänzer, der beliebteste Löwe und unverbesser-
lichste Hazardspieler des damaligen Petersburg, er war in jeder Rücksicht ein Mann nach dem Herzen Sr. Majestät, als
solcher der erklärte Liebling des Hofs und von dem Kaiser
so gern gesehen, dass er sich ungestraft der Todsünde schuldig machen durfte, fünf Minuten zu spät zum „Doklad"
(Vortrag) zu kommen, und dass ihm schliesslich nur e i n
Wunsch seines Lebens unerfüllt blieb, das sehnsüchtige
Verlangen nach einer reichgestickten Militär-Uniform und
nach dem Generalstitel! — Auf das Petersburger Pflaster
war der damals sieben und zwanzigjährige, als österrei-
chischer Unterthan und Sohn eines Günstlings des letzten
Polenkönigs geborne, in Wien erzogene, schliesslich zum
Vollblut-Petersburger gewordene Herr bereits im J. 1822
verpflanzt worden. All' die Phasen, welche die Geschicke
seines Vaterlandes unter Alexander I. und unter Nikolaus

8 *

durchzumachen gehabt hatten, waren an dem flachen
Salonmanne, dem selbst sein Freund und Bewunderer
Przewalski andere als s. g. gesellschaftliche Tugenden
nicht nachzuweisen vermocht hat, spurlos vorübergegangen.
Unter dem constitutionellen Régime Alexander's I. hatte
er als Kanzlei-Director und Kammerjunker seine Laufbahn begonnen, unter dem autokratischen Scepter Nikolaus' endete er als Minister-Staatssecretär für Polen,
Mitglied des (russischen) Reichsraths und des Minister-
Comités, als Geheimrath und Ritter aller möglichen und
unmöglichen Orden erster Klasse, — immer mit sich
selbst und der ihn umgebenden Welt zufrieden, immer
„comme il faut", immer liebes- und lebenslustig und höchstens durch seine lawinenartig anwachsenden Spielschul-
den im Genuss des Lebens und der allerhöchsten Gunst
gestört. Was Herr Turkull seine Erfolge nannte und
was seine Freunde als Verdienste des zugleich loyalen
und patriotischen Staatsmanns priesen, beschränkte sich
günstigsten Falls auf die Abwendung all zu plumper Eingriffe in bewährte politisch neutrale Einrichtungen des
Königreichs und auf die gelegentliche Förderung von
Andern in's Werk gerichteter gemeinnütziger Unternehmungen. In kirchlicher Rücksicht war der Vertreter der
religiösen Interessen des katholischsten aller Völker Ost-
europa's so vorurtheilslos, wie von einem alten Hagestolze
und esprit fort irgend verlangt werden konnte, „der zuweilen dreizehn Personen um seinen Speisetisch versammelte, auf diesen Tisch drei Kerzen stellen und die
Gabel und Messer kreuzweise auflegen liess, es indessen
niemals für gerathen hielt, am Montage (der nach polni-
schem und russischem Volksglauben ein Unglückstag ist)
eine Reise zu unternehmen" und der jeden Ausfall gegen

den Jesuitenorden für eine persönliche Herausforderung
ansah. Gegenüber griechisch-orthodoxen Fanatikern von
der Rohheit und Bornirtheit des damaligen Directors im
„Departement der Auswärtigen Confessionen" Valerian
Skripizyn hatte Herr Turkull immer noch Gelegenheit den guten Katholiken herauszukehren, als Verthedi-
ger der Sache seiner Kirche zu glänzen und den Gegnern derselben mit einer ihm sonst nicht eigenthümlichen
Bosheit heimzuleuchten, wenn katholische Geistliche,
welche wegen Unkenntniss der russischen Sprache die
öffentliche Ablegung russisch zu sprechender Eidesformeln
verweigert hatten, bei dem Kaiser als rebellische Eidesver-
weigerer denuncirt, oder wenn von ihm empfohlene Prä-
latur-Candidaten mit der Verweigerung des landesherr-
lichen Placet bedroht worden waren. Die Zeitläufe waren
ein Mal so ungünstige und traurige, dass es zur Erfüllung
der elementarsten Forderungen von Ehre, Menschlichkeit
und Wahrheit eines Maasses von „Civil-Courage" bedurfte, das nur ausnahmsweise gefunden wurde, und dass
die Träger dieser seltenen Eigenschaft ohne Weiteres für
unabhängige Charaktere und muthige Patrioten erklärt
wurden. Und in seiner Art war Herr Turkull Patriot
geblieben! Unzweifelhaft wäre es auch ihm lieb gewesen,
wenn die polnische Verfassung von 1815 erhalten und
ihm, dem Herrn Staatssecretär, das Recht gewahrt geblieben wäre, statt in russischer in französischer Sprache
verhandeln, bei passender und ungefährlicher Gelegenheit den constitutionellen Minister spielen und auch in
dieser Rücksicht mit seinem Freunde und Collegen, dem
Staatssecretäre für Finnland Grafen Armfeldt, in derselben Linie stehen zu dürfen: den Verzicht auf diese Wünsche
hatte der liebenswürdige und verträgliche Herr im Laufe

der Jahre indessen so gründlich erlernt, dass er sich auf
dieselben schliesslich gar nicht mehr besann, dass die
Salon-Propaganda für die Sache seines Vaterlandes ihm
genügte, und dass seine praktische Vaterlandsliebe sich bei
ihm schliesslich auf zwei Gegenstände, auf eine ausgesprochene Vorliebe für polnische Grisetten und auf feinste
Kennerschaft in Sachen polnischen Stils und polnischer
Sprache beschränkte. Um sich durch Berührungen mit
der heimischen Erde zu stärken, reiste der neue Antaeus,
so oft der Dienst es erlaubte und mindestens alljährlich nach
Warschau, um auf Märkten und in Schänken den polnischen Volksgeist zu studiren, von den Lippen tugend-
hafter Schenkmädchen und Nätherinnen des Volks natürliche Musik zu vernehmen und — an die Bäche des
Newa-Babels zurückgekehrt, tiefsinnige Betrachtungen
darüber anzustellen, ob in Warschau oder aber in Wilna
das reinste Polnisch gesprochen werde. Tagelang konnte
er über diese wichtige Frage mit seinem Freunde Przewalski streiten, — einem Patrioten, der gleich ihm seit
einem Menschenalter die Eigenschaften des Polen mit denjenigen des Petersburgers verband und der wegen seiner
Sprachkennerschaft mit der Redaction des „Tygodnik",
der im J. 1832 zum amtlichen Organe des Königreichs
Polen gemachten, einzigen polnischen Zeitung St. Petersburgs betraut worden war. Ueber die sprachliche Reinheit dieses alle Zeit unsträflich loyal befundenen „Organs"
wachten beide Männer mit rührender Zärtlichkeit und
Treue und regelmässig nahm der Redacteur zu der Hilfe
des stammverwandten Staatssecretärs seine Zuflucht, wenn
der Stumpfsinn des Censors ihm eine rhetorische Figur
verdorben oder die Anwendung eines unzutreffenden Ausdrucks zugemuthet hatte. Dass die Härte des auf dem

wohlmeinenden, natürlich völlig einflusslosen „Tygodnik"
lastenden Censurdruckes eine unerträgliche gewesen, darf
Herrn Przewalski ohne Weiteres geglaubt werden: einem
Mann, der in der Folge selbst als russischer Censor fungirte, wird man ein Urtheil darüber, was ohne
Schaden hätte gedruckt werden können, nicht wohl bestreiten dürfen.

Um Lubeçki und Turkull scharte sich eine Anzahl
anderer Polen von Rang und Stellung, die ihrer Zeit
aller Welt bekannt waren, — heute längst verstorben
oder vergessen, beziehentlich verstorben und vergessen
sind. Hieher gehörten Graf Fredro, ein ehemaliger Garde-
Officier, der an irgend einem der kleineren Höfe (ich
glaube demjenigen der Grossfürstin Helene) Unterkunft
gefunden hatte und als Verfasser einactiger französischer
Proverbes für eine „tüchtige Feder" galt, die Reichs-
raths-Mitglieder Hube und Tengoborski, zwei Grafen
Braniçki, der General-Adjutant Graf Krassinski, General
Stürmer, Graf Heinrich Rzewuski u. a. m. All' diese Herren
bekleideten russische Hof- und Staatsämter und waren
für profane Augen von andern getreuen Dienern Sr. Majestät durch Nichts als ihr katholisches Bekenntniss und
durch eine Strenge in der Beobachtung kirchlicher Ge-
bräuche verschieden, welche an ihre andersgläubigen
Freunde sich nie recht gewöhnen konnten. Trafen sie Sonn-
tags nach der Messe an der Frühstückstafel des katholischen
Metropoliten Golowinski, Abends an den Kartentischen des
Turkull'schen Salons oder sonst im vertrauten Kreise zusammen, so besannen sie sich alsbald auf das Land ihrer Väter
und auf die alte sonst gründlich vergessene Herrlichkeit der
Recz posspolitaja. Dann wurde polnisch und von polnischer Literatur und Geschichte gesprochen, polnisch

getrunken und gespielt und ein Stossseufzer für die Wiederherstellung der besseren Zustände zum Himmel gesendet,
um welche man durch die Thorheit der heimischen Demagogen und durch jene „aus dem Auslande" importirten
liberalen Ideen gebracht worden war, über welche man
grade so dachte, wie Se. Majestät. Zu Zeiten wurden wohl auch Gedanken an eine grossslawische Zukunft,
oder an polnisch - russische Combinationen, wie Wielopolski sie in seiner „Lettre" angedeutet hatte, in diesen
Kreisen flüsternd ausgetauscht, — um die Fähigkeit
zu irgend welcher Initiative und zu anderer als rein
büreaukratischer Thätigkeit waren die Herren durch
ihren jahrelangen Aufenthalt in der Hauptstadt des Kaisers Nikolaus indessen längst gebracht worden. Und als
der gefürchtete Selbstherrscher endlich die Augen geschlossen und einem Nachfolger Platz gemacht hatte,
der aus seinen polenfreundlichen Intentionen kein Hehl
machte, zeigte sich, dass die berufenen Repräsentanten
der polnischen Nationalsache in St. Petersburg um allen
Zusammenhang mit der Heimath und um allen Credit
bei ihren Landsleuten gekommen waren, ohne in ihrer
neuen Umgebung irgend welches gangbare Terrain gewonnen zu haben. Die Verlautbarung von Vorschlägen
die in Warschau irgend welchen Anklang gefunden oder
in St. Petersburg Eindruck gemacht hätten, wurde von
den Turkull und Genossen nicht ein Mal versucht. Turkull selbst starb zwei Jahre nach der Thronbesteigung
Alexanders (Juli 1857) auf der Reise nach Warschau, das
Staatssecretariat aber wurde bei dem Mangel brauch-
barer Bewerber unter den Polen Petersburgs einem
Russen, Herrn Platonow übertragen, unter welchem es
den Rest seiner Bedeutung und alle Fühlung mit der

Warschauer Aristokratie einbüsste. Dank der inneren Logik der Dinge und der Nichtigkeit, in welche das Petersburger Polenthum seit Anbruch der liberalen neuen Aera versunken war, wurde der Schwerpunkt der für Polen entscheidenden Ereignisse eine Weile von St. Petersburg nach Warschau verlegt.

Dorthin werden auch wir uns zunächst zu wenden haben.

Wielopolski als praktischer Staatsmann.

Ueber den in die Zeiten der Wielopolski'schen Verwaltung fallenden und für diese entscheidenden polnisch-
littauischen Aufstand von 1863 sind während der letzten
Jahre so zahlreiche und so ausführliche Berichte publicirt
worden (wir nennen beispielsweise das Buch „Berlin und
Petersburg" und des Major Knorr vortreffliche „Polnische
Aufstände"), dass das Lisiçki'sche Buch nur wenig Neues
beizubringen vermocht hat: das Hauptinteresse bieten darum
die Eingangscapitel dar, welche der Verfasser in richtigem
Verständniss seiner Aufgabe besonders reichlich ausgestattet hat. Deutlicher wie durch diese Abschnitte seines
Buches geschehen, hat überhaupt nicht nachgewiesen
werden können, dass die während der Jahre 1856 bis
1862 Polen gegenüber beobachtete Politik der Regierung
Kaiser Alexander's II. ein Gewebe von Inconsequenzen,
inneren Widersprüchen und Missgriffen gewesen ist, und
dass dieser Regierung mindestens die Hälfte der Verantwortung für den im Januar 1863 ausgebrochenen letzten
polnischen Aufstand — diese Hauptquelle aller über
Russen und Polen hereingebrochenen schweren Verlegenheiten der Neuzeit — in Rechnung zu setzen ist.

Die Geschichte, welche der zweite Band des Lisiçki'schen Werkes erzählt, lässt sich in zwei kurze Sätze

zusammenfassen: 1) So lange ein Ausgleich zwischen Russen und Polen um einen erschwingbaren Preis zu haben war, vermochte die St. Petersburger Regierung sich zu einem solchen nicht zu entschliessen. 2) Als es zu spät geworden und durch russische Mitschuld dahin gekommen war, dass die Warschauer Revolutionspartei die Masse des polnischen Volkes beherrschte, machte man demselben Anerbietungen, die, wenige Jahre früher geboten, eine Aussöhnung herbeigeführt hätten, im Augenblick des Angebots aber bereits vollständig aussichtslos waren. — Versuchen wir es, diese Sätze im Einzelnen nachzuweisen.

Das Todesjahr des Kaisers Nikolaus war zugleich das Jahr des Falles von Sewastopol und der tödtlichen Erkrankung des seitherigen Beherrschers von Congresspolen, des Feldmarschalls Fürsten Paskewitsch († 1. Februar 1856) gewesen. Die Grundlagen des Pariser Friedensvertrages waren bereits festgestellt worden, — gelegentlich der diesem Vertrage vorausgegangenen Verhandlungen hatte der russische Bevollmächtigte Fürst Orlow die zu Gunsten Polens erhobenen Vorstellungen Lord Clarendon's mit der gelegentlichen Bemerkung beantwortet, „sein Monarch beabsichtige, den Polen von sich aus alles Das zu geben, wovon die Rede gewesen" — als der vierundsiebzigjährige „Vater-Commandeur" (diesen Beinamen hatte der Feldmarschall vom Kaiser Nikolaus erhalten) seinem Monarchen in's Grab folgte. Das Ableben der beiden Männer, welche der polnischen Geschichte des letzten Vierteljahrhunderts das Siegel aufgedrückt hatten, — der dem Kaiser Alexander II. vorausgehende Ruf der Milde und Humanität, — die Enttäuschung über Napoleon's, die polnische Sache ignorirendes Verhalten auf dem Pariser Congress, — die Freude über Orlow's unerwartete Aeusserung, — diese Umstände, verbunden mit dem günstigen Eindruck, den Paskewitsch's Nachfolger in der Statthalterschaft, Fürst Gortschakow machte, trugen dazu bei, die zunächst in Betracht kommenden Kreise der polnischen Gesellschaft mit noch nicht dagewesener Empfänglichkeit für die geringsten Zeichen russischen Entgegenkommens zu erfüllen. Als Alexander II. im Mai 1856 nach Warschau kam, liess der polnische Adel ihm ungeachtet des peinlichen Eindrucks, den das bekannte *„point de rêveries"* machte, einen ausserordentlich loyalen Empfang zu Theil werden. Trotz der Bescheidenheit der in den Adressentwürfen Jezierski's *) und Wielopolski's enthaltenen Wünsche,

---

*) Graf Jezierski (derselbe, der im December 1830 mit Lubeçki als Abgesandter der provisorischen Regierung nach St. Petersburg gekommen war) bekleidete im Jahre 1856 das Amt eines Adelsmarschalls des Gouvernements Lublin und galt für den dem Kaiser Nikolaus genehmsten vornehmen Polen seiner Zeit. Sein in Sewastopol gefallener Sohn und der Graf Sigismund Wielopolski waren die einzigen dem hohen polnischen Adel angehörigen freiwilligen Combattanten des Krimfeldzuges, welche auf russischer Seite standen. Auf die Anregung Jezierski's hatte der Publicist Schédo Ferroti (Baron Theodor Fircks) eine Adresse ausgearbeitet, welche die folgenden Wünsche aussprach: Erlaubniss zur Rückkehr der Ausgewanderten, Begnadigung der nach Sibirien Deportirten, Wiedereinführung der polnischen Sprache in die Oberverwaltung, Wiederherstellung der Universität Warschau und eines polnischen Staatsraths, endlich Verwirklichung der in dem „Organischen Statut" von 1831 freiwillig versprochenen Kreis- und Provinzial-Vertretungen. Wesentlich auf diese Punkte war der Wielopolski'sche Gegenentwurf gerichtet, nur dass dieser von bestimmt formulirten Wünschen absah und auf die Vermehrung und Verbesserung der höheren Unterrichtsanstalten besonderes Gewicht legte.

Um diesen geringen Preis wäre damals die von Alexander II. so sehnlich gewünschte russisch-polnische Aussöhnung zu haben

wurde von der Ueberreichung dieser Actenstücke ohne
Weiteres Abstand genommen, als Gortschakow dieselbe
für „inopportun" erklärte und den Wunsch aussprach,
es möge dem Monarchen die Initiative für die zu
ergreifenden Reformmassregeln ungeschmälert überlassen
werden. — Eine Reihe solcher Massregeln wurde in
der That ergriffen, nachdem der Monarch von den
Ufern der Weichsel an diejenigen der Newa zurückgekehrt war: der Charakter der Halbheit war diesen
Entschliessungen aber in so peinlicher Weise aufgedrückt,
dass von einer befriedigenden Wirkung derselben
schlechterdings nicht die Rede sein, und dass dieselben
höchstens als appetitreizende Mittel angesehen werden
konnten. Von der Amnestie vom 27. Mai waren diejenigen Emigranten ausgeschlossen, deren Rückkehr und
Unterwerfung unter das russische Scepter allein von
Werth gewesen wäre, nämlich Czartoriski und die übrigen
Führer der aristokratischen Emigration; die Heimgekehr-
ten blieben für die nächsten drei Jahre von der Uebernahme öffentlicher Aemter ausgeschlossen; statt der sehnlich gewünschten Warschauer Universität wurde eine
medicinische Akademie bewilligt, die von vornherein
dazu bestimmt schien, eine Pflanzschule des Materialis-
mus und ein Sammelplatz des revolutionären Proletariats
zu werden, — die Stelle der übrigen Facultäten sollten

---

gewesen! — Dass derselbe nicht gezahlt wurde, schrieb man
vornehmlich dem Einfluss des Curators des Warschauer Lehrbezirks,
Paul Muchanow, zu, der wegen seines vieljährigen Aufenthalts
in Warschau und seiner Verschwägerung mit dem Grafen Mostowski
eine gewisse Rolle spielte, als Reactionär alten Schlages indessen
Nichts von der Wiederherstellung der Universität Warschau wissen
wollte und den Kaiser mit besonderem Nachdruck vor den neu-
polnischen Bildungsbestrebungen gewarnt haben soll.

einzelnen Gymnasien angehängte „Curse für Rechtswissenschaft und Philosophie", die Stelle aller übrigen Zugeständnisse massenhaft bewilligte Pässe zur Reise in's Ausland vertreten! — Dieselbe Halbheit und Lahmheit bewies die Regierung in den bereits früher angeknüpften Verhandlungen wegen allendlicher Ausführung des im J. 1847 abgeschlossenen, aber stets auf dem Papiere gebliebenen Concordats mit der römischen Curie. Die zur Regelung dieser Angelegenheit niedergesetzte Commission war ein getreues Miniatur-Abbild des Systems, an welchem die Regierung Alexander's II. schliesslich gescheitert ist, des Bestrebens nämlich, einander ausschliessende Gegensätze zu vereinigen, einen bestimmten löblichen Zweck und zugleich dessen Gegentheil anzustreben. Neben Hube und Turkull, und den der Sache des Concordats relativ günstigen Ministern Nesselrode und Lanskoi sassen der Nachrichter der unirten Kirche Bludow, der im Kampf gegen die Curie ergraute ehemalige Gesandte Butenjew und die beiden Kisselew. Nach sechsmonatlichem Hin- und Herverhandeln erhielt der Statthalter Fürst Gortschakow im Mai 1856 den Auftrag, das Concordat zu publiciren und die Domcapitel zur Vornahme von Bischofswahlen einzuladen: weil der Warschauer Curator Muchanow diese Anordnung für bedenklich erklärte, wurde der „psychologische" Augenblick für die Publication derselben verpasst, und nachdem diese Publication endlich (im November) dennoch zur Ausführung gekommen war, der Inhalt des Concordats in seinem wichtigsten Punkt vollständig ignorirt. Die Bestimmungen über das religiöse Bekenntniss in gemischten Ehen geborener Kinder und über die Eröffnung eines geistlichen Seminars kamen gar nicht in Ausführung — von den fünf erledigten Bischofssitzen des Landes blieben zwei (diejenigen von Augustowo

und von Chelm) unbesetzt, die Ernennung der Suffra-
ganbischöfe von Warschau und von Lowicz liess zwei
volle Jahre auf sich warten, und die dem Clerus ver-
heissene Unabhängigkeit in Sachen der Lehre erwies sich
als so völlig leere Phrase, dass Herr Muchanow seine
gegen die Abhaltung „dogmatisch-confessioneller" Predigten und gegen die Begünstigung von Temperenzbe-
strebungen erlassenen Verbote ihrem ganzen Umfange
nach aufrecht erhalten konnte.

Nachdem auf solche Weise der günstigste Zeitpunkt
für die Verwirklichung der von der Regierung betheuerten
Reformabsichten verpasst und die Geduld auch der ver-
trauensvollsten und loyalsten Schichten der polnischen
Bevölkerung auf die gehörige Probe gestellt worden war,
entschloss man sich zu einem Zugeständniss, das entweder
gar nichts bedeutete, oder hoch bedenklich war. Auf
den Rath des neben dem schwachen, an Krankheit und
Alter dahinschwindenden Statthalter zum Tonangeber
gewordenen Geheimraths Muchanow, — der von einer
gesetzlichen, die Rechte der polnischen Unterthanen erweiternden Aenderung der bestehenden Zustände
Nichts wissen wollte, arbiträre und jeder Zeit widerruf-
liche Zugeständnisse dagegen für unbedenklich hielt —
auf den Rath Muchanow's wurde die Zulassung der landwirthschaftlichen Gesellschaft ausgesprochen.

Diese Gesellschaft und ihre Begründer, der Graf
Andreas Zamoiski, haben in der neueren Geschichte
Polens und in dem Leben Wielopolski's eine so wichtige
Rolle gespielt, dass geboten erscheint, einen Augenblick
bei ihnen zu verweilen.

Während der drei auf den ersten polnischen Aufstand folgenden Jahrzehnte war der interimistische Minister
des Innern von 1831 und spätere Gesandte der Revo-

lutionsregierung in Wien, Graf Andreas Zamoiski — ein
Neffe Adam Czartoriski's und Bruder des an der Revolution wesentlich betheiligten Generals Stanislaus Z. —
anerkannter Massen der erste Mann des Landes, das
Oberhaupt aller loyalen, d. h. unabhängig denkenden
und an revolutionären Umtrieben nicht direct betheiligten
polnischen grossen Herren gewesen. — Tadelloser Patriotismus, Unsträflichkeit des Privatlebens, hohe Bildung,
fürstliches Vermögen und humaner Sinn hatten dem
Grafen unzweifelhafte Anrechte auf die Vertrauensstellung
erworben, die er seinen Landsleuten gegenüber einnahm
und welche die Regierung gelten lassen musste. Zamoiski
hatte in Edinburgh studirt, in den dreissiger Jahren den
Ruf eines etwas schwerfälligen, aber einsichtigen und
unermüdlich fleissigen Beamten erworben, während des
Revolutionsjahres weder seines Vermögens noch seines
Lebens geschont, — nach seiner Amnestirung die Loyalität gegen die Regierung niemals verletzt und zugleich
aus seiner wahren Meinung nie ein Hehl gemacht. Sein
politisches Glaubensbekenntniss war dasjenige eines liberalen Aristokraten der alten Schule, ihm galt die Verfassung von 1815 als noch immer zu Recht bestehend,
jede Anerkennung der bestehenden Einrichtung für Verrath, jede Entgegennahme von „Zugeständnissen" für
sträfliche Durchlöcherung des Rechtsbodens, — die Besserung der wirthschaftlichen Verhältnisse des Landes für das
einzige, vor erfolgter Wiederherstellung des „Landesrechts"
anzustrebende Ziel. Als Landwirth und Administrator
zeichnete er sich ebenso durch hohe Bildung, wie durch
gänzlichen Mangel an praktischem Geschick aus. Mit
Leib und Seele Verehrer britischer Art und eifriger
Nachahmer britischer Vorbilder liess er englische Zucht-
pferde nach Polen kommen, um das Blut der einhei-

mischen Racen zu bessern; da die mit ungeheuren Kosten
eingeführten Thiere zu der einheimischen Pferdegattung
nicht passten, gingen seine Gestüte zu Grunde, ohne
irgend welchen Nutzen gebracht zu haben. Das nämliche
Ende nahmen Zamoiski's der Hebung des Wasserverkehrs
gewidmete patriotische Unternehmungen; er wollte die
Weichsel zum polnischen Clyde machen, gründete eine
polnische Flussschifffahrts-Gesellschaft, liess in Schottland
Dampfer bauen und setzte dieselben in Betrieb, ohne sich
mit den Tiefgangverhältnissen des Flusses bekannt gemacht zu haben, an dessen Ufern er sein halbes Leben
verbracht hatte, — ein Experiment, das er mit günz-
licher Zerrüttung seines ungeheuren Vermögens bezahlen
musste. — Was ein Mann solchen Schlages als Politiker
werth war, braucht nicht gesagt zu werden, und ebenso
wenig wird es einer Erklärung dafür bedürfen, dass der
edle, dabei stattliche und liebenswürdige, höchst beredte
und fürstlich freigebige Herr der Abgott seiner Landsleute, der fast unbeschränkte Tonangeber des gebildeten
Adels, der polnische Patriot κατ' ἐξοχὴν war. Es genügte, dass die neueröffnete landwirthschaftliche Gesellschaft Zamoiski's Schöpfung war, dass sie von ihm patro-
nisirt und geleitet wurde, und dass die von ihm herausgegebenen „Annalen der Landwirthschaft" das Organ
derselben bildeten, damit Alles, was auf patriotischen
guten Namen Anspruch erhob, dem Vereine beitrat, der
sich netzartig über das gesammte Königreich ausbreitete,
von einem sechzehngliederigen Central-Comité regiert
wurde und in zahlreiche Provinzial- und Kreisverbände
zerfiel. Da Abschaffung der Frohne und Reform der
Agrareinrichtungen bereits damals auf der Tagesordnung
der Regierung und im Mittelpunkte aller Interessen standen, so machte sich's gleichsam von selbst, dass der

Verein sich unmittelbar nach seiner Begründung in einen
politischen Club verwandelte, wie ein förmliches „Vor-
parlament" auftrat und die künftige agrarische Organisation als eine zu seiner Competenz gehörige Angelegenheit berieth, ohne dass der alsbald aus einem Anführer
in einen Angeführten verwandelte Graf das verhindern
konnte und verhindern wollte.

Wielopolski beging den schweren, für einen Mann
seiner Vergangenheit gradezu unverzeihlichen Fehler,
der landwirthschaftlichen Gesellschaft nicht beizutreten.
Bei der älteren Generation wegen bloss halber und im
Grunde unfreiwilliger Theilnahme an der Revolution
nicht zum Besten angeschrieben, von den demokratischen
Anhängern Olryk's auf das Boshafteste verleumdet und
angefeindet, dem jüngeren Geschlecht als Vater eines
russischen Combattanten des Krimfeldzuges verdächtig,
wegen seiner schweigsamen Zurückhaltung, seiner Unge-
selligkeit und Wirthschaftlichkeit den eigenen Gesinnungsgenossen vielfach unbequem und unverständlich,
bedurfte der Marquis mehr als irgend ein anderer politisch in Betracht kommender polnischer Magnat der Auf-
frischung seiner Popularität. Genauer, wie sonst irgend
Jemand, musste er wissen, dass es in dem ein Mal
vorhandenen Polen für einen Mann seines Schlages nur
einen Weg zur Macht gebe, — den des Einverständ-
nisses mit dem zu selbständiger politischer Action unfähigen, aber wegen seines Einflusses und seiner Vertrauensstellung unentbehrlichen Zamoiski. — Dass ihm
das Talent, die Herzen zu gewinnen und Andere zu sich
herüberzuziehen versagt sei, hat Wielopolski nie deutlicher
bewiesen, als in seinem Verhältniss zu dem hochherzigen,
aber eitlen und im Grunde beschränkten Grafen. Mit
diesem auf den richtigen Fuss zu kommen und Zamoiski

durch Zuweisung einer scheinbaren Führerrolle zum ersten und entschiedensten seiner Anhänger zu machen, hätte für einen Mann von Wielopolski's geistiger Ueberlegenheit ein Kleines sein müssen. Statt zu thun, was einfachste Lebensklugheit und eigenes Interesse geboten und die „landwirthschaftliche Gesellschaft" zur Leiter seines künftigen Berufs und zur Thür in die Gemeinschaft mit Zamoiski zu machen, hielt Wielopolski sich von dieser Vereinigung zurück. Statt der an ihn ergangenen Einladung zur Theilnahme an der constituirenden Versammlung ohne Weiteres zu entsprechen, sandte er seinen mit einem Entschuldigungsbrief ausgerüsteten ältesten Sohn als „seinen Stellvertreter" nach Warschau. Zamoiski, der in diesem Vorschlage eine Verletzung seiner Würde und einen neuen Beleg für den „masslosen Ehrgeiz und Stolz" des Mannes sah, in welchem er einen Nebenbuhler ahnte, lehnte die vorgeschlagene Stellvertretung ab, — Wielopolski aber, der bis dahin Mitarbeiter der unter seiner Beihilfe von Zamoiski begründeten „Annalen der Landwirthschaft" gewesen war, liess seinen Namen aus der Liste der Correspondenten dieses Blattes streichen und stand fortan mit dem für ihn wichtigsten Manne des Landes auf wenn nicht feindlichem, so doch gereiztem Fusse: er hatte sich die Gelegenheit, im richtigen Zeitpunkt, in der richtigen Begleitung und an der richtigen Stelle vor seine Landsleute zu treten, für immer entgehen lassen.

Von all' den zahlreichen Fehlern, die Wielopolski während seiner öffentlichen Laufbahn begangen hat, ist dieser der schwerste, der folgenreichste und der für ihn und seine Art bezeichnendste gewesen. Was immer sein Biograph an entschuldigenden Momenten beizubringen sucht, — für eine so arge Versündigung gegen das eigene

9*

Interesse und gegen den Geist des Landes, in welchem
er wirken wollte, giebt es nicht nur keine Entschuldigung,
sondern auch keine mildernden Umstände. Unabhängigkeit von der Masse der Menschen und ihrer Meinung
ist eine für den Staatsmann unentbehrliche Eigenschaft,
— Neigung zur Verachtung dieser Meinung das nächst-
liegende aller Ergebnisse öffentlichen Wirkens — absichtlich zur Schau getragene Geringschätzung des Volksur-
theils dagegen eine unverzeihliche Thorheit. Dieser Thorheit hatte Wielopolski sich schuldig gemacht, als er dem
Vereine fern blieb, von dem das Polen von 1857 seine
Wiedergeburt erwartete, und in welchem thatsächlich die
besten Kräfte des Königreichs vereinigt waren. Von
Stunde an gehörte es in der unabhängigen polnischen
Presse zum guten Ton, auf den einzigen, der „landwirthschaftlichen Gesellschaft" fern gebliebenen grossen Grund-
besitzer Polens und auf dessen angebliches Programm
und seine grossen politischen Ansprüche zu sticheln und
dadurch zu der Unpopularität den Grund zu legen, an
welcher der fähigste Pole seiner Zeit schliesslich scheiterte*).

Trotz der Erregung, welche die Begründung der landwirthschaftlichen Gesellschaft (1858) in gewissen Classen
des polnischen Adels hervorgerufen hatte, und trotz der
bereits damals begonnenen agitatorischen Thätigkeit der
Pariser Emigration (die in den 1855 begründeten, 1861
eingegangenen „Polnischen Nachrichten" ein mit vielem
Geschick geleitetes Organ besass), blieb die Ruhe Polens

---

*) In das Jahr der Begründung der „Landwirthschaftlichen
Gesellschaft" fällt der Beginn des (zugleich vor den Gerichten und
vor der öffentlichen Meinung) ausgetragenen Processes über die
von Constantin Swidzinski hinterlassene Bibliothek von Chroberz,
in welchem die gesammte Warschauer Presse auf der Seite der
Gegner Wielopolski's stand.

während der fünf ersten Jahre der Regierung Alexander's II. ungestört, die Hoffnung zahlreicher polnischer Patrioten auf eine Aussöhnung mit der Regierung lebendig. Vor Allem waren es die Milde, um nicht zu sagen Schwäche des gegen die Paskewitsch'sche Wirthschaft scharf contrastirenden Gortschakow'schen Regimentes und die liberale Haltung Alexander's II. in den inner-russischen Fragen, welche die zunehmende Ungeduld der Bevölkerung beschwichtigten und die endliche Verwirklichung der verhiessenen Reformen als blosse Frage der Zeit erscheinen liessen. Mit jedem Jahr, das man ungenutzt verstreichen liess, wurde die Stimmung indessen unruhiger und nervöser und gewannen selbst innerhalb der „landwirthschaftlichen Gesellschaft" die Einbläsereien der Emigranten an Einfluss. In den breiteren gesellschaftlichen Schichten war allerdings zu Folge der der Warschauer periodischen Presse gewährten grösseren Bewegung noch ein gewisser Optimismus vorherrschend, als tiefer blickende Beobachter bereits zu fürchten begannen, es werde der richtige Zeitpunkt verpasst und auch dieses Mal der Radicalismus in die Lage gebracht werden, der Regierung den Boden zu entziehen, der vergeblich Jahr aus und Jahr ein der Aussaat reformatorischer Einrichtungen geharrt hatte. Selbst Wielopolski's begann sich ein gewisser Pessimismus zu bemächtigen. Im Jahre 1859 soll er einem hoffnungsvollen Freunde, der bei dem Anblick der ersten Bilder Matejko's davon gesprochen hatte, dass in diesen Kunstwerken neue Belege für die ungebrochene Kraft polnischen Volksthums vorlägen, die Frage gethan haben: „Hast Du nie davon gehört, dass auch den Todten Haare und Nägel noch eine Weile wachsen?" Grade die Einsamkeit, in welcher der Marquis lebte, befähigte ihn zu nüchterner und unbefangener

Beobachtung des öffentlichen Geistes, dessen Anforderungen an die Zukunft in demselben Masse wuchsen, in welchem die Zustände der Gegenwart sich unbefriedigender gestalteten und die Verhandlungen der „landwirthschaftlichen Gesellschaft" an Einfluss gewannen.

Die Wendung zu Ungunsten des erwarteten Aussöhnungswerkes, die Wielopolski schon früher wahrnehmen zu können glaubte, begann sich seit der Mitte des Jahres 1860 auch äusserlich zu manifestiren. Mitte Juni des gedachten Jahres fand nach 30 Jahren lautloser Stille die erste öffentliche Demonstration in den Gassen Warschau's statt: an der Beerdigung der Wittwe eines Revolutionshelden von 1831, der achtzigjährigen Generalin Sowinski nahmen die hauptstädtischen Massen zu einer Procession Veranlassung, bei welcher ein patriotisches Lied gesungen und die Grabstätte eines ehemaligen Censors demolirt wurde. Drei Monate später wurde in der polnischen Hauptstadt eine zweite, sehr viel bedenklichere Demonstration in Scene gesetzt; als die Monarchen der drei Theilungsmächte ihre durch die italienischen Ereignisse veranlasste October-Zusammenkunft hielten, wurde bei ihrem Einzuge auf den Gassen gepfiffen und geschrieen, die im königl. Theater angesagte Gala-Vorstellung unmöglich gemacht, einer Anzahl vornehmer Damen, die zur Cour fuhren, der Anzug mit Koth beworfen, — kurz die Unzufriedenheit der Bevölkerung mit einer Offenheit zur Schau getragen, welche gegen das loyale Verhalten von 1856 in peinlichster Weise contrastirte. — Wenige Wochen darauf kehrte der Jahrestag der „glorreichen" Erhebung von 1830 (der neunundzwanzigste November) zum dreissigsten Male wieder und abermals war ganz Warschau auf den Beinen. Vor der Kirche des Karmeliter-Klosters der Leszno-Strasse sammelten sich Tausende von Menschen, welche eine Illumina-

tion veranstalteten und religiös-patriotische Hymnen san-
gen. Der Eindruck, den diese unerhörte Kundgebung
machte, war um so grösser, als man zu wissen glaubte,
dass dieselbe spontan entstanden sei, und dass die Führer
der Demagogenpartei die Hand n i c h t im Spiel gehabt
hätten: schade nur, dass diese Leute grade aus der am
29. Nov. gemachten Erfahrung den Schluss zogen, dass
ihre Zeit nunmehr gekommen sei und dass die von ihnen
gewünschte Erhebung nicht besser, als durch Wiederholungen der beiden Spectakelstücke von 1860 vorbereitet
werden könne. Von Monat zu Monat wurde die Zahl
der aus dem Auslande nach Warschau übergesiedelten
Demagogen von Profession grösser, die Haltung der Bevölkerung unruhiger, die Ungeduld der an der Aussöh-
nungs-Hoffnung festhaltenden conservativen Adelspartei
unbezähmbarer. Im Februar 1861 trat die landwirthschaftliche Gesellschaft zu einer feierlichen Generalver-
sammlung zusammen, welche (ohne irgend welchen ihr ertheilten Auftrag) über die „Lösung der Agrarfrage" B e -
s c h l ü s s e fassen sollte. Innerhalb dieser Vereinigung
hatte eine liberale, über das Programm Zamoiski's hinaus-
gehende Partei die Oberhand gewonnen und Resolutionen
gefasst, deren gute Absicht nur durch den Dilettantismus
ihres materiellen Inhalts (durch eine — nirgend näher
definirte — Finanz-Operation sollten die Bauern zu Besitzern des von ihnen bearbeiteten Grund und Bodens gemacht und die Herren entschädigt werden) übertroffen
wurde: die Zumuthung „an die Spitze" der in der Vorbereitung begriffenen Bewegung zu treten, hatte die Gesellschaft abgelehnt; dass eine solche Zumuthung überhaupt möglich gewesen war, musste aber bereits als
höchst bedenkliches Zeichen der Zeit, insbesondere als

Symptom dafür angesehen werden, dass die bloss „landwirthschaftliche" Phase der Gesellschaft vorüber sei.

Unter dem Eindruck dieser Wendung entschloss sich eine Anzahl conservativer Polen, einen directen Versuch zur Anknüpfung mit der Regierung anzustellen und dieselbe auf den wachsenden Ernst der Lage aufmerksam zu machen. Wielopolski, der seit Jahr und Tag in ländlicher Abgeschiedenheit gelebt hatte, liess sich auf das Andrängen seiner Freunde bereit finden, nach Warschau zu kommen, wo mehrere Führer des galizischen Adels eingetroffen waren, um ihn mit ihrem Einfluss zu unterstützen. Er entwarf eine an den Kaiser gerichtete Adresse, welche als Programm seiner gesammten Politik angesehen werden kann. Nach einer beredten Schilderung der Bedrohlichkeit der Lage und der bedenklichen Folgen, welche das vierjährige Harren auf die Erfüllung der 1856 gegebenen Reformversprechungen hervorgerufen hatte, hiess es zum Schluss dieses im Uebrigen streng loyal gehaltenen Actenstückes wie folgt:

„In Demuth bitten wir Ew. Majestät, Allergnädigst die Einrichtungen wiederherzustellen, welche uns durch Kaiser Alexander I. zugesichert wurden."

„Was die Vergangenheit und die Geschichte der letzten dreissig Jahre anbelangt, so bitten wir, dass Ew. Majestät geruhen mögen, in Ihrer Grossmuth nur unseres alten Ruhmes und unserer Leiden zu gedenken und in Ihrer Gerechtigkeit die Interessen Ihres Reiches abzuwägen, dem das Königreich Polen durch seine Verfassung und durch die Rechte und Bedürfnisse der polnischen Nation verbunden ist."

„Möge die göttliche Vorsehung Ew. Majestät zum Lohn für die Beendung unserer Leiden eine lange und ruhmvolle Regierung schenken."

So einfach dieses Programm sich auf den ersten Blick
ausnahm, zu so ernsten Bedenken gab es namentlich vom
polnischen Standpunkte aus Veranlassung. Nach Meinung
derjenigen Patrioten, die auf dem „wahrhaft nationalen
Standpunkt" zu stehen glaubten, konnte die von Alexander I. octroyirte Verfassung von 1815 für eine correcte
Rechtsgrundlage nicht gelten und schmeckte es bereits
nach „Verrath", von einer durch Verfassung, Recht und
Bedürfniss bedingten Zugehörigkeit Polens zu Russland
zu reden. Auf die völlige Unabhängigkeit des Vaterlandes und auf die Grenzen von 1772 hatten die umsichtigeren Conservativen allerdings längst verzichtet, — ein
stillschweigender Verzicht auf Littauen und Samogitien
galt aber auch vielen von ihnen für eine moralische Unmöglichkeit. Erst seit der Vereinigung mit dem Erbe
der Jagellonen, erst seit der Polonisirung und Katholisi-
rung Littauens war die „Königliche Republik" zu einer
Grossmacht, zur Führerin des Katholicismus im östlichen
Europa geworden. Littauen aufgeben, hiess nach dieser
Doctrin, die ruhmreichsten Blätter polnischer Geschichte
aus dem Buche der Vergangenheit reissen, auf eine nach
Jahrhunderten zählende Cultur-Mission des ljechischen
Stammes verzichten und Hunderttausende von Stammes-
und Glaubensgenossen ihren erbittertsten Feinden preis-
geben. Der Verzicht auf die Grenzen von 1772 liess sich
mit der Unmöglichkeit motiviren mit den drei mächtigsten
Staaten des Nordostens gleichzeitig Krieg anzufangen, —
der Verzicht auf Littauen war dagegen unmöglich geworden, nachdem selbst Kaiser Alexander I. (der Urheber der von Wielopolski angerufenen Verfassung) eine
Vereinigung dieser Provinzen mit dem Königreiche in
Aussicht genommen und damit das gute Recht des Polen-

thums auf dieselben anerkannt hatte*). Wenn man um
Russlands willen auf die volle Unabhängigkeit und auf
die alten Grenzen der Republik verzichtete, so sollte sich
dafür von selbst verstehen, dass Russland dieses Opfer des
polnischen Patriotismus wieder ausglich, indem es den
seinem Scepter unterworfenen littauischen und westrussi-
schen Ländern ihren polnischen Charakter liess und indem
es dieselben dadurch zu Mitgliedern zwischen den beiden
ausgesöhnten slawischen Stämmen machte**).

Die Meinungsverschiedenheit über diesen Punkt bildete die Grenze, durch welche Wielopolski sich von der
Mehrzahl seiner Landsleute trennte. Wie wir wissen, hatte
der Marquis bereits im Jahre 1831 die Nothwendigkeit
eines Verzichtes auf Littauen anerkannt und diesen Verzicht wiederholt und öffentlich ausgesprochen: Die seit-
dem vollzogenen Ereignisse hatten ihn davon überzeugt,

---

*) In einem vom 15. Januar 1813 datirten Schreiben Alexan-
der's I. an Georg Adam Czartoriski hatte dieser Monarch darauf
hingewiesen, dass Littauen, Podolien und Wolhynien den Kaiser
von Russland zum Beherrscher haben müssten, indessen angedeutet,
dass es nicht unmöglich sein werde, diese Provinzen als polnische
dem russischen Reiche zuzufügen. (v. Bernhardi, Gesch. Russlands Bd. II, Abth. 2, S. 732, und Bd. I, S. 10.) Aehnlich sprach
Alexander sich am 12. November 1815 in Warschau aus. (Vgl.
v. Bernhardi, Bd. III, S. 15 und 17.) Einen Versuch, diese Versprechungen umzudeuten, enthält das Memorial vom Juni 1863,
welches in dem Buche „Von Nikolaus I. zu Alexander III." abgedruckt ist (vgl. a. a. O. p. 301 ff.).

**) Höchst zutreffend bemerkt Wladislaw Miçkewicz in seiner
„Histoire populaire de Pologne", viele dem Programm Wielopolski's
zuneigenden conservativen Grossgrundbesitzer hätten sich von dem
Marquis zurückgezogen, „weil sie nicht als Mitschuldige der von
ihm concedirten Trennung der Geschicke Polens von denjenigen
der littauischen und russischen Länder erscheinen wollten". (Vgl.
a. a. O. p. 582 ff.)

dass dieser Verzicht die Grundbedingung jeder Verständigung mit der russischen Regierung, das A und das
O jedes lebensfähigen Programms sei. Ihm, der den Friedensschluss zwischen Russen und Polen nicht nur als
Mittel zum Zweck sondern als Selbstzweck und als einzige mögliche Formel für die Wiederherstellung des polnischen Namens ansah, — ihm galt für ausgemacht, dass
das materielle Uebergewicht des russischen über das polnische Element den Verzicht auf ein Land gebieterisch fordere, das trotz seiner polnischen Vergangenheit zu Dreivier-
theilen von Nicht-Polen bewohnt war und dessen Behauptung von der grossen russischen Nation als Ehrensache angesehen wurde. Um den Preis der Rettung Polens wollte
er Polens unhaltbar gewordenen Positionen in Littauen,
Weissrussland und der Ukraine vollständig aufgeben; er
glaubte das im Namen des slawischen Gedankens thun
zu dürfen und im Namen des Nationalitätsprincips thun
zu müssen, nachdem er sich davon überzeugt hatte, dass
die blosse Namensnennung dieser Provinzen ganz Russland
zum Gegner seines damals von ziemlich zahlreichen Russen
gebilligten Programms machen werde. In dem Kampf
um das Erbe der Jagellonen war Polen unterlegen, in
diesem Kampf hatte es seine besten Kräfte verzehrt, durch
diesen Kampf die Feindschaft Russlands herausgefordert
und zu seinem eigenen Verderben den Grund gelegt: es
blieb Nichts übrig, als den Schiedsspruch der Geschichte
anzuerkennen und sich den ein Mal unwiderruflich gewordenen Thatsachen unterzuordnen. In der Stille mag
auch Wielopolski gehofft haben, die geistige Ueberlegenheit des Polenthums werde diese Grenzländer vor dem
Geschick vollständiger Russification bewahren und Littauen werde in ähnlicher Weise ein polnisches Land
bleiben, wie Thracien und Macedonien auch nach der rö-

mischen Eroberung griechisch geblieben waren (das Verhältniss zwischen Griechen und Römern schwebte ihm
als Vorbild künftiger polnisch-russischer Beziehungen vor)
-- als Politiker wollte er von polnischen Ansprüchen auf
ausserhalb des Königreichs belegene Theile des russischen
Reichs Nichts wissen, vielmehr vollständigen und unbe-
dingten Verzicht auf dieselben leisten.

„Das Land wird uns auf diesen Weg nicht folgen“,
gaben die conservativen Glieder der landwirthschaftlichen
Gesellschaft zur Antwort, an welche Wielopolski's Schwager, der als Führer der liberalen Agrarpartei ziemlich
einflussreiche Graf Thomas Potocki sich wandte, um ihnen
im Februar 1861 das Programm des Marquis vorzulegen.
„Das Land d a r f uns auf diesen Weg nicht folgen“, füg-
ten die vorgeschrittenen Elemente hinzu, als sie in das
Geheimniss der Sache gezogen wurden. Vergebens suchten die aus Krakau herbeigeeilten galizischen Parteiführer
zu Gunsten Wielopolski's zu interveniren — schliesslich
mussten auch sie die Bedenklichkeit eines Verzichtes auf
Littauen einräumen und unverrichteter Sache abziehen.

Darauf hatte man in den Kreisen der Demagogen
nur gewartet, um mit einem Plane hervorzutreten, der in
der Stille längst gefasst worden war und der auf nichts
Geringeres, als auf die Compromittirung und Heran-
ziehung der landwirthschaftlichen Gesellschaft zur Sache
der Bewegung abzielte. Am 25. Februar, dem dreissigsten Jahrestage der ruhmreichen Schlacht von Grochowo
hielt die Gesellschaft ihre Schlusssitzung im statthalter-
lichen Schlosse. Hieher strömte eine Menge wild erregter Menschen, die den Tag über Gottesdienste und
Processionen zum Gedächtniss der Gefallenen gehalten hatten, in unwiderstehlichem Andrange — vergebens versuchten die vor dem Schloss aufgestellten

Truppen der Menge Einhalt zu thun, — es kam zu
Thätlichkeiten und just als die Gesellschaft ihre letzten
Resolutionen zu fassen im Begriff war, liess General
Zabolocki die Truppen Feuer geben und drangen das
Geschrei der Massen und das Aechzen der Sterbenden
zu den Fenstern des Berathungszimmers hinauf. Ein aus
mehreren Wunden blutender junger Mensch stürzte in
den Saal, — „indessen wir berathen, mordet man die
Unsrigen", tönte es aus hundert Kehlen und noch bevor der
Präsident Zamoiski die Sitzung geschlossen hatte, stürmte
Alles die Treppe hinab auf die Gasse: ein an der Thür
des Palais postirter „Unbekannter" aber bürstete jedem
der an ihm vorübereilenden Mitglieder der Gesellschaft
einen „Trauerrand" an den Kastorhut, um auf solche
Weise die Epoche der berühmten, Jahre lang fortdauern-
den polnischen Landestrauer zu eröffnen.

Während der folgenden Stunden und Tage vollzogen
sich die in solchen Fällen üblichen Ereignisse mit strenger
Regelmässigkeit: verschiedene „Satisfaction fordernde" Deputationen stürmten in die Gemächer des rathlosen Statthalters, der Anfangs in Nichts willigen wollte und schliesslich Alles, was man verlangte zugab, — d. h. die Truppen
und die Polizeimannschaften zurückzog, die Erhaltung
der öffentlichen Ordnung und Sicherheit einer aus Bürgern und Studirenden bestehenden Wache übertrug und
selbst der feierlichen Beerdigung der fünf, natürlich „un-
schuldigen" Opfer der Katastrophe kein Hinderniss in
den Weg legte. Thomas Potocki machte einen letzten
Versuch, die Führer der landwirthschaftlichen Gesellschaft
zur Annahme der Wielopolski'schen Adresse zu bestimmen, vermochte aber nicht einmal die vollständige
Vorlesung derselben durchzusetzen. Zamoiski's Ausspruch:
„Wir haben kein Recht, Etwas zu fordern und bitten

wollen wir nicht" gab den Ausschlag, verhinderte übrigens nicht, dass eine andere, völlig allgemein gehaltene Adresse angenommen wurde, welcher ihre Urheber als besonderen Vorzug nachrühmten, dass sie um Nichts speciell bitte, sondern „Alles mit einem Male fordere". — Zwei Tage darauf (Tags vor der Beerdigung der „Opfer") kehrte Wielopolski in seine Landeinsamkeit nach Chroberz zurück. Selbstverständlich hatte er die nach Verwerfung seiner Vorlage beschlossene Adresse nicht unterzeichnet, ebenso selbstverständlich aber war, dass man ihm aus dem Fehlen seines Namens unter diesem Actenstück einen schweren Vorwurf machte.

Die Geschichte der folgenden Ereignisse ist bald erzählt. Durch seine unzeitige Nachgiebigkeit hatte der unglückliche Statthalter sich so vollständig um alle Autorität gebracht, dass die von ihm geleitete Regierung ihre Functionen einzustellen drohte. Wie auf Commando nahmen sämmtliche Adelsmarschälle und verschiedene höhere Beamte polnischer Nationalität den Abschied, — von allen Seiten, selbst aus dem fernen Kiew regnete es Vertrauensadressen an Zamoiski und an den von diesem geleiteten Ausschuss der landwirthschaftlichen Gesellschaft, die sich als Herrin der Lage zu fühlen begann, für die oben erwähnte Adresse nach Tausenden zählende Unterschriften sammelte und dem rathlosen Fürsten Gortschakow das Versprechen abpresste, dieses angeblich von den „besten" Männern des Landes gebilligte, nur von Wielopolski nicht unterzeichnete Actenstück Sr. Majestät zu überreichen. Noch beherrschten die von Zamoiski geführten „Weissen" (die Aristokraten) die Lage, — unter dem Eindruck allgemeiner Entmuthigung der Behörden und wachsender Frechheit des demonstrirenden Strassenpöbels begannen die „Rothen" aber

bereits von dem Terrain Besitz zu nehmen. Alle Welt
wusste, dass wenn es in der bisherigen Weise auch nur
vier Wochen weiter gehe, die Demagogie gewonnenes
Spiel, die Zamoiski'sche Partei das Nachsehen haben
werde.

Acht Tage waren seit dem verhängnissvollen 25. Februar 1861 vergangen, als der Generalprocurcur des
Warschauer Senatsdepartements Enoch, im Cabinet des
Statthalters erschien, und demselben ein Memorial über
die Lage des Landes und über die noch übrig gebliebenen Mittel zur Rettung desselben überreichte. Enoch bezeichnete die Errichtung einer Hochschule, eine gewisse
Theilnahme der Bevölkerung an der Verwaltung, Sicherung
des polnischen bürgerlichen Rechts und der katholischen
Kirche gegen Regierungseingriffe als dringendste Concessionen an die öffentliche Meinung. Nach kurzer Ueberlegung beschloss Gortschakow diese Forderungen zu den
seinigen zu machen; am Abend des 2. März sandte er
den Staatssecretär Karnicki mit ausführlichen Instructionen nach Petersburg, am Morgen des 3. beschloss er,
Herrn Muchanow seiner Stellung zu entheben und noch
vor Eingang der Entscheidung des Kaisers mit dem Verfasser der *„Lettre d'un gentilhomme polonais au Pce Met-*
ternich" wegen Uebernahme der Direction des Unter-
richts- und Cultusdepartements in Verhandlung zu treten.

Bereits am 6. März war Wielopolski zur Stelle: als
Bedingungen für die Uebernahme des ihm angebotenen
Amtes bezeichnete er u. A.: Herstellung eines polnischen
Unterrichtsministeriums, Begründung einer Hochschule,
eines höchsten Tribunals und eines Staatsraths, Emanci-
pation der Juden, Selbständigkeit der (seit dem Jahre
1848 unter die Petersburger Generaldirection gestellten)
Verwaltung der öffentlichen Wege und Bauten, Auf-

hebung der Commission zur Verschmelzung des polnischen mit dem russischen bürgerlichen Recht, Errichtung eines Senats für das Königreich und ständischer Vertretungen für die Provinzen desselben, endlich die Aufhebung der landwirthschaftlichen Gesellschaft, an deren Stelle provinziale Vereine treten sollten. — Auf die Stellung, welche Gortschakow zu den einzelnen Punkten dieses Programms einnahm und auf die über dieselben gepflogenen Verhandlungen, lassen wir uns nicht ein: genug, dass am 25. März ein Telegramm des russischen Reichskanzlers an den Warschauer Statthalter einging, und dass Wielopolski auf Grund desselben die Leitung der Unterrichts- und Cultusangelegenheiten, einen Sitz in dem neu errichteten polnischen Staatsrath und die Vorbereitung zweier Gesetzentwürfe betreffend die Judenemancipation und betreffend die Agrarreform am 27. März 1861 übernahm. Das entscheidende Telegramm hatte über folgende vom Kaiser gefasste Entschliessungen berichtet.

Es werden bewilligt:

„Die Niedersetzung eines Staatsraths, der das Recht erhält, sich durch Notable, hohe Beamte und katholische Geistliche zu verstärken, Petitionen und Klagen zu untersuchen.

Errichtung einer selbständigen Cultus- und Unterrichtsverwaltung, deren Chef Mitglied des Staatsraths ist.

Allgemeine Schulreform im Princip.

Begründung von Hochschulen (hautes écoles) und namentlich einer Rechtsschule.

Begründung von Provinzial- und Kreisräthen."

Bereits bei Gelegenheit der ersten mit Wielopolski angeknüpften Verhandlungen hatte der Statthalter gegen die von dem Marquis vorgeschlagene Auflösung der landwirth-

schaftlichen Gesellschaft nachdrücklich protestirt und dieselbe für unannehmbar, weil mit der öffentlichen Ruhe unvereinbar erklärt. Als der Marquis in die Geschäfte eintrat, war diese von dem St. Petersburger Telegramm unberührt gelassene Frage offen geblieben: ein in diese
Zwischenzeit gefallener Vorgang aber hatte Gortschakow's
Stellung zur Sache wesentlich verändert. Die landwirthschaftliche Gesellschaft hatte ihre auf die Zukunft des
Landvolks bezüglichen, von Niemand geprüften, geschweige denn bestätigten, Resolutionen durch Vermittelung ihrer zahlreichen correspondirenden Mitglieder und
einer Anzahl ergebener Geistlicher den Bauern feierlich
publiciren lassen, die Regierung dabei vollständig ignorirt und auf solche Weise eine bodenlose, unter den gegebenen Umständen doppelt gefährliche Erregung der
Gemüther hervorgerufen. Das gab den Ausschlag: bereits in einer am 2. April dem Klerus gehaltenen feierlichen Ansprache kündigte Wielopolski an, dass er „keine
Regierung neben der Regierung Sr. Majestät" dulden
werde und drei Tage später (am 5. April 1861) wurde
auf Grund eines vom Staatsrathe gefassten, von dem
Statthalter bestätigten Beschlusses die landwirthschaftliche
Gesellschaft „wegen ihrer statutenwidrigen und mit der
Lage des Landes unvereinbaren Haltung" für aufgelöst
erklärt.

Die Folgen dieser Massregel liessen nicht lange auf
sich warten. Mit den Pöbelaufläufen, welche während
des 6. und 7. April die Strassen Warschau's beunruhigten,
wurde man nach verhältnissmässig kurzem Kampfe fertig,
dafür aber drohte die Opposition der von Zamoiski geführten Adelspartei gegen die neue Verwaltung zu einer un-
übersteiglichen Schwierigkeit zu werden; die „landwirthschaftliche Gesellschaft" bestand als wohlorganisirte „Partei

der Weissen" thatsächlich fort, nur dass sie ihres privaten
Charakters wegen uncontrollirbar geworden war. Vergebens suchte Wielopolski seinen Gegner und Rivalen
dadurch zu entwaffnen, dass er diesen selbst und sämmtliche Mitglieder des Ausschusses der aufgelösten Gesellschaft in das Behufs Vorbereitung der Agrarreform gebildete Comité berief und dass Zamoiski ausserdem ein
Platz im Staatsrath angeboten wurde. Der Graf lehnte
alle ihm gemachten Anerbietungen verächtlich ab und
heftete dadurch den neuen Institutionen und dem Urheber
derselben ein Odium an, das sich nicht mehr überwinden
liess *). Hinter dem von dem Führer des Adels gegebenen Beispiel glaubte nunmehr auch die Geistlichkeit nicht
zurückbleiben zu dürfen. In seiner Antrittsrede hatte
Wielopolski auf die Nothwendigkeit streng gesetzlicher
Haltung der Geistlichkeit und ausgedehnter Toleranz
derselben gegen die übrigen seiner Fürsorge unterstellten
kirchlichen Verbände hingewiesen, in einer vom 22. April
datirten Circularanweisung an die Bischöfe, vor dem Ab-

---

*) Höchst bezeichnend für die Unverwüstlichkeit der russischen
büreaukratischen Gewöhnung an Willkür und Ungesetzlichkeit ist
die Thatsache, dass der im Uebrigen milde und wohlmeinende
Statthalter unter dem ersten Eindruck der von Zamoiski ausgesprochenen Ablehnung, im Kreise seiner Vertrauten die Absicht
äusserte, den Grafen seiner Widerspenstigkeit wegen nach Wjätka
schicken zu lassen. Diese Aeusserung machte alsbald die
Runde durch Warschau, während Niemand davon Act nahm, dass
Wielopolski die Unzulässigkeit dieser „mesure arbitraire" in einem
ausführlichen, vom 22. April datirten Memorial nachgewiesen und
den Statthalter nicht nur zum Verzicht auf seine thörichte Absicht, sondern zu dem Entschluss bestimmt hatte, Zamoiski bei
passender Gelegenheit die Vicepräsidentschaft des Staatsraths anzubieten. — Das Wielopolski'sche Memorial ist in dem Lisiçki'schen
Buche wörtlich mitgetheilt. (Vgl. a. a. O. Bd. II, p. 162—194.)

singen revolutionärer Hymnen in den Kirchen gewarnt.
Gegen diese ersten Kundgebungen des neuen Directors
der Cultusverwaltung glaubte der Klerus Warschau's
feierlich protestiren zu müssen; der Erzbischof Fial-
kowski übergab dem Marquis ein (wenig später in ent-
stellter Form von dem Krakauer Czas publicirtes) Actenstück, welches den der Geistlichkeit ertheilten Rath, sich
der Toleranz zu befleissigen und die Gesetze zu beob-
achten, als gegenstandslos und beleidigend zurückwies,
— die Publication des Circularbefehls wegen der Ab-
singung revolutionärer Hymnen hatten mehrere der
hervorragendsten Kirchenfürsten ohne Weiteres verweigert. — Der von den beiden massgebenden Ständen an-
geschlagene Ton wurde alsbald von dem gesammten
Lande, insbesondere von der Presse und von der gebildeten
Jugend nachgeahmt, die zu Wielopolski's Bemühungen
für die Wiederherstellung der Warschauer Hochschule
die Achsel zuckte, mit beständig zunehmendem Eifer an
Demonstrationen und Processionen Theil nahm und die
von den Rothen ausgegebenen Schlagworte gedankenlos
nachsprach. Dass der Marquis ein paar ihm besonders
feindlichen Organen der polnischen Presse des Auslandes
den Postdebit entziehen liess, gereichte seiner Sache zu
ungleich grösserem Schaden als derjenigen dieser Blätter
und sorgte für das beständige Wachsthum seiner Unpopularität. In demselben Maass, in welchem diese zunahm,
gingen Ansehen und Autorität der von dem hoffnungslos
dahinsiechenden Gortschakow repräsentirten Regierung
zurück: schon um die Mitte des Maimonats (1861) liess
eine vollständige Paralysirung derselben sich absehen.

So lagen die Dinge, als Gortschakow am 30. Mai
(kurz vor Abschluss der von Wielopolski in Angriff ge-
nommenen legislativen Arbeiten) verstarb und Warschau

10*

durch die Nachricht überrascht wurde, Se. Majestät habe
geruht, keinen geringeren als ihren Kriegsminister, den
General Suchazonnet in Gnaden zum Statthalter des
Königreichs zu ernennen. Ueber die Bedeutung dieser
Massregel war man in Warschau, wo der General mehrere Jahre lang als Artilleriechef gewaltet hatte, keinen
Augenblick im Zweifel: man hatte den unfähigen alten
Polterer aus dem Kriegsministerium entfernen wollen und
ihn nach Warschau geschickt, weil die Stellung eines
kaiserlichen Statthalters die einzige war, welche einem
Manne seines Ranges mit einigem Anstande angeboten
werden konnte. Dass diese Stellung zur Zeit die schwierigste, wichtigste und verantwortlichste war, die es überhaupt geben konnte, war in dem Vaterlande bureaukra-
tischer Gedankenlosigkeit und Frivolität übersehen worden! — Was daran fehlte, die Warschauer Verwirrung
zu einer vollständigen zu machen, die von Wielopolski
angebahnten Verständigungsversuche zu ersticken und
das Land an die Radicalen auszuliefern, schien der alte
„Sesostris" (so hiess Suchazonnet in der Warschauer Gesellschaft) so rasch wie möglich fertig bringen zu wollen.
Er beschäftigte sich damit, Leute, die vor ihm den
Hut nicht zogen, „gesetzlich verbotene" Bärte oder nationale Schnürröcke trugen, verhaften zu lassen, — die
regelmässigen Gerichte des Landes durch Militärcom-
missionen zu ersetzen, polizeiliche Contraventionen wie
Staatsverbrechen zu behandeln, sich in Censurangelegen-
heiten zu mischen, deren Entscheidung allein dem Marquis zustand, und die in Warschau garnisonirenden
Truppen durch tagelange Cantonnements auf offener
Gasse in Verzweiflung zu bringen. — Nachdem Wielopolski vergebliche Versuche gemacht hatte, den Alten
zur Raison zu bringen und auf eine Prüfung seiner längst

der Erledigung harrenden Gesetzentwürfe, betreffend die
Cultusverwaltung, das Unterrichtswesen und die Judenemancipation hinzuwirken, erbat er am 26. Juli den Abschied und sandte er seinen ältesten Sohn nach St. Petersburg, um auf eine beschleunigte Gewährung derselben
hinzuwirken.

Dieses drastische Mittel wirkte: Suchazonnet wurde
der Statthalterschaft, die er kaum drei Monate lang inne
gehabt, enthoben, zu seinem Nachfolger ein, als polen-
freundlich bekannter General katholischen Bekenntnisses,
Graf Lambert ernannt und Wielopolski in aller Form
ersucht, seine Functionen weiterzuführen.

Lambert war ein wohlmeinender, gebildeter und
liebenswürdiger Herr, dessen Persönlichkeit in Warschau
den günstigsten Eindruck machte: Schade nur, dass der
Graf von den Eigenschaften, deren es zur Bewältigung
der ihm zugefallenen, durch das Verhalten seines Vorgängers doppelt schwierig gewordenen Aufgabe bedurfte,
keine einzige besass. Von dem Wesen einer bürgerlichen
Verwaltung hatte er ebenso wenig eine Vorstellung wie
von der Beschaffenheit und Natur des Landes, dessen
Bürger er mit ihrer Regierung versöhnen sollte. Man
kannte ihn als schwach und haltungslos, und hatte ihm
aus diesem Grunde in der Person des General Gerstenzweig einen Adlatus beizugeben für nothwendig gehalten;
endlich war der neue Statthalter in so hohem Grade
brustkrank, dass er keiner Art von ernsthafter Beschäftigung gewachsen zu sein schien *). Sein Regiment

---

*) In den Petersburger Salons wurde erzählt, der sarkastische
Marquis habe den „lieutenant du royaume" — une excellente femme
pour un lieutenant aux gardes genannt. Lisiçki berichtet, dass
Wielopolski den unschlüssigen Grafen gewöhnlich „seinen Hamlet"
genannt habe.

dauerte Etwas über zwei Monate und war eigentlich
nur durch zwei Vorgänge denkwürdig: durch die in
Veranlassung der Vorgänge von Horodlo erfolgte Verkündigung des Belagerungszustandes im gesammten Königreich (14. October) und durch die Schliessung sämmtlicher Kirchen der Hauptstadt, welche der Administrator
der Warschauer Diöcese am 15. October aussprach, als
die zum Schauplatz einer Kosziuskofeier auserkorene
Bernhardiner-Kirche militärisch besetzt worden war. Am
Abend des nämlichen Tages erschoss sich General Gerstenzweig, nachdem er mit dem Statthalter eine heftige Auseinandersetzung gehabt hatte und wurde dieser von einem
Blutsturz niedergeworfen *). Eine Verwirrung, wie sie
noch nicht dagewesen, ergriff alle Schichten der Bevölkerung. Während der kranke Statthalter den Klerus
abwechselnd durch Drohungen und durch Bitten zur
Wiedereröffnung der Kirchen zu bestimmen suchte, erklärten fast alle angeseheneren Mitglieder des Staatsraths und zahlreiche Bezirksräthe, dass sie ihre, durch
den Belagerungszustand ohnehin gegenstandslos gewordenen
Functionen niederlegen und die Stadt verlassen wollten,
aus welcher Sicherheit und Vernunft für immer ge-
schwunden zu sein schienen; am 23. October nahm auch
Lambert den Abschied, nachdem er Wielopolski beschworen hatte, sein Amt als Chef des Cultus- und
Unterrichtswesens, die *ad interim* übernommenen Verwaltungen der Justiz und der inneren Angelegenheiten und
die Vicepräsidentschaft im Staatsrath „aus Hingebung
gegen den Monarchen und das Land" wenigstens bis auf
Weiteres fortzuführen.

---

*) Ob (wie vielfach behauptet worden) zwischen Lambert und
Gerstenzweig ein Duell stattgefunden, ist nie aufgeklärt worden.

Der Marquis konnte sich dieser peinlichen Pflicht nicht entziehen, so lange der abermals von ihm erbetene Abschied nicht bewilligt worden war — dauernd weiter zu fungiren, hielt er für unmöglich. In Mitten der vorschreitenden Insurrection und der Zersetzung aller staatlichen und gesellschaftlichen Organisation hatte er an der Hoffnung festgehalten, seine in Gemässheit der kaiserlichen Entschliessung vom 27. März ausgearbeiteten Gesetzentwürfe angenommen zu sehen und mit Hilfe dieser das Vertrauen seiner Landsleute wieder zu gewinnen. Da Lambert ihm beim Abschied gesagt hatte, dass ein neuer Statthalter noch nicht gefunden sei und dass der auf der Rückreise aus Deutschland in Warschau eingetroffene Suchazonnet die Functionen eines solchen wenigstens interimistisch übernehmen werde, sah er auch diese Hoffnung schwinden: er bestand darum auf seinem Entlassungsgesuch, indem er hinzufügte, dass sein ferneres Verbleiben im Amte höchstens unter der Bedingung einer vollständigen Trennung der militärischen von der bürgerlichen Verwaltung des Landes möglich sein würde. — Noch bevor eine Antwort erfolgt war, gerieth er mit Suchazonnet in einen Conflict, der zu einem vollständigen und öffentlichen Bruch führte. Der Statthalter nahm an der Thatsache, dass Wielopolski die Skizzen seiner Gesetzentwürfe in seinem amtlichen Organ veröffentlicht hatte, zu der Erklärung Veranlassung, dass er dieses Blatt von sich aus censiren und die Wielopolski'sche Publication officiell dementiren lassen werde. Gleichzeitig ging ein Courier des Statthalters nach St. Petersburg ab, um eine Anklage gegen den „rebellischen" Marquis an den Kaiser zu befördern und wurde dem Sohne Wielopolski's, den der Vater zur Vertheidigung seiner Sache an den Hof senden wollte, die Abreise aus Warschau untersagt. Auf seine Eigenschaft als kaiserlicher Kammerherr pochend, reiste Sigismund Wielopolski dennoch ab, — der Marquis aber beschränkte sich auf die Erfüllung seiner nächsten Obliegenheiten, indem er den Sitzungen des Staatsraths fern blieb.

Während der folgenden Tage genoss Wielopolski zum ersten Male in seinem Leben einer gewissen Popularität: die Kunde von seinem Bruch mit dem verhassten Statthalter hatte auf die Warschauer Bevölkerung einen ausserordentlich günstigen Eindruck gemacht. Am 1. November (1861) traf eine Depesche ein, die ihn nach Petersburg berief, ohne dass die Absicht dieser Berufung näher bezeichnet worden war. Zwei Tage später eilte er der Hauptstadt des Nordens in Begleitung seines zweiten Sohnes entgegen — die Mitnahme zweier seiner vertrautesten Beamten war ihm von Suchazonnet verweigert worden. Einem Freunde aber, der ihn vor freiwilligem Betreten der Höhle des Löwen gewarnt, hatte der Marquis in deutscher Sprache die spöttische Antwort gegeben:

„Wo solch' ein Köpfchen keinen Ausgang sieht
Stellt es sich gleich das Ende vor."

Wielopolski war nie in seinem Leben in St. Petersburg gewesen, — ohne irgend welche Verbindung mit den leitenden Kreisen dieser Stadt, — ohne Kenntniss der russischen Hof- und Amtsverhältnisse, ohne „Rang" und dazu der russischen Sprache vollständig unkundig. Von den noch immer zahlreichen Anhängern des alten Regimes gehasst, von der „liberalen" jüngeren Generation entweder gar nicht, oder lediglich als Verfasser der „Lettre" gekannt und demgemäss falsch beurtheilt, entbehrte er jedes festen Stützpunkts; weder wusste er was

man in Petersburg von ihm erwarte, noch was er von
Petersburg zu erwarten habe. Dass er in eine Welt un-
lösbarer Widersprüche gerathen sei, wurde dem Marquis
bereits nach den ersten Schritten, die er in dieselbe
gethan hatte, klar. Von dem Kaiser gnädig empfangen,
von dem Vicekanzler, Fürsten Gortschakow darüber unterrichtet, dass man ihn nicht zur Verantwortung ziehen,
sondern im Gegentheil seinen Rath einholen wolle, von
dem Grafen Nesselrode, dem ehemaligen Botschafter
Meyendorff und einigen anderen hochgestellten Personen
voller Zustimmung zu seinen Plänen versichert, begann er
für die Zukunft seines Vaterlandes neuen Muth zu fassen,
als man ihm aus Warschau meldete, dass die von ihm ausgearbeiteten Gesetzentwürfe, betreffend das höhere Unterrichtswesen und betreffend die Ablösung der bäuerlichen
Lasten durch andere ersetzt werden sollten, dass man im Begriff stehe, den Administrator der Warschauer Diöcese
standrechtlich zum Tode zu verurtheilen, und dass der zum
Nachfolger Suchazonnet's ernannte General Lüders lediglich mit strengster Handhabung des Belagerungszustandes
beschäftigt sei. Diese Nachrichten bestärkten ihn in der
Absicht, auf seinem Abschiedsgesuch zu bestehen: wider
Erwarten nahm der Kaiser dasselbe sofort an und abermals wider Erwarten wurde W. in Anerkennung seiner
Verdienste mit dem Grosskreuz des (ursprünglich polnischen) Ordens vom Weissen Adler decorirt, zum Mitgliede des polnischen Staatsraths ernannt und eingeladen
„zum Behuf der Theilnahme an den bevorstehenden
legislativen Arbeiten" in St. Petersburg zu bleiben.
Wielopolski nahm an diesen Auszeichnungen Veranlassung,
die Wiederbesetzung des erledigten Warschauer Erzbis-
thums dringend anzurathen. Man folgte seinem Rath, —
verwarf indessen die von ihm vorgeschlagenen Candidaten.

Während alle Warschauer Nachrichten darin überein-
stimmten, dass Lüders die alte Paskewitsch'sche Willkür-
wirthschaft wiederherzustellen bemüht sei, dass er eine
Anzahl kurz zuvor entlassener, übel berüchtigter Beamten
reactivirt, und die polnische Staatscasse mit Ausgaben
für Gefängniss- und Spionagezwecke überlastet habe, dass
die durch die Agrarreform ohnehin aufgeregten Bauern
systematisch gegen ihre Herren angestiftet, die städtischen
Massen durch brutale Massregelungen dem Radicalismus
in die Arme getrieben würden, — entschloss man sich in
St. Petersburg zu einem Zugeständniss an die Selbständigkeit des Königreichs, das Wielopolski's kühnste Hoffnungen übertraf, das unter anderen Umständen den
grössten Enthusiasmus erregt hätte, jetzt aber vollständig
wirkungslos blieb: gleichzeitig mit der Commission „zur
Annäherung des polnischen an das russische bürgerliche
Recht" wurde das „Reichsraths-Departement für die Angelegenheiten des Königreichs Polen" aufgehoben und
dadurch *in thesi* eine Grenzlinie zwischen polnischer und
russischer Gesetzgebung gezogen.

In dem nämlichen Stil unauflöslicher innerer und
äusserer Widersprüche ging es fort. Auf die Aufhebung
des Reichsraths-Departements für polnische Angelegenheiten folgte eine Periode, während welcher man in den
massgebenden Kreisen von andern als Gewaltmassregeln
gegen das unglückliche Land nichts wissen wollte.
Wochen vergingen, ohne dass von den legislativen Pro-
jecten, zu denen man Wielopolski's Beistand angerufen
hatte, auch nur die Rede war. Man lud den „interessanten"
aber „ranglosen" Polen (der sich, als der dienstthuende
Hofmarschall ihm bei einer Empfangsfeierlichkeit keinen
Platz hatte anweisen können, ohne Weiteres in die Reihe
der fremden Diplomaten gestellt hatte) zu allen möglichen

Hoffesten ein, — man stellte ihn aller Welt vor, — man
überhäufte ihn mit Höflichkeiten und Auszeichnungen,
— Kaiser und Kaiserin würdigten ihn bei verschiedenen
Gelegenheiten längerer Unterredungen, die u. A. auch
die Dringlichkeit der polnischen Angelegenheiten zum
Gegenstande hatten, — geschäftlich kam der Marquis um
keinen Schritt weiter. Um seine Zeit nicht vollständig
zu verlieren, suchte der sonst so schwerfällige und un-
gesellige Mann gesellschaftliche Verbindungen anzuknüpfen,
die ihm von Nutzen sein konnten. Er liess sich's gefallen in die intimen Cirkel der Grossfürstin Helene gezogen zu werden und an den „geistreichen", aber im
Grunde völlig unfruchtbaren Abendgesellschaften dieser
Dame Theil zu nehmen, — er, der Beziehungen zur
Diplomatie, insbesondere zur westmächtlichen, grundsätzlich aus dem Wege ging, trat mit Lord Napier und dem
französischen Botschafter Fournier in freundschaftliche
Beziehungen, die auf ein vernünftiges Verhalten der in
London und Paris lebenden polnischen Emigranten hinwirken sollten, ja er verschmähte es nicht, mit der durch
ihren panslawistischen Eifer bekannten Gräfin Bludow
(der Tochter des Reichsraths-Präsidenten) freundliche
Worte und gespreizte Billets zu wechseln und mit diesem
Blaustrumpf über eine Annäherung der beiden grossen,
durch das „Germanenthum" gemeinsam bedrohten slawischen Racen zu philosophiren. — Darüber vergingen
Wochen und Monate, die bei richtiger Benutzung der
Sache der Pacification Polens die grössten Dienste hätten
leisten können. Obgleich die radicale Revolutionspartei
den Belagerungszustand trefflich auszunutzen und unauf-
haltsame Fortschritte zu machen wusste, gab es in Warschau, und in den — verhältnissmässig zurechnungsfähig
gebliebenen — Provinzen immer noch Leute, welche

die Bedenklichkeit der Lage erkannten und dringend
wünschten, aus dem Druck des Terrorismus herauszukommen, der einerseits von dem säbelklirrenden Statthalter, andererseits von den in der Stille conspirirenden
Sendlingen der demokratischen Emigration geübt wurde.
Wo man überhaupt noch dachte, hatte man längst die
Empfindung, dass wenn durch Reformen und Zugeständnisse der gewaltsamen Erhebung vorgebeugt werden
solle, sofort und mit allem Nachdruck zugegriffen
werden müsse. — Wielopolski's bezügliche Mahnungen
wurden durch die aus Warschau einlaufenden Nachrichten
alltäglich bestätigt, — an der entscheidenden Stelle aber
schien man blind und taub zu sein. Die einzigen Angelegenheiten, mit denen man sich gelegentlich beschäftigte
und bei welchen man gelegentlich Wielopolski's Rath
einholte, waren die kirchlichen, — weiter zu kommen
war aber auch mit diesen nicht, weil es an jedem festen
Entschluss, an jedem Plane für das, was man thun und
lassen wollte, fehlte. Nicht einmal die Nothwendigkeit,
die Inthronisirung des neu ernannten Erzbischofs Felinski
bis zur Aufhebung des Belagerungszustandes zu ver-
schieben und dadurch neuen Conflicten zwischen der
kirchlichen und der militärischen Autorität zuvorzukommen,
vermochte der Marquis bei den Alles besser wissenden
und doch der elementarsten Kenntniss der Verhältnisse
entbehrenden Bureaukraten zur Anerkennung zu bringen.
— Da regierungsseitig kein Finger zur Erledigung der
immer brennender werdenden Verwaltungsfragen gerührt
wurde, beschloss Wielopolski, von sich aus die Initiative
zu ergreifen. Er arbeitete ein ausführliches Memorial
aus, in welchem er den Nachweis führte, dass die Fortdauer des am 14. Oct. 1861 über das gesammte Königreich verhängten Belagerungszustandes zwar für Warschau

und einige andere grössere Städte nothwendig, für die
kleineren Städte und das flache Land dagegen überflüssig
und gradezu schädlich sei. Als Hauptursache der in
der polnischen Hauptstadt obwaltenden Erregung seien
die vieljährige Willkürherrschaft der Militärbehörden und
die durch Jahre fortgesetzte Spannung auf Reformmassregeln anzusehen. Sobald diese erlassen worden, werde
an die Beseitigung des Belagerungszustandes gedacht
werden können. Als dringendste Massregeln wurden bezeichnet: die Herstellung einer von den Militärautoritäten
unabhängigen, von einem Polen geleiteten Civil-Oberver-
waltung, — Neubesetzung der Verwaltungsbehörden und
gesetzliche Regelung der Strafrechtspflege, — Aussetzung
der Provinzial- und Bezirkswahlen bis zur Umgestaltung des Beamtenpersonals, endlich beschleunigte Entscheidung über die seit Monaten beendeten legislativen
Vorlagen, deren fernere formale Behandlung noch immer
zweifelhaft sei. — Eine Antwort auf diese Anträge war
ebensowenig zu erlangen, wie eine Festsetzung des Ter-
mins für den Beginn der Gesetzgebungsarbeiten. Dagegen hiess es, Se. Majestät lege auf das fernere Verweilen des Marquis in der Residenz den höchsten Werth
und sehe in demselben ein Unterpfand für die glückliche
Lösung der zu besiegenden Schwierigkeiten.

Mit der ihm eigenthümlichen Zähigkeit harrte Wielopolski noch weiter aus; dass er sich über die Zukunft
seiner Bestrebungen noch Illusionen machen konnte, erscheint um so merkwürdiger, als ein im April (1862)
Warschau abgestatteter kurzer Besuch (er hatte seinen
Gesetzentwurf betreffend die Ablösung der bäuerlichen
Lasten vor dem polnischen Staatsrath zu vertheidigen)
ihn darüber hätte belehren müssen, dass die radicale
Partei während der verflossenen Wintermonate neue Er-

folge erzielt und das Gelingen seines Programms, — auch
wenn es in Petersburg angenommen werden sollte, — im Voraus unmöglich gemacht hatte. Nichtsdestoweniger kehrte
er nach Petersburg zurück, wo im Anfang des Maimonats,
— d. h. ein halbes Jahr nach seiner Berufung an den
kaiserlichen Hof — die Verhandlungen über seine Entwürfe endlich in Fluss kamen. Das Gesetz betreffend
die Ablösung der bäuerlichen Lasten, war von einer endlosen Reihe von Comités geprüft worden und schien der
Bestätigung entgegen zu gehen, als abermals ein Zwischenfall eintrat. Auf Betrieb einer Wielopolski feindlichen
bureaukratischen Clique war der als Todfeind des Adels
und der polnischen Autonomie bekannte Hauptmitarbeiter
an dem russischen Emancipationsgesetz, der Staatssecretär
Nicolaus Miljutin aus dem Auslande herbeigeholt worden,
um das polnische Ablösungsgesetz seinerseits zu prüfen
und, wenn irgend möglich, zu Fall zu bringen. Mit
Hilfe des die Warschauer Statthalterschaft ambirenden
Grossfürsten Constantin wurde diese Klippe glücklich
umschifft, — alsbald aber stand man vor einer neuen
Schwierigkeit: die anscheinend auf dem besten Wege begriffenen, u. A. die Absendung eines päpstlichen Nuntius
nach St. Petersburg betreffenden Verhandlungen zwischen
dem kaiserlichen Cabinet und der römischen Curie wurden zu Folge der Entdeckung einer mit Umgehung der russischen Behörden gepflogenen Correspondenz zwischen
dem Papste, dem Bischof von Wilna und dem Warschauer
Erzbischof abgebrochen; die Curie liess den für das Ver-
söhnungswerk gewonnenen Erzbischof Felinski im Stich
und entschied dadurch den Uebertritt des polnischen
Klerus in das revolutionäre Lager.

Wielopolski gab seine Sache auch jetzt nicht verloren. Obgleich die Lage des unglücklichen, von seinen

Landsleuten als Russenfreund, von den Warschauer Behörden als Rebellen behandelten Felinski eine völlig verzweifelte geworden war, versprach er das Einvernehmen zwischen diesem und der Regierung wiederherzustellen, sobald er nach Warschau zurückgekehrt sein werde. — Dieses Versprechen machte den gehörigen Eindruck. Anfang Juni entschloss sich der Kaiser, seinen Bruder, den Grossfürsten Constantin zum Statthalter, Wielopolski zum Chef der Civilverwaltung Polens zu machen. Die von dem Marquis ausgearbeiteten Gesetzentwürfe erhielten sämmtlich die kaiserliche Bestätigung (mehrere derselben scheinen nicht ein Mal geprüft worden zu sein), die Warschauer Regierungs-Commissionen (Ministerien) wurden durch Polen oder der polnischen Sache günstige Personen besetzt, die Provinzial- und Kreisräthe sollten mit thunlichster Beschleunigung ihre Functionen aufnehmen. Am 14. Juni reiste der beglückte „Chef der Civilverwaltung Polens und Vice-Präsident des polnischen Staatsraths" nach Warschau ab; der Grossfürst sollte in einigen Tagen folgen.

Mit der Abreise von St. Petersburg schliesst der für die Absicht der vorliegenden Erörterungen in Betracht kommende Theil von Alexander Wielopolski-Gonzaga-Myszkowski's Lebensgang. Die Geschichte seiner unglücklichen, ein Jahr und elf Tage umfassenden Verwaltung des Königsreichs Polen ist aus den im Eingange dieser Blätter genannten Schriften bekannt und demgemäss auch von W.'s Biographen nur summarisch erzählt worden. Während des Frühjahrs 1862 hatte die Revolutionspartei den ihr von einem Theil der Weissen geleisteten Widerstand gebrochen und das Heft so vollständig in die Hände bekommen, dass Niemand zu Gunsten des neuen Civil-Oberverwalters die Hand zu erheben

wagte, dass Wielopolski's Versuche, Leute von Ansehen
und populärem Gewicht zum Eintritt in den Staatsrath
oder zur Uebernahme amtlicher Stellungen zu bestimmen,
völlig scheiterten, dass selbst der durch ihn eingesetzte
Erzbischof Felinski mit seinem Protector zu brechen für
nothwendig hielt, und dass die Dolche der Verschwörer
sich bereits während der ersten Wochen der neuen Verwaltung gegen die Brust des Mannes richteten, der das
Wagstück einer Aussöhnung zwischen Russen und Polen
unternommen hatte. Den Todesstoss gab Wielopolski
seiner Sache, als er zum Zweck der Befreiung Warschau's
von dem Terrorismus der Rothen die gewaltsame Re-
crutenaushebung vom 15. Januar 1863 decretirte und
dadurch das Signal zum Ausbruch des längst vorberei-
teten bewaffneten Aufstandes gab. Die qualvollen fünf
Monate, die er noch ferner auf seinem verlornen Posten
zubrachte, sind nicht ohne Grund als Belege dafür angesehen worden, dass die Festigkeit seines Charakters
mit einem unbelehrbaren Eigensinn gepaart war, den zu
brechen seine Freunde sich vergeblich bemüht hatten.
Thatsächlich waren die Geschicke Polens bereits entschieden, als die Weissen zur Sache der Revolution übertraten und als der anerkannte Führer der aristokratischen
Emigrantenpartei, Fürst Wladislaw Czartoriski in Paris,
die Würde eines „General-Bevollmächtigten der polnischen
National-Regierung für das Ausland" annahm. — Ueber
des Marquis' persönliche Geschicke sei noch berichtet,
dass derselbe, nachdem er am 25. Juni 1863 den erbe-
tenen Abschied erhalten, auf einige Wochen nach Rügen
ging und von dort nach Dresden übersiedelte, wo er,
von aller Welt zurückgezogen und für Niemand zugänglich, bis zum 29. Decbr. 1877 lebte. Nur ein Mal, im
Sommer 1864 ging er nach Berlin, um von dem Gross-

fürsten Constantin und dem Kaiser Alexander II. einen
letzten Abschied zu nehmen. Damals hat der unglückliche Monarch ihm das historisch gewordene „*Nous avons
été vaincus, Marquis, nous avons été vaincus*" gesagt. —
Sein Geschick trug Wielopolski mit christlicher Ergebung
und zugleich mit klarer Einsicht in die völlige Aussichtslosigkeit des Unternehmens, an welches er sein Leben
gesetzt hatte. Er fühlte sich so vollständig besiegt, dass
er einem Bildhauer, der seine Büste modelliren wollte,
zur Antwort gab, „dass ein Anführer, der den Feldzug
verloren, das Recht verwirkt habe, seine Züge auf die
Nachwelt zu bringen", und dass er seine Papiere und
Briefschaften absichtlich nicht ordnete. Den festen uner-
schrockenen Sinn, der ihm eigen gewesen, wusste er auch
in den Tagen schwerster Prüfung zu bewahren. Als er
die Nachricht von der direct auf den Ruin des Adels
abzielenden Tscherkasski'schen Agrar-Reform erhielt und
sein Vermögen verloren geben zu müssen glaubte, sprach
der im zweiundsechzigsten Lebensjahre stehende, früh
zum Greise gewordene ehemalige Civil-Oberverwalter
des Königreichs Polen die Absicht aus, sich als Buch-
händler in Breslau niederzulassen! Die Rolle eines pro-
fessionellen Emigranten hatte er Zeit seines Lebens für
mit seiner Würde unvereinbar angesehen und an die
Annahme einer russischen Pension zu denken, verbot ihm
der Stolz des polnischen Edelmanns alter Schule.

Bevor wir die sich aus dem Lebensgang dieses merkwürdigen Menschen ergebenden Schlussfolgerungen für
die Zukunft polnisch-russischer Aussöhnungsversuche
ziehen, wird nothwendig sein, die einzelnen Phasen von
Wielopolski's politischer Thätigkeit und die Grundgedanken
derselben summarischer Betrachtung zu unterziehen.

In allen entscheidenden Punkten stellt Wielopolski's Programm sich als Ergebniss der Erfahrungen dar, welche er als Theilnehmer an der polnischen Revolution von 1830 mit dieser Revolution gemacht hatte. Mit gutem Grunde sah er den auf den Erlass der Verfassung von 1815 folgenden Zeitabschnitt für das glücklichste Capitel in der neueren Geschichte seines Vaterlandes, die Erhebung vom 29. November 1830 für die Quelle aller Leiden desselben, die Beseitigung der äusseren und inneren Gründe, welche zu dieser Erhebung geführt hatten, für die Bedingung einer Wiederherstellung des polnischen Namens an. Polens Errungenschaften von 1815 waren zu Scheiter gegangen, weil die Bürger dieses Landes das Verhältniss ihres Stammes zu dem russischen ebenso falsch beurtheilt hatten wie die Natur ihrer Beziehungen zu den Staaten des westlichen Europa, und weil sie das Geschick ihres Landes an dasjenige der Revolution geknüpft hatten. Die Partei der Erhebung von 1830 war die Partei ur- theilslosen Cultus des Franzosenthums und der aus Frank- reich importirten revolutionären Ideen gewesen; aus Schwäche gegen diese Partei, aus Popularitätssucht und aus instinctivem, mit thörichten Erinnerungen an die alte Grösse der königl. Republik gepaartem Russenhass hatte die polnische Aristokratie einen Aufstand mitgemacht, den sie innerlich verurtheilte und den sie verurtheilen musste, weil derselbe gegen eine Herrschaft gerichtet war, welche Polen glimpflicher und schonender behandelt hatte, als von Seiten der übrigen Theilungsmächte ge- schehen war; den an und für sich reparablen Bruch hatte man durch die Forderung einer Wiederherstellung der polnisch-littauischen Union zu einem irreparablen ge- macht, — endlich in thörichtem und völlig unmotivirtem Vertrauen auf den Beistand der Westmächte die Rettungs-

brücken abgebrochen, welche durch die Amnestie-Aner-
bietung und vor Allem durch Paskewitsch's Bedingungen
vom 4. September 1831 geschlagen worden waren. —
Aus der Erfahrung von 1846 hatte Wielopolski schliesslich die Folgerung ziehen zu müssen geglaubt, dass für
die polnische Sache auch von Oesterreich unter keinen
Umständen Etwas zu hoffen sei, und dass das diesen Staat
beherrschende deutsche Element der gefährlichste aller
Feinde des Polenthums sei.

Die von Wielopolski auf Grund dieser Erfahrungen
gepredigte Theorie von der Nothwendigkeit einer Versöhnung Polens mit Russland und eines Anschlusses an
Russland trug ursprünglich einen rein politischen Charakter — erst im Laufe der Zeit, im Eifer des Gefechts
und in Anbequemung an gewisse, in der russischen Gesellschaft herrschende Vorstellungen, redete der Mann,
der seinem Wesen nach jeder Zoll Pole, Aristokrat und
Katholik war, sich in einen gewissen, immerdar die Symptome der Künstlichkeit und inneren Unwahrheit an sich
tragenden Panslawismus hinein. In Polen selbst hat man
das sehr genau gewusst; auch Wielopolski's entschie-
denste und eifrigste Gegner räumten in der Stille ein,
dass der Panslawismus des Marquis mit dem Ding, das
sonst Panslawismus heisst, eine nur sehr entfernte Aehn-
lichkeit habe. Wenn Wielopolski in seiner „*Lettre*" *)
und in seiner Correspondenz mit der Bludow das Germanenthum als gefährlichsten Feind des Slawismus bezeichnete und von einer „gewissen Gemeinsamkeit" zwischen Polen und Russen sprach, so war das gewiss ernst

---

*) Die Aechtheit des von Knorr, die polnischen Aufstände,
p. 390 ff. mitgetheilten noch significanteren Briefs an M. D.
Gortschakow ist durchaus zweifelhaft.

gemeint — an eine Fusion sämmtlicher slawischer
Stämme und an einen slawischen Völkersturm gegen die
west-europäische Civilisation hat er nie gedacht, nie von
einem solchen geredet. Wenn er (was an und für sich
zweifelhaft erscheint) mehr als einen Friedensschluss
zwischen Russland und dem Königreich Polen im
Auge gehabt und nach einer allgemeineren Formel für
denselben gesucht hat, so mag ihm dabei der Gedanke
vorgeschwebt haben, den einer seiner entschiedensten
Gegner, Wladislaw Miçkewicz, in den nachfolgenden Satz
zusammengefasst hat. „Wielopolski meinte, Polen müsse
scheinbar auf seine Selbständigkeit verzichten, um Russlands Vertrauen zu gewinnen; durch ihre höhere Bildung
und Entwickelung würden die Polen dann in ähnlicher
Weise das Uebergewicht über die Russen gewinnen, wie
die Griechen es den Römern gegenüber gethan*).“ —
Wielopolski war eine so ausgesprochen realistische Natur
und so ausschliesslich mit dem einen Gedanken der
Wiederherstellung des Königreichs von 1815 beschäftigt,
dass Gedanken an Staatenbildungen und Umwälzungen
der Zukunft ihm durchaus fern lagen, und dass zwischen
ihm und den russischen Panslawisten, die er in sein Interesse zu ziehen versuchte, eine unübersteigbare und
unausfüllbare Kluft lag. Schon der demokratische Charakter dieser Partei schloss jede Verständigung mit ihm,
dem eingefleischten Aristokraten, aus. Die panslawistischen Velleïtäten, die er gelegentlich von sich gab, passten
weder in sein fest abgegrenztes, lediglich auf Congresspolen gerichtetes Programm, noch in dasjenige der wirklichen Panslawisten. Der von ihm vertretenen Sache
haben diese Verbrämungen seines eigentlichen Programms

---

*) *Histoire populaire de Pologne*, p. 582.

niemals auch nur den geringsten Nutzen gewährt. Er
hat denselben nicht einen einzigen russischen
Freund, dagegen zahlreiche polnische Feinde
zu danken gehabt. Die einzige praktische Seite,
welche die Sache hatte, Wielopolski's Verzicht auf die
Wiedergewinnung der littauischen Kronländer, galt den
Russen, die er für sich zu gewinnen gewusst, für selbstverständlich, während dieser Verzicht (nach W. Mickewicz's
treffender Bemerkung) ihm auch in den Augen der con-
servativsten polnischen Magnaten zum unverzeihlichen
Vorwurf gereichte. Zum Ueberfluss sei noch erwähnt,
dass die für Wielopolski's Pläne gewonnenen russischen
Würdenträger ausnahmelos Sapadnik (Westlinge) waren,
während die Führer der panslawistischen und nationalen
Partei, die Miljutin, Fürst Tscherkasski, Koschelew,
Katkow u. s. w. sich als seine geschworenen Gegner
gebärdeten.

Gehen wir von dieser allgemeinen Seite der Sache
zum Einzelnen über, so finden wir, dass Wielopolski's
Thätigkeit Schritt für Schritt das Widerspiel des polnischen Programms von 1830 und 1831 bedeutete. Dass
er die Wiedergewinnung der Grenzen von 1772 und die
Wiederherstellung der Union mit Littauen für blosse
Thorheiten ansehe, hatte er seinen Landsleuten bereits
am 5. Mai 1831 gesagt. Seinen Bruch mit allen Gedanken
an eine westmächtliche Intervention oder sonstige von
Westen kommende Hilfe besiegelte er im Jahre 1853, als
er seinen Sohn in die zur Bekämpfung der englisch-
französischen Invasion bestimmte Armee treten liess.
Die Ueberzeugung, dass Zugeständnisse an die revolutionären Zeitideen zum Verderben führen müssten und
dass ein polnischer Staatsmann, der sein Vaterland retten

wolle, auf die Zustimmung der Revolutionspartei ein für
alle Mal zu verzichten habe, war der rothe Faden, der
sich durch alle Handlungen seiner Vorbereitungs - und
seiner Regierungszeit zog. Um dieser Ueberzeugung
willen trat er zu der landwirthschaftlichen Gesellschaft
in Gegensatz, verweigerte er die Betheiligung an der
von mehreren seiner nächsten Freunde aus Opportunitäts-
rücksichten unterzeichneten Adresse vom Februar 1861
und willigte er in die Verhängung des Belagerungszustandes, soweit derselbe die Stadt Warschau betraf. Weil
ihm das Gespenst der verderblichen Connivenz der polnischen Conservativen an die Volksführer vom November
1830 vorschwebte und weil er Nichts so fürchtete, wie
die Verletzung der Legalität, setzte Wielopolski g e g e n
das Sträuben des Statthalters Gortschakow die Auflösung
der landwirthschaftlichen Gesellschaft, endlich gegen den
Rath und Willen des Grossfürsten Constantin die ver-
hängnissvolle Recrutirungsmassregel vom 15. Jan. 1863
durch. All' seine Gedanken und Wünsche waren darauf
gerichtet, zunächst und vor Allem einen gesetzlichen
Boden für diejenigen nationalen Bestrebungen zu gewinnen, bezüglich welcher er sich mit dem besseren und
umsichtigeren Theile seiner Landsleute einig wusste. —
Dass sein l e t z t e s Ziel die Wiederherstellung der Verfassung von 1815 sei, hat Wielopolski nie verleugnet,
vielmehr schon in den Jahren 1856 und 1861 laut und
öffentlich gesagt. Da dieses Ziel sich mit e i n e m Schlage
nicht erreichen liess, suchte er zunächst die Wege zu
demselben zu ebnen. Dem Königreich sollte innerhalb
gewisser Grenzen Autonomie gewährt, und diese Autonomie dazu benutzt werden, durch Ablösung der bäuerlichen Lasten neue und gesunde Kräfte für eine volks-

thümliche Entwickelung zu gewinnen; von einer dem
Klerus bereiteten würdigen und unabhängigen Stellung
erwartete der Marquis eine Reaction gegen die in denselben gedrungenen demagogischen Elemente, von der
Organisation der gänzlich im Argen liegenden höheren
Bildungsanstalten die allmälige moralische Gesundung
der Jugend. Die Judenemancipation war eine populäre
Forderung, für welche u. A. der innere Grund sprach,
dass einer Verjudung der kleineren Städte des Landes
nur durch eine vollständige Polonisirung des zahlreichen
und wegen seiner Isolirung zumeist auf niedriger Bildungs-
stufe stehenden jüdischen Elementes vorgebeugt werden
konnte.

Die Zweckmässigkeit dieser Massregeln und der auf
dieselben abzielenden Gesetzentwürfe, insbesondere die
Dringlichkeit einer Umgestaltung des Kirchen- und Unterrichtswesens ist auch von Wielopolski's grundsätzlichen
Gegnern nicht bestritten worden. Als es zu spät und
die Entscheidung längst gegen ihn ausgefallen war, haben
die verschiedensten Weisen *du lendemain* einander im
Lobe der legislativen Geschicklichkeit des kurz zuvor
einstimmig verurtheilten Reformators überboten. — Wie
ist das Fiasko desselben zu erklären?

Mindestens zur Hälfte aus dem ungeheuren Maass von
Hass und Erbitterung, welches die Regierung des Kaisers Nikolaus aufgehäuft und aus dem thörichten Zögern,
dessen die Regierung Alexander's II. sich schuldig gemacht hatte! Hat der auf den vorstehenden Blättern ver-
zeichnete Bericht irgend seine Pflicht gethan, so sind
Ausführungen über diesen Punkt überflüssig. Von der
Empfindung, dass die erbarmungslose, 25 Jahre lang fortgesetzte Misshandlung Polens durch den Kaiser Nikolaus

eine Restauration nothwendig gemacht habe und dass zur
Versöhnung dieses unglücklichen Landes Etwas geschehen
müsse, waren bereits zur Zeit der Thronbesteigung Alexander's II. alle vernünftigen und gebildeten Russen erfüllt; diese Empfindung wurde auch von der Regierung
getheilt, die derselben in der bekannten Unterredung Orlow's mit Lord Clarendon deutlichen Ausdruck gegeben
hatte. Nichts destoweniger liess man fünf kostbare Jahre
vergehen, während welcher der Friede mit Polen um
einen durchaus erschwingbaren Preis zu haben gewesen
war *). Als man sich endlich zu Concessionen entschloss
(März 1861), war bereits Gefahr im Verzuge und der
Ausgang des zwischen der gemässigten und radicalen
Partei entbrannten Kampfes ziemlich zweifelhaft: nichtsdestoweniger liess man acht Monate vergehen, bevor man
auch nur S c h r i t t e zur näheren Prüfung des Wielopolski'schen Programms that, acht Monate, während welcher
die Statthalter des Landes v i e r Mal gewechselt und zwei
Male Polenfreunde von Polenfeinden abgelöst wurden.
Und als ob es mit diesen Versäumnissen noch nicht genug sei, hielt man während des Zeitraums der letzten,
zwischen den Parteien geführten Entscheidungskämpfe
den Urheber des längst bekannten, polnischen Reformprogramms sieben Monate lang in Petersburg zurück, um
seine (inhaltlich längst approbirten) Entwürfe schliesslich
ungeprüft zu bestätigen und die Ausführung derselben
im Angesicht einer ausbrechenden Revolution zu beginnen!

*) „Qu'un temps précieux avait été perdu", hatte der damalige
Vice-Kanzler Fürst Gortschakow in dem e r s t e n Gespräch, das
er mit Wielopolski gehabt, unumwunden einräumen müssen. (Lisiçki II, p. 248.)

Das Mass dieser Verschuldungen ist ein so ungeheures, dass im Vergleich zu demselben die Summe der von Wielopolski begangenen Missgriffe gering erscheint: an und für sich betrachtet war diese Summe hoch genug aufgelaufen. Der Mann, der das beste, vernünftigste, unter den gegebenen Umständen allein mögliche Programm für die Wiederherstellung der administrativen und für die Vorbereitung der nationalen Selbständigkeit ausgearbeitet und dasselbe mit unzweifelhaftem Geschick bei einer misstrauischen, schwerfälligen, von Alters her aller Gesetzlichkeit und Folgerichtigkeit entwöhnten Regierung zur Annahme gebracht hatte, — er bewies seinen Landsleuten gegenüber ein Ungeschick, das einem staatsmännischen Kopfe seines Ranges in der That nur schwer zu verzeihen ist. Mit dem Eigensinn des Doctrinärs hielt er an der Vorstellung fest, die Fehler von 1830 seien die einzigen, auf deren Vermeidung es ankomme, die damals thöricht herausgeforderten russischen Instincte die einzigen, welche geschont werden müssten. Wielopolski's Nichteintritt in die landwirthschaftliche Gesellschaft, sein Unvermögen sich des notorisch einflussreichsten Mannes in Polen zu bemächtigen, seine Weigerung an der populären Adresse vom Februar 1861 Theil zu nehmen, seine Initiative zur Auflösung der landwirthschaftlichen Gesellschaft, — all' diese Dinge lassen sich psychologisch, allenfalls auch logisch rechtfertigen, — politisch erscheinen sie als Thorheiten der gröbsten Art, doppelt thöricht bei einem Manne, der ganz genau wusste, dass er niemals Popularität und öffentliches Vertrauen besessen und dass es vor Allem dieses Zutrauens bedurfte, wenn er seine Mission mit irgend welcher Aussicht auf Erfolg antreten wollte. Diesen Erfolg gewaltsam erzwingen, einer im höchsten Affect stehenden Nation Vertrauen abnöthigen und gegen krankhaft erregte Leidenschaften wohl ausgesonnene Gesetzentwürfe ins Treffen führen zu wollen, — das war ein an und für sich aussichtsloses Unternehmen, um so aussichtsloser, als der einzige, für dasselbe mögliche psychologische Moment beim Beginn der eigentlichen Action bereits verpasst war.

Der dritte Schuldantheil fällt natürlich auf die polnische Nation selbst, die ihre Unfähigkeit zu Maass, Selbstbeherrschung und nüchterner Beurtheilung der gegebenen Verhältnisse nie deutlicher und nie kläglicher wie während der Jahre 1860—63 gezeigt hat. Ueber diesen Punkt Weiteres sagen, hiesse Eulen nach Athen tragen und dem Schaden, den das unglückliche Land von seiner Thorheit gehabt, unnöthigen Spott hinzufügen . . . .

„Dass Völker und Regierungen niemals aus der Geschichte gelernt, niemals nach Lehren, die aus derselben zu ziehen gewesen wären, gehandelt haben", bildet nach Hegel (Philosophie der Geschichte, Einleitung S. 9) die Hauptlehre der Geschichte. Diesen Satz zu widerlegen und der Welt zu beweisen, dass sie aus der Geschichte des Wielopolski'schen Unternehmens wohl zu lernen gewusst haben, werden die Polen (mindestens diejenigen des Königreichs) schwerlich jemals in die Lage kommen. Der Umstand, dass es (wie bereits in der Vorbemerkung hervorgehoben worden) an Neigungen zu einer polnisch-russischen Verständigung namentlich auf russischer Seite nicht fehlt, ändert an der Thatsache Nichts, dass die beiden in Betracht kommenden Völker im Verlauf der letzten anderthalb Jahrzehnte in Entwickelungsreihen getreten sind, die wesentlich auf eine Entfremdung, nicht auf eine Annäherung hinweisen. Nicht nur, dass sich — wie bei allen übrigen Völkern — auch bei Russen und Polen die nationalen Eigenthümlichkeiten und Gegensätze als solche verschärft haben, Russland ist im Begriff in eine revolutionäre Phase einzutreten, während Polen durchaus revolutionsmüde erscheint. Die Utopieen demokratischer und radicaler Herrlichkeit, denen die Russen nachjagen, haben die Polen, wenigstens anscheinend, hinter sich; in demselben Maasse, in welchem auf russischer Erde der Radicalismus ins Kraut geschossen ist, ist man in Polen behutsamer und conservativer geworden. Die polnischen Conservativen, welche für Wielopolski's Plan einer Aussöhnung mit dem monarchischen und dynastischen Russland unter Umständen zu gewinnen gewesen wären, schliesslich aber die von diesem Russland dargebotene Hand ausschlugen — von einer Annäherung an das heutige, der Revolution entgegen taumelnde Russland wollen sie Nichts wissen und können sie Nichts wissen wollen. Auch abgesehen davon, dass die Weltgeschichte sich überhaupt niemals wiederholt, ist eine zweite Auflage des Unternehmens von 1861 in dem heutigen Russland innerlich unmöglich geworden. Im Jahre 1860 war ein russischer Czar da, der einem einzelnen polnischen Magnaten die Vollmacht zum Versuch einer autonomistischen Constituirung des Königreichs zu geben vermochte, — gegenwärtig würde man sich nach einem solchen vergeblich umsehen. Mit dem Russland, welches Alexander II. von seinem Vater überkommen hatte, durfte ein Wielopolski allenfalls ins Gleichgewicht zu kommen hoffen (die wirkliche Probe zu machen ist der Urheber des Programms von 1860 gar nicht in die Lage gekommen, weil er bereits in dem Vorstadium d. h. an seinen eigenen Landsleuten scheiterte); sich gegenwärtig zu einer Hoffnung solcher Art aufzuschwingen, würde auch er,

der Unermüdliche, nicht vermögen. Jene Unberechen-
barkeit russischer Zustände und Stimmungen, welche das
Versöhnungsproject der 50er Jahre während der Zeit
seiner Ausführbarkeit nicht zur Verwirklichung kommen
liess, sie hat sich gegenwärtig verzehnfacht: der feste
Grund kaiserlicher Souveränetät, auf welchen Wielopolski
sein Werk zu gründen unternahm, hat sich in einen
Sumpf verwandelt, auf welchem überhaupt nicht mehr
gebaut werden kann. Das weiss man nirgend genauer
wie in Polen: trauten die Zeitgenossen des eisernen Marquis dem Frieden nicht, der ihnen geboten wurde, so
werden ihre Söhne das noch weniger thun. Das alte
Russland, welches damals bestand oder zu bestehen schien,
ist nicht mehr vorhanden, und mit dem neuen, auf den
Schultern der Miljutin, Tscherkasski u. s. w. stehenden
Russland werden die heutigen Erben der Besiegten von
1830 und 1863 sich aus guten Gründen in keinerlei Berührung einlassen. Eine sichere und deutliche Empfindung sagt ihnen, dass jeder Bund mit dieser chaotischen
Masse gleichbedeutend mit einem Aufgehen in dieselbe
wäre. Noch ist von der polnischen Eigenart aber genug
übrig geblieben, damit diese sich nicht freiwillig selbst
aufgiebt, und eine andere Wahl als diese haben die Polen
überhaupt nicht mehr, wenn sie mit dem Russland des
neunten Decenniums unseres Jahrhunderts transigiren
wollen. Möglich, dass beide Völker von einem grossen
slawischen Revolutionskrater verschlungen und dereinst
in diesem aufgelöst werden, — eine polnisch-russische
Aussöhnung ist durch die Richtung, welche die russischen Dinge genommen haben unwahrscheinlicher, ja un-
möglicher denn je früher geworden, weil der Gang der
neuesten polnischen Entwickelung mindestens in dem sog.

Königreich ein von dem russischen durchaus abweichender gewesen ist. Unter einem S c e p t e r hätten Russen und Polen sich vielleicht und unter gewissen Bedingungen zusammenfinden können, — zu einer Unterwerfung unter das russische V o l k werden die P o l e n sich nicht entschliessen, so lange sie Polen sind. Und nur noch darum könnte es sich seit dem Tode Alexander's II. handeln!

Aus dem Lustlager von Kalisch.

(11. bis 22. Sept. 1835.)

„Es hatte etwas ausserordentlich Wohlthuendes für mich, zu hören, mit welcher Ehrfurcht und Liebe hier Jedermann von dem *Korol prusski* (König von Preussen) sprach . . . . . Unter unbeschreiblichem Jubel fuhr unser König an der Seite der geliebten kaiserlichen Tochter in Kalisch ein und wurde von der Ehrenwache seines Regiments mit Hurrahrufen empfangen. Man sah das Glück und die Freude der beiden Fürstenfamilien auf den Gesichtern aller Glieder derselben und als der König kurz darauf zwischen dem Kaiser und der Kaiserin auf dem Balkon erschien, um sich der versammelten Menge freundlich dankend zu zeigen, da wollte der Hurrahruf kein Ende nehmen. Wir sahen deutlich, wie glücklich unser König war.“

Louis Schneider, Aus meinem Leben. Bd. I, p. 201 ff. (Kalisch 1835.)

Dem zu Ehren der preussisch-russischen Waffen-brüderschaft im September 1835 abgehaltenen „Lustlager von Kalisch" hat der Veranstalter dieser internationalen militärischen Festlichkeit, der verstorbene Kaiser Nikolaus von Russland, ein Denkmal errichten lassen, das die Er-innerung an die damalige Verbrüderung zu einer dauern-den machen sollte. Auch an preussischen Versuchen zur Verewigung des Gedächtnisses der Tage von Kalisch hat es nicht gefehlt; General von Decker hat dieser zur An-näherung zwischen preussischen und russischen Soldaten bestimmten „Truppenversammlung" eine kriegswissen-schaftliche Monographie gewidmet, Louis Schneider die-selbe in einer „Kalisch" überschriebenen Schrift vom Stand-punkt des „Soldatenfreundes" beleuchtet und noch in seinen zwanzig Jahre später aufgezeichneten Denkwürdigkeiten versichert, „dass er Kalisch zu den angenehmsten Er-innerungen seines Lebens zähle". Und wie Herr Schneider, dachte die Mehrzahl loyaler preussischer Staatsbürger über Russland und über Kalisch. Die traditionelle, in Berlin noch heute gangbare Auffassung der Sache ist in den oben mitgetheilten Sätzen der Selbstbiographie des weiland königlichen Geheimen Hofraths so deutlich aus-geprägt worden, dass es weiterer Ausführungen über diesen Punkt nicht bedarf. — Im Interesse geschichtlicher Voll-ständigkeit theilen wir nachstehend eine russische Erinnerung an das Aranjuez von 1835 mit, die eine

St. Petersburger Zeitschrift vor nächstens zehn Jahren (im
Mai 1872) veröffentlicht hat, und die der Aufmerksamkeit
unserer einheimischen Propheten der russisch-preussischen
Interessen-Solidarität merkwürdiger Weise entgangen war.

„Im Jahre 1835", so heisst es am angeführten Ort,
„fanden die bekannten Manöver in Kalisch statt, wo
Preussen mit Russland fraternisirte. Bei den steten Begegnungen zwischen den Officieren und Soldaten unserer
und der preussischen Armee, kamen mancherlei Vergleichungen, Scherze, Moquerien und Eifersüchteleien vor.
Eine Frucht dieser Begegnungen und Reibungen war die
von einem jungen Officier Tschernyschew gedichtete „*Soldaten-Erzählung von den beiden Zaren, dem russischen
und dem deutschen, und davon wie der russische Zar den
deutschen an Pracht übertraf und wie grossmüthig er mit
ihm verfuhr.*" Diese Erzählung wurde allgemein mit grossem
Interesse aufgenommen und in zahllosen Abschriften ver-
vielfältigt. Kaiser Nikolaus soll dieselbe sehr ergötzlich gefunden haben und sie haben lithographiren lassen. D e r
V e r f a s s e r w u r d e z u m F l ü g e l a d j u t a n t e n S r. M a -
j e s t ä t b e f ö r d e r t. — Aus einer andern Quelle erfahren
wir, dass Herr Tschernyschew, der im Jahre 1835 Lieutenant
im Preobrashenski'schen Leibgarde-Regiment war, bald
darauf zum Capitän befördert und mit einem Gnadenge-
schenk von 675 Rubeln bedacht wurde, und dass er, mit
Orden reich geschmückt, um das Jahr 1869 (er war i. J.
1805 geboren) als General-Lieutenant verstorben ist.
„Seine Beförderungen", heisst es in der bezüglichen, nach
amtlichen Daten zusammengestellten Notiz, „erfolgte sehr
bald nach der erwähnten Soldaten-Erzählung, welcher
in Tschernyschew's officieller Dienstliste übrigens nicht
ausdrücklich gedacht wird."

Die „*Erzählung von den beiden Zaren, dem russischen*

und dem deutschen" ist in leicht geschürzten, ziemlich
nachlässig und unregelmässig gereimten Trochäen verfasst und offenbar dazu bestimmt, g e s u n g e n und zwar
von Soldaten-Chören gesungen zu werden. Bei nahezu
jedem russischen Regiment, zuweilen bei jeder Compagnie,
befindet sich bekanntlich ein Vorsänger, der die Soldaten
auf dem Marsch und bei der Rückkehr von Manövern als
halbamtlicher Lustigmacher bei Laune erhält und bekannte
und improvisirte Lieder vorträgt, deren Refrain dann im
Chor nachgesungen wird. Zu solchem Gebrauche dürfte
auch die Erzählung von den beiden Zaren bestimmt gewesen sein, deren Hauptinhalt wir nachstehend wiederzugeben versuchen.

Hört, was neulich ich gelesen:
„'Sind zwei Zaren einst gewesen.
Aber ungleich war dies' Paar:
E i n e r w a r d e r R u s s e n z a r.
Wie vom Morgenroth geboren,
Ragt er, Bäumen gleich im Holz,
Wie vom Himmel selbst erkoren,
Seines Landes schönster Stolz.
Breit die Brust, mit Flammenaugen
Riesenschultern, Stolz im Blick,
Armen, wie sie Helden taugen,
Alles kündet Kraft und Glück!
Nie hat menschliches Belieben
Solch' ein Wunder je beschrieben!

Was ich von dem d e u t s c h e n Zaren
Künden muss, gefällt Euch nicht:
Plump und hässlich, grau von Haaren,
Rothe Nase, gelb' Gesicht,
Riesenmaul und dünne Arme,
Beine, dass sich Gott erbarme,
Schmächt'ge Brust und hohle Backen
Jammermiene, krummer Nacken.

12*

Und die Seel' — bei meinem Schwert
War nicht fünf Kopeken werth!
Unser Zar, der weisheitreiche,
Klug, die Politik im Sinn,
Sah' auf diese Erbsenscheuche
Dennoch ohne Lachen hin.
Neigt' dem Deutschen sich in Güte,
Wünscht' ihm Segen im Gemüthe,
Bot ihm Gruss und Freundesblicke
Wo er sein ersichtig ward.
Frei von Falsch und frei von Tücke,
Wisst Ihr, ist des Helden Art!

Doch der Deutsche, neiddurchfressen,
Sann im Herzen unterdessen,
Schmach und Feindschaft, dem Erlauchten,
Sieggekrönten, Glanzumhauchten.
Sann bei Tag und Nacht auf Ränke,
Wie er sie von je geübt,
Dass er ihn, den Helden, kränke,
Den der Himmel selbst geliebt!
Seine Deutschen thun das Gleiche,
Und ein langes, langes Jahr,
Brütet man im deutschen Reiche
Einzig Schimpf dem Russenzar.
Wochen, Monde fliehn wie Stunden
— Endlich haben sie's gefunden.
Und zum Schloss in hellen Haufen,
Frohe Hoffnung in der Brust,
Kommt das ganze Volk gelaufen
Ausser sich von Stolz und Lust.
Jubelnd klingt's aus aller Munde:
„Russenzar, Du gehst zu Grunde!"

Die Deutschen haben einen Baumeister aufgefunden,
der sich zur Aufführung eines Riesenbau's anheischig gemacht, ein bis in die Wolken ragendes Kunstwerk ver-
sprochen hat, wie seines Gleichen auf Erden noch nicht
gesehen worden ist. Um durch die Errichtung eines

solchen Weltwunders den russischen Zaren zu demüthigen
und zu kränken, giebt der deutsche Zar seinen letzten
Heller hin, unterstützt das gesammte Volk das neue
Unternehmen. Ein Jahr hat es gedauert, bis die Deutschen
auf diesen ingenieusen Gedanken gekommen sind, ein
zweites Jahr vergeht mit der Ausführung desselben.
Dann ist der stolze Bau fertig gestellt: dem deutschen
Zaren schwindelt es bei dem Anblick dieser Herrlichkeit
förmlich. „Er trägt das Haupt hoch wie ein türkisches
Ross" und sendet sogleich einen Gesandten an den
bitter gehassten russischen Zaren ab, um „den wackern
Riesenjüngling" brieflich zu sich zu laden. In der
Einladung heisst es, der deutsche Zar wolle dem
Gast sein neues Schloss zeigen, „dessen Umfahrt an
einem Tage nicht beendet werden könne, an dessen
Fenstern man einen vollen Monat zu zählen haben würde,
dessen Zinnen auch der kühnste Adler mit seinem Fluge
nicht zu erreichen vermöchte

> „Um zum Dach nur aufzusehen,
> Musst' den Nacken Du verdrehen
> Und in Demuth Dich bequemen
> Von dem Kopf den Hut zu nehmen."

Der Russenzar erschrickt bei dem Vernehmen so
unerhörter Kunde, „lieber will er sein Gebein in die
Gruft tragen, als dem deutschen Wesen den Vorrang
lassen". Er sammelt seine getreuen Unterthanen um den
Thron und diese erkennen auf den ersten Blick, dass ihr
Zar von Sorgen gedrückt sei. Kaum hat derselbe ein
Wort der Begrüssung gesprochen, so tönt es von allen
Seiten wie Jubelruf:

> „Russland ist bereit und fertig
> Deines Winkes nur gewärtig!
> Sprich, o Herr, — und gült's den Tod,
> Wir erfüllen Dein Gebot.

Fehlt's an Geld und Gut im Schrein,
Brauchst Du nur ein Wort zu sprechen,
Ist der letzte Heller Dein!
— Niemals wird es Dir gebrechen!"

Der Zar nimmt diese Kundgebung seiner Getreuen
dankend entgegen, versichert indessen, dass er weder des
Lebens noch der Schätze seines Volkes bedürfe. An
Allem was Fürsten brauchten, habe er Ueberfluss.

„Picken doch, wie allbekannt,
Hühner Gold im Russenland!
Bleibt Ihr mir in Treu' verbunden,
Wird der Erdkreis überwunden
Und sogleich die Schmach gerächt,
Der der Deutsche sich erfrecht."

Nachdem der Zar sodann von der Herausforderung
berichtet hat, welche der deutsche Herrscher an ihn gerichtet, erbieten die Russen sich, binnen fünf Tagen
einen Palast aufzuführen, der jeden Vergleich mit dem
deutschen Prachtbau ausschliessen und zu einem noch
nicht dagewesenen Wunderwerk der Welt werden werde.

Zarenwort ist Götter Willen
Und Dein Wunsch wird sich erfüllen!
Kehrst Du von der Reise wieder,
Ist das stolze Werk gethan,
Und Du wirfst zur Erde nieder,
Deutschen Hochmuth, deutschen Wahn.

Unser Zar, er folgt dem Rath.
Noch sind keine hundert Stunden
Seit der Abfahrt hingeschwunden,
Als er schon der Grenze naht.
Und er sieht in hundert Spitzen
Schon von fern die Thürme blitzen,
Die der Deutsche, reich an Ränken
Aufgeführt, um ihn zu kränken.

Keinen Augenblick aber verliert der russische Riesen-
und Heldenjüngling die ihm eigenthümliche Ruhe und
Würde.

> Voller Hoheit im erlauchten,
> Ruhmumstrahlten, glanzumhauchten
> Antlitz und mit heiterm Blick,
> Wünscht er so dem Nachbar Glück.
> „Freund, ist d i e s Dein Himmelswunder?
> Kam ich darum hergeritten?
> Wir in Russland baun jetzunder
> Unsern H ü h n e r n solche Hütten!
> Und im ersten Regimente,
> Das mir folgt im Heeresbann,
> Weiss ich manchen schlanken Mann,
> Der kaum durch die Thüre könnte
> Dieses Häuschens, hoch gepriesen.
> Traun, Du bautest nicht für Riesen!
> Freund, Du musst das Prahlen lassen,
> — Wohlgemeint ist dieser Rath —
> Prahlst Du künftig, thu's mit Maassen,
> Sonst beschämt das Wort die That.
> Doch zur Heimfahrt schlägt die Stunde.
> Lebe wohl und sei m e i n Gast,
> Doch zerstör' zuvor vom Grunde,
> Was Du hier gesündigt hast.
> Sieh' m e i n Haus, das neu erbaute,
> Selber sollst Du dann entscheiden,
> Ob man je solch' Wunder schaute,
> Und wer grösser von uns Beiden.
> Doch, m i r will kein Prahlen taugen
> — Komm' und sieh' mit eig'nen Augen!“

Natürlich haben die getreuen Russen inzwischen
Wort gehalten. Als der Zar nach fünftägiger Abwesenheit von seiner blitzschnell zurückgelegten Reise heim-
kehrt, findet er einen Wunderbau vor, der seine kühnsten
Erwartungen übertrifft und neben welchem der deutsche

Zarenpalast sich in der That wie ein blosses Hühnerhaus ausnehmen würde. Der zarische Staatsschreiber muss sogleich eine Einladung an den „ungetauften" deutschen Zaren aufsetzen, in welchem dieser entboten wird, seinen fürstlichen Nachbar „auf ein Glas Meth" zu besuchen. — Dann heisst es weiter:

> Als die Ladung er vernommen,
> Rüstet Jener und in Hast
> Lässt er seine Schätze kommen,
> Die ein einzig Wäglein fasst.
> Ruft sein Heer herbei — an Zahl
> Hundert Männer sind's, — mit Stahl
> Wohlbewehrt, — auf bunten Schecken,
> Reichgeziert mit Wappendecken,
> Kommen sie herangeritten,
> Und der Marschall thront in Mitten.
> Auch das einz'ge Pagenpaar
> Ist zum Heereszug entboten,
> Das dem Deutschen dienstbar war.
> Alles lärmt und schreit nach Noten:
> „Achtung Leute! Platz dem Zaren,
> Seht, da kommt er hergefahren!"

> Durch ein Jahr und länger hin,
> Zieht in solcher würd'gen Weise
> Sich der Deutschen eil'ge Reise —
> Kurz erschien sie ihrem Sinn.
> Langsam immer so voran,
> Kommt der Deutsche endlich an.
> Ueberdeckt mit Staube ganz,
> Müde, bleich und athemlos,
> Längst verblichen aller Glanz
> Und dem Herren gleicht der Tross.

Bei dem Anblick des unvergleichlichen Prachtbaus, den die getreuen Russen ihrem Herrscher zu Ehren

binnen fünf Tagen aufgeführt haben und dessen Herrlichkeit in überschwänglichster Weise beschrieben wird,
verlieren Zar und Volk der Deutschen allen Muth und
alle Haltung.

> In die Knie vor dem Erlauchten,
> Ruhmgekrönten, Glanzumhauchten
> Sinkt der unglücksel'ge Mann.
> Seines Lebens mild zu schonen,
> Fleht er unsern Zaren an,
> Schwört bei Gottes ew'gen Thronen,
> Deutscher Hoffahrt zu entsagen,
> Alles mit Geduld zu tragen.

„Nach russischer Art" ist der Russenzar mild und
versöhnlich gestimmt. Er heisst den Flehenden auf-
stehen.

> Reicht ihm seine Hand zum Gruss,
> Sieht ihn lächelnd an und heiter
> Spricht er dieses Wort zum Schluss:
> „Bruder, künftig sei gescheiter!"

Mit phantastischer Beschreibung des darauf gefeierten
Festes (an welchem zarischem Winke gemäss Sonne, Mond
und Sterne achtungsvoll theilnehmen) und mit einer an den
soldatischen Chorus gerichteten Mahnung zum Gehorsam
und zur treuen Hingabe an den Zaren schliesst das Epos
„von den beiden Zaren, dem russischen und dem deutschen",
welches Herr Tschernyschew zu Ehren der russisch-
deutschen Verbrüderung in Kalisch gedichtet und das ihm,
dem bis dahin unbekannten Lieutenant vom Regimente
Preobrashensk die Würde eines kaiserlichen Flügel-
Adjutanten und den Schlüssel zu höheren Ehrenstellen
eingebracht hatte. —

Es ist erwähnt worden, dass Tschernyschews „Dienstliste" von diesem *gradus ad Parnassum* nichts weiss. Auch das Monument, welches Kaiser Nikolaus den preussischen Waffenbrüdern von Kalisch *in perpetuam rei memoriam* errichten liess, hat des poetischen Denkmals nicht gedacht, welches die Erinnerung an dieses Verbrüderungsfest in der russischen Nationalliteratur verewigt.

Vier Actenstücke

aus der

Regierungszeit Alexanders II.

———

I.

Der Bericht eines russischen Gouverneurs vom Jahre 1867.

Zu Anfang des Jahres 1867, d. h. sechs Jahre nach Aufhebung der russischen Leibeigenschaft und drei Jahre nach Einführung der neuen Gerichts- und Landschafts-Institutionen, welche die Justiz reformiren und die Selbstverwaltung der einzelnen Provinzen (Gouvernements) begründen sollten, war zu Folge der Ernennung des bisherigen Gouvernements-Chefs Grafen v. d. Pahlen zum Justizminister-Collegen die Ernennung eines neuen Gouverneurs für das Gouvernement Pskow (Pleskau) nothwendig geworden. Die Wahl des damaligen Ministers des Innern, Walujew, lenkte sich auf den seitherigen Gouverneur von Samara, Staatsrath und Kammerherrn Obuchow, einen durch streng conservative Gesinnung bekannten Edelmann. Herr Obuchow trat das ihm übertragene Pleskauer Amt sofort an und erstattete nach etwa neunmonatlicher Verwaltung desselben dem Kaiser einen Immediat-Bericht über die in Pskow vorgefundenen Verhältnisse, der, obgleich ausschliesslich für die Person Sr. Majestät bestimmt, auf unerklärte Weise in die Oeffentlichkeit drang und so grosses und peinliches Aufsehen erregte, dass er für die Stellung des Berichterstatters ebenso kritisch wurde, wie für diejenige seines Chefs, des eben damals von der Nationalpartei leidenschaftlich angegriffenen und einige Wochen später zu Fall gebrachten Ministers des Innern. Der bekannte Slawophilenführer Juri Samarin wurde eines Exemplars des als geheim bezeichneten Actenstückes habhaft, liess dasselbe im Auslande unter dem Titel „Ein Administrator neuester Schule" drucken und richtete in einer Anzahl dieser Publication beigegebener Randglossen leidenschaftliche Angriffe gegen den Berichterstatter und dessen politische Freunde. Nicht minder leidenschaftlich war die aus der Feder des Fürsten Wassiltschikow geflossene „Antwort eines Pskow'schen Gutsbesitzers auf die Denkschrift des Pskow'schen Gouverneurs" gehalten, welche einige Zeit darauf publicirt wurde und die den Berichterstatter in den heftigsten Ausdrücken als Vertreter „in Wahrheit revolutionärer Ideen", als Verbündeten der Deutschen, Verräther am russischen Volksthum u. s. w. brandmarkte. — Als diese Antwort erschien, war Herr Walujew bereits nicht mehr im Amte; auf Andringen des damaligen Thronfolgers und der hinter diesem versteckten nationalen Partei hatte Kaiser Alexander II. den anerkannt fähigen, aber eben deshalb bitter gehassten Hauptvertreter westlicher Ideen, durch den anerkannt nationalen aber notorisch unfähigen General Timaschew ersetzt. Unter Timaschew's Auspicien wurde auch der viel angefochtene conservative „Administrator neuester Schule" seiner Stellung enthoben, und durch den Staatsrath Kochanow ersetzt. Ob Herr Obuchow anderweitig verwendet worden ist, wissen wir nicht, da sein Name in der Folge nicht wieder genannt worden ist, — die Angriffe gegen seine Verwaltung

dauerten noch längere Zeit fort und sind erst neuerdings
verstummt.

Die Gründe, aus welchen die Obuchow'sche Denkschrift
den Unwillen der nationalen und demokratischen Partei
erregte, sind die nämlichen, aus welchen dieses Actenstück ein dauerndes Interesse in Anspruch nehmen darf.
Rund heraus wird von dem Verfasser gesagt, dass die
wirthschaftlichen Zustände des flachen Landes sich seit
Aufhebung der Leibeigenschaft nicht nur nicht verbessert,
sondern in vielfacher Rücksicht verschlechtert hätten und
dass kein Grund vorhanden sei, von den neu eingeführten Landschaftseinrichtungen eine Besserung der agrarischen Verhältnisse, geschweige denn die Fundamentirung
einer wirklichen Selbstverwaltung und einer lebendigen
Theilnahme der Bevölkerung an ihren Communal-, Kreis-
und Provinzialzuständen zu erwarten. Und das war gesagt worden, während die Theilnahme für die Landschafts-
Institutionen eben in vollster Blüthe stand und bevor
die freie Bewegung dieser Körperschaften durch die sog.
Reactionsgesetzgebung der letzten sechziger und der ersten
siebenziger Jahre unterbunden worden war! Das war
unter Berufung auf die nationale Unfähigkeit zu continuir-
licher treuer Arbeit im Kleinen, zu einer Zeit gesagt
worden, in welcher die auf den Gipfel ihres Einflusses
gelangte Nationalpartei die Ausrottung alles polnischen
und deutschen Wesens proclamirt und die Hoffnung ausgesprochen hatte, unter dem Zeichen echtrussischer Institutionen, namentlich des ungetheilten Gemeindebesitzes,
die Welt aus den Angeln zu heben, einen neuen Himmel
und eine neue Erde zu begründen. Und um das Maass
seiner Vergehungen gegen den heiligen Nationalgeist voll
zu machen, hatte der „Administrator neuester Schule"
noch den Muth gehabt hinzuzufügen, dass die seinem Ver-

waltungsbezirk benachbarten, bei allen „Gesinnungstüch-
tigen" als Stätten westlicher und feudaler Corruption ver-
fehmten baltischen Provinzen auf einer unvergleichlich höheren Stufe der Civilisation stünden, als die in den
Besitz der neuen Einrichtungen getretenen russischen Landschaften und dass die Ostseeprovinzen diese Civilisation
ihren sämmtlichen Söhnen in so reichlichem Masse mitzu-
geben wüssten, dass auch die aus Livland nach Pskow einge-
wanderten estnischen Bauern als Missionäre einer vorgeschrittenen Cultur angesehen werden müssten! — Das
Schlimmste an der Sache aber war, dass diese „ver-
rätherischen" Ausführungen nicht auf Raisonnements, sondern auf nackte, brutale Thatsachen gegründet waren („*il
n'y a rien d'aussi brutal qu'un fait*", pflegte der ältere Dupin
zu sagen), Thatsachen, die sich nicht aus der Welt schaffen
liessen, auch wenn man dem Verfasser nachwies, dass er
Reactionär der alten und Bureaukrat der neuesten Schule,
schlechter russischer Stylist und blosser Barbar in Sachen
geheiligter Kundgebung des russischen Volksgeistes sei!
Wegen dieses letzteren Umstandes, d. h. wegen des thatsächlichen Fundaments, auf welchem die (im Uebrigen keineswegs unanfechtbare) Obuchow'sche Auseinandersetzung
ruhte, verdient das Memorial von 1867 ein dauerndes Gedächtniss. Was der Verfasser über die hoffnungslose Ver-
kommenheit der bäuerlichen Landwirthschaft, die gemein-
schädlichen Folgen der solidarischen Verhaftung, die zunehmende Entwerthung des Grund und Bodens u. s. w.
berichtet, gilt — trotz der inzwischen über die Welt
gegangenen fünfzehn Jahre, trotz Ablauf der auf den
Erlass des Emancipationsgesetzes gefolgten neunjäh-
rigen Uebergangsperiode und trotz der Gewöhnung
der Bevölkerung an die Landschafts-Einrichtungen, —
noch gegenwärtig seinem vollen Umfange nach. Um die

unaufhaltsam zunehmende Verarmung der Landbevölkerung zu beseitigen, hat Alexander III. eine Commission
niedergesetzt, welche die sogenannte Loskaufssumme her-
absetzen soll, — der Völlerei und ihren Folgen soll durch
neue Gesetze über das Schankwesen und über die Bestrafung der Trunksucht gesteuert werden. Die Thätigkeit der landschaftlichen Körperschaften ist — einer Seits
infolge der ihr gesetzlich auferlegten Einschränkungen, —
anderer Seits infolge des mit ihr getriebenen Missbrauchs
ärger versumpft denn jemals früher und so tief herab-
gekommen, dass eine „Allerhöchst" niedergesetzte Commission mit der Umgestaltung dieser Institution beauftragt ist, deren ehemalige Anhänger nur noch von der
Einberufung einer „Centrallandschaftsversammlung", d. h.
eines von ständischen Vertretern beschickten Parlaments
das Heil erwarten. Die Absicht des Gesetzgebers von
1864, das Verlangen weiter Kreise nach erhöhter Theilnahme der „Gesellschaft" an den öffentlichen Angelegenheiten durch einen der Selbstverwaltung gewährten Spielraum zu befriedigen und dadurch die auf Einführung
einer constitutionellen Verfassung gerichtete Bewegung
gegenstandslos zu machen, ist als völlig gescheitert anzusehen. — In den entscheidenden Punkten hat der Berichterstatter mit seinem ungünstigen Urtheil über die Aussichten der Institutionen von 1864 mithin vollständig Recht
behalten. — Ob die Voraussetzungen, von welchen er
dabei ausgegangen, die richtigen gewesen, kommt für den
Leser von heute nicht in Betracht: die Bedeutung der
Denkschrift beruht auf ihrem materiellen Inhalt und auf
dem Umstande, dass sie von einem hochgestellten, an der
Erhaltung der gegebenen Grundlagen interessirten Ver-
trauensmanne verfasst worden, der schlechterdings keine
Veranlassung hatte, die Dinge schwarz zu färben und seine

eigene Stellung durch pessimistische Beurtheilung aus der
Initiative der Regierung hervorgegangener, Einrichtungen
zu gefährden.

Der Hauptinhalt dieser Denkschrift ist auf den
nachstehenden Blättern wortgetreu wiedergegeben worden. Die von dem Uebersetzer vorgenommenen, durch
Punkte bezeichneten Auslassungen betreffen lediglich breite
Wiederholungen des bereits Gesagten, wie sie sowohl in
der officiellen Correspondenz, als in der periodischen
Presse Russlands herkömmlich geworden sind, — wahrscheinlich um dem Leser den Eindruck des Gründlichen
und Gediegenen zu machen. Ausserdem ist von der
Uebertragung der zahlreichen, aus volkswirthschaftlichen
A-B-C-Büchern abgeschriebenen Gemeinplätze Abstand
genommen, welche der Verfasser seinem Bericht beizugeben für nothwendig gehalten hatte und die gleichfalls
zum eisernen Inventar russischer officieller Actenstücke
gehören. Dem Verständniss deutscher Leser wird es zu
Hilfe kommen, dass die besprochenen agrarischen und
administrativen Einrichtungen *) in kurzen dem Texte
beigegebenen Anmerkungen erläutert worden sind.

---

*) Wer sich über die bezüglichen Verhältnisse näher orientiren
will, nehme die Schriften Mackenzie Wallace's (*Russia*), Leroy-
Beaulieu's (*L'empire des Tsars et les Russes*), Eckardt's (Russlands
ländliche Zustände), Haxthausen's u. s. w. zu Hilfe. Ueber die
mittelrussischen Zustände der neuesten Zeit ist die vortreffliche
Abhandlung von Alphons Thun, „Landwirthschaft und Gewerbe in Mittelrussland" (Staats- und socialwissenschaftliche For-
schungen, herausgegeben von G. Schmoller, Bd. III, Heft 1, Leipzig
bei Duncker und Humblot, 1880) besonders zu vergleichen.

„Obgleich das Gouvernement P s k o w *) seiner Lage
nach den von der Natur nicht begünstigten Theilen des
Reichs angehört, sind die Existenzbedingungen desselben
doch meist so beschaffen, dass sie einen gewissen Wohlstand der Bevölkerung zulassen. Nichts desto weniger
ist von einem solchen Nichts zu spüren und wird die materielle Lage dieser Provinz von Jahr zu Jahr ungünstiger.
Vor zehn Jahren producirte dieselbe eine Quantität Getreide, welche nicht nur zur Ernährung der Einwohner-
schaft ausreichte, sondern eine gewisse Ausfuhr möglich
machte, — gegenwärtig muss Getreide in so erheblicher
Quantität eingeführt werden, dass die Ernährung Pskows
von den Conjuncturen des Getreidemarkts abhängig geworden ist. Während der Tschetwert Roggen früher
vier Rubel kostete, ist der Preis desselben gegenwärtig
auf zehn Rubel angewachsen und stehen weitere Preis-
erhöhungen bevor **).

Diese Erscheinung ist auf einen Rückgang der guts-
herrlichen wie der bäuerlichen Landwirthschaft zurückzuführen, welcher immer grössere Verhältnisse anzunehmen
droht, einer Seits zu beständiger Verringerung der Aussaat, anderer Seits zur Verkleinerung der Ernte-Ergeb-
nisse geführt hat und mit einer Verschlechterung der
Bodenbeschaffenheit zusammenhängt, die durch mangel-
hafte Düngungen und durch beständige Abnahme des
Viehstandes bedingt wird. — Dieser Rückgang der Landwirthschaft ist nicht durch Naturereignisse, sondern durch

---

*) Das westlich an Livland, südlich an das sog. polnische
Livland (die nördlichen Kreise von Witepsk), nördlich an das
Gouvernement Petersburg, östlich an Nowgorod grenzende Gouv.
Pskow (Pleskau) umfasst 44,208 Qu.-Kilometer mit 775,701 Ein-
wohnern.
**) Ein Tschetwert = $3\frac{1}{4}$ Berliner Scheffel.

Mangel an Betriebscapital und vollständige Abwesenheit jeder Art von Credit verschuldet worden. Am deutlichsten wird das durch die Thatsache illustrirt, dass Wirthschaften, deren physikalische Bedingungen die nämlichen sind, zu völlig verschiedenen Ergebnissen führen; je nachdem Betriebscapital vorhanden oder nicht vorhanden ist, wird auf dem einen von zwei durchaus gleichartig beschaffenen Gütern das zwölfte, auf dem andern das dritte Korn geerntet. Leider sind die Wirthschaften der ersten Categorie in so geringer Anzahl vorhanden, dass sie auf den Wohlstand der Provinz als solcher keinen Einfluss üben, sondern lediglich als Erklärungen für die Gründe in Betracht kommen, aus denen es mit unserer Landwirthschaft rückwärts geht.

An ländlichem Credit und an Betriebscapital fehlt es im gesammten Reiche, — in Gouvernements, deren landwirthschaftlicher Betrieb ein so complicirter und mühsamer ist, wie in Pskow, machen die verderblichen Folgen dieses Mangels sich aber ungleich stärker geltend, wie z. B. im Gouvernement Samara *). Samara ist aus dem bezeichneten Grunde ausser Stande, seiner Landwirthschaft denjenigen Aufschwung zu geben, zu welchem es von der Natur befähigt wäre; in Pskow aber hat der Mangel an Credit und Betriebscapital zu einem Darniederliegen der Wirthschaft geführt, der diese Provinz bereits für die nächste Zukunft mit den entsetzlichsten Folgen bedroht.

---

*) Das östlich von der Wolga belegene Gouvernement Samara (155,914 Qu.-Kilometer mit 1,837,081 Einwohnern) gehört zu den fruchtbarsten und angeblich blühendsten Theilen des russischen Reichs. Zu Ende der 70er Jahre wurde dasselbe bekanntlich von einer furchtbaren Hungersnoth heimgesucht, die sich während des Winters 1880—81 wiederholte.

In den Kreisen Pleskau, Ostrow und Porchow, in einzelnen Theilen von Nowo-Rschewsk und Opotschezk leistet der Flachsbau einen gewissen Ersatz für den beständigen Rückgang der Getreideernten; von Dauer aber wird auch das nicht sein, weil der Flachsbau, wenn er nicht rationell betrieben wird, zu einer raschen Aussaugung des Bodens führt *). Die übrigen, von 300,000 Menschen beiderlei Geschlechts bewohnten Theile der Provinz befinden sich bereits gegenwärtig in dem Zustande einer fast vollständigen Verarmung, namentlich die Kreise Cholm und Toropez, in welchen besonders ungünstige Localverhältnisse obwalten . . . . .

Bei Betrachtung der wirthschaftlichen Lage des Gouvernements habe ich der bäuerlichen Bevölkerung mein Hauptaugenmerk zugewendet. . . . . . Die Steuerrückstände sind zur Zeit allerdings nicht erheblich, indem sie in Bezug auf die Staats- und Landschaftsabgaben 4,95 %, in Bezug auf die Loskaufssumme 9,71 % betragen; behufs Eintreibung der Steuern sind seitens der mit derselben betrauten Behörden indessen so ausserordentliche Anstrengungen aufgewendet worden, dass sich mit Sicherheit voraussehen lässt, es werden die Ausfälle beständig zunehmen und schliesslich eine selbst für das Reichsbudget fühlbare Höhe erreichen. . . . . Da ich zwei wirthschaftlich ausserordentlich verschiedene Gouvernements hintereinander verwaltet habe, so hat sich mir die Ueberzeugung von selbst aufgedrängt, dass die Aufbringung der ländlichen Steuern nicht blos durch zufällige Umstände,

---

*) Die Richtigkeit dieser Vorhersagung wird u. A. durch die interessanten Daten bestätigt, welche Alphons Thun in der obenerwähnten Schrift „Landwirthschaft und Gewerbe in Mittelrussland seit Aufhebung der Leibeigenschaft" (vgl. S. 38 u. ff.) mittheilt.

als Ausfall der Ernten oder geringere und genügendere
Energie der betreffenden Beamten, sondern durch tiefer
liegende Ursachen bedingt wird. Für den regelmässigen
Eingang der auf der ländlichen Bevölkerung ruhenden
Steuern und Lasten besitzt der Staat schlechterdings
gar keine Bürgschaften. Die Basis der Steueraufbringung
bildet der Grundbesitz und zwar der ländliche Grundbesitz. Eine gewisse Sicherheit bietet derselbe aber nur,
wenn er sich als freiwillig und bewusst übernommenes
persönliches Eigenthum darstellt. .... Unser Landvolk kennt nur den Gemeindebesitz, der sich auf zwangs-
weisen Zusammenhalt der Gemeinden und auf unfrei-
willigen Grundbesitz derselben gründet*). Die Gemeinde
ist eine juristische Person, Inhaberin des Grund und
Bodens und als solche dem Staate für Aufbringung der
Steuern verantwortlich. Eine juristische Person, zumal
eine, die sich nicht (wie das z. B. bei der Erwerbs-
Gesellschaft der Fall ist) lediglich auf das anerkannte
Interesse der Betheiligten gründet, steht zum Grund und
Boden aber in einem Verhältniss, welches von demjenigen
des einzelnen Individuums durchaus verschieden ist. In
sehr zahlreichen Fällen sehen unsere Bauern den Besitz
von Grund und Boden lediglich als eine Last an, — ein
Umstand, der durch die Bestimmung von Art. 124 des
Localstatuts zum Ausdruck gebracht worden ist, nach
welcher Gemeinden, deren Seelenzahl sich um ein Fünf-
theil verringert hat, das Recht haben, sich eines entsprechenden Antheils ihres Gemeindelandes zu entäussern.

---

*) Das einzelne Glied einer russischen Landgemeinde ist be-
kanntlich genöthigt, die ihm bei den periodischen Landver-
theilungen zugeloste Parcelle mit allen auf derselben haftenden
Lasten zu übernehmen. Zur Befreiung von dieser Verpflichtung
bedarf es eines Gemeindebeschlusses.

Indem man eine juristische Person zur Inhaberin des
Grund und Bodens und zur verantwortlichen Steuerzah-
lerin machte, ist man zu der sogenannten Solidarhaft,
der gemeinsamen Verantwortlichkeit aller Gemeindemit-
glieder für die gehörige Aufbringung der Steuern gelangt.

Diese Solidarhaft*), deren verderblicher Einfluss
auf die individuelle Thätigkeit theoretisch wie praktisch
längst anerkannt ist, hat auch als fiskalische Massregel
einen nur untergeordneten Werth; ihren Zweck erreicht
sie nur in einzelnen Fällen, d. h. da, wo grosse und
wohlhabende Gemeinden vorhanden sind, in welchen die
Mehrheit, ohne überlastet zu werden, für die einzelnen
zahlungsunfähigen Steuer-Contribuenten eintritt. In kleinen und armen Gemeinden wird die Solidarverhaftung
aller Gemeindeglieder für die richtige Aufbringung der
Steuern aus einer Garantie für die Staatscasse zu einem
Instrument, durch dessen Anwendung die Gemeinden
dauernd um ihre Zahlungsfähigkeit gebracht werden.
Ich führe beispielsweise die Verhältnisse des Cholm'schen
und des Toropezk'schen Kreises des Gouv. Pskow an,
wo die Gemeinden durchschnittlich 13 Seelen stark sind,
d. h. drei bis vier Wirthschaften umfassen; kann einer
dieser Wirthschafts-Inhaber seinen Steuer-Verbindlich-
keiten nicht gerecht werden, so müssen die zwei oder
drei übrigen für ihn eintreten, um auf solche Weise

---

*) So lange die Leibeigenschaft bestand, war in erster Reihe
der Gutsbesitzer, erst in zweiter Reihe die Gemeinde für die Aufbringung der Steuern verbindlich gewesen. Ueber die mit der
Solidarhaft verbundenen Folgen vgl. die ausserordentlich drastische
Schilderung bei Thun (a. a. O. S. 102 ff.). Ebenso Eckardt, a. a. O.
p. 105 ff.

ihrer Seits für die folgenden Jahre zahlungsunfähig zu
werden. So macht die Solidarhaft aus einer zu gehöriger Steuerzahlung unfähigen Wirthschaft drei bis vier
solcher Wirthschaften.

Allerdings hat das Gesetz, indem es die Solidarhaft
constituirte, den Gemeinde-Versammlungen, als juristischen
Personen, gewisse Pressionsmittel gegen liederliche Ge-
meindemitglieder in die Hand gegeben, durch deren Anwendung die fleissigeren und wohlhabenderen Bauern
ihren zahlungsunfähigen und unlustigen Genossen gegenüber geschützt werden sollen. — Diese Mittel sind indessen rein palliativer Natur und praktisch völlig bedeutungslos. Unsere ländlichen Gemeinden befinden sich
auf einer so niedrigen Stufe intellectueller und sittlicher
Bildung, dass dieselben sich der ihnen zustehenden Pressionsmittel auch da nicht zu bedienen wissen, wo die
wohlhabenden Mitglieder die Mehrheit der Gemeinde-Versammlungen bilden und den Ausschlag geben; gewöhnlich ist aber das Gegentheil der Fall und bilden die
Nichtsnutzigen eine so überwältigende Mehrheit, dass die
Wohlhabenden von der Nothwendigkeit, für ihre nicht
zahlungsfähigen Genossen eintreten zu müssen, nicht los-
kommen können. Werden die Gemeinden mit der Aufbringung dessen, was sie zu leisten haben, nicht fertig,
so muss die staatliche Administration einschreiten: da
diese es aber nur mit der Gesammtgemeinde zu thun
hat, so muss sie zu Zwangsverkäufen (sc. von beweglichem Gut, Vieh u. s. w.) schreiten, ohne danach fragen
zu können, ob die zu verkaufenden Gegenstände säumigen oder ihren persönlichen Verbindlichkeiten bereits
gerecht gewordenen Steuerzahlern abgenommen werden.
Von Ausnahmefällen abgesehen, bilden diese Zwangsver-

käufe *) das einzige wirksame Mittel, welches zur Sicherung der Steuererhebung angewendet werden kann. Vom
Standpunkte des Staatsinteresses erscheint das Auskunftsmittel des Zwangsverkaufs der beweglichen Habe indessen,
wenn es regelmässig angewendet wird, ausserordentlich gefährlich. Da die Hausthiere in der Regel die einzige fahrende
Habe des Bauern bilden und der Bauer mit diesen Thieren
die Mittel zur Verbesserung seiner Wirthschaft verliert, so
bedeutet jede derartige Massregel die Verwandelung eines
aus zufälligen Ursachen zeitweise zahlungsunfähig gewordenen Steuerzahlers in einen permanent zahlungsunfähigen. Dazu kommt, dass diese Massregel, wie erfahrungsmässig feststeht, leicht vermieden werden kann.
Der wohlhabende Bauer, der keine Lust hat, sich zu
Gunsten eines Gemeindegenossen ruiniren zu lassen, macht
seine irgend entbehrliche bewegliche Habe rechtzeitig zu
Geld, und dieses Geld versteckt er so, dass selbst seine
Familie darüber keine Auskunft zu geben vermag. Diese
Manipulation hat alle Aussicht darauf, eine allgemein
gebräuchliche zu werden, sobald in einer grösseren Anzahl von Fällen zu dem Auskunftsmittel der Zwangsver-
käufe geschritten wird: mit ihrer Hilfe werden die Bauern
die Thätigkeit auch der energischesten Steuererheber zu
paralysiren vermögen. . . . (Nach einem Excurs, in
welchem auseinandergesetzt wird, dass die Solidarhaft in
früherer Zeit eine nur symbolische Bedeutung gehabt
habe, indem die säumigen Zahler damals durch Prügel
und Prügelandrohungen gebessert und die Gemeinden
dadurch der Nothwendigkeit entrückt wurden, für ihre

---

*) Sc. von beweglichem Eigenthum, da die Subhastation des
im Eigenthum der Gemeinde befindlichen Grund und Bodens
gesetzlich ausgeschlossen ist, im nördlichen Russland ausserdem
wegen Mangels an Kauflustigen unmöglich wäre.

liederlichen und nachlässigen Mitglieder einzutreten, — heisst es weiter):

„Zufolge der Reformen sind die Steuern bekanntlich erheblich erhöht worden, — eine Erscheinung, die bei vorschreitender Entwickelung des Staatslebens durchaus natürlich ist, bei uns das Wachsthum des Wohlstandes und der Steuerkraft aber leider nicht zum Begleiter gehabt hat. Dazu kommt, dass die Erhöhung der bäuerlichen Lasten in einen für die wirthschaftliche Wohlfahrt des Reichs ausserordentlich kritischen Moment gefallen und dass sie eingetreten ist, bevor der neue Zustand der ländlichen Bevölkerung gehörig sicher gestellt war; diese Lasten wurden just da erhöht, wo die persönlichen Abgaben sich in Abgaben vom Grund und Boden verwandelten. Je höher die Steuern anwachsen und je rascher es mit den bäuerlichen Wirthschaften rückwärts geht, desto erheblicher werden die Steuer-Rückstände, desto häufiger die Fälle, in denen mit Zwangsverkäufen vorgegangen werden muss. — Die schliessliche Folge davon wird eine vollständige Zahlungsunfähigkeit der gesammten ländlichen Bevölkerung sein. Diesem Dilemma gegenüber erhält die Frage nach reelleren Garantien für die Steueraufbringung eine ausserordentliche politische Bedeutung; es wird zu einer Lösung derselben geschritten werden müssen, bevor die verderblichen Folgen der gegenwärtigen Ordnung der Dinge ihrem vollen Umfange nach zu Tage getreten sind.

Zunächst bleibt der Administration freilich Nichts übrig, als ihrer n ä c h s t e n Aufgabe nachzugehen und über der Ausführung der geltenden gesetzlichen Bestimmungen zu wachen . . . Was die Sache selbst anlangt, so bin ich aber der festen Ueberzeugung, dass die Beseitigung des Zwangscharakters der bäuerlichen Besitzverhältnisse und die Verwandlung des Gemeindebesitzes in privates Eigenthum an den einzelnen Grundstücken, mindestens für das Gouvernement Pleskau, eine unzweifelhaft nützliche, sowohl dem Wohlstande der Bauern als der Sicherstellung des Steuer-Eingangs entsprechende Massregel sein würde.

Im Uebrigen habe ich zu constatiren, dass die Selbstthätigkeit der Bevölkerung sich sowohl in Rücksicht auf Gemeinde- und Canton-Versammlungen als in Bezug auf die Stadt- und Landschaftsverwaltung ebenso unbefriedigend darstellt, wie in wirthschaftlicher Rücksicht. Als Hauptgrund davon ist der Umstand anzusehen, dass das Niveau sittlicher und intellectueller Bildung der Bevölkerung dem Maasse der dieser Bevölkerung zustehenden Rechte und den Selbstverwaltungs-Befugnissen derselben nicht entspricht ... Unsere aus der Initiative der Regierung hervorgegangenen öffentlichen Einrichtungen sind dem Bedürfniss der Gesellschaft erheblich vorausgeeilt und stehen zu der Trag- und Leistungsfähigkeit derselben im Missverhältniss. Die Bevölkerung war auf die neuen Einrichtungen (sc. der Landschafts- und Kreisverwaltung durch selbstgewählte Organe) nicht vorbereitet, für die Selbstverwaltung nicht reif; die Aufgaben derselben stehen zu den vorhandenen Kräften noch gegenwärtig im Missverhältniss. Bewiesen wird das durch die allbekannte, sich täglich wiederholende Thatsache, dass die Mitglieder der Verwaltungskörper und -Versammlungen sich zu ihren Angelegenheiten nicht nur gleichgiltig verhalten, sondern die Besorgung derselben als Last ansehen. Es ereignet sich immer wieder, dass die Berufenen sich zu den ausgeschriebenen Versammlungen in so geringer Anzahl einfinden, dass diese Versammlungen kaum die gesetzliche Beschlussfähigkeit erlangen und dass die Mehrzahl der erschienenen Personen jeder Vorbereitung auf

die zu erledigenden Geschäfte entbehrt. Ein oder zwei
fähigere Leute reissen sodann allen Einfluss an sich,
machen die Versammlung zu ihrem Werkzeug und erle-
digen die die Gesammtheit betreffenden Angelegenheiten
nach ihrer Privatmeinung und nach ihrem Privat-Interesse,
indem sie sich mit der Zustimmung der übrigen decken
und auf solche Weise die Fiction öffentlich gefasster
Beschlüsse herstellen. — Die diesen Versammlungen und
Körperschaften übertragenen Angelegenheiten sind für
den Wohlstand der Gesammtheit von eminentem Interesse,
— eine Unterstützung der Administration findet nichtsdestoweniger in keiner Hinsicht statt. Im Gegentheil
wird die Stellung der Administration wesentlich dadurch
erschwert, dass dieselbe sich in zahlreichen Fällen zu
einer Einmischung in die Angelegenheiten jener Versammlungen genöthigt sieht, die entweder gar nichts
thun oder Missgriffe begehen. . . . Die neuen Einrichtungen sind aber einmal da und weil sie auf dem in der
Theorie durchaus löblichen Princip der Selbstverwaltung
beruhen, werden sie von· der Mehrheit der Gebildeten
hochgehalten; ihre Misserfolge pflegt man als blos zeitweise Erscheinungen anzusehen und auf die Neuheit der
Sache zurückzuführen. . . . In Wahrheit laboriren diese
Einrichtungen aber nicht nur an ihrer Neuheit, sondern,
wie eine bereits jahrelange Erfahrung ausgewiesen hat,
an der Abwesenheit der für jede Selbstverwaltung unentbehrlichen Elemente. Freilich wird das von nur Wenigen
eingesehen und selbst die Einsichtigen werden durch
falsche Schaam daran verhindert, die Schwäche und die
Unreife der Gesellschaft einzugestehen.

Ihrem Wesen nach schliesst die Idee der Selbstverwaltung die Einmischung der Administration in die bezüglichen Gebiete des öffentlichen Lebens aus; nur wenn

diese in der Natur der Sache begründete Voraussetzung eingehalten wird, führt die Selbstverwaltung in der That zu einer Entlastung der Regierung. Bei uns tritt dagegen die Nothwendigkeit administrativer Einmischungen unaufhörlich an die Regierungsorgane heran. Entsprechend der doppelten Aufgabe der Selbstverwaltungs-Institutionen, welche einer Seits gewisse Leistungen an den Staat vermitteln, anderer Seits für sich selbst sorgen sollen, liegen auch den Aufsichtsbehörden zwiefache Verpflichtungen ob. Dieselben sollen ein Mal mit allen ihnen gesetzlich zustehenden Mitteln darauf hinwirken, dass dem Staate das Seinige werde und in dieser Rücksicht erforderlichen Falls corrigirend eingreifen. Wo es sich dagegen um die eigenen Interessen der Gesellschaft handelt, hat die Verwaltung jede Einmischung zu vermeiden und sich selbst da zurück zu halten, wo die Folgen verabsäumter oder mangelhaft ausgeübter Verwaltungsthätigkeit auf die Betheiligten zurückzufallen drohen; die einzige Grenze wird in dieser Rücksicht die Beobachtung der bestehenden Gesetze bilden. Diese Nicht-Intervention wird soweit gehen müssen, dass die Regierung nicht nur nicht die Initiative zur Beihilfe ergreift, sondern dieselbe (ohne Rücksicht auf die Folgen) auch da versagt, wo sie angerufen wird, weil die Landschaft aus eigener Verschuldung in Verlegenheiten gerathen ist. — Stellen wir das an einem Beispiele klar.

Die Sorge für die Volksverpflegung ist den Landschaften übertragen worden, welche zu diesem Behuf in den Besitz der bezüglichen Kapitalien und einer ausgedehnten Competenz gesetzt worden ist. Aus Fahrlässigkeit und Ungeschicklichkeit zeigt die Landschaft sich zur Erfüllung dieser Verpflichtung unfähig und ruft sie die Unterstützung der Regierung an. Greift diese hel-

fend ein, so fällt der letzte Sporn zur Selbstthätigkeit
der Landschaft weg, welche in völlige Lethargie versinkt
und sich hinfort darauf verlässt, dass die Regierung für
sie eintreten werde, sobald es sich um Schwierigkeiten
handelt, mit denen man selbst hätte fertig werden sollen.
In Fällen verabsäumter Selbsthilfe der Landschaft wird
die Regierung sich also auch da zurückhalten müssen,
wo zeitweise Verlegenheiten drohen, weil nur dadurch
auf eine wirkliche Selbsthilfe der Gesellschaft hingewirkt
werden kann.

. . . Ich wende mich nunmehr gewissen Einzeler-
scheinungen der Selbstverwaltung zu.

Oben ist darauf hingewiesen worden, dass die aus
den bestehenden agrarischen Einrichtungen resultirende
solidarische Haftung auf den Wohlstand des Landvolks ausserordentlich ungünstig einwirkt. Würde von
den Betheiligten rationeller verfahren, so könnte diese
Haftung vielfach umgangen werden. Die ausschliesslich der Bauerngemeinde überlassene, jede Appellation
ausschliessende Umlegung der öffentlichen Lasten und
Steuern innerhalb der Gemeinde wird aber in der Regel
so widersinnig vorgenommen, dass die einzelnen Wirthschaften in eine Zahlungsunfähigkeit gerathen müssen,
die schliesslich zur Zahlungsunfähigkeit der Gemeinde
wird. Das Nämliche findet sehr häufig rücksichtlich der
Familien-Umtheilungen des Grund und Bodens statt,
welche in der Mehrzahl der Fälle nicht aus ökonomischen
Gründen, sondern infolge von Streitigkeiten und Familien-
differenzen oder in der thörichten und irrthümlichen Absicht vorgenommen werden, durch eine Verminderung
der Zahl der Gemeindeglieder auf die Recrutirungslisten
einwirken zu können. Durch diese Um- und Neu-
theilungen wird die Zahl der selbständigen Wirthschaften

vermehrt, die Leistungsfähigkeit derselben indessen ver-
mindert und ihrem Bankerott in die Hände gearbeitet.

Die communale Thätigkeit der Landgemeinden ist
ebenso wenig erspriesslich zu nennen, wie die ökonomische Thätigkeit derselben. In Wahrheit sind die Dorf-
und Gemeinde-Versammlungen zu Schulen der Entsittlichung für die Bevölkerung geworden, indem sie die Leute
daran gewöhnen, die Gesetzlichkeit durch eine straflos
geübte Willkür zu ersetzen, deren Richtung allein durch
die Masse des dargebrachten Branntweins bestimmt wird.
Von kaum in Betracht kommenden Ausnahmen abgesehen,
sind die zu den wichtigen und einflussreichen Gemeinde-
und Cantonal-Aemtern erwählten Persönlichkeiten durchweg untauglich. Zu der Untauglichkeit und Unreife
dieser Leute kommt in vielen Fällen noch eine sklavische
Abhängigkeit derselben von den Gemeindeversammlungen,
welche ihre Remuneration zu bestimmen haben. Da diese
Remuneration nicht gesetzlich fixirt, sondern in das Belieben der Versammlungen gestellt ist, suchen die Mitglieder der Gemeinde-Verwaltung diesen Versammlungen
in allen Stücken willfährig zu sein, wobei sie ihre gesetzlichen Verpflichtungen vollständig ausser Augen setzen.
Die Folge davon ist, dass die Administration an diesen
Beamten nicht nur keine Stütze hat, sondern dass ihr
durch dieselben erhebliche Schwierigkeiten bereitet
werden.

Einen besonders wichtigen Punkt innerhalb der
ländlichen Gemeinde-Organisation bilden die Wolost-Ge-
richte*). — Dass die bäuerliche Rechtsprechung Nichts

---

*) Der Wolost oder Canton (die Sammtgemeinde), zu welchem
die Gemeinden eines oder mehrerer Kirchspiele vereinigt werden,
hat eine aus Gemeinde-Deputirten bestehende Versammlung zum

taugt, steht erfahrungsmässig fest und wird auch von den
Anhängern der Selbstverwaltung anerkannt; auch die
Bauern selbst beginnen das anzuerkennen. Bei der bekannten Beschaffenheit der Elemente, aus welchen diese
Gerichte gewählt werden, kann gar nicht zweifelhaft sein,
ob und in wie weit die Thätigkeit derselben den Rechtsbegriffen der bürgerlichen Gesellschaft oder auch nur
derjenigen der Volksgewohnheit entspricht. Dabei waltet
noch die Anomalie ob, dass neben den Wolost-Gerichten
die Friedensgerichte bestehen und dass es — zum schweren
Schaden des öffentlichen Rechtsbewusstseins — lediglich
von dem Gerichtsstande des Beklagten abhängt, ob ein
und die nämliche Handlung vom Wolostgerichte oder
vom Friedensrichter abgeurtheilt wird. Selbst die radical-
demokratische Zeitung „Moskwa" hat sich der Anerkennung dieses Uebelstandes nicht entziehen können.

Noch wichtiger ist die Frage nach der principiellen
Zulässigkeit besonderer Bauerngerichte . . . Nicht nur
rücksichtlich ihrer Thätigkeit, auch in principieller Hinsicht bilden die Wolostgerichte eine den übrigen Gerichten diametral entgegengesetzte Erscheinung, indem
ihre Rechtsprechung nicht auf Grund von Staatsgesetzen,
sondern Namens des Gewohnheitsrechts erfolgt. Statt
den Gesetzen Eingang in den Schooss einer wenig entwickelten Bevölkerungsschicht zu verschaffen, machen

---

Organ. Diese Versammlung wählt (je nach der Grösse des betreffenden Bezirks) 4 bis 12 Richter, von denen je drei, der Reihe
nach, das Wolost-Gericht bilden. Die Competenz desselben umfasst
Civilstreitigkeiten, bei denen es sich um weniger als 100 Rubel handelt, die Entscheidung *per prorogationem* an das Gericht gebrachter
Processe und die Bestrafung geringfügiger Vergehen; in allen
diesen Fällen ist indessen die Voraussetzung, dass der Verklagte
der Landgemeinde angehörig, d. h. Bauer ist.

diese Gerichte gewisse Gewohnheiten, welche allen vernünftigen und moralischen Sinnes baar sind, zum Gesetz: denjenigen Rechtsbegriffen, welche sich in den höher gebildeten Gesellschaftsschichten entwickelt haben, wird der Eingang in den Bauernstand geradezu versperrt. In Turkestan mag es am Platz sein, wenn man wegen des vollständigen Mangels an Grundlagen bürgerlicher Ordnung die herkömmlichen Gerichte fortbestehen lässt, — der Bildungsstandpunkt unserer Bauern ist dagegen kein so niedriger, dass dieselben von den Gerichtshöfen des Staates ausgeschlossen zu werden brauchten. — Dazu kommt, dass diese specielle Bauern-Justiz der hermetischen Abgeschlossenheit des Bauernstandes in bedenklichster Weise Vorschub leistet. Heute, wo das Bildungsniveau der ländlichen Bevölkerung ein niedriges ist, macht sich diese Abgeschlossenheit noch nicht geltend, — nimmt die Bildung dagegen zu, so wird man einen von den übrigen Elementen des Staatslebens vollständig getrennten Körper, einen *Status in statu* vor sich haben ... Wenn die vollständige Beseitigung der Bauerngerichte zur Zeit ... auch nicht möglich ist und wenn denselben die Rechtsprechung in Erbschafts- und Besitzstreitigkeiten wenigstens vorläufig gelassen werden muss, so scheint doch geboten, dass man ihnen die Judicatur über Vergehen und über solche Materien des bürgerlichen Rechts entziehe, welche mit dem Gemeindebesitz Nichts zu thun haben. Es würde das u. A. auch d i e nützliche Folge haben, dass die Hineinziehung der allgemeinen Gerichte in die bäuerliche Sphäre auf die letzteren erziehend einwirken würde.

Gehen wir von der Betrachtung der Thätigkeit der Landgemeinden zu der öffentlichen Wirksamkeit der städtischen Communen über, so müssen wir freilich eingestehen, dass bei einer Vergleichung beider, die letzteren noch schlimmer fahren, als die ersteren. Während die Mängel und ungünstigen Erscheinungen ländlicher Communalthätigkeit vornehmlich aus der Unbildung und der niedrigen Culturstufe der Betheiligten zu erklären sind, kommt dieser Entschuldigungsgrund den städtischen Gemeinden nicht zu Statten. Trotz ihrer relativ höheren Entwickelung und des höheren Alters der ihnen eingeräumten Selbstverwaltungs-Befugnisse, stehen unsere Kaufleute und Bürger hinsichtlich ihrer communalen Thätigkeit nicht über den Bauern. Das bezeichnende Merkmal unserer städtischen Gemeinden ist die vollständige Gleichgiltigkeit der Stadtbewohner gegen ihre eigenen öffentlichen Nöthe und Interessen. So ängstlich suchen dieselben sich der Uebernahme öffentlicher Aemter zu entziehen, dass diese Aemter fast regelmässig in die ungeeignetsten und ungebildetsten Hände fallen. Es mangelt selbst an der Erkenntniss, dass zwischen öffentlichen und privaten Interessen ein moralischer Zusammenhang bestehe, — ja sehr häufig wird das öffentliche Interesse ohne Weiteres dem egoistischen Privatvortheil einzelner Personen untergeordnet, zumal diese Personen häufig die wohlhabendsten und einflussreichsten der gesammten Gemeinde sind. — Als Beleg dafür sei beispielsweise angeführt, dass einige mit Capitalbesitz wohlausgestattete Städte des Gouvernement Pskow, Dank dem Einfluss einiger wuchertreibenden Capitalisten, die Errichtung von Communalbanken unterlassen haben, weil diese Capitalisten sich die Unbekanntschaft der Masse mit ihrem eigensten Interesse zu Nutz zu machen wussten. — Die Selbstthätigkeit der Stadt-Commune ist so beschaffen, dass von derselben weder eine Initiative zur Erhöhung der städti-

schen Einnahmen, noch die Ergreifung von Wohlfahrts-
massregeln oder von Schritten zur Erhöhung des Wohlstandes irgend zu erwarten ist. Selbst aus privater Initiative hervorgegangene Unternehmungen von unbestrittener
Nützlichkeit gehen dem Verfall und Untergang entgegen,
sobald die öffentliche Fürsorge für dieselben an die Stelle
der privaten tritt.

Nur höchst selten entsprechen die zu städtischen
Communalämtern erwählten Personen ihrer Bestimmung,
— gewöhnlich entbehren sie auch der für ihre Stellungen
unentbehrlichsten Eigenschaften. Es ist mir vorgekommen, dass Stadtverordnete, welche die Verwaltung
eines Zweiges des Stadthaushalts, z. B. der Forstwirth-
schaft übernommen hatten, weder den Umfang noch die
Einrichtung desselben kannten. Die mit der Beaufsichtigung der städtischen Oekonomie betrauten Administrativ-
Behörden haben alle Mühe, die städtischen Organe auch
nur zur Erfüllung der ihnen durch das Gesetz direct
auferlegten Functionen anzuhalten; allenthalben s e l b s t
die Initiative zu ergreifen, sind diese Behörden physisch
ausser Stande. Demgemäss erreicht die wirthschaftliche
Thätigkeit der Städte fast nirgend die gehörige Entwickelung.

Ausserdem kommt in Betracht, dass die Prosperität
der Städte erheblich durch die Zunahme d e r Steuern
zurückgehalten worden ist, welche seit Einführung der
Landschafts-Institutionen Platz gegriffen haben. Insbesondere gilt das von der Einquartierungslast, zu welcher
die Städte in doppelter Weise, in ihrer Eigenschaft als
Städte und als Mitglieder der Landschaft herangezogen
werden. Die Theilnahme der Städte an dem Landschafts-
wesen ist für dieselben überhaupt mit vielfachen Be-
lästigungen verknüpft, da dieselben als selbständige Wirth-

schaftskörper von den Massnahmen der Landschaften wenig Vortheil haben, denselben aber erhebliche Beiträge abliefern müssen. Ferner müssen die Städte die Erhaltung der Gefängnissanstalten aus eigenen Mitteln bestreiten, obgleich die Insassen derselben keineswegs bloss Städter sind. Neuerdings hat sich bemerkbar gemacht, dass die Scheu vor den hohen städtischen Lasten manche Städtebewohner zur Uebersiedelung auf das flache Land bestimmt hat, woselbst sie ihre Handelsthätigkeit fortsetzen.

Ueber den Gang der hiesigen Landschaftsangelegenheiten während des laufenden Jahres werde ich nach Beschluss der für den December-Monat bevorstehenden Versammlung speciell zu berichten die Ehre haben. Im Uebrigen sei bemerkt, dass die vorstehende Darstellung der hiesigen Leistungen auf dem Selbstverwaltungsgebiete, auch für die Landschafts-Institutionen gilt, deren Thätigkeit während des abgelaufenen Trienniums ausserordentlich geringfügige Resultate geliefert hat. Die Schwäche der landschaftlichen Leistungsfähigkeit documentirt sich aber vornehmlich in ihrer Gesammtrichtung: nach dreijähriger Wirksamkeit haben es die Träger dieser Institution, soweit es sich um den hiesigen Verwaltungsbezirk handelt, eigentlich nur zu negativen Verdiensten gebracht; sie haben z. B. einsehen gelernt, dass es nutzlos ist, wenn sie sich auf Dinge verlassen, die ausserhalb ihres gesetzlichen Wirkungskreises liegen und demgemäss von gewissen Uebereilungen gelassen, welche anfangs häufig vorkamen. Aber auch zu dieser Erkenntniss ist die Landschaft nicht sowohl durch eigene Einsicht, als durch die Entschiedenheit gebracht worden, mit welcher die Administration sie auf die Grenzen ihrer Zuständigkeit und auf ihre wahren Aufgaben hingewiesen hat.

Während die Landschaft ihre wahre Bestimmung *nolens volens* verstehen gelernt hat, entbehrt sie der fundamentalsten Grundlagen geordneter Thätigkeit noch ebenso vollständig, wie der Feststellung eines abgeschlossenen und vernünftigen Programms. Ihr Thun und Lassen trägt noch immer den Charakter des bloss Zufälligen, — es besteht dasselbe aus einzelnen Handlungen, zwischen denen kein inneres Band existirt, die jedes Systems entbehren, welches auf klar erkannte Ziele und passend ausgewählte Mittel zur Erreichung derselben schliessen liesse. Dazu fehlt es an den erforderlichen Kenntnissen und an dem erforderlichen Muthe. Dass die gebildeten und thätigen Elemente, welche anfangs an den Geschäften der Landschaftsverwaltung Theil nahmen, sich von denselben in der Folge vollständig zurückgezogen haben, hat wesentlich zu dem unbefriedigenden Stande der landschaftlichen Angelegenheiten im Gouvernement Pskow beigetragen.

Aus dem Vorstehenden ergiebt sich zugleich, wie es um die als Voraussetzung jeder Selbstthätigkeit der Gesellschaft anzusehende V o l k s b i l d u n g steht. . . Nach von mir sorgfältig eingezogenen Daten beträgt die Zahl der Schüler $1\frac{1}{2}$ Procent der männlichen und 0,3 Procent der weiblichen Bevölkerung des Gouvernements Pskow und erklärt sich das wiederum aus der geringen Zahl der Elementar-Volksschulen. Man zählt deren 150 und diese sind in finanzieller Rücksicht so schlecht ausgestattet, dass es an den Mitteln fehlt, welche für die Beschaffung tüchtiger Lehrer und geeigneter Lehrmittel erforderlich wären. Bei der allgemeinen Rohheit und Unbildung des Landvolks lässt sich nicht absehen, dass dasselbe jemals ohne nachdrückliche Beeinflussung von Aussen zu der Einsicht in die Nothwendigkeit eines ge-

ordneten Jugendunterrichts gebracht und dazu bestimmt
werden werde, demselben diejenigen Geldmittel zu-
zuwenden, die gewohnheitsmässig für die Befriedigung
der rohesten Bedürfnisse, namentlich der Trunksucht,
verausgabt werden. Schulen, welche aus freier Initiative
der Gemeinden begründet worden wären, kommen nur
als seltene Ausnahmen vor, — in der Regel leisten die
Gemeinden in dieser Rücksicht gegebenen Anregungen
hartnäckigen Widerstand . . . . .*)

Was die Leistungen der Regierungs-Organe anlangt,
so darf nicht verschwiegen werden, dass es in Stadt und
Land an der gehörigen Anzahl unterer Agenten der
executiven Polizei fehlt. . . Wegen Vervollständigung des
Polizei-Personals der Stadt Pskow hat mein Herr Vorgänger sich bereits an den Herrn Minister des Innern
gewendet; die bezügliche Entscheidung des Minister-
Comité's ist bis zum Eingang der von den Gouverneuren
eingeforderten bezüglichen Berichte ausgesetzt worden.
Dass es rücksichtlich der Officianten der Landpolizei
durchaus nothwendig sei, die Ernennung derselben den
Landgemeinden abzunehmen und in die Hände der Administration zu legen, habe ich bereits in meiner früheren
Eigenschaft als Gouverneur von Samara zu berichten die
Ehre gehabt; die Landgemeinden wählen gewöhnlich Leute,
die nicht nur ungeeignet, sondern ausserdem lasterhaft
sind und die man durch die Erwählung zu Polizeiämtern
zu bestrafen beabsichtigt. In einigen Oertlichkeiten des
Gouvernements Pskow ist es mir gelungen, die Gemeinden
zur Einführung einer besonderen Steuer zu bestimmen,

---

*) Die folgenden Ausführungen über den Segen der Volks-
bildung, die Nothwendigkeit der Einführung des Schulzwanges,
die mit demselben in Preussen erzielten Erfolge u. s. w. übergehen wir.

aus welcher die Polizeiofficianten bezahlt werden und die Anstellung ehemaliger Gensd'armen zu bewirken. Die auf diese Massregel gesetzten Hoffnungen haben sich erfüllt.

Die Beschaffenheit des Personals der höheren polizeilichen Stellungen ist im Allgemeinen befriedigend; hinsichtlich der wenig zahlreichen Ausnahmen ist zu bemerken, dass dieselben zwar moralisch zuverlässig sind, aber der erforderlichen Qualitäten und der für den Polizeidienst unentbehrlichen Energie entbehren. Die Mehrzahl der Polizeibeamten befriedigt nicht nur hinsichtlich der Erfüllung der dienstlichen Ansprüche, sondern hat es durch verständige und uneigennützige Thätigkeit dazu gebracht, sich die ihrer Stellung zukommende Achtung zu erwerben; die Ursachen des früheren Zwiespalts zwischen Polizei und Gesellschaft sind als beseitigt anzusehen. .... Leider lässt sich einer anderen Kategorie öffentlicher Functionäre, den Friedensvermittlern nicht das nämliche Lob spenden *), da diese es an der nöthigen Energie und Hingabe an ihren Beruf fehlen lassen, denselben nur nach seiner äusserlichen, formalen Seite und nur soweit erfüllen, als zur Vermeidung der Verantwortlichkeit erforderlich ist. Die tüchtigeren Friedensvermittler haben sich der friedensrichterlichen und landschaftlichen Thätigkeit zugewendet, und ihre Stellungen durch gleich geeignete Individuen zu besetzen, ist wegen der beschränkten Zahl auf ihren Gütern lebender Edelleute nicht möglich gewesen.

---

*) Friedensvermittler (*Mirowüje possredniki*) hiessen die aus Adelswahlen hervorgegangenen Beamten, welche nach Aufhebung der Leibeigenschaft die ökonomische Auseinandersetzung zwischen Herren und Bauern zu leiten hatten.

Diese Beschaffenheit der Friedensvermittler hat mit sich gebracht, dass dieselben hinter einer ihrer wichtigsten Aufgaben zurückgeblieben sind; sie haben es daran fehlen lassen, die Bauern zu einer gedeihlichen Communal-Thätigkeit anzuleiten und den Mangel auf diese Thätigkeit bezüglicher Instructionen zu ersetzen. Die Thätigkeit der Friedensvermittler entbehrt darum des pädagogischen Moments, welches seit der Beendigung der agrarisch-organisatorischen Arbeiten, das Fortbestehen dieses kostspieligen Instituts allein rechtfertigen könnte, ... dessen Functionen am besten der Polizei übertragen würden. . . . .

Zum Schluss erlaube ich mir einige Hinweise, welche die allgemeine Lage der Bevölkerung charakterisiren.

Das an der Grenze des grossrussischen Stammes und der grossrussischen Civilisation belegene Gouvernement Pskow, birgt, weil es an Provinzen stösst, welche sich unter andern geschichtlichen und culturellen Bedingungen entwickelt haben, — eine Anzahl fremder Elemente in sich. In den unteren Classen ist das grossrussische Element durch Einwanderer finnisch-esthnischer, in den oberen Classen deutscher Abkunft durchsetzt. Obgleich in politischer Beziehung Stammesverschiedenheiten innerhalb dieses Gouvernements nicht obwalten, treten solche Verschiedenheiten rücksichtlich der Art der Beschäftigung und der häuslichen Lebensweise doch zu Tage. Hinsichtlich der letzteren sind die den Personen deutscher Herkunft eigenthümlichen Unterscheidungsmerkmale nicht zu verkennen. Von der grossen Masse scheiden dieselben sich durch das höhere Niveau ihrer geistigen Bildung und durch ihren Wohlstand ab; die ihnen zugehörigen Güter sind an einer zweckmässigen Organisation erkennbar, während der Mangel einer solchen bei den Nachbarn

auffällt; auch die aus den Ostseeprovinzen übergesiedelten
bäuerlichen Pächter wissen ihre Höfe unvergleichlich viel
besser einzurichten, als die Angehörigen der eingeborenen
Bevölkerung. Unverkennbar wird die Zunahme dieses
Elements zum Wohlstande des Gouvernements Pskow
beitragen, zumal diese Zunahme mit keinerlei politischen
Uebelständen verbunden ist und die Eigenschaften, durch
welche diese Einwanderer sich auszeichnen (Fleiss und
Gewöhnung an Ordnung und Disciplin), die wahren
Grundlagen des conservativen Elements bilden, auf welchem die ruhige Entwickelung und die Macht des Staates
beruhen. Bäuerliche Pächter aus den Ostseeprovinzen
kaufen sich hier ausserordentlich gern an. Liesse es sich
ermöglichen, denselben Grundstücke zu verkaufen, welche
im Besitz der Krone sind (Domänen-Ländereien), so
würde die Zahl dieser Einwanderer zum unzweifelhaften
Vortheil des Gouvernements Pskow und zugleich zum
Vortheil der Krone sich erheblich vermehren lassen, für
welche die Verwaltung der hiesigen Domänen eine fühlbare Last bildet.

Die hier lebenden Personen polnischer Abkunft *)
sind meist zufällig und nur zeitweise hergekommen, so
dass sie keine Gemeinschaft bilden, welche Bedeutung
haben und Einfluss üben könnte. . . . . . Bisher haben
dieselben auch nirgend die Absicht bekundet, solche Ein-
flüsse zu üben oder irgend welche Art von Propaganda

---

*) Wie erwähnt, grenzt das Gouvernement Pleskau im Süden
an die im 17. Jahrhundert von Livland abgerissenen, polonisirten
und katholisirten Kreise des Gouvernements Witepsk (Polnisch-
Livland), deren Bewohner während der sechziger Jahre unter den
drakonischen Satzungen des General Murawjew und seines Nachfolgers Kaufmann standen und aus diesem Grunde gern auf fremdes
Gebiet übertraten, um sich freier bewegen zu können.

zu treiben. Unter diesen Polen finden sich viele zuverlässige Leute und wenn sich für die politische Denkungsart der Mehrheit auch keine Bürgschaft. übernehmen lässt, so kann man doch behaupten, dass sie für das Gouvernement Pleskau völlig unschädlich sind.

Bezüglich der in dem mir anvertrauten Gouvernement herrschenden geistigen Richtung ist zu constatiren, dass dieselbe den allenthalben in Uebergangszeiten beobachteten Charakter des Chaotischen und Unbestimmten trägt. Mit den alten Gewohnheiten und Ordnungen hat man zufolge zahlreicher, rasch auf einander folgender und in das Volksleben tief einschneidender Reformen gebrochen, — zu einer klaren Vorstellung über die neue Ordnung der Dinge und zu einer Gewöhnung an dieselbe ist man noch nicht gediehen; die eigentlichen Resultate der reformatorischen Bewegung scheint man noch zu erwarten. Wie das bei grossen Umgestaltungen gewöhnlich geschieht, haben die einzelnen Elemente der Gesellschaft ihr scharfes Contour verloren und kommen innerhalb des allgemeinen Chaos mitunter Erscheinungen vor, welche wenig tröstlich sind. Andererseits fehlt es indessen nicht an gewichtigen und beruhigenden Anzeichen, welche auf die Richtung hinweisen, in welcher eine Befreiung aus dem gegenwärtigen Zustande der Ungewissheit erfolgen wird. Trotz der herrschenden Verwirrung der Begriffe macht sich geltend, dass in der öffentlichen Meinung conservative Anschauungen das Uebergewicht zu erlangen beginnen, ohne dass ihnen Widerstand geleistet würde. In allen Schichten der Gesellschaft ist die tiefeingewurzelte Idee der unbeschränkten Herrschergewalt unerschüttert geblieben; diese Idee beruht bei den ungebildeten, noch nicht zu politischem Bewusstsein gelangten Classen auf dem unmittelbaren Gefühl, während sie in den höher entwickelten Schichten zu einem klar erkannten politischen Princip geworden ist. Von der künftigen Entwickelung der nationalen Massen wird der Charakter abhängen, welchen dieselben als politischer Körper annehmen werden; gegenwärtig repräsentirt diese Masse eine bloss elementare Kraft, die als solche minder beständig und Erschütterungen zugänglicher ist, als eine Kraft, die es zu einem bewussten politischen Princip gebracht hat. . . . . . Die elementaren Volkskräfte müssen in politischer Rücksicht noch erzogen und, sozusagen nach bewussten politischen Principien regulirt werden; es wird darum auf das strengste darüber gewacht werden, dass die Entwickelung der Massen in der gehörigen Richtung vor sich gehe.

Wenn ich bei den vorstehenden Darlegungen über den Zustand des mir anvertrauten Gouvernements nicht sowohl bei einzelnen Thatsachen, als bei allgemeinen charakteristischen Eigenthümlichkeiten verweilt habe, so ist das geschehen, weil ich die Verpflichtung fühlte, der Regierung die wahre Lage der Dinge darzulegen. Manche Schattenseiten in dem gegenwärtigen Zustande der Gesellschaft werden von selbst verschwinden, wenn diese Gesellschaft sich bis zum Niveau der ihr verliehenen Reformen entwickelt und die Kräfte gewonnen hat, deren es zu der von ihr erwarteten Thätigkeit bedarf. Unzweifelhaft wird die Regierung selbst dabei mithelfen: gegenwärtig, wo die Dinge selbst auf die Richtung hinweisen, in welcher die Thätigkeit der Regierung einzugreifen haben wird, kann die Aufgabe derselben nicht mehr fraglich sein.

Vor Allem werden sowohl die Politik der Regierung wie die Thätigkeit der einzelnen zur Administration gehörigen Individuen auf die Sammlung und Verschmelzung

der zahlreich vorhandenen conservativen Elemente gerichtet sein müssen, deren Berechtigung und Entwickelung
das Centrum für das Schwergewicht der Gesellschaft
bildet und der Thätigkeit derselben die normale Richtung
verleiht. Die Herstellung geordneter ländlicher Credit-
verhältnisse wird in dieser Rücksicht eine der nützlichsten
Massregeln bilden. Gelingt es, die auf den Grundbesitzern
lastenden materiellen Schwierigkeiten zu beseitigen, so
wird dadurch zugleich Einfluss und Gewicht derselben
erhöht werden. Hebt die Landwirthschaft sich, so werden all' die unliebsamen Symptome verschwinden, welche
zufolge des Mangels und der Vertheuerung der noth-
wendigsten Lebensbedürfnisse in der Gesellschaft bemerkbar geworden sind.

Die Aufgabe, welche die Regierung dem Landvolke
gegenüber hat, ist als noch nicht erschöpft anzusehen.
Die rechtlichen Grundlagen der Existenz dieses Standes,
als z. B. der obligatorische Charakter des Landbesitzes *)
und die solidarische Verhaftung müssen genauer Untersuchung unterzogen werden und bei dieser Untersuchung
werden nicht theoretische Erwägungen und vorgefasste
Ideen **), sondern lediglich praktisch gewonnene Er-

---

*) Es ist die auf den einzelnen Gliedern der Dorfgemeinde
lastende Verpflichtung zur Uebernahme und Bewirthschaftung der
ihnen zugelosten Parcelle des Gemeindelandes, überhaupt die Abhängigkeit der Einzelnen von der Allgewalt des „Mir" (der Landgemeinde) gemeint.

**) Die „theoretischen Erwägungen" und „vorgefassten Ideen",
gegen welche polemisirt wird, sind diejenigen der Slawophilenpartei,
welche die Aufrechterhaltung des ungetheilten Gemeindebesitzes
aus allgemein „geschichtsphilosophischen" Gründen postulirt, als
„Eckstein" alles russischen Volksthums bezeichnet und als „neue
Formel der Civilisation" auf die gesammte civilisirte Welt aus-
zudehnen hofft.

fahrungen massgebend sein müssen; man wird vornehmlich auf die Beseitigung gewisser Hindernisse der materiellen Prosperität und auf die Herstellung von Bürgschaften für regelmässigen Eingang der Steuern Bedacht zu nehmen haben.

Ferner entbehrt die Selbstverwaltungsthätigkeit, insbesondere diejenige der Landschafts-Institutionen, einer gesetzlichen Feststellung ihrer Grenzen und der gehörigen Harmonie zwischen den Vorschriften über die ländlichen Prästanden und der den Landschaften verliehenen Rechte; ebenso muss die Theilnahme der Städte an der Oekonomie der Landschaften vereinfacht werden. Endlich müsste den Landschafts-Institutionen die strikte Verpflichtung auferlegt werden, für die Einrichtung von Landschulen zu sorgen; dieselben müssten zu der Stärke der Bevölkerung in einem bestimmten Verhältniss stehen und den betreffenden gesetzlichen Vorschriften gemäss organisirt werden. Andererseits könnte man die Kenntniss des Schreibens und Lesens zur Bedingung für den Erwerb gewisser bürgerlicher Rechte, z. B. des Rechts zur Eheschliessung machen, um dadurch die Bevölkerung zur Theilnahme an der Bildung zu nöthigen. Endlich würden Centralisation der Gouvernements-Verwaltung und Regelung des Verhältnisses derselben zu dem Aufsichtsrecht der Procureure den Verwaltungsmechanismus erheblich vereinfachen, die Thätigkeit desselben beschleunigen und die Kosten vermindern. . . . .

Die *captatio benevolentiae*, mit welcher dieser im December 1867 „Allerunterthänigst" (d. h. an die Person des Kaisers) erstattete Bericht über die Lage des Gouvernements Pskow schliesst, glauben wir dem Leser ersparen zu können: die in demselben ausgesprochene Hoffnung,

dass es mit Hilfe der von dem Berichterstatter em-
pfohlenen Massregeln gelingen werde, die „vornehmlich
aus Unklarheit der Begriffe" herrührenden „schädlichen
Richtungen innerhalb der Gesellschaft" zu beseitigen, hat
sich bekanntlich n i c h t erfüllt. — Die Belege dafür findet
der Leser in dem folgenden Actenstücke.

II.

Geheime Denkschrift über die nihilistischen Umtriebe (1875).

Das älteste officielle Document über die nihilistische Bewegung der siebziger Jahre datirt vom Anfang des Jahres 1875 (dem **achten** Jahre nach dem ersten, durch Wladimir Karakosow am 2/14. April 1866 verübten Attentat gegen das Leben des verstorbenen Kaisers von Russland) **und ist im Auftrage des damaligen Justizministers Grafen v. d. Pahlen** (1867 bis 1878) auf Grund amtlicher Erhebungen **zusammenge-stellt**, in einer beschränkten Anzahl von Exemplaren gedruckt und **mit der Bezeichnung „geheim"** *(se-kretno)* dem Kaiser, dem damaligen Thronfolger, den Ministern und einer Anzahl hoher Würdenträger **zuge-stellt worden.** — Von den in diesem Document berichteten, damals als Staatsgeheimnissen behandelten Thatsachen sind die meisten bekannt geworden, als zu Ende des Jahres 1877 der berühmte „Process der 193" vor den Schranken des St. Petersburger Staats-Gerichtshofs geführt wurde. — Das Interesse der Sache beschränkt sich aber nicht auf die mitgetheilten Thatsachen. Dasselbe beruht vielmehr auf der Bedeutung, welche der russischen Revolutionspartei bereits vor sieben Jahren an

massgebender Stelle zugeschrieben wurde, auf dem ausserordentlichen Umfange, welchen diese Umtriebe bereits
zur Zeit ihrer ersten Entdeckung gewonnen hatten und
auf der Erklärung, welche der russische Justizminister
dafür giebt, dass ein auf den Umsturz der gesammten
bestehenden Ordnung abzielendes Unternehmen nirgend
in Russland auf ernsthaften Widerstand gestossen, von
einem erheblichen Theil der gebildeten Gesellschaft vielmehr mit unverhohlener Sympathie begrüsst worden ist.

Im Uebrigen ergiebt sich bereits aus diesem Actenstück, was von den beliebten Redensarten zu halten ist,
nach welchen die nihilistische Verschwörung das Werk
einer „verschwindend kleinen Zahl“ Böswilliger ist, die
jedes Zusammenhangs mit der Nation entbehren, und gerade wegen ihrer Schwäche und ihrer Isolirung zu den
verzweifeltesten Mitteln greifen. Ebenso widerlegt sich
die Annahme, als handele es sich um eine einheitliche,
streng centralisirte verbrecherische Verbindung, die von
einem Punkte aus geleitet wird und mit dem sog. Cen-
tralcomité steht und fällt.

„Zu Anfang des Jahres 1874 wurden in einigen
Gouvernements des mittleren, ganz besonders aber des
östlichen Russland Anzeichen einer gegen die Regierung
gerichteten Propaganda bemerkbar. Anfangs undeutlich
und unbestimmt, traten die bezüglichen Symptome immer
deutlicher zu Tage, bis am 31. Mai desselben Jahres in
der Stadt Saratow die Anzeige gemacht wurde, dass
Bücher revolutionären Inhalts 'unter dem Volke verbreitet würden. Sodann wurde festgestellt, dass zahlreiche
junge Leute — einige unter Verzicht auf die Fortsetzung
ihrer Studien — bäuerliche Tracht angelegt, sich ge-
fälschte Legitimationen verschafft und als einfache Ar-

beiter (wie sie es nannten) „in das_Volk gegangen seien,
um dasselbe durch die Verbreitung von Druckschriften
und durch mündliche Unterweisung für revolutionäre
Ideen zu gewinnen.“ Aus den in Saratow gemachten
Feststellungen ging ferner hervor:

1) Dass in Moskau bereits seit geraumer Zeit eine
von dem Regierungs-Stenographen Myschkin unter-
haltene und von den Beamten der Kanzlei des General-
Gouvernements Utkin geleitete Druckerei bestehe, in
welcher Bücher und Flugschriften verbrecherischen Inhalts gedruckt wurden. Eine grosse Masse dieser Druck-
sachen, welche zur Beförderung der bezeichneten Propaganda unter das Volk gebracht werden sollte, war in
Saratow mit Beschlag belegt worden,

2) dass diese Propaganda keine blos locale sei, sondern dass dieselbe sich über die Mehrzahl gross- und
kleinrussischer Gouvernements verbreitet habe,

3) dass die Agitatoren derselben sowohl hinsichtlich
ihrer letzten Ziele, als hinsichtlich der Methode und der
Hilfsmittel ihrer Agitation solidarisch untereinander verbunden seien.

Durch fernere Erhebungen sind die bisherigen Phasen
der revolutionären verbrecherischen Propaganda soweit
aufgehellt worden, dass sich mit einiger Sicherheit der
allgemeine Charakter, sowie diejenigen Grundlagen und
Bedingungen derselben übersehen lassen, aus welchen
diese Propaganda inmitten unserer Gesellschaft einen so
erheblichen Umfang angenommen und zu so bedauerlichen
Erscheinungen geführt hat.

Der Hauptsache nach steht das Folgende fest:

„Die Verbreitung der revolutionären Propaganda
ist an und für sich nicht neu, sondern im Verlauf

des Jahres 1874 nur gross gewachsen und ausge-
reift."

Bereits zu Ende der sechziger Jahre hatte sich im
Schoosse der studirenden Jugend der Städte Moskau und
St. Petersburg ein Verlangen nach der Bildung von
Associationen kund gethan, bei denen es sich um gegenseitige Geldunterstützungen, um den Austausch von Ideen
und um die Erweiterung der Grenzen des Studiums durch
Dispüte und durch Lectüre handelte. Diese Kreise „zum
Selbststudium" (wie die Theilnehmer selbst sie nannten)
beschränkten sich anfangs auf ihre ursprünglichen, oben
angedeuteten Zwecke; das Programm derselben bewegte
sich innerhalb der Grenzen rein theoretischer und literarischer Disputationen und jugendlicher Unterhaltungen.
Die unter den jungen Leuten aufgebrachten Geldmittel
wurden ausschliesslich zur Unterstützung armer Cameraden und zum Ankauf erlaubter Bücher verwendet.
Unzweifelhaft haben die Richtung, welche unsere sog.
„Anklageliteratur" damals einschlug und die von einigen
in- und ausländischen periodischen Zeitschriften verfolgten
revolutionären Tendenzen (welche sich hinter wohltönenden
Phrasen von der Noth und der elenden Lage der unteren Volksclassen maskirten) auf die impressionable, mit
den thatsächlichen Bedingungen des Staats- und Wirthschaftslebens unbekannte Jugend eingewirkt, die naturgemäss an die Möglichkeit einer Verwirklichung ihrer
Ideale von Freiheit, Gleichheit und Brüderlichkeit glaubte.
So geschah es, dass in den Kreisen des „Selbststudiums"
immer häufiger und immer lauter über Fragen verhandelt wurde, welche die Gründe des angeblichen Elends
unserer arbeitenden Classen und die Mittel zur Beseitigung desselben betrafen: wurde doch über dieses Thema
so unaufhörlich und in so zahlreichen Tonarten geschrie-

ben, dass die studirende Jugend an die Möglichkeit einer
Abhilfe glauben musste! Bei den Dispüten über diese
Materien wurde häufig auf die Schriftunkunde unserer
Volksmassen als auf eine der Hauptursachen ihrer ge-
knechteten Lage hingewiesen und sodann die Nothwen-
digkeit geltend gemacht, auf die Erhöhung der populären
Bildungs- und Sittlichkeitsniveau's hinzuwirken.

So waren die anfänglich durchaus unschädlichen
Kreise der studirenden Jugend beschaffen. Solche Kreise
hatten sich gebildet: unter den Studenten der St. Petersburger Universität, der medico-chirurgischen und der
landwirthschaftlichen Akademie (zu Petrowsk), später
auch unter den Zöglingen von Gymnasien, Seminarinen
und anderen höheren Bildungsanstalten der Residenz, sowie zahlreicher Provinzialstädte als Saratow, Pensa, Kasan u. s. w.

Seit Beginn des Jahres 1872 wurden (und zwar in
erheblicher Anzahl) unter der studirenden Jugend im
Auslande gedruckte Schriften verbreitet, welche einen
direct revolutionären Charakter trugen und zur Niederwerfung der in Russland bestehenden staatlichen Ordnung
bestimmt waren. Diese Schriften waren hauptsächlich
von der russischen Emigration ausgegangen, welche genaue Beziehungen zur Internationale unterhielt und ihre
Erzeugnisse entweder als Contrebande einschwärzen oder
durch russische Reisende über die Grenze schaffen liess,
Reisende welche entweder den Theorien Bakunin's huldigten
oder Jünger anderer ultra-demokratischer und socialistischer
Parteien waren und alle Theile, alle Classen der russischen
Gesellschaft mit dem Gift verbrecherischer Lehren und demagogischer Bestrebungen inficirten. — Eine Persönlichkeit solcher Art war u. A. Sergey Kowalek, der in
Kiew seine akademische Bildung empfangen und später

15*

das Amt eines Präses der Friedensversammlung des
Mglinsk'schen Kreises (Gouvernement Tschernigow) bekleidet hatte. Je weiter die durch beständige Berührungen mit dem Auslande geförderte und unterstützte
russische revolutionäre Partei sich entwickelte, desto na-
türlicher war es, dass sie ihr Augenmerk zunächst auf
die studirende Jugend Russlands richtete und „Namens
der Freunde des Volks und der Förderung der Wahrheit und des Heils", an die Spitze derselben trat. Die
erste Partei, welche sich in diesem Sinne constituirte und
als wirkliche Partei bezeichnet werden kann, war diejenige der sog. Tschaikowzen, welche zuerst in St. Petersburg zu wirken begann und sich nachher weiter ausbreitete. Die Tschaikowzen, welche sich vornehmlich an
die Jugend wandten und neue Anhänger unter derselben
warben, predigten in Gemässheit der Theorien Bakunin's
die Untauglichkeit der gesammten bestehenden Ordnung;
sie suchten nachzuweisen, dass der Staat die russische
Gemeinde vollständig erdrückt und ruinirt habe und dass
auf die Fahne, welcher alle ehrlichen und wohlmeinenden
Leute zuströmen sollten, die Devise gesetzt werden müsse:
„Zerstörung aller Staaten — Vernichtung der Bourgeois-
Civilisation, — freie Organisation von unten herauf, —
Organisation des entfesselten Proletariats der gesammten
frei gewordenen Menschheit — Begründung einer neuen
Menschheits‑Gemeinde (vgl. Staatlichkeit und Anarchie
p. 38)." Bakunin (der in den Augen der Jugend zu
einem ganz anderen wird, als er ist), belehrte die jungen
Leute über diejenigen Mittel, mit deren Hilfe die Grundsätze des Socialismus verwirklicht, seine Einrichtungen
an die Stelle derjenigen des Staats gesetzt werden können. Als solche Mittel bezeichnet er die Propaganda
unter dem Volke, — die „Kampfs- und Verschwörungs-

Propaganda", indem er behauptet, dass das Volk den
Staat und dessen Vertreter alle Zeit hasse und gehasst
habe, einerlei, in welcher Form derselbe sich darstelle.
Weiter sucht er nachzuweisen, dass das Volk zur Erkenntniss seiner verzweifelten Lage, seiner Befähigung
zu einem offenen Aufstande und der Erspriesslichkeit
einer veränderten Organisation gebracht werden müsse;
vermittelst ihrer Organisation werde die Jugend (das gebildete Proletariat) mit der Volksmasse verbunden und
zum Bande zwischen allen Unzufriedenen gemacht werden. — Es ist mit einem Worte die Verwirklichung
der Anarchie, die als das Ideal aller Leute bezeichnet
wird, welche die Wohlfahrt des Volks anstreben.

So barbarisch diese Theorie sich auch ausnimmt, —
es haben die Schriften Bakunin's und die Brandreden
seiner Anhänger einen nachweisbaren und höchst bedenklichen Einfluss auf die Jugend gehabt. Von Niemandem
widerlegt, haben diese Schriften auf die Jugend denjenigen Reiz geübt, der allem Verbotenen, wenn es nur gewissen Instinkten und Bestrebungen schmeichelt, eigenthümlich zu sein pflegt; man nahm dieselben eben als
Antwort auf die Frage: „Was ist zu thun?" (*Tschto
djelat*) *).

Seit dieser Zeit, d. h. seit dem Jahre 1873 begannen
die dem „Selbststudium" gewidmeten „Kreise" ihren ursprünglichen, rein theoretischen Charakter zu verlieren,
indem sie sich allmälig in Verbindungen von ausgesprochen socialistischer und demagogischer Tendenz verwandelten. Diese Tendenz entwickelte sich vornehmlich
unter dem Einfluss des um jene Zeit im Auslande von

---

*) Titel eines weitverbreiteten Romans des im Jahre 1862
nach Sibirien verschickten Socialistenführers Tschernytschewski.

Lawrow (Mirtow) herausgegebenen Journals „Vorwärts"
(Wpcròd) und seit Anfang des Jahres 1874 gewann unter
den St. Petersburger und Moskauer „Kreisen" die Ueberzeugung Oberhand, „dass es an der Zeit sei, unter das
Volk zu gehen und die Action zu beginnen". Obgleich
die Führer der revolutionären Propaganda in Bezug auf
ihre Hauptgrundsätze und letzten Ziele (nämlich die Beseitigung der bestehenden Ordnung) durchaus gleicher
Meinung sind, so lassen sich doch drei verschiedene
Gruppen unter ihnen unterscheiden; diese Unterschiede
beruhen auf einer Verschiedenheit der Ansichten über
die geeignetsten und zweckmässigsten Mittel. Die Agitatoren der ersten Gruppe behaupten, dass es einer wissenschaftlichen Vorbereitung gar nicht erst bedürfe, dass die
Kenntniss des Lesens und Schreibens und gewisser ele-
mentarer Dinge genügend seien und dass man sofort
unter das Volk gehen müsse, um als gemeiner Arbeiter
in den Werkstätten dem Volke revolutionäre Ideen zu
predigen und dasselbe auf einen offnen Aufstand vorzubereiten. Im Gegensatz dazu sind die Führer der zweiten Gruppe der Ueberzeugung, dass Jedermann, der einen
wirklichen Agitator unter dem niedern Volk abgeben
wolle, weiterer wissenschaftlichen Kenntnisse und einer
gewissen Erfahrung bedürfe; Diplome und sonstige Zeugnisse über wissenschaftliche Befähigung halten sie nicht
nur für überflüssig, sondern für demoralisirend und eines
freien Mannes unwürdig und höchstens einem Bourgeois
zukommend. Vielleicht am gefährlichsten ist die dritte
Gruppe, welche nicht nur eine ernsthafte, wissenschaftliche Vorbereitung und allgemeine Bildung für nothwendig hält und Diplome und Zeugnisse keineswegs verach-
tet, sondern der Meinung ist, dass zum Behuf schleuniger
Erreichung des vorgesteckten Zieles (nämlich der Besei-

tigung der bestehenden Ordnung) die blosse revolutionäre Propaganda unter dem niedern Volk n i c h t ausreichend sei, sondern dass der echte Revolutionär die Pflicht habe in derjenigen gesellschaftlichen Schicht zu agitiren, welcher er angehöre; nach Meinung dieser Leute kommt es dabei gar nicht darauf an, ob man sich in der Sphäre des blossen Arbeiters, Soldaten oder einfachen Gesellen, oder aber in derjenigen des Lehrers, der Hebamme, des Arztes oder überhaupt des Staatsdieners bewegt.

Dementsprechend haben die revolutionären Agitatoren seit Beginn des Jahres 1874 ihre propagandistische Thätigkeit gleichzeitig an den verschiedensten Punkten und in den verschiedensten Sphären der Gesellschaft begonnen. Im Besitz einer ausserordentlichen Energie und gewisser materieller Mittel sind diese Leute vor Nichts zurückgeschreckt, haben sie sich durch keinerlei Hindernisse oder Bedenken beengen lassen. Sie knüpfen untereinander beständig neue Beziehungen an und wissen dieselben mit vielem Geschick durch allerlei Stichworte, verabredete Zeichen und Geheimchiffern zu maskiren; mit ausserordentlicher Schnelligkeit wissen sie in die Lehranstalten aller Kategorien, in Seminare, Gymnasien und ebenso in ländliche Volksschulen Eingang zu gewinnen. Nicht nur durch die Verbreitung von Büchern und durch propagandistische Vorträge, sondern ganz besonders durch intime persönliche Beziehung wissen sie die Jugend an sich zu fesseln, indem sie über eine nicht geringe Anzahl von jungen Frauen und von Mädchen verfügen. Bereits zu Ende des Jahres 1874 war ihnen gelungen über die grössere Hälfte Russlands ein Netz von revolutionären Kreisen und Einzelagenten zu ziehen. Nachgewiesen ist, dass in 37 Gouvernements eine derartige Propaganda be-

trieben worden. Im Einzelnen ist darüber das Folgende
zu berichten:

1. St. Petersburg. a) Eine gewisse Anzahl revolutionärer Kreise sind am Platze selbst thätig und senden ihre
Agenten in das Innere des Reiches ab.

b) Eine grosse Rolle spielt die Propaganda unter der
Bevölkerung der Werkstätten und Fabriken, wo sie
unter dem Schein der Ertheilung von Elementar-
Unterricht (Lesen und Schreiben) ihr Wesen treibt;
derartige Arbeiterschulen sind von den Studenten
Stachowski, Sinegub und Klemens und von dem
verabschiedeten Artillerie-Lieutenant Krawtschinski
geleitet worden.

c) Ferner die Tischler- und Schuster-Werkstätten Bo-
gomolews und die an verschiedenen Orten eingerich-
teten Schmieden, in denen „in das Volk gehende"
junge Leute unterrichtet werden. Einer der Haupt-
führer der Propaganda in Petersburg war Fürst
Krapotkin *), bei welchem auch das Programm der
Agitation gefunden worden ist.

2. In Moskau. a) In gleicher Absicht wie zu
St. Petersburg ist auch hier eine Tischlerwerkstätte errichtet
worden und zwar von den Studenten Florenko und Woinaralski.

b) Derselbe Woinaralski, der Kosak Gluschkow und
der Edelmann Dubenski haben ausserdem noch eine
revolutionären Zwecken gewidmete Schuhmacher-
werkstätte errichtet.

---

*) Fürst Krapotkin lebt als politischer Flüchtling in London;
er soll ein Bruder des im Februar 1879 von Goldberg und Genossen
ermordeten Gouverneurs von Charkow Krapotkin sein.

c) Die Druckerei des Stenographen Myschkin, in welcher zur Vertheilung unter das Volk bestimmte Flugschriften gedruckt wurden.

d) Besondere Agenten vermittelten den Verkehr mit den in der Provinz vorhandenen Kreisen, versehen dieselben mit den erforderlichen Nachrichten über den Gang der Sache, mit Büchern, Geldmitteln u. s. w.

e) Ausserdem fand eine von einzelnen „unter das Volk gegangenen" Personen getriebene Agitation statt.

3. Im Gouvernement Nowgorod hat die von der Tochter des Generalmajors Löschern von Herzfeld, Sophie, geleitete ländliche Volksschule eine besondere Rolle gespielt.

4. Im Gouvernement Twer wurde für Rechnung der Agitatoren eines der St. Petersburger Kreise durch den Bauern Michael Grigorjew eine Schmiede eröffnet.

5. Im Gouvernement Jaroslaw ist

a) von dem Gutsbesitzer Iwantschin-Pissarew und einigen andern Personen unter den Bauern vielfach agitirt, und ausserdem

b) eine revolutionäre Tischlerwerkstätte eingerichtet worden.

6. Im Gouvernement Tambow bildete

a) die Waffenschmiede des Bürgers Arew die Hauptagentur für die Agitatoren dieser Provinz, und

b) wurde ausserdem in den verschiedensten Schichten der Gesellschaft gewühlt.

7. Im Gouvernement Pensa bestand

a) eine von dem Lieutenant a. D. Rogatschew und dem mehrerwähnten Woinaralski in's Leben gerufene Organisation, der zahlreiche, an höheren Unterrichtsanstalten studirende junge Leute angehörten.

b) Ein in der Wohnung des Accisebeamten Shilinski eingerichtetes Lager von Broschüren, welche in der Myschkin'schen Druckerei hergestellt waren.

c) Ausserdem vermittelte ein von Woinaralski eingerichteter Kramladen die Beziehungen zu den unteren Volksclassen und leitete

d) der Kleinbürger Jerschow eine revolutionäre Tischlerwerkstätte.

8. Das Gouvernement S a r a t o w ist einer der Haupttummelplätze localer, sowie aus Moskau und St. Petersburg entsendeter Agitatoren. Dieselben leiteten eine Schuhmacherei, die zugleich als Niederlage für revolutionäre Schriften diente. Zu Schlupfwinkeln für Agitatoren dienten die Wohnungen Meyer's, Sofinski's, und einer Frau Zwetkow.

9. Auch im Gouvernement S a m a r a ist von örtlichen und aus anderen Reichstheilen zugereisten Agitatoren mit vielem Erfolg gewühlt worden. Es bestanden daselbst zwei besondere „Kreise"; zu revolutionären Schlupfwinkeln dienten das Wirthshaus eines gewissen Fominski, die Agentur des Schreibers Degterew, die Wohnung des Seminaristen Ponomarew, eine bei Kadian belegene Scheune, endlich die Propaganda, welche im Gefängniss betrieben wurde.

10. Gouvernement K a s a n. a) Die Agentur des Studenten Owtschinikow. b) Der von einem gewissen Golouschew begründete revolutionäre Cirkel.

11. und 12. In den Gouvernements O r e n b u r g und U f a hat der vorgenannte Cirkel, der ursprünglich in St. Petersburg begründet war, mit besonderem Erfolg sein Wesen betrieben.

13. Im Gouvernement N i s h n i N o w g o r o d bestanden ein localer Cirkel, ein von den ehemaligen Semina-

risten, Gebrüdern Screbrowski, begründeter Schlupfwinkel und eine in dem Dorfe Pawlowo speciell eingerichtete Propaganda.

14. Im Gouvernement Woroncsch agitirte hauptsächlich der in dem Dorf Ostrogoshsk ansässige Volksschullehrer Zebenko.

15. Im Gouvernement Kursk wurde eine besonders schwungvolle Propaganda von einer Anzahl Personen betrieben, unter denen sich die Gutsbesitzerin Subbotin durch besondern Eifer hervorgethan hat.

16. Im Gouvernement Charkow gab es drei verschiedene revolutionäre Cirkel, an deren Spitze der bereits genannte ehemalige Präses einer Friedensrichterversammlung Kowalek, ein adliges Fräulein Andrejew und verschiedene Studenten des dortigen Veterinärinstituts standen.

17. Im Gouvernement Jekaterinoslaw bestand
a) die für Rechnung zweier Mitglieder eines Odessa'schen Cirkels, Makarewitsch und Shebunow, errichtete Böttcherwerkstatt des preussischen Unterthanen Langhans.

b) Die Pawlowski'sche Bibliothek in Taganrog, durch deren Vermittelung Bücher verbrecherischen Inhalts vertrieben wurden.

18. Im Gouvernement Poltawa hatte die Gutsbesitzerin Kolessnikow eine Farm eingerichtet, in welcher Mitglieder Charkow'scher und Kiew'scher revolutionärer Kreise agitirten.

19. In Odessa bestanden a) die Shebunow'sche Schmiede und b) der von Makarewitsch und Wolchowski als Filiale des N. Shebunow'schen Kreises eingerichtete Cirkel.

20. Im Gouvernement Kiew bestand eine besondere, die Commune genannte Organisation, mit welcher ein

Schlupfwinkel für Revolutionäre verbunden war. Ausserdem eine Centralvereinigung der Shebunow'schen Cirkel, in welcher das Programm ausgearbeitet wurde. Derselbe Cirkel besass eine Filiale im

21. Gouvernement Tschernigow, in welchem ausserdem die revolutionären Schulen der Volksschullehrer Sergei Shebunow, Michael Katz und Treswinski bestanden.

22. Im Gouvernement Kowno hatte eine Theilnehmerin, des Kiew'schen revolutionären Kreises, Katharina Bryshkowski, eine Farm eingerichtet, welche sich auf dem Gut der Frau Filipow befand.

23. Im Gouvernement Kamenez-Podolsk hatten die Schullehrerin Alexandra Ochremenko und der Lehrer Toptschajewski eine im revolutionären Sinne thätige Volksschule eröffnet.

Unabhängig von diesen Organisationen sind revolutionäre Umtriebe und denselben dienstbare Kreise noch an verschiedenen Orten der Gouvernements Cherson, Orel, Smolensk, Kaluga, Tula, Archangel, Kostroma, Wladimir, Wjätka, Mohilew, Tomsk in Sibirien und in Tiflis, sowie im Lande der Donischen Kosaken entdeckt worden.

Die Gesammtzahl der wegen Betheiligung an diesen Umtrieben verdächtigen Personen beträgt 770, unter denen sich 158 Frauenzimmer befinden; gefänglich eingezogen sind 265, in der Stille werden überwacht 452 Personen; nicht ermittelt worden sind 53. Es ist ferner festgestellt worden, dass sich an diesen Agitationen nicht nur junge Leute, sondern auch Personen in vorgeschrittenem Lebensalter, Väter und Mütter, wohlhabende Leute und Personen in höherer gesellschaftlicher Stellung betheiligt haben; diese Betheiligung hat nicht nur darin bestanden, dass sie den Umtrieben nicht entgegenwirkten, sondern auch darin, dass sie denselben Vorschub und Hilfe leisteten und eine Sympathie bezeugten, welche annehmen lässt, dass sie sich in blindem Fanatismus gegen die Folgen dieser gemeingefährlichen Bestrebungen verblendet haben. So hat z. B. der wohlhabende Gutsbesitzer und Friedensrichter in Pensa Endaurow einem der gefährlichsten Agitatoren, dem mehrerwähnten Woinaralski (einem ehemaligen Friedensrichter) wiederholt Beihilfe geleistet und ihn versteckt. So hat die Frau des Orenburg'schen Bezirkschefs und Gendarmerie-Obersten Golouschew ihren Sohn nicht nur nicht davon abgehalten, der revolutionären Organisation beizutreten, sondern denselben mit Rath und That und namentlich mit Nachrichten unterstützt. So hat der Professor des Lyceums in Jaroslaw, Duchowski, den Agitator Kowalek bei sich aufgenommen, mit den Studirenden seiner Anstalt in Verbindung gebracht und der Propaganda unter denselben auf solche Weise directen Vorschub geleistet.

So hat sich herausgestellt, dass zahlreiche wegen hochverrätherischer Umtriebe denuncirte, aus dem Gouvernement Wjätka gebürtige junge Leute Stipendiaten der Wjätka'schen Landschaftsverwaltung sind und dass der Präses dieser Verwaltung, Kolotow, bei Auswahl und Anstellung der Landschaftsbeamten den Rathschlägen des schwer compromittirten Studenten der Universität Kasan, Owtschinnikow, gefolgt ist, und dass er nur an von diesem empfohlene Personen Stellen vergab. Der als Verfasser verschiedener Schriften bekannt gewordene Landarzt Portugalow hat in zahlreichen Fällen Personen Versteck gewährt, denen von den Behörden nachgespürt wurde, und die er bei ihren verbrecherischen Unternehmungen unterstützte. Die sehr reiche und hochbetagte Gutsbesitzerin Frau Subbotin hat nicht nur selbst und nahezu öffentlich unter den Bauern

ihrer Nachbarschaft agitirt, sondern ihre Pflegetochter
dazu verführt und ihre minderjährigen Töchter nach Zürich gesendet, um daselbst ihre Bildung zu beenden. Der
ehemalige Cassen-Rendant in Tschembar, Pletnew, bei
dessen Sohne, einem Gymnasiasten, revolutionäre Bücher
vorgefunden wurden, hat direct eingestanden, dass er seinen
Sohn „für das Volk erziehe"; glücklicher Weise hat die
Regierung das rechtzeitig zu verhindern gewusst. — Hierher gehören ferner die Töchter dreier wirklicher Staats-
räthe, Natalie von Armfeld *), Barbara Batuschkow und
Sophie Perowski **), sowie die bereits genannte Tochter
des Generalmajors Löschern von Herzfeld und viele andere Mädchen von Stande, die „in das Volk" gegangen
sind, für Tagelohn Feldarbeiten verrichteten, mit Männern,
die ihre Arbeitsgefährten waren, zusammen schliefen, und
mit diesen Streichen nicht sowohl dem Widerspruch, als
der Zustimmung und Sympathie vieler ihrer Bekannten
und Verwandten begegneten. — Dergleichen Beispiele
giebt es viele: durch sie wird bestätigt, dass die Erfolge der verbrecherischen Propaganda nicht
sowohl durch die Thätigkeit der Betheiligten,
als durch die Leichtigkeit bedingt gewesen
sind, mit welcher ihre Lehren bei den verschiedensten Gesellschaftsclassen Eingang
gefunden haben und durch die Sympathien, die ihnen
entgegen gebracht worden sind. So haben z. B.
drei der eifrigsten Führer der extremen Revolutionspartei,

---

*) Die Familie Armfeld gehört dem schwedisch-finnländischen
Adel an, dessen Glieder (auch wenn sie in Russland leben) gewöhnlich allem russischen Wesen fern bleiben.

**) Als Theilnehmerin an der Ermordung Alexanders II. am
3./15. April 1881 hingerichtet, nachdem sie aus Sibirien entwichen war.

die verabschiedeten Artillerie-Lieutenants Rogatschew und
Krawtschinsky und der Student Klemens, Monate lang
in verschiedenen Familien der Stadt Moskau Unterkunft
gefunden, obgleich sie ihre Lehren nicht geheim hielten,
sondern für dieselben nach Kräften Propaganda machten.
Der gedachte Rogatschew wurde dann im Pensa'schen
Gouvernement mit dem ehemaligen Friedensrichter Woinaralski bekannt und machte denselben zu einem so eif-
rigen Anhänger seiner Ideen, dass Woinaralski der revolutionären Propaganda fast sein ganzes Vermögen (gegen
40,000 Rubel) opferte. Um möglichst rasch vorzugehen,
sind in Städten und Dörfern Schulen, Werkstätten, Ar-
beiter-Artelle u. s. w. begründet worden; daher stammen
die in St. Petersburg und Moskau errichteten Schuster-,
Tischler-, Schlosser- und Schmiede-Werkstätten, die
Saratowsche Schusterei, die Odessaer Schmiede, die Jeka-
terinoslawer Böttcherwerkstatt u. s. w., — desgleichen
die in den Gouvernements Poltawa, Kursk und Kowno
eröffneten Farmen, in denen die Propagandisten sich nie-
derliessen, um sich auf die Agitation unter dem Landvolk vorzubereiten.

Die Führer der Bewegung haben ausserdem durch
mündliche Vorträge und durch ungeheure Massen unter
das Volk geworfener Bücher und Brochüren gewirkt,
welche für Elementar-Lehrbücher ausgegeben wurden.
Dieser Gattung von Literatur gehören der „Onkel Jegor",
„Mitjucha", „Skizzen aus der Steppe von Lewitow",
„Skizzen aus dem Fabrikleben von Golinzinski", „Gewalt
bricht selbst Stroh". In all' diesen Schriften wird der
nämliche Gedanke gepredigt, dass der Arbeiterstand sich
in einer völlig aussichtslosen Lage befinde, dass er von
den Capitalisten ausgebeutet werde, dass Proteste der
niedergetretenen unteren Classen zuweilen Erfolg hätten

u. s. w. Hierher gehören auch gewisse Schriften mit
noch entschiedener ausgeprägter revolutionärer Tendenz,
z. B. die Brochüre „Stenka Rasin" *), in welcher die
Thaten und die schliessliche Hinrichtung dieses Menschen
als Beispiele und Muster männlichen Muths und edler
Hingabe an die Sache des unterdrückten Volks dargestellt werden. Ferner sind zu nennen „die Geschichte
eines französischen Bauern", „die Erzählung von den
vier Brüdern", „die Sammlung neuer Gedichte und Lieder", „die schlaue Mechanik" und ein Aufruf, der mit
den Worten „Hört Ihr Brüder" beginnt.

Diese letzteren Schriften verrathen eine direct revolutionäre Tendenz, indem sie Aufforderungen zu einer
Empörung enthalten. Die Geschichte von den vier Brüdern z. B. schliesst mit den Worten: „darum, lieben
Brüder, werden wir nicht mehr nach Sibirien gehn und
nicht mehr für die Tasche des Kaisers arbeiten".

Zufolge dieser Thätigkeit sind die Agitatoren dabei
angelangt, in der Wahl der zur Erreichung ihrer verbrecherischen Zwecke führenden Mittel immer rücksichtsloser zu werden. Fürst Krapotkin hat z. B. den Arbeitern in der 1873 zu Petersburg begründeten Schule Vorträge über die Internationale gehalten und die Revolution
gepredigt; es sind zu diesem Behuf Versammlungen
abgehalten, Bibliotheken und Cassen gesammelt worden,
— ja man hat gehörig bearbeitete Fabrikarbeiter bereits
mit Geld und Büchern ausgestattet und dieselben in ihre
Heimath entsandt, um den Massen den Aufruhr zu predigen und ihren Lehrern und Auftraggebern über das
Ergebniss dieser Unternehmungen Bericht zu erstatten.

---

*) Ein berüchtigter Räuber und Rebellenanführer, der im
17. Jahrhundert an der Wolga sein Wesen trieb.

Selbst über den Zeitpunkt für den Beginn des Aufstandes waren bereits Verabredungen getroffen worden; derselbe sollte nach Eröffnung des Krieges gegen Deutschland seinen Anfang nehmen, der damals erwartet wurde, indem man sich ganz besondern Gewinn davon versprach, dass unsere Truppen zeitweise jenseit der Grenze weilen würden. Eine besondere Rolle haben dabei Lieder gespielt; gewisse Gesänge aufrührerischen Inhalts wurden auswendig gelernt und bei Gelegenheit sogar auf der Gasse gesungen. Wo immer die Agitatoren sich zeigten, bot man ihnen Verstecke und Schlupfwinkel an, oder fanden sich Agenten bereit, welche ihnen über den Gang der Bewegung und über ihnen etwa drohende Gefahren Mittheilung zu machen bereit waren; die Agitatoren waren mit Adressen Gleichgesinnter in andern Städten und Dörfern, sowie mit Schlüsseln für eine Chiffresprache, mit Büchern und mit Geld ausgerüstet; die neu angeworbenen Agenten wurden ihnen beigegeben und erhielten von ihnen Unterhalt und Anweisung. Gleichzeitig wurden aus der Myschkin'schen Druckerei in Moskau ungeheure Quantitäten von Büchern und Brochüren verbreitet und Uebersetzungen der Lassalle'schen Schriften gedruckt, welche dazu dienen sollten, das heranwachsende Geschlecht von der Nothwendigkeit einer Veränderung der bestehenden gesellschaftlichen und wirthschaftlichen Organisation zu überzeugen und in communistischen Grundsätzen zu befestigen. Auf den Fall der Gefahr waren die Propagandisten nicht selten mit Revolvern bewaffnet, ja in der Kiew'schen revolutionären Gesellschaft wurde der Plan für eine Gegenwehr im Falle der Arretirung von Genossen ausgearbeitet und Gift gemischt, dessen man sich zu Vertheidigungszwecken bedienen wollte. Auf gemeine Verbrechen und auf nähere Bezie-

hungen zu Verbrechern gewöhnlicher Art kommt es den
Agitatoren überhaupt nicht an, sobald sie sich von solchen
Verbindungen Vortheil versprechen. In Saratow ist z. B.
der Plan gefasst worden, eine reiche Dame, welche zum Behuf eines Gutskaufs mit ansehnlichen Geldmitteln in die
Stadt kommen sollte, zu überfallen und mit dem derselben
abgenommenen Gelde die Revolutionscasse aufzufüllen.
In einem Briefe des Studenten Pajewski spricht derselbe
seine vollständige Bereitschaft dazu aus, eine Bande zu
unterstützen, welche falsche Banknoten verfertigen und
verbreiten wollte. Unter den, den Verbrechern Woinaralski, Retschizki und Loginow abgenommenen Papieren
fanden sich die Adressen notorischer Pferdediebe, Räuber
und Betrüger vor, von welchen es hiess, dass sie in
mancher Rücksicht geeigneter seien als die anständigen
und ruhigen Elemente. Im Städtchen Nikolajewsk, Gouvernement Samara, wurden zur Versendung in die Bergwerke Sibiriens Verurtheilte und zur Ansiedlung in Sibirien bestimmte Arrestanten zur Flucht beredet, mit
Feilen, falschen Siegeln für Pässe und mit Giftpulvern
versehen, vermittelst welcher die Bedeckungsmannschaften
umgebracht werden sollten, und das Alles, um diese Leute
zu Feinden der Regierung und zu sogenannten Freunden
des Volks zu machen. Als einer dieser Arrestanten einen
Agitator fragte, welchen Vortheil dieser sich denn von
solchem Vorhaben verspräche, erhielt er die folgende
Antwort: „Wir brauchen Leute, die zu Allem fähig sind,
und solche Leute sind leichter unter Züchtlingen und
Gefangenen zu finden, als unter freien Leuten. Ent-
schlossene Leute aber brauchen wir, um mit der Macht
des Zaren fertig zu werden". — Andrei Kuljäbko, der
fünfzehnjährige Sohn eines Edelmanns, den Rogatschow
und Woinaralski in ihre Netze gezogen hatten, beredete

auf Anstiften des Ersteren seinen siebzehnjährigen Bruder, ihren Onkel, der sie erziehen und verpflegen liess, zu berauben, um mit dem geraubten Gelde zu fliehen. In dem Kiew'schen Cirkel wurde der Plan gefasst, die Post zu berauben, zu welchem Behuf der verabschiedete Junker (adlige Unterofficier) Girenowitsch in dem Kiew'-schen Postamt Dienste nehmen sollte. .

Indem wir diesen, auf eingesammelten Daten beruhenden kurzen Bericht beschliessen, gelangen wir zu den folgenden Ergebnissen:

A. In Russland bestehen geheime und gesetzwidrige Gesellschaften, welche den Zweck verfolgen, die staatliche Organisation und die bestehende Ordnung umzustürzen und eine vollständige Anarchie einzuführen.

B. Diese Gesellschaften bestehen aus einer Mehrheit kleiner, abgesonderter und selbständig handelnder Kreise und Persönlichkeiten, welche rücksichtlich der Ziele und der Mittel, welche sie anwenden wollen, solidarisch mit einander verbunden sind und in beständiger Beziehung stehen.

C. Behufs Aufrechterhaltung dieser Beziehungen und zum Zwecke der Organisation neuer Kreise bedient man sich dabei bevollmächtigter Agenten.

D. Die Propaganda wird mündlich und durch die Verbreitung gedruckter Bücher und Brochüren, sowie auch handschriftlich betrieben.

E. Bei Verfolgung ihrer auf den Umsturz der bestehenden Ordnung gerichteten Ziele verfahren die revolutionären Agitatoren nach einem wohldurchdachten und mit strenger Consequenz durchgeführten Plan.

F. Dieser Plan, der der Hauptsache nach in dem Programme des Fürsten Krapotkin niedergelegt ist, schliesst unter anderm die Gefahr in sich, dass selbst für den Fall

16*

energischer und erfolgreicher Verfolgung der Schuldigen,
mit einer gewissen Nothwendigkeit immer noch einzelne
besondere Kreise und Persönlichkeiten übrig bleiben
müssen, welche ihre verbrecherische Thätigkeit in der
Stille fortsetzen.

G. Die raschen Erfolge der Propaganda sind einerseits der Thätigkeit der Agitatoren, andererseits aber dem
Umstande zuzuschreiben, dass dieselben bei der Gesellschaft nirgend auf energischen und lauten Widerstand
gestossen sind, und dass diese Gesellschaft, weil sie sich
über die Bedeutung und die Ziele der verbrecherischen
Umtriebe keine gehörige Rechenschaft gab, der Propaganda mit Apathie und Gleichgültigkeit, zuweilen auch
mit Sympathie begegnet ist. Ferner kommt in Betracht,
dass die junge Generation, welche für die Propaganda
das Hauptcontingent liefert, an der Umgebung, in welcher
sie aufwächst und sich entwickelt, keinen gehörigen Halt
besitzt. Diejenigen moralischen Grundlagen der Erziehung, welche allein die Familie bieten kann, sind bei
vielen dieser jungen Leute vollständig unentwickelt, so
dass dieselben, wenn sie in die Schule treten, keinerlei
Respect und Achtung vor Religion, Familie, Eigenthum,
fremden Rechten und Persönlichkeiten mitbringen.

Es ist bereits angeführt worden, dass das vorstehend
mitgetheilte Actenstück die Grundlage für den grossen
Process bildete, der während der letzten Monate des
Jahres 1877 in Petersburg verhandelt wurde, als Process
der „193“ in den Annalen der russischen Revolutionsgeschichte Epoche gemacht hat und durch ein am 23. Januar 1878 gefälltes Urtheil des Senats beendet wurde.
Die Zahl sämmtlicher in diese Angelegenheit verflochtener
Personen wird auf 3800 angegeben, von denen, wie er-

wähnt, 770 speciell beschuldigt, 193 vor den Richter
gestellt wurden. Obgleich das Verfahren mehrere Tage
lang dauerte und insbesondere den Angeklagten Myschkin
und Rabinowitsch zu flammenden, grosses Aufsehen er-
regenden Reden Veranlassung gab, mussten 94 Angeklagte (unter diesen auch die Perowski) vom Gerichts-
hofe freigesprochen werden (die Meisten derselben wurden
auf „administrativem" Wege eingesperrt, nach Sibirien
verschickt u. s. w.). Myschkin wurde zu zehnjähriger
Zwangsarbeit und darauf folgender Verweisung nach Sibirien verurtheilt; sieben Andere wurden zur Ansiedelung im Gouvernement Tobolsk, zwanzig zur Niederlassung
in Sibirien verurtheilt, sieben in entfernte Gouvernements
des europäischen Russlands verwiesen; 64 unter Anrech-
nung der erlittenen mehrjährigen Untersuchungshaft frei-
gelassen *).

----

*) Dem Process dieser 193 war derjenige gegen 50 Ange-
klagte einer verwandten Kategorie unmittelbar vorhergegangen.
An der Spitze dieser Angeklagten hatten der Smolenski'sche
Bauer Alexejew, ein gewisser Simeon Agapow, und das 24jäh-
rige (wie es heisst neuerdings aus Sibirien entkommene) Edel-
fräulein Sophie Bardin aus Tambow gestanden. Dieses, einer
wohlhabenden Gutsbesitzerfamilie entsprossene Mädchen war nach
Ablegung ihres Lehrerinnen-Examens kaum 19 Jahre alt nach
Zürich gegangen, um mit Bakunin in directe Beziehung zu treten,
in Deutschland und der Schweiz „die Arbeiterfrage zu studiren",
ihre frisch erlernte Weisheit sofort in Zeitungen und Journalen
zum Besten zu geben, und behufs einer in grösserem Stil zu entwickelnden Thätigkeit im Jahre 1874 nach Russland zurückgekehrt.
Hier nahm sie den Namen einer Soldatenwittwe Znizew an, um
als Tagelöhnerin Fabrikarbeit zu thun und durch ihre propagandistische Thätigkeit die öffentliche Aufmerksamkeit so nachdrücklich auf sich zu ziehen, dass sie bereits im April 1875 gefänglich
eingezogen und nach zweijähriger Untersuchungshaft im Februar
1877 vor den Senats-Gerichtshof gestellt wurde. Sophie Bardin
vertheidigte sich selbst und hielt den Richtern eine Rede, welche

Zum Schluss sei noch erwähnt, dass der Inhalt des
Pahlen'schen Memoires eine wenig beachtete, aber in Wahr-

ihrer Kühnheit und Leidenschaftlichkeit wegen das grösste Aufsehen erregte, durch die St. Petersburger Geheimpresse in mehreren
tausend Exemplaren verbreitet und schliesslich auch in das Französische übersetzt worden ist. (Vgl. das, im Uebrigen ziemlich
werthlose, nach russischen Quellen gearbeitete Buch „*Introduction
à l'histoire du Nihilisme, par Ernest Lavigne*" Paris 1880). Bis zu
dem Auftreten der Wera Sassulitsch und demjenigen der bereits
im Jahre 1878 zu einer revolutionären Berühmtheit gelangten
Tochter des Senateurs Perowski, galt die Bardin für die grösste
russische Volksheldin; der Schlusspassus ihrer am 10. März 1877
gehaltenen Rede („die Gesellschaft wird uns rächen und diese
Rache eine entsetzliche sein. Massacrirt und vernichtet uns nur,
Ihr Henker und Richter, während der kurzen Spanne Zeit, in
welcher die materielle Gewalt noch auf Eurer Seite ist — wir setzen
Euch unsere moralische Macht entgegen, und diese wird trium-
phiren, weil der Fortschritt, die Freiheit und die Gleichheit für
uns kämpfen, und weil diese Ideen niemals durch die Macht Eurer
Bajonette durchbohrt werden können") für ein Musterstück „weib-
licher" Beredsamkeit. Sie wurde zu neunjähriger Zwangsarbeit in
den Bergwerken Sibiriens verurtheilt, während die in dem Process
der 193 verurtheilten Frauenzimmer sämmtlich mit milderen Strafen
davon kamen. — Die Zahl der damals angeklagten Frauen und
Mädchen war sehr bedeutend; unter den Freigesprochenen befanden sich ausser der Perowska und dem in der Folge vielgenannten Sheljäbow, 17 Personen weiblichen Geschlechts, darunter
mehrere mit aristokratischen Namen (Wjera Panjutin, Larissa
Sarudnew, Olga Shilinski u. s. w.) Sehr viel grösser noch war
die Zahl der verurtheilten Frauenzimmer, unter denen diejenigen von adliger Herkunft prävalirten. — An dem Putsch vom
6. December 1876 hatten gleichfalls mehrere Mädchen, und zwar
solche von jüdischer Abkunft, Theil genommen. — Die ziemlich
zahlreichen Juden, die sich während der letzten Jahre an nihilistischen Umtrieben betheiligt haben, stammen fast ausschliesslich
aus dem General-Gouvernement, dem classischen Boden der in den
Jahren 1863—65 von dem Grafen Murawjew entwickelten „nationalen" Thätigkeit, während das zahlreiche jüdische Element des

heit höchst beachtenswerthe Angabe bestätigt, die der
Kaisermörder Ryssakow während seines Verhörs wiederholt gemacht hat. Ryssakow behauptete nämlich, dass
von Kaisermord und Anwendung mörderischer Massregeln gegen höhere Beamte in den nihilistischen Kreisen
anfänglich nicht die Rede gewesen sei, und dass man
zu diesen „äussersten Mitteln" seine Zuflucht erst genommen habe, nachdem seitens der Regierung mit äusserster Strenge gegen die „friedliche Propaganda" eingeschritten und verschiedene Mitglieder derselben zur Versendung in die sibirischen Bergwerke verurtheilt worden.
Der einzige politische Mord der siebziger Jahre, der bis
zu der grossen Razzia von 1874 vorgekommen war, das
Verbrechen Netschajew's (1871), trug den Charakter
eines gemeinen Meuchelmordes, den sein der Gaunerei
überwiesener Urheber in der Absicht unternommen hatte,
sich eines gefährlichen Zeugen seiner betrügerischen
Manipulationen zu entledigen. — Den Charakter eines
auf Einschüchterung der Regierung berechneten gewaltsamen Kampfes hat die nihilistische Bewegung thatsächlich
erst seit den Vorgängen von 1874 und den auf diese folgenden politischen Processen angenommen. Besonderes
Gewicht ist dabei von nihilistischer Seite auf den Umstand gelegt worden, dass bei Aburtheilung politischer

Königreichs Polen nicht repräsentirt gewesen ist. — Bekanntlich
sympathisiren die meisten in den ehemals polnischen Ländern
lebenden Juden, insbesondere die wohlhabenderen und gebildeteren
unter denselben, mit der polnischen Sache. — Die in den Acten
der russischen Hochverrathsprocesse vorkommenden deutschen und
polnischen Namen gehören ausnahmslos russificirten Individuen
der inneren russischen Gouvernements an, während das eigentliche
Polen, sowie Liv-, Est- und Kurland von der nihilistischen Bewegung vollständig unberührt geblieben sind. Das Gleiche gilt
von Finnland.

Verbrecher in sehr zahlreichen Fällen die Vorschriften
der Gerichtsordnung von 1864 unberücksichtigt geblieben
sind. Nicht nur, dass viele von den Gerichten freigesprochene Angeklagte auf dem Verwaltungswege bestraft,
andere gar nicht vor den Richter gestellt, sondern allein
durch die „dritte Abtheilung" besorgt und aufgehoben
worden sind, — während der letzten Jahre der vorigen
Regierung wurde es nahezu Regel, dass man politische Processe von vornherein Militärgerichten oder *ad hoc* niedergesetzten Commissionen überwies, die nach „besonderen"
Vorschriften verfuhren. Ebenso haben die zahlreichen
Fälle von Verkümmerung oder vollständigem Ausschluss
der (durch die neue Gerichtsordnung ausdrücklich zugesicherten) Oeffentlichkeit des Verfahrens unter den Revolutionären und Liberalen aller Richtungen ausserordentlich viel böses Blut gemacht. Bald wurden zu politischen Processen gar keine Zuhörer zugelassen, bald liess
man nur privilegirte Personen (Generale, Senatoren u. s. w.)
zu; in dem einen Falle wurde die Presse vollständig
ausgeschlossen, in dem andern Falle duldete man ausländische Berichterstatter unter Beiseitelassung inländi-
scher; — in dritten Fällen sollten die Procureure an den
Zeitungsberichten eine (gesetzlich nicht vorgesehene)
Censur üben oder die einheimischen Zeitungen auf den
Wiederabdruck der (gewöhnlich um mehrere Tage nach-
hinkenden) Darstellung des „Regierungsboten" beschränkt
sein u. s. w.

Dieser Mangel an Legalität, Consequenz und Ein-
heitlichkeit in dem Verfahren der russischen Regierung
ist als der Hauptgrund dafür anzusehen, dass die liberale
öffentliche Meinung das Gouvernement regelmässig im
Stich lässt und dass selbst Leute, die mit der Revolutionspartei im Uebrigen nicht sympathisiren, das Beschwerde-

recht derselben anerkennen und zu den der Regierung
bereiteten Verlegenheiten mit einer gewissen Schaden-
freude die Achsel zucken. Nicht selten geschieht das
auch von Seiten derjenigen, die im gegebenen Falle ihnen
ertheilte Ordres ohne Weiteres ausführen und gerade so
scrupellos und gefügig sind, wie ihre als „Werkzeuge
des Despotismus" gescholtenen Collegen. Bei Regierenden
und Regierten ist das „*ça ne tire pas à conséquence*" seit
so langer Zeit zum leitenden Grundsatz geworden, dass
alle die emphatisch verkündeten Anläufe zu streng gesetzlicher Haltung, mit denen man periodisch den Mund
voll nimmt, an der Macht der Gewohnheit erlahmen und dass
dieselben Klagen über „allgemeine Unsicherheit", welche
zu den Zeiten des Kaisers Nikolaus ertönten, trotz aller
Reformgesetze der vorigen Regierung noch heute ver-
nommen werden. Dieser Mangel an Sicherheit zu unzähligen Malen auf dem Papier regulirter Zustände macht
die eigentliche Stärke der russischen Revolutionspartei
aus, denn er wird von allen Parteien und von allen
Kreisen der Gesellschaft (die schuldigen nicht ausgenommen) gleich peinlich empfunden. — Was es mit dieser
Rechtsunsicherheit auf sich gehabt, welche Dimensionen
dieselbe angenommen, und welche Folgen sie schliesslich
nach sich gezogen hat, wird der Leser mit einiger Deutlichkeit aus der folgenden Nummer der vorliegenden
Sammlung ersehen.

III.

Geheime Denkschrift, betreffend den Process der Wera Sassulitsch.

Während der Jahre 1869 und 1870 hatte ein aus der Schweiz zurückgekehrter und daselbst mit Bakunin in Verbindung getretener ehemaliger Student Netschajew in St. Petersburg und Moskau revolutionär-anarchistische Verbindungen zu organisiren versucht, vornehmlich Studenten und jüngere Officiere um sich gesammelt, dieselben in den Wahn gewiegt, dass eine weitverzweigte Verschwörung gegen die Regierung bestehe und das Vertrauen seiner Anhänger wiederholt zu finanzieller Ausbeutung derselben und zu betrügerischen Schwindeleien benutzt. Einer dieser Anhänger, der Student der landwirthschaftlichen Akademie Iwanow, war gegen Netschajew misstrauisch geworden und hatte in der Stille Beweise für dessen Unredlichkeit gesammelt. Um sich dieses Aufpassers zu entledigen, denuncirte Netschajew denselben als Verräther; Iwanow wurde in einen Hinterhalt gelockt und daselbst von dem „Chef der Propagandisten" und dessen Genossen meuchlings ermordet. Netschajew floh in die Schweiz, wurde indessen nach längeren Verhandlungen als gemeiner Verbrecher ausgeliefert, in Moskau vor Gericht gestellt und im Jahre 1871 sammt

einigen Mitschuldigen zur Zwangsarbeit in den Bergwerken Sibiriens verurtheilt. Mehrere der Genossen dieses in jeder Rücksicht unwürdigen und verkommenen
Mordgesellen waren zufolge der ausserordentlichen Geschicklichkeit, welche ihr (dafür mit mehrjähriger Internirung in Livland bestrafter) Vertheidiger, Fürst Urussow,
entwickelt hatte, freigesprochen, — auf Anordnung der
„dritten Abtheilung" indessen internirt und unter polizeiliche Aufsicht gestellt, bezieh. nach Sibirien geschickt
worden.

Zu diesen nicht verurtheilten, aber „auf administrativem Wege" gemassregelten Personen hatte die damals
16jährige Wera Sassulitsch gehört, der gerichtlich nichts
weiter als die Bekanntschaft mit Netschajew nachgewiesen
worden war; zwei Jahre lang hatte man sie im Gefängniss
gehalten, dann nach St. Petersburg zu ihrer Mutter entlassen, dann wieder verhaftet und in die Gouvernements
Nowgorod und Twer versendet, von wo sie nach mehrjähriger Internirung entwichen war, um nach St. Petersburg und später nach Pensa zu gehen.

Während die Sassulitsch im Gouvernement Pensa
lebte, waren die verschiedenen oben erwähnten nihilistischen Verschwörungen entdeckt und zum Gegenstande
der Untersuchung gemacht worden; inmitten der Aufregung über dieselben am 5. Februar 1878, fand das
Verbrechen statt, das zu der vorliegenden Publication
die Veranlassung gegeben hat. Inzwischen vierundzwanzig Jahre alt geworden, war die Sassulitsch im September (1877) heimlich von Pensa nach St. Petersburg
gekommen, nachdem sie einige Wochen zuvor in einer
Zeitung gelesen hatte, der ihr persönlich unbekannte,
aber wegen seiner Theilnahme an dem Putsch vom December 1876 vielgenannte Bogoljubow sei wegen Unbot-

mässigkeit gegen den Stadthauptmann Trepow am 13. Juni
1877 im Untersuchungsgefängniss körperlich gezüchtigt
worden. Durch in St. Petersburg eingezogene Erkundi-
gungen über das Einzelne dieses Vorganges unterrichtet,
begab sie sich an einem der für den Empfang von Bitt-
stellern bestimmten Tage in das Hôtel des Stadthauptmanns, „um demselben ein Gesuch zu übergeben"; während der Stadthauptmann dieses Papier entgegennahm
und entfaltete, zog sie einen Revolver aus der Tasche,
mit welchem sie den General schwer, aber nicht tödtlich verwundete und den sie sodann zu Boden warf.
Sofort verhaftet, gab die Sassulitsch an, „dieser Schuss
sei die Rache für die Züchtigung Bogoljubow's gewesen."

Nach längeren Verhandlungen, in welche der Justizminister Graf v. d. Pahlen wiederholt eingriff, wurde beschlossen, dass die von der Sassulitsch verübte That nicht
als politisches Verbrechen, sondern als Act privater Rache
zu behandeln und dass die Angeklagte demgemäss vor
das St. Petersburger Geschworenengericht zu stellen sei.
Zum Verständniss der Tragweite dieses Beschlusses wird
nothwendig sein, einen Blick auf die Bestimmungen der
russischen Gerichtsordnung und auf die Gesetze, betreffend die Behandlung politischer Verbrechen, zu werfen.

In den „Grundzügen" zu der noch gegenwärtig geltenden Gerichtsordnung vom November 1864 war bestimmt worden, dass die Beurtheilung politischer Verbrechen von der Competenz der damals eingeführten
Geschworenengerichte ausgeschlossen, und dass Fälle solcher Art an besondere, durch ständische Repräsentanten
verstärkte Gerichtshöfe verwiesen werden sollten. Ein
im Jahre 1871 erlassenes Gesetz hatte diese Vorschrift
wie folgt, ergänzt, bez. abgeändert: „Politische Processe,

bei welchen es sich um Verbrechen handelt, die mit Ver-
lust oder Einschränkung von Standesrechten belegt sind,
gehören vor einen besonderen, durch den Senat zu constituirenden Gerichtshof; handelt es sich um eine Verschwörung gegen die Allerhöchste Person, gegen die bestehende Staatsverfassung oder gegen die Thronfolgeord-
nung, so wird ein oberster, vom Kaiser selbst zu berufen-
der Criminalgerichtshof mit der Aburtheilung der Angeklagten betraut. — Die Voruntersuchung ist in allen
Fällen solcher Art durch ein alljährlich vom Justizminister zu designirendes Mitglied des St. Petersburger
oder des Moskauer Gerichtshofs unter Mitwirkung des
Gerichtsprocurcurs (Oberstaatsanwalts) zu führen. Die
Competenzfrage wird durch den Chef der dritten Abtheilung der kaiserlichen Canzlei und den Minister des Innern, eventuell den Minister des Auswärtigen entschieden.
Der besondere Senatsgerichtshof besteht aus dem Präsidenten des Senats, fünf alljährlich zu designirenden Mitgliedern des Senats, einem Adelsmarschall, dem Stadthaupt
(Bürgermeister) einer Gouvernementsstadt und dem Ael-
testen einer Landgemeinde des Gouvernements St. Petersburg. Die Ernennung dieser Personen, bez. ihrer Stellvertreter geschieht durch kaiserliche Berufung."

Gleichzeitig mit dieser Bestimmung war eine andere,
dieselbe Materie betreffende Anordnung von noch grösse-
rer Tragweite erlassen und, in die Form eines „Allerhöchst bestätigten Reichsgutachtens" gekleidet, am
16. Mai 1872 publicirt worden. Diese Verordnung schrieb
u. A. vor:

„3) In denjenigen Fällen, in welchen die Procuratur
solches für erforderlich hält, sind die Procureure (Staatsanwälte) befugt, die Voruntersuchung von Verbrechen der
Gensd'armerie (politischen Polizei) zu übertragen . . . .

21) Ermittelungen über politische Verbrecher sind im Allgemeinen von Officieren des Gensd'armeriecorps unter Mitwirkung der eventuell mit besonderen Ermittelungshandlungen zu betrauenden Untermilitärs, in besonderen wichtigen Fällen aber von Personen vorzunehmen, welche durch die Allerhöchste Gewalt dazu ernannt werden. 22) Die Ermittelungen über politische Verbrecher geschehen im Allgemeinen unter Aufsicht der Procuratur, in Fällen der letzteren Art dagegen unter der Oberaufsicht des Justizministers und des Chefs der Gensd'armerie. 24) Die Ermittelungshandlungen können von den Functionären der Gensd'armerie auf Antrag des Procureurs, aber auch aus eigener Initiative begonnen werden. 25) Die die Ermittelungen vornehmenden Personen (unter Umständen also auch die Untermilitärs des Gensd'armeriecorps) sind zur Vornahme aller in den §§ 253, 254, 256 und 257 der Strafprocessordnung vorgesehenen Handlungen und ausserdem zu Besichtigungen, Bescheinigungsertheilungen, Haussuchungen und Confiscationen befugt. 27) Handelt es sich um Ermittelungen über politische Verbrechen, so sind alle Polizeibehörden und deren Beamte verpflichtet, gesetzlichen Forderungen der die Untersuchung führenden Personen zu entsprechen. Die Gouverneure und alle übrigen Behörden und Beamten haben denselben jeden von ihnen abhängigen Vorschub zu leisten . . . . 29) Sind die Ermittelungen beendet, so hat der Procureur des Gerichtshofs das Ergebniss derselben zur Kenntniss des Justizministers zu bringen und wird dieser nach erfolgter Verständigung mit dem Chef der Gensd'armerie entweder die Einleitung eines (gerichtlichen) Untersuchungsverfahrens anordnen oder eine Allerhöchste Entscheidung über die Einstellung des Verfahrens ein-

holen. Im letzteren Falle bleibt die Sache
entweder ohne weitere Folgen oder sie wird
auf dem Verwaltungswege entschieden."

Aus dem Vorstehenden erhellt, dass die Entscheidung
darüber, ob eine Sache als politisches Verbrechen behandelt oder den regelmässigen Gerichten übergeben werden
soll, eigentlich alle übrigen Entscheidungen ein-, und bezieh. jede fernere Einwirkung der Justiz-Organe ausschliesst. Thatsächlich hat es auch mit dem Einfluss des
Justizministers ein Ende, sobald dieser auf eine „Verständigung" mit dem Chef der Gensd'armerie angewiesen ist,
da diesem herkömmlich das entscheidende Wort zukommt.
Sollte das Verbrechen der Sassulitsch überhaupt gerichtlich entschieden werden, so hing Alles davon ab, dass
dasselbe nicht als politisches behandelt wurde; war die
Sache ein Mal der Gensd'armerie übergeben und hatte
diese darüber zu erkennen, ob eine Ueberweisung an den
ausserordentlichen Gerichtshof oder eine Erledigung auf
dem Verwaltungswege erfolgen sollte, so sprach alle Wahrscheinlichkeit für die letztere Eventualität. Demgemäss
musste es als Sieg des Justizministers angesehen werden,
dass dieser die Ueberweisung an das Schwurgericht
durchgesetzt hatte. Wie es hiess, war das dadurch er-
möglicht worden, dass Graf Pahlen unter Hinweis auf
das Aufsehen des Falles dem Kaiser gegenüber die Un-
rathsamkeit eines Ausnahmeverfahrens geltend gemacht
und sich persönlich für einen zweckentsprechenden Ausgang der Verhandlung vor dem Schwurgericht verbürgt
hatte.

Am 13. (1.) April 1878 fand das schwurgerichtliche
Verfahren vor einem zahlreich versammelten, zum grossen
Theil den höchsten Ständen angehörigen Auditorium statt;
ausser andern Würdenträgern war auch der Reichskanzler

Fürst Gortschakow anwesend. Die Jury bestand aus
sieben Personen des Beamtenstandes (einem Collegienrath,
vier Hofräthen, einem Titularrath und einem Collegien-
registrator), je einem Edelmann, Künstler, Gelehrten,
Privatbeamten und einem Kaufmanne. Als Vertreter der
Staatsanwaltschaft fungirte der Procurcursgehilfe Kessler,
als Vertheidiger der Angeklagten der Rechtsanwalt
Alexandrow. Nach Vorführung der Angeklagten und
nach Verlesung der Anklage wurde zur Vernehmung der
Sassulitsch geschritten, die die Erklärung abgab, dass sie
nach einem vorher gefassten Plane auf den Stadthauptmann in der Absicht geschossen habe, die Züchtigung
des politischen Verbrechers Bogoljubow zu rächen und
dass „es ihr gleichgiltig gewesen sei", ob die Wirkung
ihrer That die Tödtung oder nur eine schwere Verwun-
dung des Verletzten zur Folge haben werde; zu der verübten That bekenne sie sich, dagegen halte sie sich für
„nicht schuldig". Das Motiv ihrer Handlung sei die Empörung darüber gewesen, dass ein politischer Gefangener
von der Administration willkürlich gezüchtigt worden
und dass diese Züchtigung von der öffentlichen Meinung
und der Presse unbeachtet gelassen worden sei. — Nachdem zur Abhörung der Zeugen geschritten und nach Beendigung derselben eine Pause gemacht worden war, ergriff der öffentliche Ankläger behufs Begründung der
Anklage zu einer dreiviertelstündigen Rede das Wort.
Unmittelbar darauf begann Alexandrow seine zwei Stunden umfassende, ausserordentlich effectvoll gesprochene
Vertheidigungsrede. Er begann mit einer Schilderung
des Lebensganges der Angeklagten, die als halbes Kind
Netschajew kennen gelernt und aus Gefälligkeit gestattet
habe, dass für diesen bestimmte Briefe an sie adressirt
und bei ihr abgegeben wurden. Dafür habe sie eine

zweijährige, in der Einsamkeit verbrachte Untersuchungshaft zu erleiden gehabt, um sodann (eben zwanzig Jahre
alt geworden) unschuldig befunden, auf freien Fuss gesetzt, auf Anordnung der Administration aber sofort wieder verhaftet und in das Städtchen Krestzy (Gouvernement Nowgorod) abgeführt zu werden; völlig mittellos
und während der im harten Winter unternommenen Reise
nur durch den Pelz des sie begleitenden Gensd'armen
vor dem Tode durch Erfrieren geschützt, habe die Angeklagte zu Krestzy in dem Zustande so vollständiger
Vogelfreiheit gelebt, dass sie allein durch die Mildthätig-
keit guter Menschen erhalten worden. Von Krestzy sei
die Angeklagte nach Twer, von Twer nach Saligetisch,
von dort nach Charkow geschleppt, abwechselnd ins Gefängniss gesteckt und sich selbst überlassen worden, bis
es ihr gelungen nach St. Petersburg und später nach
Pensa zu entkommen, wo sie auf dem Lande gelebt und
in einer Zeitung die Nachricht von der Züchtigung Bogoljubow's gelesen habe. — Auf eine ausserordentlich
drastische Schilderung dieses am 13. Juni 1877 stattgehabten Vorgangs folgte sodann eine Erörterung des Eindrucks, den die Kunde von der Misshandlung eines lediglich wegen seiner politischen Anschauungen verhafteten,
sonst ehrenhaften Menschen auf die zum Opfer ähnlicher
administrativer Willkür-Acte gewordene Angeklagte gemacht habe. Lediglich in der humanen Absicht, die
Wiederkehr derartiger Fälle unmöglich zu machen und
darauf hinzuwirken, dass auch in Russland Verletzungen
der Menschenwürde nicht mehr vorkämen, habe die Angeklagte den Entschluss gefasst, Bogoljubow's Rächerin
zu werden. Sie sei im September v. J. nach Petersburg
gekommen, habe daselbst die jedes menschliche Gefühl
empörenden Einzelheiten des Vorgangs vom 13. Juni in

Erfahrung gebracht und sich dann definitiv schlüssig gemacht. Trepow und Bogoljubow seien der Angeklagten
gleich unbekannt gewesen. Dieselbe habe aus rein sach-
lichen, nicht aus persönlichen Motiven gehandelt, auch
keineswegs die Tödtung des Stadthauptmanns, sondern
nur eine wirksame Demonstration gegen denselben im
Auge gehabt. Das M o t i v der verübten Handlung, nicht
diese Handlung selbst müsse bei der Beurtheilung derselben den Ausschlag geben. Zu hoffen und zu wünschen
sei, dass ähnliche Fälle, welche ähnliche Verbrechen zu
erzeugen vermöchten, in Zukunft nicht mehr vorkämen.
— Auf die wiederholt von stürmischen Beifallsbezeu-
gungen des Publicums begleitete Rede des Vertheidigers
folgte keine Replik des öffentlichen Anklägers. Der Vorsitzende des Gerichts gab ein kurzes Resumé der Verhandlung und legte den Geschworenen sodann die folgenden drei Fragen vor:

1) Ist Wjera Sassulitsch schuldig, dem General-Adjutanten Trepow eine Schusswunde beigebracht zu
haben?

2) Wenn „Ja", — hat Wjera Sassulitsch die Absicht
gehabt, den General-Adjutanten Trepow zu tödten?

3) Wenn „Ja", — welches sind die Motive für die
Handlung der Angeklagten gewesen?

Nach halbstündiger Berathung beantworteten die Geschworenen die erste Frage mit „Nichtschuldig", wodurch
die übrigen Fragepunkte in Wegfall kamen. — Das an-
wesende Publicum nahm das freisprechende Verdict mit
Händeklatschen und lautem Beifallsruf auf, gegen welche
der Vorsitzende vergeblich einzuschreiten versuchte. Als
die Angeklagte und der Vertheidiger sodann auf die Strasse
traten, wurden sie von einer zahlreichen, vor dem Ge-
richtsgebäude versammelten Menschenmenge mit stürmi-

schen Zurufen begrüsst, in die Höhe gehoben, im Triumph
umhergetragen und bis an die nächste Ecke geleitet, wo
beide in eine bereitstehende Kutsche stiegen. Da auch
diese von einer tumultuirenden Menge umgeben wurde,
glaubte die bis dahin passiv gebliebene Polizei einschreiten
zu müssen. Es entstand ein ungeheures Gedränge, aus
welchem drei Schüsse fielen; der erste Schuss hatte eine
Studentin am Knie verletzt, der zweite einem Gensd'armen
den Helm vom Kopfe gerissen, mit dem dritten Schusse hatte
der Schiessende (ein Edelmann Sidorazki, in welchem
ein Bruder des Schwagers der Sassulitsch erkannt wurde)
dem eigenen Leben ein Ende gemacht, wahrscheinlich
weil er den Gensd'armen getödtet zu haben glaubte. Die
Sassulitsch war verschwunden und ist auch in der Folge
von der Polizei nicht mehr aufgefunden worden.

Einige Bemerkungen über die politische Lage zur
Zeit dieses Processes und über das Verhalten der russischen periodischen Presse zu demselben werden dem
Leser für das Verständniss der Denkschrift, welche zu
der vorliegenden Publication die Veranlassung gegeben
hat, von Nutzen sein.

Die öffentlichen Verhandlungen gegen die „193" und
gegen zwei andere Kategorien politischer Verbrecher
fanden während des russisch-türkischen Krieges und in
Mitten der allgemeinen Entrüstung über die Unfälle statt,
welche während der Sommer- und Herbstmonate des
J. 1877 die russische Armee getroffen hatten. Anfang
September jenes Jahrs, zur Zeit des ersten Schreckens
über die zweite Niederlage bei Plewna war die Sassulitsch
nach Petersburg gekommen, wo man sich mit den
abenteuerlichsten und übertriebensten Gerüchten trug,
wo Hoch und Niedrig über die Unfähigkeit des Ober-
commandos, die Erbärmlichkeit des Proviant- und Ver-

17*

pflegungswesens und über die Nothwendigkeit eines radicalen Bruchs mit dem überkommenen „System" laut und heftig raisonnirte. Versuche zur Beseitigung dieses Systems waren von den verschiedensten Seiten unternommen worden; Iwan Aksakow hatte in einem an den Thronfolger gerichteten Memorial die Einberufung eines Central-Ausschusses sämmtlicher Provinzial-Landschaftsverbände verlangt, — eine der südrussischen Landschafts-Verwaltungen die Uebertragung des Verpflegungswesens an eine landschaftliche Junta proponirt, die Presse zu wiederholten Malen auf die Nothwendigkeit einer schärferen „gesellschaftlichen" Controlle über die Regierungs-Organe angespielt. Als dann der Process der 193 seinen Anfang nahm (30. Oct./12. Nov.) und als die beiden Hauptangeklagten Myschkin und Rabbinowitsch ihre wüthenden Anklagen gegen die „nach Aussen ohnmächtige, im Innern despotische" Regierung erhoben, hatte das Publicum es an Zeichen der Parteinahme für die rebellische Jugend nicht fehlen lassen und die Freisprechung der oben erwähnten 94 mit unverhohlenem Jubel begrüsst. In den Tagen der von der Sassulitsch begangenen That standen die russischen Truppen vor den Thoren Constantinopels und war die Erregung darüber, dass die Einnahme der „heiligen Stadt" nicht ein Mal versucht worden, eine allgemeine, — zur Zeit der Process-Verhandlung aber hielt die Frage, ob Russland auf dem in San-Stefano eingenommenen Standpunkte verharren und den Drohungen des „heidnischen Westens" Stand halten werde, ganz Russland in Spannung und wurden die eben damals zu Tage tretenden ersten Anzeichen eines Einlenkens im Sinne der Schuwalow'schen Politik und der vom Fürsten Bismarck ertheilten Rathschläge von den „Patrioten" nationaler und liberaler Richtung mit einem

förmlichen Wuthschrei aufgenommen. Wer irgend auf
Popularität Anspruch erhob, war oppositionell gesinnt
und trug diese Gesinnung so rücksichtslos wie immer
möglich zur Schau. Die zweifelhaften Erfolge des Krieges,
die zu Tage getretene Corruption der Armee-Verwaltung,
die zunehmende Willkür der von dem Schreckensbilde
eines allgemeinen Umsturzes geängstigten Geheimpolizei
und die Kurzsichtigkeit der im Siege übermüthigen, in
der Stunde der Gefahr zaghaft befundenen Diplomatie
hatten die Autorität der Regierung so tief herabgedrückt,
dass jedes energische Auftreten gegen dieselbe eines
Rückhalts an der öffentlichen Meinung sicher sein konnte.

Diesen Stimmungen gemäss wurde die Freisprechung
der Sassulitsch von der gesammten unabhängigen Presse
Petersburgs gut geheissen. Auch da wo man die formale
Unzulässigkeit des Verdicts der Geschworenen einräumte
und die vor der Thüre des Gerichtsgebäudes stattgehabte
Pöbelausschreitung aufrichtig beklagte, machte man aus
der Meinung kein Hehl, dass es eines so drastischen, wie
des am 1./13. April gegebenen Beispiels bedürfe, damit
die Willkür der Administration gebrochen, wirkliche
Achtung vor dem Gesetz erzwungen und die Justizreform
zur Wahrheit gemacht werde. Besondern Eindruck
machte es, dass eines der geachtetesten, maassvollsten und
gebildetesten Organe der Presse, die von Stassulewitsch
herausgegebene Monatsschrift „Wesstnik Jewropy" in
diesem Sinne ihr Votum abgegeben und die „Ungesetzlichkeit" gewisser administrativer Machthaber als die
wahre, um jeden Preis zu beseitigende Quelle des Uebels
bezeichnet hatte. Erst nachdem die Oberpressverwaltung
jede fernere Discussion des Falles Sassulitsch bei Strafe
untersagt hatte, hörte die publicistische Beschäftigung
mit diesem heikeln Thema auf und mussten die in allen

Schichten der Gesellschaft gleich zahlreichen Verehrer
der neuen „Charlotte Corday" sich damit begnügen, ihre
— von der öffentlichen Bühne spurlos verschwundene
— Heldin in der Stille und in jenseit der russischen
Grenze erschienenen Druckerzeugnissen zu verherrlichen.

Bei Hof und in den Kreisen des höheren Beamtenthums rief der unerwartete Ausgang des Processes Sassulitsch natürlich einen panischen Schrecken hervor. Gewisse mit der „dritten Abtheilung" verfeindete Richter
und Justizbeamtenkreise ausgenommen, erklärte Alles,
was mit der Regierung zusammenhing, dass es in der
bisherigen Weise nicht fortgehen dürfe, dass die Autorität
des Gouvernements auf dem Spiel stehe und dass gegen
den in das Publicum, in die Advocatur und in einen
Theil der Magistratur eingedrungenen übeln Geist mit
rücksichtsloser Strenge vorgegangen werden müsse. Die
gesammte vornehme Gesellschaft, den Kaiser mit eingeschlossen, fuhr bei dem schwer beleidigten Stadthauptmann vor, der Justizminister, der die Ueberweisung der
Sache an das Geschworenengericht durchgesetzt hatte,
galt für einen todten Mann, — die allgemeine Erwartung,
dass General Trepow seinem Amte erhalten bleiben
werde, erfüllte sich indessen nicht. — Zwei oder drei
Wochen nach dem verhängnissvollen 1./13. April liess der
General Trepow die nachstehende, in seinem Auftrage
verfasste und in 25 Exemplaren gedruckte geheime
Denkschrift an den Kaiser, die Grossfürsten, die
Minister und an eine Anzahl hoher Würdenträger vertheilen.

„Gehören Verbrechen gegen das Leben an und für
sich zu den schwersten und mit den härtesten Strafen
belegten, so werden gegen das Leben hochgestellter und
mit der Erhaltung der öffentlichen Ruhe und Ordnung

betrauter Beamten gerichtete Mordversuche für Culmi-
nationspunkte des Verbrechens angesehen werden müssen.
Liegen die Verhältnisse so, dass der Beamte wegen der
Erfüllung besonderer ihm obliegender Pflichten und wegen
der Ergreifung für die Erhaltung der öffentlichen Sicherheit unvermeidlicher Maassregeln angegriffen worden ist
und dass der Angriff durch Glieder einer von bestimmten
Tendenzen geleiteten politischen Verschwörung verübt
wurde, so bedeutet ein solcher Mordversuch zugleich
einen Angriff gegen den Staatsorganismus, einen ersten
Schritt zum Umsturz der gesammten bestehenden Ordnung. Es handelt sich dann nicht mehr um die Sicherheit einer einzelnen Person, sondern um die Sicherheit
der gesammten Gesellschaft, des gesammten Staats und
der Staatsgewalt.

In dem von den Verbrechen gegen die Einrichtungen
des Staates handelnden Abschnitt unseres Strafgesetzbuchs
ist lediglich die Beleidigung im Staatsdienst stehender
Personen vorgesehen, — diese indessen mit so strengen
Strafen belegt worden, dass dem Staatsdiener die gehörige Sicherheit für ungefährdete Ausübung seiner amtlichen Functionen gewährleistet ist. Obgleich Verbrechen
gegen das Leben ihre amtlichen Functionen versehender
Staatsdiener in dem Gesetze nicht ausdrücklich vorgesehen sind, kann für selbstverständlich angesehen werden,
dass dieselben das denkbar höchste Maass der den Verbrecher ohnehin treffenden Strafe nach sich ziehen. Unzweifelhaft können aber auch Fälle eintreten, welche dem
Angriff gegen das Leben eines Staatsbeamten zugleich
den Charakter eines Staatsverbrechens geben, obgleich
das Strafgesetzbuch das nicht ausdrücklich besagt. Unter
Umständen werden dergleichen Fälle so wichtig erscheinen, dass sie vor ein besonderes Gericht gehören,

weil nur durch ein solches die Straflosigkeit von An-
griffen auf das Leben der Vertreter des Staates ausgeschlossen werden kann.

Ein Fall, in welchem die Zuständigkeitsfrage zweifelhaft erscheinen konnte, und zwar ein Fall von ausser-
gewöhnlicher Bedeutung, ist das Attentat gegen den
Stadthauptmann gewesen. Dieser Mordversuch und die
durch die Freisprechung der Verbrecherin verübte Ver-
gewaltigung des öffentlichen Gewissens haben demgemäss
im öffentlichen Leben und in der juristischen Praxis ein
Interesse erregt, dem kaum ein anderer Vorgang verwandter Art an die Seite gestellt werden kann. Den
weitesten Kreisen theilte sich instinctiv die Empfindung
mit, dass es sich um ein Ereigniss von eminenter politischer Tragweite handle, und dass die *in casu* gefällte
richterliche Entscheidung sowohl auf die fernere politische
Entwickelung der Gesellschaft wie auf die künftige
Thätigkeit der Staatsregierung den nachhaltigsten Einfluss
üben werde.

Bereits v o r Einleitung der Untersuchung und des
gerichtlichen Verfahrens wurde die Wichtigkeit des in
Rede stehenden Falles allseitig anerkannt. Dazu trugen
die hohe amtliche Stellung des Angegriffenen, seine Verdienste um den Staat, sein europäischer Ruf, die Popularität, deren er genossen und die Weltkundigkeit seiner
Principien und seines Eifers für die staatliche Ordnung
ebenso bei, wie die Notorietät der Persönlichkeit der
Angeklagten, welche in den Netschajew'schen Process
verwickelt gewesen war. Dieser letztere Umstand gab
einen so deutlichen Fingerzeig, dass Niemand darüber
im Zweifel sein konnte, dass es sich weder um einen
plötzlich zum Durchbruch gekommenen verbrecherischen
Einfall, noch um eine von einer einzelnen Person er-

sonnene, auf individuellen Rachedurst zurückzuführende
That, sondern um einen Act der Feindseligkeit gegen die
Staatsidee, um eine öffentliche Auflehnung der im
Finstern ihr Wesen treibenden revolutionären Agitation
gegen die gesetzlich bestehende Ordnung handle. Der
Mordanschlag gegen den Stadthauptmann erschien als
erster Schritt zur Verwirklichung des Programms, welches die russische Gesellschaft zuerst aus den Processen
der Karakosow und Netschajew kennen gelernt hatte.
Es rührte derselbe aus der Initiative der weitverzweigten
Partei der Umstürzler her, das Verbrechen hing mit der
Ueberhandnahme socialdemokratischer und sonstiger sub-
versiver Ideen und mit der Absicht jener Partei der
extremen Progressisten zusammen, die den Kampf gegen
die Regierung in der Stille längst aufgenommen hatte.

So wurde die Sache nicht nur von sämmtlichen
höheren Staatsbeamten (den Herrn Justizminister nicht
ausgenommen), sondern auch von S. M. dem Kaiser angesehen. Demgemäss bestand anfänglich die Absicht,
die Sache auf Grund eines zu diesem Behuf zu erlassen-
den Allerhöchsten Befehls und in Gemässheit der Vorschriften des Gesetzes vom 16. Mai 1871 zu behandeln.
Wäre das geschehen und die Untersuchung mit der gehörigen Energie geführt worden, so hätte man zu Entdeckungen von höchster Bedeutung gelangen und unwider-
legliche Beweise dafür in die Hand bekommen können,
dass die Sassulitsch derselben geheimen Gesellschaft angehörte, die sich aus den Freigesprochenen der letzten
politischen Processe gebildet und ihre Thätigkeit alsbald
nach dem Verbrechen gegen den Stadthauptmann durch
die Erregung von Arbeitseinstellungen in Fabriken und
von Unordnungen aller Art documentirt hat. —

Dadurch, dass das verabsäumt und dass die Sache

in Gemässheit des Gesetzes vom 20. November 1864 dem Schwurgerichte überwiesen wurde, hat die Regierung einen tödtlichen Schlag gegen sich selbst geführt. Dabei verdient besonders hervorgehoben zu werden, dass die Untersuchung (gegen die Sassulitsch) nicht dem Untersuchungsrichter für die wichtigeren Angelegenheiten überwiesen wurde, obgleich dieser Beamte (den man sonst häufig genug und oft für Dinge, bei welchen es sich lediglich um Geld handelt, in Anspruch zu nehmen pflegt) eben damals im Besitz der Acten war, welche sich auf die Untersuchung der Unordnungen im Gefängniss für vorläufig Inhaftirte bezogen: wegen Theilnahme an diesen Unordnungen aber war Bogoljubow körperlich gezüchtigt worden und eben diese Züchtigung war zum Vorwande für das Attentat gegen den Stadthauptmann Trepow genommen worden! Damit war im Voraus gesagt, worauf man hinzielte und auf welchen Ausgang gerechnet wurde.

Dass die Untersuchung einseitig geführt wurde, liegt unverhüllt zu Tage; ebenso einseitig nahm das Gericht an, dass die Bestrafung Bogoljubow's das alleinige Motiv für die zu beurtheilende That gewesen sei; seine Tendenz war darauf gerichtet, die Verwaltung zu discreditiren, und diese Tendenz führte zu einer förmlichen Rechtfertigung des begangenen Verbrechens und der Consequenzen desselben.

Eine andere Beurtheilung der Sachlage ist nur für Kurzsichtige möglich; für den Denkenden stand im Voraus fest, was geschehen werde, wenn man die Sache den gewöhnlichen Gerichten übergab. Nur eine vollendete Naivetät konnte eine Bestrafung der Angeklagten noch erwarten, nachdem man der Angabe derselben, sie habe nur um Bogoljubow's Züchtigung zu rächen, die That begangen, Glauben geschenkt hatte. Und für diese Auf-

fassung war förmlich Propaganda gemacht, ja selbst der
Allerhöchsten Berücksichtigung die Erwägung des Umstandes empfohlen worden, dass eigentlich nur ein Act
überreizter Sensibilität eines Frauenzimmers vorliege! —
Zur Entschuldigung der Unregelmässigkeiten, welche man
durch ein solches Verfahren beging, konnte schlechterdings nur der e i n e Grund geltend gemacht werden, dass
die öffentliche Meinung der Ueberweisung des vorliegenden Falles vor ein Ausnahmegericht abgeneigt sei und
dass eine solche Ueberweisung als Parteilichkeit für den
Geschädigten angesehen werden würde. Und diese faden-
scheinigen, um nicht zu sagen absichtlich gefälschten
Argumente verbreitete man eifrig unter dem grossen
Publicum!

Was vorauszusehen gewesen war, traf denn auch
wirklich ein. Erst als die Verbrecherin und der Vertheidiger derselben von stürmischem Beifallsruf überschüttet
wurden, erst als offen zu Tage lag, dass man in der
Person des straflos Geschädigten zugleich die Sache der
Regierung beschimpft und vergewaltigt habe, — erst als
die Wehrlosigkeit der Regierung, der Triumph des Verbrechens und der Sieg der demokratischen Doctrin in
aller Welt Munde waren — erst da begannen die Organe
der Regierung und der Herr Justizminister einzusehen,
dass man einen verhängnissvollen Fehler begangen habe
und dass die Anwendung der Gerichtsordnung vom
20. November 1864 auf den vorliegenden Fall das Werk
einer von Machthabern zweiten Ranges gesponnenen Intrigue gewesen sei. Vor aller Welt Augen öffnete sich
jetzt ein Abgrund, welcher die gesammte bestehende gesellschaftliche Ordnung zu verschlingen drohte: eine ganze
Kette unvorhergesehener und irreparabler Fehler schloss
sich an den e i n e n Missgriff, welcher begangen worden

war. Vor dem Gebäude des Gerichtshofs hatte sich eine
Bande von Mitgliedern der revolutionären Gesellschaft
versammelt, welche (wie sich in der Folge herausstellte)
mit geladenen Schusswaffen versehen war und die Freisprechung der Verbrecherin im Voraus erwartete. Als
die Angeklagte auf die Strasse trat, um in den Schooss
der Gesellschaft, welcher sie angehört hatte, zurückzukehren, wurde sie mit frenetischem Jubel begrüsst und
weil man glaubte, die Polizei werde diese wahnsinnige
Kundgebung hindern, gab man Schüsse auf dieselbe ab
und beging man dadurch neue blutige Verbrechen. —
Seitens der Presse wurde diese Bewegung unterstützt,
in einer endlosen Reihe von Triumphartikeln in aller
Form über die Regierung der Stab gebrochen. — Gegen
die erfolgte Freisprechung direct aufzutreten und der
eingerissenen Bewegung einen Damm zu ziehen, schien
inmitten dieses Chaos unmöglich und lediglich den von
dem Herrn Minister des Inneren erlassenen energischen
Censurvorschriften war es zu danken, dass man vor dem
Ansturm der Presse nicht zurückwich, sondern diese, soweit das noch möglich war, bändigte. Dann erschien ein
Erlass desselben Ministers, welcher das Recht der Polizei
zur Aufrechterhaltung der Ordnung betonte und weiterer
Ausschreitungen vorbeugte. Diejenigen Personen aber,
welche in der Lage gewesen waren, die Gerichte von
einem Einlenken in die verhängnissvollen Bahnen der
Gerichtsordnung vom 20. November 1864 zurückzuhalten
und den vorgekommenen Skandal zu vermeiden, — diese
Personen hatten den Kopf verloren und blieben nach wie
vor unthätig. — Als schliessliches Resultat stand fest,
dass eine gerichtliche Entscheidung die Selbsthilfe des
Einzelnen bedingungslos sanctionirt hatte, und dass Staats-

diener hinfort nicht nur beleidigt, sondern auch an ihrem Leben geschädigt werden durften.

Das in Rede stehende, mit einer Verurtheilung der Regierung gleichbedeutende Verdict des Gerichtes hatte zunächst die Wirkung, diese Regierung in die allgemeinste Verachtung zu bringen. Es zeigte sich das bei Gelegenheit der Beerdigung aus der Wladimir-Kirche, den Auftritten in der Isaaks-Kathedrale und im Alexander-Park, wo die Polizei nicht nur beschimpft, sondern ausserdem geprügelt wurde. . . . . . . Die Handlungsweise des Gerichts kennzeichnet sich darum als Theilnahme an den Bestrebungen der staatsfeindlichen Elemente, als Verrath an Pflicht und Gesetz. — Nur wenn man der Sache direct in's Gesicht sieht und die volle Tragweite derselben in Erwägung zieht, wird man die Wiederkehr ähnlicher Vorgänge verhindern und den Staat vor den ihm drohenden Gefahren behüten können.

Natürlich wird das oben Gesagte durch Thatsachen bewiesen werden müssen. Eine solche Beweisführung an der Hand von Thatsachen, welche den behaupteten Zusammenhang zwischen den namhaft gemachten einzelnen Erscheinungen darlegen, dürfte schon gegenwärtig möglich sein, wo die Leidenschaften sich zu beruhigen beginnen und wo der Presse die nöthigen Zügel angelegt worden sind . . . . . .

Der äussere Hergang der Sache ist ebenso bekannt, wie einfach. Ein Frauenzimmer, das sich bei dem Stadthauptmann als Bittstellerin eingeführt hatte, feuerte, dicht vor ihm stehend, einen Schuss auf ihn ab und erklärte sodann, „das sei die Rache für die dem Strafgefangenen Bogoljubow dictirte körperliche Züchtigung!" Neben einem schweren Verbrechen lag somit ein abscheulicher Vertrauensmissbrauch vor. Das Verbrechen war unter

Umständen, welche jede Abwehr ausschlossen und just in dem Augenblick verübt worden, wo die Verbrecherin und der in der Ausübung seiner Amtspflicht begriffene Staatsdiener einander gegenüber standen und wo Nichts die Ausführung des verbrecherischen Gedankens zu hindern vermochte. Und aus diesen thatsächlichen Umständen und aus der erwähnten Erklärung der Verbrecherin hat man den Schluss gezogen, dass die Sache vor das Schwurgericht gehöre und die Verweisung vor das Schwurgericht ist wiederum der Grund für den schliesslichen schmählichen Ausgang gewesen.

Zunächst wird die Frage vorliegen, von welcher Beschaffenheit eine „Rache" ist, welche ein Frauenzimmer zu Gunsten einer ihr fremden Person ausübt und wie die Empfindungen beschaffen gewesen, welche zu einem solchen Act der Rache geführt haben. Ist die Handlung der Verbrecherin etwa ein Ausfluss des zu jedem Opfer bereiten Humanitätsprincips gewesen, oder ging sie aus Empfindungen politischer Natur, etwa aus der Absicht hervor, gegen die Züchtigung eines Gesinnungsgenossen Protest einzulegen? Je nach der Beantwortung dieser Frage wird die innere Seite des verübten Verbrechens zu beurtheilen und festzustellen sein, vor welches Gericht dasselbe gehörte. —

Verschiedene Arten von Fanatismus werden durchaus verschieden zu beurtheilen sein. Es wird ein Unterschied gemacht werden müssen zwischen dem Fanatiker für eine abstracte Idee, einem Menschen, der sich z. B. Namens des Humanitätsprincips zum Rächer jedes Bedrückten aufwirft und der als solcher jede Verunglimpfung unschuldig Unterdrückter ohne Ansehen der Person an dem Unterdrücker strafen will, und Demjenigen, der als Rächer der Vertreter bestimmter Ideen auftritt. Man wird

im letzteren Falle zu untersuchen haben, welche Principien es sind, in deren Namen die Rache geübt wird,
ob und welchen politischen Tendenzen der Rächende
huldigt, welche gesellschaftliche Stellung er einnimmt und
welcher Partei, bezw. welchem Kreise er angehört: je
nach dem Ausfall dieser Untersuchung wird auch die
Strafe zu bemessen sein, mit welcher der „Rächer" belegt
werden muss.

Selbst wenn man in dem vorliegenden Fall annch-
men wollte, dass es sich um keine andere Absicht als um
diejenige der Rache für die Unterdrückung eines Recht-
losen gehandelt habe, wird man einräumen müssen, dass
die Empfindung, aus welcher die Angeklagte ihre That
begangen, eine maasslos übertriebene gewesen und dass
die „Sensibilität" derselben falsch und einseitig beurtheilt
worden ist. Zwischen der Züchtigung Bogoljubow's und
der „Rache für dieselbe" lagen volle sechs Monate, —
ein Zeitraum, der lang genug war, damit innerhalb desselben die leidenschaftlichste Phantasie erkalten, die be-
geistertste Energie erlahmen, die übertriebenste Sensibilität zur Ruhe kommen konnte.

Erkennt man das an, so wird man zu der ferneren
Schlussfolgerung gelangen, dass das in Rede stehende
Verbrechen aus anderen Motiven als denjenigen einer
erklärbaren Sensibilität hervorgegangen ist und dass die
„Rache für Bogoljubow" der Angeklagten lediglich zum
Vorwande gedient hat. In den verschiedensten Sphären
unserer Gesellschaft, in den verschiedensten Theilen des
Reichs hatte die Angeklagte Dinge erlebt und gesehen,
die sich ihr — ihrem Standpunkte gemäss — grade so
als Ungerechtigkeiten und als „Bedrückungen Unschul-
diger" darstellen mussten, wie der Fall Bogoljubow. An
keinem dieser Vorkommnisse aber hatte die Angeklagte

Veranlassung genommen, als Rächerin des Humanitätsprincips aufzutreten. Dass ihre That einen durchaus
tendenziösen Charakter getragen, geht vielmehr schon
daraus hervor, dass der Vertheidiger trotz des Nach-
drucks, den er auf die Sensibilität der Angeklagten und
auf ihren Eifer für das „allgemeine Menschenrecht" legte,
eine Rede hielt, die sich in allen Stücken als Vertheidigung einer politischen Verbrecherin darstellte.

Dass die Sache so und nicht anders lag, stand schon
vor dem Zusammentritt des Gerichts fest. Die Unhaltbarkeit der Behauptung, dass es sich um einen Act der
Rache und nicht um ein politisches Verbrechen handle,
erhellte bereits aus dem objectiven Thatbestande. Die
Angeklagte hatte einen falschen Namen geführt, sie war
mit einem falschen Passe nach St. Petersburg gekommen,
sie hatte ihre Wohnung verheimlicht; sie weigerte sich
die Personen zu nennen, welche durch die Erzählung
von der Züchtigung Bogoljubow's ihre Phantasie ent-
zündet haben sollten, und durch deren Vermittelung sie
in den Besitz des Revolvers gelangt war — lauter Umstände, die deutlich anzeigten, dass die Angeklagte Mitschuldige gehabt hat, an deren Verheimlichung ihr gelegen
war und dass sie einer verbrecherischen, staatsgefährlichen
Verbindung angehörte. Sie wusste genau, dass die Auf-
deckung dieser Verbindung nicht nur für die Frage, vor
welches Gericht ihr Verbrechen gehöre, entscheidend sein
werde, sondern dass dieselbe zu weiteren wichtigen Entdeckungen führen könne. — Diese Thatsachen stehen so
unerschütterlich fest, dass sie weder durch die im Ge-
richtssaale gehaltenen Reden, noch auch durch die Ge-
flissentlichkeit haben umgestossen werden können, mit
welcher das Gericht Allem aus dem Wege ging, was
zu einer richtigen, dem politischen Charakter des begann-

genen Verbrechens entsprechenden Beurtheilung der Sache
hätte führen können.

Weiter kommt in Betracht, dass die Jugendgeschichte
der Angeklagten und deren politische Richtung bereits
vor dem Netschajew'schen Process deutlich zu Tage getreten und der Regierung bekannt gewesen waren. Der
Vertheidiger stellte die Sache so dar, als ob die Angeklagte zur Märtyrerin der Ungerechtigkeiten der Regierung geworden sei und der Herr Procureur liess das gelten, obgleich er hätte beweisen können, dass die zur Zeit
des Netschajew'schen Processes gegen die Sassulitsch erhobenen Beschuldigungen durchaus begründete gewesen
waren. Die Umstände der That, die Antecedentien und
die Familienverhältnisse der Angeklagten — Alles sprach
gegen die Auffassung des Vertheidigers. Von mütterlicher
Seite stammt die Angeklagte aus der nunmehr erlosche-
nen Adelsfamilie Alexandrow, deren letzter Repräsentant,
der Grossvater der Angeklagten, ohne Hinterlassung von
Familiengütern als ehemaliger Kreisadelsmarschall im Gouvernement Smolensk verstorben war. Die Angeklagte
ist die jüngste von drei Schwestern, die jede Beziehung
zu ihrem in den Militärdienst getretenen und anderen
Anschauungen huldigenden einzigen Bruder abgebrochen
hatten. Die älteste Schwester Katharina heirathete im
Jahre 1865 den Studenten Nikiferow, sie wurde Nihilistin,
lenkte durch ihre propagandistische Thätigkeit die Aufmerksamkeit der Regierung auf sich und wurde auf administrativem Wege nach Archangelsk verschickt; behufs
Wiederherstellung ihrer Gesundheit ist ihr die Erlaubniss
zu zeitweiser Rückkehr in ihre Heimath ertheilt worden.
Zur Zeit der Verhandlungen gegen die älteste Schwester
war die Angeklagte erst 16 Jahre alt; sie zeigte indessen
eine Verstocktheit und einen Hang zur Heuchelei, wegen

welcher sie in hohem Grade verdächtig erscheinen musste. Zwei Jahre später trat sie bereits als vollendete Nihilistin auf; als solche kennzeichnete sie sich selbst, indem sie kurzes Haar, den Ledergurt u. s. w. trug, während sie als Schriftführerin eines Friedensrichters in der Stadt Serpuchow (Gouvernement Moskau) lebte. — Die zweite Schwester heirathete jenen Bibliothekar Uspenski in Moskau, der im Bunde mit Netschajew den Studenten Iwanow ermordete und dafür zur Zwangsarbeit verurtheilt wurde; sie unterstützte ihren Ehemann bei der Verbreitung der von Netschajew verfassten Proclamationen, schrieb die Adressen auf die Couverts und musste aus diesem Grunde gleichfalls nach Sibirien. — An diesem Vorgange war auch die Angeklagte betheiligt gewesen, die zur Zeit des Hausarrestes ihrer Schwester bei dieser wohnte, und zu Netschajew und dessen Umgebung sehr intime Beziehungen unterhielt. Als die Angeklagte dann zu ihrer in St. Petersburg wohnenden Mutter übersiedelte, übergab sie einer gewissen Tomilow ein Billet Netschajew's, in welcher dieser die lügenhafte Nachricht mittheilte, er sei aus dem Gefängnisse entsprungen; die Tomilow aber stand damals in Untersuchung, weil sie für Netschajew Geld in's Ausland gebracht hatte. — Durch diese Thatsachen erscheint die Annahme, als habe die Angeklagte von den verbrecherischen Umtrieben der Netschajew und Genossen Nichts gewusst, so gut wie ausgeschlossen; stand doch ausserdem fest, dass die letzteren sich wiederholt in der Wohnung der Mutter versammelt hatten — natürlich nicht der Mutter, sondern der Tochter wegen.

Aus den vorstehend entwickelten Gründen war die Anklagte verhaftet worden. Dass man sie nicht vor Gericht stellte, sondern nach längerer Haft mit der Ausweisung aus der Residenz davonkommen liess, hatte die

Angeklagte denselben unter den Richtern herrschenden Tendenzen zu danken, welche in der Folge zu ihrer Frei-sprechung geführt haben.

Unterzieht man die Art und Weise, in welcher be-reits der Netschajew'sche Process verhandelt worden, näherer Betrachtung, so hat man reichlichen Stoff zur Verwunderung: nicht nur wegen der in Veranlassung des Processes gehaltenen Reden, sondern wegen der unver-kennbaren Sympathien, welche der Gerichts-Präsident den Mördern Iwanow's (deren Freisprechung allerdings nicht möglich gewesen war!) entgegen trug. Schon aus diesem Grunde kann von einer Härte oder Ungerechtigkeit gegen diejenigen Personen, welche in die Sache verwickelt waren, und die nicht verurtheilt, sondern lediglich inhaf-tirt wurden, nicht die Rede sein. Eine Vertheidigungs-rede, wie der Vertheidiger sie zu Gunsten der Angeklag-ten hielt, wurde aber nur dadurch möglich, dass der Herr Procureur sich in ein hartnäckiges Schweigen hüllte. Liegt denn irgend welcher Grund dafür vor, die Aus-weisung der Angeklagten aus der Residenz und die Ver-hängung der polizeilichen Aufsicht über dieselbe, als Un-gerechtigkeit oder Ungesetzlichkeit zu bezeichnen? Ueber-dies sind die in Rede stehenden Maassregeln gar nicht von dem Stadthauptmann, sondern von der dritten Abthei-lung der Kanzlei Sr. Majestät angeordnet worden; die Ausweisung der Angeklagten war ausdrücklich mit dem Herrn Justizminister vereinbart worden. — Endlich geht aus dem weiteren Verlauf der Angelegenheit deutlich her-vor, dass die Angeklagte nicht nur nicht von ihren früheren Tendenzen gelassen, sondern dieselben in sich weiter entwickelt hatte, bis dieselben schliesslich zu dem in Rede stehenden, unerwarteten Resultate führten.

Wären diese Umstände einigermaassen klar gestellt

18 *

worden, so hätte Niemand etwas dagegen haben können, wenn der Process einem ausserordentlichen Gerichte überwiesen worden wäre. Alle Besorgnisse vor den angeblichen „Folgen" einer solchen Maassregel waren aus der Luft gegriffen und die Frage, ob das Publicum sich überhaupt dafür interessirte, vor welches Gericht die Angeklagte gestellt wurde, — beziehentlich ob dieses Publicum gegen die Niedersetzung eines ausserordentlichen Gerichtshofs Protest eingelegt hätte, kann ohne Weiteres mit einem entschiedenen „Nein" beantwortet werden. Ueber die Bedeutung des Verbrechens und über den voraussichtlichen Ausgang des Processes wurde natürlich vielfach und von den verschiedensten Standpunkten aus discutirt, — hier machten sich Sympathien f ü r, — dort Antipathien g e g e n den Betroffenen geltend: das war aber auch Alles und weiter ging die Theilnahme des Publicums, welches sich auch um die Züchtigung Bogoljubow's wenig gekümmert hatte, schlechterdings nicht. Von bestimmten Wünschen, betreffend die fernere Behandlung der Sache, konnte ebenso wenig die Rede sein, wie von einer sonstigen Initiative des Publicums in dieser Angelegenheit. Auch gegen die Annahme, als dürfe der in der Folge dem Vertheidiger und der Freisprechung der Angeklagten gespendete Applaus als Ausdruck der Meinung der g e s a m m t e n gebildeten Gesellschaft angesehen werden, sprechen die gewichtigsten Umstände.

Zunächst kommt in Betracht, dass das Hauptcontingent des bei der Freisprechung anwesenden Publicums a u s B e a m t e n d e s J u s t i z m i n i s t e r i u m s bestand, deren Meinung niemals zweifelhaft gewesen war. Die übrigen Anwesenden bildeten einen verschwindend geringen Bruchtheil dessen, was man die gebildete Gesellschaft nennt und können für eine Repräsentation derselben schlechterdings nicht gelten; viele der Anwesenden waren zudem F r e u n d e der Herren Justizbeamten, Leute, die mit diesen sympathisiren m u s s t e n. — Dass die periodische Presse der Freisprechung der Angeklagten zujauchzte, will vollends Nichts sagen. Erhellte die Leichtfertigkeit, mit welcher die Presse zu Werke gegangen war, doch bereits aus der exaltirten und dabei völlig unzutreffenden Beschreibung, welche die Journale von der Persönlichkeit und von der Kleidung der Angeklagten — beinahe bis auf deren Schuhe hinab, — entworfen hatten. Dieselbe Presse hatte die ersten Mittheilungen über das begangene Verbrechen mit lebhafter Entrüstung aufgenommen und gegen die spätere Meldung, dass die Aburtheilung des Verbrechens einem ausserordentlichen Gerichte übertragen werden sollte, nicht den leisesten Einspruch erhoben. — Endlich ist ja sattsam bekannt, dass die von der periodischen Presse gefällten Urtheile lediglich deren eigene Meinungen und nicht diejenigen des Publicums widerspiegeln und dass dieses Publicum nur die Liebenswürdigkeit hat, sich der Presse *ex post* zu accommodiren. — Was die Zeitungen sagten, war im vorliegenden Falle lediglich ein Widerhall der von dem Vertheidiger gehaltenen Rede: die Anklage war so nackt und farblos gewesen, dass sie gar keinen Eindruck gemacht hatte und dass sie auch für die Presse nicht in Betracht kam.

Endlich ist in Betracht zu ziehen, dass die periodische Presse Petersburg's nicht die einzige gewesen ist, welche sich zur Sache geäussert hat. Die Zeitungen Moskau's haben den Ausgang des Processes gleichfalls besprochen und die Freisprechung entschieden missbilligt; das Nämliche ist seitens der Presse des Auslandes geschehen, — mit besonderm Nachdruck

seitens der „Liberté", welche die Zuständigkeit der Geschworenen entschieden bestritt. Die „Liberté" ist ein
liberales Blatt, das in einem freien Lande, in Frankreich erscheint und dessen Aeusserungen einen sehr viel
gegründeteren Anspruch darauf haben, für den Ausdruck
der öffentlichen Meinung zu gelten, als die Ausführungen
auch der wichtigsten unserer Pressorgane, — von den
kleinen Kläffern und von jenen Nachbetern zweiten Ranges gar nicht zu reden, welche immer nur die Tagesparole
wiederholen. — Danach ist als feststehend anzusehen,
dass die öffentliche Meinung ohne allen Einfluss auf die
Entscheidung darüber gewesen ist, vor welches Gericht
die Angeklagte gestellt wurde und dass der der Freisprechung derselben gespendete Jubel nicht die Meinung
der gebildeten Classen unserer Residenz, sondern lediglich die Meinung einer mit dem Justizministerium identi-
schen Coterie widerspiegelte.

Dass der in Rede stehende Process nicht an das —
bereits einberufene — ausserordentliche Gericht verwiesen
wurde, ist weder darauf zurückzuführen, dass die That
der Angeklagten für einen durch die Züchtigung Bogoljubow's veranlassten Racheact angesehen wurde, noch
auch darauf, dass die öffentliche Meinung eine andere
Art der Behandlung verlangte; andre, tiefer liegende Ursachen sind dafür maassgebend gewesen. Die Hauptursache bildete der vieljährige Antagonismus der Procuratur
gegen die Verwaltung im Allgemeinen und gegen den
Stadthauptmann im Besonderen. Dieser Antagonismus
ruht auf dem Grunde einander entgegenstehender Principien und ist im Laufe der Zeit durch eine ganze Anzahl
von Zwischenfällen und von Vorgängen privater Natur
verschärft worden. Eine besondere Rolle haben dabei
die ziemlich zahlreichen Fälle gespielt, in welchen von

.den Gerichten freigesprochene Personen auf administrativem Wege wieder festgenommen und internirt oder verwiesen worden waren, weil die Verwaltung nicht Freisprechungen, sondern im Gegentheil strenge Verurtheilungen erwartet hatte und weil sie dem gefährlichen Einfluss solcher Freisprechungen zuvorkommen wollte.

In · anderen Fällen hatte die Verwaltung Personen arretiren lassen, welche von den städtischen Autoritäten als verkommene Individuen bezeichnet worden waren und über welche ihre Gemeinden die Versendung nach Sibirien ausgesprochen hatten *). Ebenso war es wiederholt vorgekommen, dass der Stadthauptmann Civilklagen gegen Wucherer, Schwindler, betrügerische Makler u. s. w. entgegen genommen hatte, denen gerichtlich nicht beizukommen gewesen war, obgleich ihre Schuld feststand. Die in diesen Fällen ausgesprochenen Verhaftungen und Ausweisungen waren von den Beamten der Procuratur für Ungesetzlichkeiten angesehen, zuweilen sogar wieder aufgehoben worden. Hatten dergleichen Einmischungen des Stadthauptmanns sich auf Civilstreitigkeiten bezogen, die noch nicht Gegenstand der gerichtlichen Klage geworden waren, so hatten die Procuraturbeamten offen ausgesprochen, dass Handlungen vorlägen, welche die Competenz und die Autorität der Gesetze zu untergraben drohten. — Diese unbegründeten Prätensionen wurden abgewiesen, wegen solcher Abweisung aber fand eine beständig zunehmende Entfremdung zwischen Procuratur und Verwaltung statt, welche schliesslich zu einem offenen Conflict führen musste.

Den Hauptberührungspunkt zwischen den genann-

---

*) Von der Instanz absolvirte und notorisch übelberüchtigte Individuen des Bürger- und Bauernstandes können in Russland durch Gemeindebeschluss (Umfrage bei den ansässigen Gemeindegliedern) zur Ansiedelung in Sibirien verurtheilt werden.

ten beiden Factoren bildete die Verwaltung des Unter-
suchungsgefängnisses. Die Erbauung dieses Gefängnisses
war auf Antrag des Justizministeriums erfolgt, welches
die bezüglichen Entwürfe und Etats aufgestellt und auf
dieselben bestimmenden Einfluss geübt hatte; in diesem
Gebäude sassen vornehmlich zur Aburtheilung durch die
Gerichte bestimmte Individuen, die Trennung zwischen
Justiz und Verwaltung aber war einer der leitenden
Grundsätze des Justiz-Organisationsgesetzes gewesen. Diesem Grundsatz entsprechend war dem Stadthauptmann
ein Platz in dem das Gefängniss verwaltenden Comité anfänglich versagt und erst in der Folge auf Grund eines
Allerhöchsten Ukases über die Veränderung der Zusammensetzung des Comités eingeräumt worden; ein solcher
Ukas aber war dringend nothwendig gewesen, weil es sich
als durchaus widersinnig ausgewiesen hatte, dass der erste
Beamte der Stadt von jedem Einfluss auf eine Anstalt ausgeschlossen sein sollte, für welche er die Verantwortung zu
tragen hatte. Einmal zum Mitgliede des Gefängniss-Co-
mité geworden, musste der Stadthauptmann innerhalb
desselben die erste Rolle spielen und das führte abermals
zu Conflicten mit den Beamten der Procuratur, weil diese
sich nicht unterordnen wollten. Ihre Eigenwilligkeit und
ihren Separatismus bekundeten diese Beamten dadurch,
dass sie sich fortwährend in die Anordnungen der Administration mischten und über ihre Zuständigkeit hinaus-
gehende specielle Verfügungen trafen, welche nicht selten
zu Unordnungen führten. Alsbald wurden auch die Gefangenen — in's Besondere die höher gebildeten politischen Gefangenen — gewahr, dass die Procuratur der Verwaltung entgegen arbeite, den Absichten der letztern zu-
widerlaufende Tendenzen verfolge und dem Princip einer
alles Maass überschreitenden, bis zur Ungesetzlichkeit ge-

henden Humanität huldige. Die Folge davon war, dass
die Gefangenen Beschwerden gegen die Verwaltung ein-
reichten, welche die Procuratur dann zum Gegenstande
der Untersuchung machte, ohne sich an die gesetzliche Vorschrift zu halten, nach welcher in Fällen von Klagen gegen
eine Behörde, allem zuvor dieser Behörde über solche Klagen Kenntniss gegeben werden soll. Es kam zu kleineren, dann zu grösseren Unordnungen und schliesslich nahmen dieselben so erhebliche Dimensionen an, dass sie durch
Vermittelung der „dritten Abtheilung" Sr. Majestät dem
Kaiser zur Kenntniss gebracht wurden. Der Stadthauptmann musste das Untersuchungsgefängniss in Person visi-
tiren und wegen der oben angedeuteten Vorgänge den Gefangenen Bogoljubow körperlich züchtigen lassen, da das
Betragen desselben zur Aufreizung der übrigen Gefangenen
geführt hatte. Bogoljubow, der sich während der Vorgänge auf dem Kasanischen Platze als einer der Hauptvertreter der demagogischen Richtung hervorgethan, und
dadurch die Verurtheilung zur Zwangsarbeit zugezogen
hatte, war consequent frech und widerspenstig gewesen.
Die an ihm vollzogene Züchtigung war gesetzlich durchaus zulässig, weil das über ihn verhängte Urtheil bereits
Rechtskraft erlangt hatte und weil B. (laut Bericht des
Oberprocureurs-Gehilfen vom Cassationsdepartement des
Senats) nicht mehr den Gerichten unterstand, sondern als
zur Zwangsarbeit bestimmter Verbrecher der Gouverne-
ments-Regierung übergeben worden war. Bogoljubow's
Züchtigung war demgemäss kein Act administrativer Willkür gewesen, — er war auch nicht (wie zur Steuer der
Wahrheit bemerkt werden muss) geborener Edelmann,
sondern der Sohn eines Küsters. Endlich hatte sich der
Justizminister, dem von dem Erlass des Stadthauptmanns
über die vorgenommene Züchtigung Kenntniss gegeben

worden war, mit derselben völlig einverstanden erklärt. Nichts desto weniger aber verurtheilte
der Procurator Fuchs die Züchtigung Bogoljubow's in den schärfsten Ausdrücken.

Das Beispiel des Procureurs wurde von den Untergebenen dieses Beamten natürlich auf das Eifrigste nachgeahmt. Die von dem Stadthauptmann angeordnete Maassregel wurde laut und öffentlich getadelt, die Bestrafung
dieser angeblichen Gesetzwidrigkeit als wünschenswerth
bezeichnet und von einem zufällig über die Sache unter-
richteten Procureur hinter dem Rücken des Stadthauptmanns eine kleine Untersuchung eingeleitet. Während
zwischen der Züchtigung Bogoljubow's und dem Attentat
gegen den Stadthauptmann thatsächlich gar kein Zusammenhang bestand, wurde ein solcher in der Absicht fingirt, das Attentat zur blossen Folge eines Willkür-Acts
zu machen und wegen des stattgehabten Competenzcon-
flicts Satisfaction zu nehmen.

Die über diesen Conflict in der Stadt coursirenden
Gerüchte drangen schliesslich auch in das Gefängniss,
wo sie zu neuen Widerspenstigkeiten der politischen Gefangenen Veranlassung gaben. Die Gefangenen waren
fortan der Meinung, die Procuratur stehe auf ihrer Seite
und mit der Züchtigung Bogoljubow's zusammenhängende
Verbrechen brauchten nur vor das Geschworenen-Gericht
gebracht zu werden, um straflos zu bleiben oder mit ganz
geringfügigen Strafen belegt zu werden.

So ist das Verbrechen (der Sassulitsch) entstanden
und so ist es zugegangen, dass dasselbe an das Geschworenengericht verwiesen wurde. Der sog. „Racheact" war
Nichts weiter als ein Vorwand, dessen die neue Verschwörung sich bediente, zu welcher die zahlreichen, im
Process Netschajew freigesprochenen Glieder der revo-

lutionären Gesellschaft sich verbunden hatten. Das Attentat gegen den Stadthauptmann war Nichts weiter als eine Consequenz der vorstehend auseinander gesetzten Verhältnisse; zu dem sog. Racheact konnte sich lediglich ein Frauenzimmer entschliessen, das die Schule der Agitation und Verschwörungen absolvirt und dabei mit der Milde der Gerichte die gehörige Bekanntschaft gemacht hatte. Die Angeklagte handelte nicht aus Rachedurst, sondern in der klaren Erkenntniss, dass es einer That wie der ihrigen bedürfe, um der revolutionären Agitation zu einem neuen Siege über die bestehende Ordnung zu verhelfen und dass es sich um ein Wagestück handele, das bei den notorisch unter den Organen der Justiz herrschenden demokratischen Tendenzen, alle Aussicht darauf habe, straflos zu bleiben.

So lagen die Dinge als das Gericht zusammentrat, um über ein unerhörtes, beispielloses Verbrechen zu urtheilen, — sich in Wahrheit aber so zu gebärden, als seien die Verwaltung und der Geschädigte die eigentlichen Angeklagten. Obgleich die Thatsache der Züchtigung Bogoljubow's niemals in Abrede gestellt worden war, obgleich es eines Beweises für und der Vernehmung von Zeugen über dieselbe gar nicht bedurfte, — obgleich die Voruntersuchung gar nicht auf diesen Punkt gerichtet gewesen war und obgleich die Angeklagte niemals die Personen namhaft gemacht hatte, durch welche sie von der Sache Mittheilung erhalten, — gestattete der Gerichtshof, dass abseiten der Vertheidigung Zeugen aufgerufen wurden, welche durch improvisirte Schilderungen dieser Züchtigung die gerichtliche Untersuchung vervollständigen sollten. Diese Zeugen hatte der Vertheidiger aus der Zahl der Gefangenen ausgesucht, welche sich zur Zeit des in Rede stehenden Vorgangs im städtischen

Untersuchungsgefängnisse befunden hatten, und zwar
als Angeklagte in dem letzten politischen Process. Obgleich sich alsbald herausssstellte, dass die „Zeugen" bloss das Erscheinen des Stadthauptmanns im Gefängniss und die Vorbereitungen zu der Züchtigung,
nicht aber diese selbst angesehen hatten, liess der Herr
Procureur die Vernehmung derselben zu, so dass eine
Zeugenvernehmung über ein Gerücht stattfand. — Vollständig unparteiische Juristen sind der Meinung, dass die
Vernehmung von Zeugen über die Züchtigung Bogoljubow's an und für sich unzulässig war und dass der bezügliche Antrag des Vertheidigers hätte abgelehnt werden müssen, weil die Thatsache jener Züchtigung nicht
zur Sache gehörte und weil sie niemals bestritten worden war.

Vollends widersinnig war es, dass das Gericht —
dem Antrage des Vertheidigers gemäss — Leute als
Zeugen vernahm, die Niemand kannte, auf die die Angeklagte selbst sich niemals berufen hatte und die über eine
Züchtigung deponirten, von der sie lediglich durch Hören-
sagen unterrichtet waren. Die Zulassung dieser Leute
war denn auch lediglich in der Absicht erfolgt, durch
dieselben eine Schilderung der Züchtigung Bogoljubow's
entwerfen zu lassen, wie sie zu der Rede des Vertheidigers passte. — Dementsprechend gerirten die
sog. Zeugen sich denn auch als getreue Mitarbeiter des Vertheidigers, indem sie namentlich die Vorbereitungen
zu der Züchtigung Bogoljubow's bis ins Einzelne und mit
einem gewissen künstlerischen Geschick schilderten, um
einen ins Besondere auf die Beeinflussung der Geschworenen berechneten Effect hervor zu bringen. — Es war
ein ebenso unwürdiges wie verbrecherisches Spiel insce-
nirt, aus einer Mücke ein Elephant gemacht und in ten-

denziösester Weise darauf hingearbeitet worden, den
öffentlichen Unwillen nicht sowohl gegen die erfolgte
Züchtigung, als gegen d i e Person aufzubringen, welche
diese Züchtigung dictirt hatte. — Dadurch endlich, dass
der Präses des Gerichts aus seiner Absicht, die gegen
die Administration gerichteten Angriffe zu begünstigen,
kaum ein Hehl machte, wurde die Freisprechung der
Angeklagten aufs Beste vorbereitet.

Dass der Vorsitzende mit seinen Sympathien auf der
Seite der Angeklagten stand, hat er bei verschiedenen
Gelegenheiten sowohl der Angeklagten, als dem Vertheidiger und dem einen Zeugen gegenüber gezeigt, den er
nur der Form wegen unterbrach, n a c h d e m derselbe
seine von der Züchtigung Bogoljubow's empfangenen Ein-
drücke in der denkbar drastischsten Weise zum Ausdruck
gebracht hatte. — Ein solches Verhalten entwürdigt den
Richterstand und schädigt die Würde des Gerichtshofs
und das Wort, mit welchem der Vorsitzende das dem
Vertheidiger zujauchzende Publicum zur Ordnung rief
(„Ein Gerichtshof ist kein Theater"), braucht aus diesem
Grunde nicht weiter erörtert zu werden.

Was das Verhalten des Procureurs anlangt, so ist zu
constatiren, dass derselbe nicht nur mit bewunderungs-
würdiger Keckheit schwieg, wo er hätte reden sollen,
sondern dass er gegen keines der vorstehend erörterten
Vorkommnisse Verwahrung einlegte und dass er die Rede
des Vertheidigers völlig unbeantwortet liess. Freilich
entsprach dieses Verhalten nur der Art und Weise, in
welcher die Sache von Hause aus behandelt worden war.
— Die Anklage des Procureurs stützte sich wesentlich
auf zwei Punkte. 1) Darauf, dass die Angeklagte den
Stadthauptmann nicht nur verwunden, sondern eventuell
auch tödten gewollt und 2) darauf, dass j e d e, und ins

Besondere die im vorliegenden Falle geübte Selbsthilfe verbrecherisch sei und zwar in so hohem Grade, dass die Motive derselben, auch wenn sie an und für sich sittliche gewesen wären, ihren moralischen Werth einbüssten. — Die Ueberflüssigkeit dieser Ausführungen liegt auf der Hand: stellen dieselben sich doch als weltbekannte Gemeinplätze dar, die nur dazu bestimmt sein konnten, die vorliegenden Falls für Niemand zweifelhafte wahre Meinung des Herrn Procureurs einiger Maassen zu verhüllen. Zwischen den Zeilen der Anklage war deutlich zu lesen, dass der Procureur weder das Motiv, aus welchem die Angeklagte gehandelt hatte, noch auch die Grundsätze derselben verurtheilte, und dass er sie auch dann nicht verurtheilt hätte, wenn die Folgen des Verbrechens dem Angegriffenen das Leben gekostet hätten oder wenn seitens der Angeklagten ein anderes Mittel zur Ausführung ihrer Racheabsichten gewählt worden; wäre der Procureur zur Erhebung der Klage nicht amtlich verpflichtet gewesen, er würde dieselbe ganz unterlassen haben. Dem entsprechend blieben die falschen Angaben und die tendenziösen Auslassungen, welche dem Gerichte bezüglich des Vorlebens der Angeklagten, bezüglich ihrer politischen Verbrechen und bezüglich der Person Bogoljubow's gemacht wurden und deren Unrichtigkeit mühelos zu erweisen gewesen wäre, seitens des Procurators ohne jede Erwiderung oder Zurechtstellung. Zu verwundern war das freilich nicht, da die ganze Sache durch den Antagonismus dieser Procuratur gegen die Verwaltung in Scene gesetzt worden war und da die Herren Procureure ihre Information selbst aus indirecten Quellen zu beziehen beliebt hatten. Die oben erörterte Anklage war nichts weiter als die logische Consequenz des Systems, nach welchem die Procuratur der Verwaltung gegenüber gehandelt hatte: hatte der Pro-

cureur, dem die Anklage der Verbrecherin
und Aufrechterhaltung der Autorität oblag,
doch sogar für überflüssig gehalten, den
Stadthauptmann aufzusuchen und von ihm
eine Mittheilung über die an Bogoljubow vollzogene Züchtigung einzuziehen.

Bei solcher Sachlage und gegenüber dem Umstande,
dass alle Betheiligten in seinem Sinne handelten, musste
es für den Vertheidiger ausserordentlich leicht werden, die
wahren Umstände des verübten Verbrechens in einen
künstlichen Nebel zu hüllen, ein seinen Absichten gemäss entworfenes trügerisches Bild der Sache aufzurollen
und auf dasselbe diejenigen Schlaglichter zu werfen,
deren es zur Beeinflussung der Geschworenen bedurfte.
Der Vertheidiger hat das ihm vom Gerichte zur Verfügung gestellte Material eben so geschickt zu benutzen
gewusst, wie diejenigen Materialien, die er sich auf andere Weise und unter Umgehung des Gerichts zu ·ver-
schaffen verstanden hatte. Dadurch wurde möglich, dass
er eine an und für sich völlig unzulässige und höchst auf-
reizende Rede unbeanstandet halten konnte. In dieser
Rede ist u. A. behauptet worden, „dass die verübte That
als absolut verbrecherisch nicht angesehen werden könne",
— „dass die Absicht der Angeklagten nicht auf die Ausführung eines Mordes gerichtet gewesen sei" und dass
die Angeklagte den Zweck verfolgt habe, „eine allgemeine,
humanitäre Frage, diejenige nach dem moralischen Rechte
politischer Verbrechen angeklagter Personen öffentlich
aufzuwerfen." Indem der Vertheidiger die Vorgeschichte
der Angeklagten erzählte, machte er dieselbe zum un-
schuldigen Opfer ungegründeter Beschuldigungen und
Jahre lang fortgesetzter ungerechter Vergewaltigungen
der Regierung. Dann ging er zu seiner Auffassung der

Natur politischer Verbrechen und zu dem unvermeidlichen
Zusammenhang derselben mit wechselnden Zeitverhält-
nissen und endlich zu der Unzeitgemässheit der Körperstrafe über; es wurden die Aufhebung dieser Strafe und
die Ausnahmefälle, in welchen dieselbe noch zulässig ist,
weitläufig erörtert. Der Vertheidiger sprach die Hoffnung aus, dass die an Bogoljubow vollzogene Züchtigung
nicht nur in Russland, sondern in ganz Europa zu einer
Reaction gegen die Körperstrafe führen und eine Empörung der Gemüther hervorrufen werde, welche diese
Strafe für immer beseitige. Von der moralischen Misshandlung des seiner politischen Ueberzeugungen wegen
verurtheilten Bogoljubow wurde ein tragisches Bild entworfen, die Vorbereitung zur Züchtigung mit höchstem
Aufwande sittlicher Entrüstung geschildert und mit einer
Reihe von Sophismen geschlossen, welche ausschliesslich
darauf abzielten, die Seelen und — die Nerven der Geschworenen gewaltsam zu erschüttern. Die Quelle aber,
aus welcher der Vertheidiger seine Trugbilder und falschen Darstellungen schöpfte, war die in parteiischster
Weise geführte, gerichtliche Voruntersuchung. Die ganze
Rede stellt sich als ein zur einen Hälfte aus „Märtyrern
ihres Gewissens“, modernen „Ideen“, „heiligen Ueberzeugungen“, zur anderen Hälfte aus schreckenerregenden
Gefängnisswärtern, Gensd'armen, Polizisten und sonstigen
Functionären der Verwaltung zusammengesetztes Kalei-
doskop dar, das dazu bestimmt war, die Geschworenen zu
blenden und zu verwirren. Die Phantasie dieser Leute wurde
durch einen förmlichen Sirenengesang erregt, ihr Gewissen
verwirrt und von dem Gebiete der zu beurtheilenden Thatsachen auf den Boden gelockt, auf welchem der Vertheidiger sich mit seiner Rede bewegte, die bei einer gerichtlichen Verhandlung gar nicht zugelassen werden durfte.

Je tiefer der Vertheidiger sich in das Gebiet des „Schrecklichen" verirrte, desto weiter entfernte er sich von demjenigen der Wahrheit. Da alle Einzelnheiten der Sache falsch dargestellt worden waren, musste auch der Total-Eindruck derselben ein durchaus irrthümlicher sein. Wahrheitgemäss dargestellt hätte der Lebenslauf der Angeklagten dem Gerede von gegen dieselbe verübten Ungerechtigkeiten der Regierung oder gar des Stadthauptmannes ein für alle Mal ein Ende machen und die Gefahren blossgelegt werden müssen, welche durch übertriebene Humanität und schlaffe Handhabung der bestehenden Gesetze erzeugt werden. — Was die Persönlichkeit Bogoljubow's anlangt, so waren die in der Vertheidigungsrede enthaltenen Angaben über denselben durchweg falsch, verschiedene Meinungen über diesen Staatsverbrecher indessen ja schon durch den Umstand ausgeschlossen, dass er und seine Genossen auf dem Platz vor der Kasanischen Kirche nicht etwa von der Polizei unter Beihilfe des Volkes, sondern von dem Volke unter Beihilfe der Polizei ergriffen worden waren, und dass ohne das Einschreiten der letzteren Bogoljubow schwerlich mit dem Leben davon gekommen wäre. Der gesammte von ihm handelnde Passus der Rede des Vertheidigers hatte nicht die Darlegung der Thatsachen, sondern die Zeichnung eines trügerischen Gaukelbildes zum Gegenstande, eines Bildes, gegen welches die öffentliche Meinung Europas durch den Mund der „Liberté" entschiedenen Protest eingelegt hat. Wäre eine Darlegung der Gründe für die Züchtigung Bogoljubow's und der Beweise dafür, dass er die politischen Gefangenen zu Unordnungen anstiften gewollt, überhaupt nöthig gewesen, so hätte bei dieser Gelegenheit an Bogoljubow's demagogische Thätigkeit auf dem Platz vor der Kasanischen Kirche erinnert werden müssen. Der

gesammte Erfolg der Vertheidigungsrede beruhte ja aber
darauf, dass die Chancen von vornherein ungleich ver-
theilt waren und dass jede officielle Darstellung der die
Züchtigung Bogoljubow's begleitenden Umstände in der
Absicht unterlassen worden war, eine gerechte Beurtheilung des Falles und damit die Wiederherstellung der Autorität von Verwaltung und
Staatsregierung unmöglich zu machen. Die
falschen Ausführungen des Vertheidigers und der von
demselben entwickelte, auf die Beeinflussung der Geschworenen gerichtete Wortschwall hatten die Gerichts-
verhandlung zu einem Sensationsstück, zu einer blossen
Komödie herabgewürdigt. Freilich ist schon früher
erlebt worden, dass Vertheidiger das Unmögliche möglich machten (wörtlich: dass sie aus ihrer eigenen
Haut krochen), um Fälle von Diebstahl, Raub, Brand-
stiftung, Betrug, gemeinem Morde u. s. w. zu rechtfertigen,
Fälle, in welchen „sittliche Motive" für begangene Verbrechen nicht hatten fingirt werden können; diese Herren
werden ja dafür bezahlt und zwar mit dem Gelde bezahlt, das ihre Clienten vermittelst der erwähnten Verbrechen an sich gebracht haben! — Das Schlussresumé
des Präsidenten hielt den Schein der Ruhe, Mässigung
und Unparteilichkeit nur mühsam aufrecht und zielte
seinem Gesammtinhalt nach schlechterdings nicht auf
eine Verurtheilung ab. Vielmehr legte dieses Resumé den
Geschworenen das „Nichtschuldig" in den Mund!

Als Summe des Vorstehenden ergiebt sich, dass das
Attentat auf das Leben des Stadthauptmanns von St. Petersburg das Werk einer durch staatsfeindliche Tendenzen
geleiteten, unzweifelhaft einer revolutionären Gesellschaft
angehörigen Person gewesen ist, und dass das vorge-
schützte Motiv, die Rache für Bogoljubow, ein blosser

Vorwand war, der auf einem an und für sich gleichgül-
tigen, erst in der Folge aufgegriffenen Umstande beruhte.
Eine Bedeutung erlangte derselbe nur dadurch, dass kurz
zuvor die der revolutionären Propaganda angeklagten
Individuen freigesprochen worden waren. Die Hauptsache
war, dass die Verbrecherin ihre That in der sicheren
Ueberzeugung der Straflosigkeit derselben unternommen
hatte und dass diese Ueberzeugung von der gesammten
verbrecherischen Gesellschaft getheilt wurde. Es war an
und für sich ein schwerer Fehler, dass dieses Verbrechen
nach den Vorschriften der allgemeinen Gerichtsordnung
behandelt wurde. Vollends bedenklich erscheint dieser
Fehler, weil ähnliche Fälle sich unzweifelhaft wiederholen
und auch in der Folge Freisprechungen nach sich ziehen
werden. Darum drängt sich die Frage auf, welche Massregeln zur Vorbeugung ähnlicher Vorkommnisse ergriffen
werden sollen. Dergleichen Verbrechen durch Gesetze
vorzubeugen, ist nicht möglich, — künstlich ins Werk
gerichteten Freisprechungen vermag die Regierung dagegen durch den Erlass genauer und strenger Vorschriften
über die Competenz der Gerichte und über ein unpar-
teiisches Verhalten bei dem Verfahren zuvorzukommen. —
Dieser Zweck kann dadurch erreicht werden,

dass 1) Verbrechen, die eine gewisse Tendenz verrathen, ein für alle Mal der Aburtheilung durch Geschwo-
rene entzogen werden,

dass 2) man die Gerichte für die Freisprechung solcher Verbrecher, deren Zurechnungsfähigkeit nicht zweifelhaft ist, grade so verantwortlich macht wie für Justiz-
verweigerungen. — Das kann geschehen, ohne dass man
die bestehenden Gesetze und Einrichtungen aufhebt und
ohne dass man den Gewissen der Richter Zwang anthut."

19*

Wenige Tage nach Uebergabe der vorstehenden Denkschrift an den Kaiser wurde Graf Pahlen der Leitung des Justizministeriums enthoben und durch den ehemaligen Staatssecretär für Polen, Senateur Nabokow ersetzt. An Bemühungen um die Purification des Richterstandes und der Procuratur, um Niederhaltung der Revolutionspartei und um Wiederherstellung der Autorität der Regierung liess man es während des Frühjahrs und Sommers 1878 nicht fehlen, — all' diese Anstrengungen aber wurden durch den übeln Eindruck paralysirt, den der Abschluss des Berliner Vertrages vom 1./13. Juli hervorrief und der die Unzufriedenheit mit dem herrschenden System in die weitesten Kreise trug. Sechs Wochen, nachdem die Kunde von dem Abschluss dieses Vertrages die Runde um die Welt gemacht hatte, am 16. August 1878, wurde der Chef der dritten Abtheilung, General Mesenzow, auf offener Strasse ermordet, am 8. Februar 1879, der Gouverneur von Charkow Fürst Krapotkin erschossen, im März desselben Jahres der Nachfolger Mesenzow's, General Drentelen, vier Wochen später (2./14. April) der Kaiser in Person, von Meuchelmördern angegriffen; während der folgenden zwölf Monate fanden die beiden missglückten Eisenbahn-Attentate von Alexandrowo und von Moskau statt, — am 17. Februar 1880 zertrümmerte eine Dynamit-Explosion das vom Kaiser bewohnte Stockwerk des Winterpalais, einige Tage darauf wurde auf den Grafen Loris-Melikow geschossen und nach einer sodann eingetretenen zwölfmonatlichen Pause das siebente, von nur allzuvollständigem Erfolge gekrönte Attentat gegen den Kaiser Alexander II. ausgeführt: die Vorhersagung, dass Verbrechen von der Art desjenigen der Sassulitsch in sicherer Aussicht stünden, hatte sich erfüllt.

Was den sonstigen Inhalt der Namens des ehemaligen

St. Petersburger Stadthauptmanns, überreichten Denkschrift
anlangt, so sind verschiedene Ansichten über dieselbe
kaum möglich. Auch wenn man die sämmtlichen Behauptungen und Beschwerden Trepow's für bewiesen ansehen wollte, bliebe übrig, dass dieser Staatsmann sich zu
Willkürlichkeiten bekannt hat, die den Antagonismus zwischen Verwaltung und Justiz Russlands nur allzu begreiflich
erscheinen lassen, dass er Anklagen gegen die bestehende
Ordnung erhoben, Enthüllungen über die Zersetzung des
russischen Staats- und Regierungs-Organismus gemacht
hat, deren Pessimismus kaum übertroffen werden kann.
Mit nackten Worten wird herausgesagt, dass die Verwaltung die Entscheidungen der Justiz nur gelten lasse,
soweit dieselben ihren Wünschen und Erwartungen ent-
sprächen, dass die so pomphaft angekündigte Selbständigkeit und Unabhängigkeit der Justiz von ihm, dem obersten
Sicherheits- und Verwaltungsbeamten der Residenz, als
blosse F a r c e behandelt worden sei und dass er seine
Nichtachtung der Grundsätze von 1864 offen und rücksichtslos genug bekannt habe, um die Organe der Justiz
zu seinen Todfeinden und zu Hauptanklägern des herrschenden Systems zu machen. Unmittelbar nachdem er
sich zu Eingriffen in die Rechtssphäre der Procuratur
und der Magistratur bekannt hat, die von den Beamten
dieser Ressorts als directe Herausforderungen angesehen
werden mussten, erhebt General Trepow Anklagen
gegen die russischen Richter und Staatsanwälte, wie sie
kaum jemals von Vertretern der leidenschaftlichsten Opposition geltend gemacht worden sind. Hat er auch nur
zur Hälfte mit dem Recht, was von den demokratischen
Tendenzen dieser Beamten, von ihrer Parteinahme für
die Revolutionspartei, von ihrer Feindschaft gegen die
Administration, von ihrer Gleichgültigkeit gegen die ele-

mentarsten Vorschriften aller Gerechtigkeit und aller jemals geltend gewesenen Process-Einrichtungen gesagt wird, — haben die Dinge in der That so gelegen, dass die Freisprechung der Sassulitsch das Werk einer von den betheiligten Justizbeamten gesponnenen Intrigue war, dass der dieser Freisprechung gespendete frenetische Beifall „von Freunden der Herren Justizbeamten" ausging, die mit dem Wahrspruch der Geschworenen „sympathisiren mussten" — dann ist die revolutionäre Zersetzung des russischen Staatsorganismus sehr viel weiter vorgeschritten, als auch die verstocktesten Pessimisten anzunehmen wagen, dann ist auf ein der Erhaltung des bestehenden Systems gewidmetes Zusammenwirken auch nur der Regierungsorgane selbst weder für die Gegenwart noch für die Zukunft zu rechnen! Dass General Trepow mit einem grossen Theil dessen Recht hat, was den Procureuren Fuchs und Kessler, dem Gerichtspräsidenten vom 1./13. April 1878, dem Vertheidiger und den übrigen Betheiligten zum Vorwurf gemacht wird, kann natürlich nicht bestritten werden. Eben so deutlich und unwidersprechlich liegt aber auch zu Tage, dass eine Verwaltung, welche die Vertreter der Justiz zu ihren Todfeinden macht und handgreifliche Verletzungen der bestehenden Rechtsordnung zu ihren regelmässigen Amtspflichten zählt, dass eine solche Verwaltung die Hauptschuld an der eingerissenen Auflösung und moralischen Verwilderung trägt und dass unter allen überhaupt möglichen Systemen das in Russland befolgte System der Verkoppelung von Gesetzlichkeit und Willkür, von formaler Unabhängigkeit der Justiz und thatsächlicher Omnipotenz der Verwaltung das denkbar widersinnigste, unsittlichste und gemeinschädlichste ist.

IV.

Aus einer Denkschrift vom Frühjahr 1880.

Acht Tage nach dem sechsten der sieben, gegen das
Leben Alexander's II. gerichteten Attentate, dem Versuch
das Winterpalais in die Luft zu sprengen, am 24. Febr. 1880
wurde der früher interimistische General-Gouverneur
von Charkow, General-Adjutant und General der In-
fanterie Graf Loris Melikow zum Ober-Commandeur der
sämmtlichen im Gouv. St. Petersburg garnisonirenden
Truppen und zum Chef einer mit nahezu unbeschränkten
Vollmachten ausgestatteten „obersten Administrativ-Com-
mission" ernannt. Dieser Commission, die thatsächlich
ein blosser Appendix ihres Chefs war, wurde die Leitung
aller politischen Processe im Gouv. St. Petersburg und die
Oberaufsicht über sämmtliche politische Processe im
russischen Reich unterstellt. Soweit es · sich um die Aufrechterhaltung der öffentlichen Ruhe und Sicherheit
handelte, sollten alle Militär- und Civilbeamten den Anordnungen der Commission unbedingte und sofortige
Folge zu leisten haben; ausserdem stand dem Chef derselben das Recht zu, „so oft er es für nöthig halten sollte"
allerhöchste Anordnungen und Gesetzesbestimmungen zu
exportiren d. h. Befehle, die er nicht auf eigne Verantwortung erlassen wollte, unter Umgehung des gesetzlich

vorgeschriebenen Instanzenzuges (Reichsrath, Minister-Comité u. s. w.) an leitender Stelle ratificiren zu lassen.

Es ist bekannt, dass Graf Loris Melikow von den ihm ertheilten ausserordentlichen Vollmachten einen maassvollen, auf die Versöhnung der Regierung mit den liberalen Elementen abzielenden Gebrauch machte, dass er die Entlassung verschiedener, notorisch unfähiger und unpopulärer Minister und höherer Beamten durchsetzte, die Aufhebung der sog. dritten Abtheilung bewirkte und bei erster sich darbietender Gelegenheit seine ausserordentliche Stellung gegen das Amt des Ministers des Innern vertauschte, um durch die Wiederkehr zu normalen Zuständen eine dauernde Beruhigung der Gemüther und den Beginn weitgreifender — freilich niemals klar definirter und niemals in Ausführung gebrachter — Reformen zu ermöglichen.

Unter dem Eindruck dieser Ueberraschung begann man innerhalb gewisser, gemässigt liberaler Kreise der russischen Gesellschaft im Frühjahr v. J. neu aufzuathmen und an die Möglichkeit neuer, durch Loris Melikow vermittelter Umgestaltungen im Sinne des Repräsentativ-Systems zu glauben. Was in dieser Rücksicht gehofft und gewünscht wurde, fasste man in eine Denkschrift zusammen, die während des Frühjahrs und Sommers 1880 zu St. Petersburg in zahlreichen Abschriften coursirte, bis in die höchsten Schichten hinein Zustimmung und Beifall fand und von dem Manne, der sie zur Wahrheit machen sollte, nicht ungünstig aufgenommen wurde.

Den Inhalt dieses Memoires, welches die damaligen Stimmungen zahlreicher, gebildeter und maassvoller Liberalen St. Petersburgs getreulich wiederspiegelt, geben wir nachstehend (zum Theil in wörtlicher Uebersetzung) wieder.

Das Hauptübel der gegenwärtigen Lage besteht in dem Vorhandensein einer aus dem Schoosse der russischen Gesellschaft hervorgegangenen Partei, welche den Kampf gegen die Regierung in einer Form aufgenommen hat, mit welcher kein vernünftiger und gebildeter Mensch, welcher Richtung und welchem Stande er immer angehören mag, sympathisiren kann.

Der Kampf wird in rebellischer Weise und durch gegen die Träger der Autorität geübte gewaltthätige Handlungen geführt.

Wie ist diesem Uebel zu begegnen?

Behufs Beantwortung dieser Frage wird den Ursachen des Uebels nachgegangen werden müssen. In den folgenden Ausführungen soll das durch den Nachweis geschehen, dass

1. die Hauptursache der krankhaften Form, in welcher der entbrannte Streit geführt wird, in dem Mangel an jeder freien Entwickelung der öffentlichen Meinung und der Selbstthätigkeit der Gesellschaft zu suchen ist, — dass

2. der Versuch diesem Uebel durch blosse Repressiv-Maassregeln beizukommen aussichtslos ist, — dass

3. Angesichts der gegenwärtigen Lage der Gesellschaft und der grossen Zahl unbefriedigt gebliebener, dringender Bedürfnisse derselben, eine unversiegliche Quelle der Unzufriedenheit besteht, welche bei dem Mangel an natürlichen Abfluss-Canälen vergiftend wirkt, und dass endlich

4. die allgemeine und weitverbreitete Unzufriedenheit nicht durch die Regierung allein, sondern lediglich durch ein Zusammenwirken aller gesund gebliebenen Elemente der russischen Gesellschaft beseitigt werden kann.

1.

Die Fundamental-Ursache der verderblichen Form, welche der Kampf gegen die Regierung angenommen hat, besteht in dem Mangel an allen Mitteln zu legaler und freier Verlautbarung der weitverbreiteten Unzufriedenheit.

In der Presse kann diese Unzufriedenheit nicht zum Ausdruck gebracht werden, weil dieselbe an freimüthiger Beurtheilung des Thuns und Lassens der Regierung vielfach verhindert ist. Verwarnungen, Suspensionen, Schädigungen durch Verbote des Einzelverkaufs und der Annahme von Inseraten verhindern die freie Bewegung der periodischen Presse. Immer wieder werden diejenigen Materien, welche die öffentliche Aufmerksamkeit am lebhaftesten beschäftigen, der publicistischen Erörterung vollständig entzogen. Das ist auf den verschiedensten Gebieten, neuerdings (Ende 1879 und zu Anfang des J. 1880) z. B. in Sachen des höheren und mittleren Unterrichtswesens, des classischen Unterrichtssystems, der Organisation der Universitäten u. s. w. geschehen und dadurch bewirkt worden, dass diese Angelegenheiten in's Geheim und hinter dem Rücken der an ihnen so lebhaft betheiligten Gesellschaft geordnet worden sind. Ueber andere Dinge durfte (wie die bezügliche, einem vollständigen Verbot gleichkommende Phrase der Censurverwaltung lautet) nur mit „besonderer Behutsamkeit und Vorsicht" discutirt werden. Wahrheitsgetreue Berichte über Thatsachen, welche die Regierung compromittiren könnten, werden ohne Weiteres verboten. Alle Welt erinnert sich der hohen Strafe noch, in welche der „Golos" genommen wurde, weil er wahrheitsgetreu über die gesetzwidrige Einsperrung einer Anzahl altgläubiger

Prälaten berichtet hatte. Die Presse hat nur die Wahl, vollständig zu schweigen, zu heucheln, oder sich einer versteckten und zweideutigen Sprache zu bedienen, welche die Literatur entwürdigt und das Publicum in sehr zahlreichen Fällen in eine unnütze Erregung versetzt. Wird eine Regierungsmaassregel von den Zeitungen innerhalb der engen Grenzen des Erlaubten erörtert, so glauben die Leser zwischen den Zeilen des Gesagten einen geheimen Sinn, ein verborgenes Urtheil herauslesen zu müssen: jedes der Regierung gespendete Wort des Lobes und der Anerkennung aber gilt für blosse Heuchelei. Von der Leber weg zu reden, ist zum Privilegium der Repräsentanten gewisser extremen Richtungen geworden; unbefangenen Urtheilen begegnen wir einerseits in der „Moskau'schen Zeitung" und bei deren Gesinnungsgenossen, — andrerseits in den Organen der revolutionären Geheimpresse.

Eine zweite Ursache für das üppige Wachsthum des unterirdischen revolutionären Sectenwesens ist in dem Schweigen zu suchen, welches man den öffentlichen Versammlungen aufgedrungen hat. Die während des J. 1878 von den Landschafts-Versammlungen Poltawa's, Tschernigows u. s. w. gemachten Erfahrungen, lehren unwidersprechlich, dass die Stimme der ständischen Repräsentation auch da erstickt wird, wo dieselbe aus freier Ueberzeugung zu Gunsten der Regierung Zeugniss ablegt. Systematisch entzieht die Regierung den Landschaftskörpern ihr Vertrauen, indem sie sich in Fällen, in denen sonst die Landschaften consultirt wurden, an rein bureaukratische Institutionen, z. B. die Gouvernements-Behörden für bäuerliche Angelegenheiten wendet. Mit so unverhohlenem Misstrauen werden die landschaftlichen Kreis- und Provinzial- Versammlungen behandelt, dass man

dieselben unter die Aufsicht von Vorsitzenden stellt, die
sie nicht selbst erwählt haben. Indem die Regierung den
Landschafts-Versammlungen die Adelsmarschälle zu Vorsitzenden aufdrängt, macht sie diese Repräsentanten zu
Beamten (Tschinowniks) und viele Marschälle traten ihre
Stellungen bereits in der Absicht an, Rang und Titel zu
erwerben und Carrière zu machen.

Selbst den legalsten und sachlich bestbegründeten
Wünschen und Anträgen begegnet die Regierung häufig
mit Geringschätzung und Nichtachtung. Die Vertreter
der berechtigten Interessen werden mit Unlust angehört
und in den Jahresberichten der Landschafts-Aemter (Ver-
waltungs - Ausschüsse der Landschafts - Versammlungen)
kehrt regelmässig die Klage wieder, dass zahlreiche Anträge nicht nur unerfüllt, sondern auch unbeantwortet
geblieben seien, — von den Anträgen gelehrter Gesellschaften, Congresse u. s. w. gar nicht zu reden. Mit
der gleichen Geringschätzung begegnet man Aeusserungen
der Presse. Es giebt kaum eine Frage der inneren
Verwaltung, über welche die Journalistik sich nicht geäussert, häufig auf Grund wissenschaftlicher Feststellungen
geäussert hätte, — regelmässig aber sind ihre Erörterungen
unberücksichtigt geblieben. Ein besonders lehrreiches
Exempel hat in dieser Rücksicht die neuerdings viel
discutirte Besteuerung der Eisenbahn-Fahrbillets geliefert.
Als der bezügliche Vorschlag zu Ende des J. 1878 auf-
tauchte, wurde auf die Lästigkeit und Unergiebigkeit
dieser Steuer von den verschiedensten Seiten hingewiesen.
Man führte dieselbe dennoch ein und alle an dieselbe
geknüpften Vorhersagungen wurden erfüllt. Grade da,
wo wissenschaftliche Ergebnisse und Erfahrungen am
Meisten in Betracht kommen sollten, z. B. in Fragen der
Finanz- und Wirthschaftsgesetzgebung, deren rein bureau-

kratische Lösung unmöglich ist, fragt die Regierung am
Wenigsten nach der Stimme der Wissenschaft.

Das unvermeidliche Ergebniss solchen Verfahrens
ist die weitverbreitete Ueberzeugung gewesen, dass die
Regierung sich um die öffentliche Meinung absichtlich
nicht kümmere, dass sie Hinweisungen auf begangene Fehler
und Missgriffe nicht dulden wolle: man hat den Eindruck,
als würden Ziele verfolgt, welche mit den öffentlichen Bedürfnissen überhaupt Nichts gemein hätten. Der Glaube
an einen zwischen den Regierungs-Organen und der Nation bestehenden, tiefgehenden Conflict ist gradezu zu
einer Macht geworden. Zwischen den gebildeten Classen
und dem niederen Volk besteht in dieser Rücksicht keine
Verschiedenheit der Meinungen mehr. Der gemeine
Mann sieht den Zaren wie einen Gott an, hegt zu den
Beamten aber nicht das geringste Vertrauen, da dieselben
— seiner Meinung nach — „den Zaren betrügen“. Dasselbe gilt von den Gebildeten, welche dem Monarchen
ergeben sind, in dem dem Volke entfremdeten Beamtenthum dagegen die Wurzel aller Uebel sehen. Die Unfähigkeit der Verwaltung, welche weder Kenntnisse, noch
sittliche Kraft, noch irgend eine Art von Idealismus zeigt,
hat ein Misstrauen gegen die Regierung ausgesäet, das
kaum noch zunehmen kann. Alle Welt steht unter dem
Eindruck der Ohnmacht der Administration und diese
Ohnmacht wirkt um so erbitternder, als das Gefühl von
Leuten abhängig zu sein, die (von Ausnahmen abgesehen)
weder Achtung noch Vertrauen verdienen, die kränkendste
und aufreizendste aller überhaupt möglichen Empfindungen
ist. Es ist so weit gekommen, dass Versuche zur Wiederherstellung der Autorität der Regierung, wie immer
dieselben beschaffen sein mögen, die Sache nur schlimmer
und nicht besser machen können. Vollends aussichtslos und

verderblich ist es, wenn die Regierungs-Organe ihre Autorität mit derjenigen der Allerhöchsten Gewalt zu decken versuchen: selbst der gemeine Mann versteht, dass es sich dabei um ein blosses Gaukelspiel handelt.

Die Unmöglichkeit sich offen auszusprechen, bringt die Leute dazu, mit sich selbst Versteckens zu spielen, ihre geheimen Gedanken und Meinungen zu verhätscheln und jede anderweitige Verlautbarung derselben, möge dieselbe noch so ungesetzliche Formen annehmen, freudig zu begrüssen. Auf solche Weise wird ein für revolutionäre Umtriebe ausserordentlich dankbarer Boden geschaffen: Leute, die sich unter andern Verhältnissen von solchen Umtrieben mit Unwillen abwenden würden, werden zu schwächlicher Connivenz gegen das revolutionäre Element bestimmt.

An Kräften, die sich nach Spielraum für ihre Thätigkeit sehnen, fehlt es bei uns ebenso wenig wie an selbständigen Urtheilen, die nur der Gelegenheit zu ungehemmter Aeusserung harren. Je härter der Druck ist, durch welchen diese legale Bewegung zurückgehalten wird, desto näher liegt es für dieselbe, ungesetzliche Wege einzuschlagen, desto breiter wird die Kluft, welche die Tendenzen der Regierung von denjenigen der Gesellschaft scheidet, desto schärfere Formen und desto grössere Verhältnisse nimmt die Neigung zu ungesetzlichen Protesten gegen die bestehende Ordnung an. Je schärfer diese Protestationen formulirt werden, desto verführerischer wirken sie . . . . . . und was Anfangs die Separatmeinung einzelner excentrischer Hitzköpfe war, wird allmälig zum Glaubensbekenntniss einer ursprünglich ganz anders gearteten Kategorie von Menschen, denen die Möglichkeit einer Entwickelung ihrer guten und gesunden Eigenschaften benommen worden war.

2.

Gegenwärtig (im März 1880) scheint die Meinung die Oberhand zu haben, dass es möglich sei, das vorhandene Uebel ausschliesslich mit Repressiv-Maassregeln auszurotten. Ausgedehnte Kreise sind der Meinung, bevor an Weiteres gedacht werden dürfe, müsse die gesammte öffentliche Aufmerksamkeit auf die Anwendung von Repressivmaassregeln gerichtet werden; wenn diese ihren Zweck erfüllt hätten, werde es wieder an der Zeit sein, auf die Weiterentwickelung des russischen öffentlichen Lebens Bedacht zu nehmen.

In Wahrheit ist es unmöglich, dem vorhandenen Uebel mit Repressionsmitteln irgend welcher Art beizukommen: im Gegentheil leisten dieselben nur dem Wachsthum der Schäden, welche bekämpft werden sollen, Vorschub. Maassregeln der Repression sind gleichbedeutend mit Willküracten der Administration. Mit einer von der höchsten Staatsgewalt geübten Willkür liesse sich unter Umständen vielleicht pactiren: jede von den untern Verwaltungsorganen geübte Willkür ruft dagegen Willkürlichkeiten von der andern Seite hervor. Landpolizeimeister, Viertheilsmeister und Gensd'armerie-Unterofficiere verstehen die Rettung des Vaterlandes alsdann auf ihre Art und setzen sich über alle Gesetze und alle bestehenden Einrichtungen hinweg. Was die Regierung mit einer Hand schafft, zerstört sie auf solche Weise mit der anderen und schliesslich hört jeder Respect vor der Autorität auf; Autoritäten, von denen man weiss, dass sie sich keiner höheren Ordnung einordnen, büssen ihren autoritären Charakter alsbald vollständig ein. Die Zahl der angeblich als wirklich durch Willküracte Bedrohten nimmt beständig zu und es heisst auf der autoritären

Seite schliesslich „wer nicht für uns ist, ist wider uns".
Was dieser Grundsatz im Munde von Administrativ-Or-
ganen bedeuten will, wissen wir aus Erfahrung: er ist
gleichbedeutend mit der Proscription aller derjenigen
ruhigen und nützlichen Leute, die in irgend welcher
Rücksicht anderer Meinung sind, als die Regierung. Nicht
allzulange ist es her, dass wir einen förmlichen Feldzug
gegen die Intelligenz erlebt haben, an welchem die Regierung keineswegs ganz unschuldig war. Vergisst man
doch immer wieder, dass die vielgescholtene „russische
Intelligenz" ein Product der russischen Geschichte ist, dass
die Regierung selbst (von Peter dem Grossen angefangen)
diese böse Intelligenz geschaffen hat und dass dieselbe
(wie immer es sonst um sie bestellt sein mag) alles selbst-
bewusste Denken des russischen Volks einbegreift *).......
Auf die Dauer werden bewusstes Denken und Bildung
sich aber immer als die zuverlässigsten Stützen der Ordnung ausweisen, während da, wo die Leidenschaft an die
Stelle der ruhigen Erwägung tritt, die Willkür die Gesetzlichkeit schliesslich tödtet, — die Gesetzlichkeit mit
welcher es bei uns ohnehin nicht weit her ist ......
Und ist es denn überhaupt möglich, die Entwickelung von Ideen durch Repressivmassregeln aus der Welt
zu schaffen? Die Geschichte der vorigen Regierung
(1825—55) hat das Gegentheil unwidersprechlich bewiesen,
die Geschichte der letzten Jahre zu demselben Ergebniss
geführt. Die Idee einer Volksvertretung z. B. hat in der
jüngsten Zeit ungeheure Fortschritte gemacht und hat

---

*) Es sind gewisse Moskauer Pöbelexcesse gegen die stu-
dirende Jugend gemeint, zu denen die Mosk. Zeit. durch ihre lebhaften, unaufhörlich wiederkehrenden Anklagen gegen die sog.
„russische Intelligenz" erheblich beigetragen hatte.

trotz des Interdicts, welches auf ihre Erörterung gelegt worden, selbst in die Wildniss unseres Provinziallebens den Weg gefunden. Wo es keine freie Presse giebt, tritt die Mittheilung von Mund zu Mund, tritt eine Art Prophetenthum an ihre Stelle. An Beispielen solcher Art ist die Geschichte unseres Sectenwesens und unseres altgläubigen Schisma's so ausserordentlich reich, dass wir uns bloss auf diese zu berufen brauchen. Ideen, welche verfolgt werden, gewinnen eben durch die Verfolgung an Anziehungs- und Ansteckungs-Kraft: sie werden schliesslich durch blosse Winke und durch Andeutungen vermittelt, auf welche unter andern Umständen Niemand Acht geben würde. Ganz besondere Bedeutung aber gewinnt unter den bezeichneten Verhältnissen die Geheim-Literatur. Als Russland in den Besitz einer gewissen, wenn auch nur facultativen Freiheit der Presse gelangte, verloren Herzens „Kolokol" und andere Publicationen verwandter Art sofort ihre frühere Bedeutung.

Nicht ein Mal auf den nächsten, unmittelbaren Erfolg, den man von der Anwendung von Repressiv-Maassregeln erwartet, wird unter den zur Zeit obwaltenden Umständen zu rechnen sein. Es fehlt der Verfolgung an einem greifbaren Object. Weder lässt sich mit Feinden kämpfen, die man nicht zu Gesicht bekommt, noch kann man einer Opposition zu Leibe gehen, welche der Verkörperung in bestimmten Personen entbehrt. Die Opposition, gegen welche man gegenwärtig angehen will, liegt so zu sagen in der Luft, sie versteckt sich im Innern einer unzählbaren Masse von Menschen. An die Stelle der einzelnen Individuen, die man zu fassen bekommt, treten immer neue, aus dem Schooss der allgemeinen Empörung auftauchende Agitatoren.

Endlich kommt in Betracht, dass die öffentliche Aufmerksamkeit sich unter der Herrschaft von Furcht und
Unsicherheit erzeugenden Ausnahme-Maassregeln von den
vitalen Interessen des Landes mit einer gewissen inneren
Nothwendigkeit abwendet, und dass alle Rechnungen auf
die Zukunft unmöglich werden. Statt an die Arbeit zu
gehen, lebt man alsdann nur noch von einem Tage zum
andern und lässt man die Zeit ungenützt verstreichen. —
Wo Repressiv-Maassregeln wie beständige Attribute einer
normalen Staatsentwickelung behandelt werden, wirken
sie nicht mehr und führen sie höchstens dazu, dass die
Thätigkeit der Regierung sich in ihnen erschöpft.

III.

Es ist bereits gesagt worden, dass das charakte-
ristische Merkmal der gegenwärtigen Lage Russlands in
dem Mangel an jeder Art von freiem Ausdruck des Gedankens besteht. Weil ein solcher Zustand mit dem
Entwickelungsgrade der gebildeten russischen Gesellschaft
unverträglich ist, bildet er den Grund der allgemeinen
Unzufriedenheit und der Auflehnungs-Tendenzen.

1. Es fehlt an jedem Spielraum für das Thätigkeits-
bedürfniss der Gesellschaft. Der sich fortwährend weiter
entwickelnde Bürcaukratismus kann dafür keinen Ersatz
bieten, denn das bezeichnete Bedürfniss hat sich im Lauf
der Jahrhunderte, im Besondern des letzten Jahrhunderts
angesammelt. Bereits beim Beginn der Regierung Alexanders II. hatte sich ein fertiges, Verwirklichung heischen-
des Staatsideal aus der Literatur und aus dem Leben
heraus entwickelt. Die Ideen der Unantastbarkeit gewisser Rechte des Individuums, der Freiheit des Gedankens und des Wortes und eine diese Rechte verbürgende
feste Staatsordnung bilden die Grundlage dieses Ideals.

Durch die während der ersten Regierungszeit Alexanders II. in Ausführung gebrachten Umgestaltungen wurden diese der gebildeten Gesellschaft vorschwebenden Ideen vervollständigt und consolidirt; je fühlbarer es wurde, dass die Bedingungen unserer Existenz andere geworden seien, desto allgemeiner wurde das Verlangen, diese Ideen aus dem Bereich der Theorie in dasjenige der Praxis übersetzt zu sehen. Der alte Staatsmechanismus liess für die Bewegung eines immer complicirter gewordenen öffentlichen Zustandes nicht mehr Raum, — seinem Zweck konnte dieser Mechanismus nur noch genügen, wenn eine selbstthätige Gesellschaft die Handhabung desselben übernahm. Das Verlangen nach Antheil am Staatsleben wurde zu einer vollendeten Thatsache, mit welcher hätte gerechnet werden sollen, die die Regierung aber schlechterdings nicht gelten lassen wollte.

Diese Bestrebungen der russischen Gesellschaft sind keineswegs neu und unerhört zu nennen. Bereits unter Peter dem Grossen zeigte die Regierung sich eifrig bemüht, das Bildungs-Niveau des Beamtenthums zu erhöhen. Anfangs war die Zahl der Gebildeten so gering, dass sie nicht ein Mal dem Bedürfniss nach Beamten genügte; dann trat der wunderliche Zustand ein, dass die nämlichen Leute in drei verschiedenen Eigenschaften, als Vertreter des ersten Standes (des Adels), als Repräsentanten der Klasse der Gebildeten und als Repräsentanten des Beamtenthums agirten. Heute hat sich das so vollständig verändert, dass das Contingent der gebildeten Leute unendlich viel grösser ist, als dasjenige der Vertreter des Regierungs-Mechanismus und dass neben dem Beamtenthum eine diesem gleichartige Gesellschaft besteht . . . . Ist es ein Mal dahin gekommen, dass die Mehrzahl der zum Antheil am Staatsleben Berechtigten von dem vorhandenen Regierungs - Mechanismus ausgeschlossen ist und dass diese Mehrzahl nicht ein Mal die Neigung verspürt, sich dem Mechanismus für die Dauer seiner gegenwärtigen Beschaffenheit einfügen zu lassen, — so muss derselbe umgestaltet werden.

Der Staatsmechanismus widerstrebt solcher Umgestaltung aber nicht nur, — er versucht es, die zum Behuf seiner Umgestaltung getroffenen neuen Einrichtungen zu ersticken und zu beseitigen ... Die Landschafts-Institutionen sucht man systematisch niederzutreten, obgleich die Zahl zu der landschaftlichen Thätigkeit befähigter Personen naturgemäss von Jahr zu Jahr zunimmt. Die Protocolle der Landschaftsversammlungen werden unter die Censur der Gouverneure gestellt, die Befugnisse dieser Körperschaften zur Umlegung von Steuern eingeschränkt, die disciplinaren Rechte der Vorsitzenden erweitert; man bestreitet den Landschaften die Competenz in Schulsachen, man ignorirt ihre Anträge mit unverhohlener Geringschätzung, man zieht in Fragen, für welche sie zuständig sind, ausschliesslich Regierungsorgane zu Rathe, ja man giebt den Gouverneuren das Recht über die moralischen Qualitäten erwählter Functionäre der Landschaft abzuurtheilen. Aus selbständigen Organen der Localverwaltung sollen die Landschaften zu untergeordneten Organen der Local-Administration gemacht werden. Das Verlangen nach selbständiger Thätigkeit vermögen diese Vergewaltigungen freilich nicht zu ersticken: dafür ziehen sie die Unzufriedenheit systematisch gross und leisten sie der Meinung, als ob die Administration nicht dem öffentlichen, sondern lediglich dem büreaukratischen Interesse dienstbar sei, beständigen Vorschub.

2. Noch schlechter fährt das in unserer Zeit ein Mal unabweisbar gewordene Bedürfniss nach Unverletz-

barkeit der Personen. Gebieterisch verlangt die öffent-
liche Meinung Unabhängigkeit der Gerichte, Maass und
Umsicht bei Freiheitsberaubungen und Durchsuchungen,
— unter den gesetzlich vorgeschriebenen Bedingungen zu
Stande gekommener Urtheilssprüche, — Sicherung der
Gerichtshegung gegen administrative Eingriffe . . . .

(Hier folgt eine Reihe von Auseinandersetzungen,
welche den Lesern der oben mitgetheilten Denkschrift ·
betr. den Process der Wera Sassulitsch erspart bleiben
können, weil sie nur wiederholen, was in den dieses
Actenstück begleitenden Bemerkungen ausführlich auseinander gesetzt worden ist. Diebe und Mörder könnten
nicht anders als auf Grund gerichtlicher Feststellung
in Haft genommen und zur Untersuchung gebracht
werden, während Personen, die politisch verdächtig erschienen, ohne Urtheil und Recht eingesperrt, internirt
oder nach Sibirien verschickt und wie rechtlose Sclaven
behandelt würden u. s. w. Ebenso übergehen wir
einen der Lage der periodischen Presse gewidmeten
Excurs, weil derselbe lediglich bereits Gesagtes wiederholt. — Desto lehrreicher und für die russischen Durch-
schnittsanschauungen charakteristischer sind die gegen
das Ende des vorliegenden Abschnitts III aufgezählten
Beschwerden betr. das Unterrichtswesen.)

Auf eine Beurtheilung des s. g. klassischen Unterrichtssystems lassen wir uns nicht ein: für uns genügt es,
auf die durch und durch unwahre Stellung hinzuweisen, in
welcher sich dasselbe in Russland befindet. Man hat dieses
System eingeführt, obgleich die gesammte russische Gesellschaft demselben widerstrebte und dadurch eine erfolgreiche
Durchführung desselben mit den grössten Schwierigkeiten umgeben. Wir verlangen durchaus nicht, dass die
überzeugten Anhänger des klassischen Systems dasselbe

wegen solchen Sträubens ohne Weiteres hätten über Bord
werfen sollen; nothwendig wäre aber gewesen, die Thatsache
der allgemeinen Antipathie mit in Rechnung zu ziehen und
demgemäss anders vorzugehen, als man in Wirklichkeit
vorgegangen ist. Man ging von dem Princip aus, dass die
öffentliche Meinung direct bekämpft werden müsse und
erhöhte durch die Methode einer gewaltsamen Durchführung die bereits reichlich vorhandene Widerstandslust *).
In einer Sache, die die intimsten Empfindungen der Einzelnen, die Fürsorge für ihre Kinder betraf, brachte man
die ungeheure Mehrheit der Bevölkerung gewaltsam
gegen sich auf . . . .

Und dabei blieb es nicht ein Mal. Da die Regierung
alsbald gewahr wurde, dass ein grosser Theil der Lehrer
die allgemeine Unzufriedenheit theile, auf der Seite der
Gesellschaft stehe und dem amtlich adoptirten Systeme
nicht zustimme, glaubte sie auch innerhalb der Schule
selbst „energisch vorgehen“ und als Herrin des Hauses
auftreten zu müssen. Schulorganisation und Schulunterricht wurden auf büreaukratischen Fuss gebracht, den
Lehrern gegenüber gerirten die Vorgesetzten sich als Vertreter einer unbeschränkten Willkür, die sich bis auf
die Beziehungen zwischen Lehrenden und Lernenden er-
streckte. Die Lehrer sollten zu wandelnden Maschinen
werden, denen jede einzelne Bewegung durch Circulare,

---

*) Die Hauptanwälte des klassischen Unterrichtssystems waren
die beiden Redacteure der Moskauer Zeitung, Katkow und der verstorbene Leontjew, die nach Beseitigung des ihnen verhassten
„liberalen“ und dem Realismus zuneigenden Unterrichts-Ministers
Golownin (Mai 1866) auf den streng-kirchlichen und reactionären
Nachfolger desselben, den Grafen Tolstoy, entscheidenden Einfluss
gewannen und diesen zu rücksichtloser Durchführung des von ihnen
ausgearbeiteten klassischen Lehrplans bestimmten.

Programme und Rescripte vorgeschrieben wurde. Von
dem elementaren Satz, dass es zu erspriesslicher Lehr-
thätigkeit eines gewissen Masses von Selbstbestimmung
und Unabhängigkeit·bedürfe, schien man an massgebender Stelle niemals Etwas gehört zu haben. — Natürlich
trat eine erhebliche Verschlechterung in der Qualität der
Lehrer ein. Da es an der gehörigen Anzahl von Lehrern
russischer Abkunft fehlte, welche die decretirte Einführung des klassischen Unterrichtssystems hätten in's Werk
richten können, überfüllte man die Schulen mit der russischen Sprache nur höchst unvollkommen mächtigen Fremden. In der Schulverwaltung erlangte schrankenlose
Willkür, in der Unterrichtsertheilung ein bis auf's
Aeusserste gesteigerter Formalismus die Herrschaft. Bei
den Schülern, die aus den Gymnasien hervorgingen, offen-
barte sich ein wahrhaft erschreckender Mangel an moralischer und physischer Erziehung; die physische Entwick-
lung war wegen Ueberanstrengung der mit Aufgaben
überbürdeten, der gehörigen Musse entbehrenden Schüler
zurückgeblieben, — von moralischer Erziehung konnte
nicht die Rede sein, weil es an aller Achtung vor den
moralisch unselbständigen Lehrern fehlte. Wenn der
Schüler die Schule verliess, brachte er aus derselben keine
Bildung mit, — war doch das „klassische System", nach
welchem er hätte gebildet werden sollen, längst zur
Lüge geworden. Das Ziel dieses Systems ist bekanntlich
darauf gerichtet, durch eine logisch geregelte Geistesgym-
nastik den Sinn für das Ideale und ein klares Denkver-
mögen zu entwickeln; statt solcher Gymnastik aber wurde
den Schülern blosser Buchstaben- und Gedächtnisskram
geboten. Von Fachmännern ist bezeugt worden, dass
unsere Gymnasiasten wohl eine Anzahl grammatikalischer
Regeln und Vocabeln, nicht aber die alten Sprachen selbst

lernen, und dass junge Leute, welche Philologen werden
wollen, auf der Universität förmlich „umstudiren" müssen.
Dabei können sie kein ordentliches Russisch und sind Geschichte und Literatur ihres eigenen Volkes ihnen fremd geblieben; dank den erbärmlichen, sprachlich wahrhaft bar-
barischen Hilfsbüchern, die zur Uebung im Uebersetzen aus
dem Russischen in's Lateinische und Griechische benutzt
werden, schreibt die junge Generation durchschnittlich einen
wahrhaft entsetzlichen Styl. An „passivem Fleiss" mag die
Generation, welche die Gymnasien während der letzten
Jahre vollständig durchgemacht hat, vor der vorhergegangenen Manches voraus haben, — in Bezug auf wahre Bildung
und Fähigkeit zu selbständigem Denken steht sie hinter
der letzteren unzweifelhaft zurück. D i e s e m Geschlecht
ist jede Fähigkeit zu vernünftiger Kritik des Erlernten
abhanden gekommen.

Natürlich sind diese Mängel den Eltern der Lernenden nicht entgangen. Sie jammern über das Geschick ihrer
Kinder und hassen die Schule, welche sich der Familie von
Hause aus feindlich gegenüber gestellt hatte. Auf das
Geschick des heranwachsenden Geschlechts ist das natürlich von nachtheiligem Einfluss gewesen. Wie soll bei
der Erziehung etwas herauskommen, wenn die Erziehen-
den (die Schule und die Familie) sich untereinander hassen
und herabwürdigen. In der Seele des jungen Menschen erlischt der Glaube an die sittlichen Ideale: diese
Seele wird für die Aufnahme nihilistischer Samenkörner
förmlich präparirt. Wenn die Universitätsjugend immer
noch eine gewisse Tüchtigkeit repräsentirt, so kann das
schlechterdings nicht als Zeugniss für die Tüchtigkeit
der Gymnasien angesehen werden, denn die Zahl derjenigen, welche diese Anstalten vollständig durchmachen,
ist eine verhältnissmässig geringe.

3. Handgreiflich sind auch die Mängel unseres Universitätswesens.

Das im Jahre 1863 erlassene Statut für die russischen Universitäten enthält alle für eine regelmässige Entwickelung unserer höchsten Lehranstalten erforderlichen Bedingungen. Die Universitäten erhielten durch dasselbe eine selbständige, corporative Organisation; wenigstens bis zu einem gewissen Grade war die für höhere wissenschaftliche Lehranstalten unentbehrliche Lehrfreiheit durch dieses Gesetz verbürgt. Innerhalb der Mauern der Hochschulen waren die Studirenden ausschliesslich von ihrer akademischen Obrigkeit abhängig, die ihnen mit Humanität und Milde entgegentrat, und der sie mit Vertrauen und Ergebenheit nahen konnten. Die Verwirklichung dieser Grundsätze stiess allerdings auf einige Missverständnisse, die zu den vielbesprochenen „Studenten-Geschichten" führten. Wenn es zur Zeit der Einführung der neuen Ordnung auch die Professoren zuweilen an sich fehlen liessen, so ist das aus dem Zustande der Unfertigkeit (wörtlich „Unvorbereitetheit") zu erklären, in welchem gewisse damalige Universitätslehrer staken, die sich in die neueren Verhältnisse nicht zu finden vermochten. — Anlangend die studentischen Wirren, ist zu constatiren, dass wenn dieselben eine ernstere Bedeutung erlangten, solches lediglich in Folge der vorschnellen und überstürzten Einmischung geschah, zu welcher gewisse ausserhalb des Universitätskörpers stehende Autoritäten sich berufen fühlten. Blosse Schülerausschreitungen wurden auf diese Weise zu politischen Angelegenheiten aufgebauscht, während Conflicte, bezüglich welcher die akademischen Senate fremder Einmischung zuvorzukommen wussten, regelmässig einen friedlichen Ausgang nahmen. Durch stete Berufungen auf diese Vorgänge haben die durch persön-

liche Rücksichten bestimmten Feinde der akademischen
Unabhängigkeit fertig gebracht, dass zehn Jahre nach Erlass des Universitäts-Statuts unter directer Begünstigung
durch das Unterrichts-Ministerium ein förmlicher Feldzug
gegen dieses Gesetz eröffnet, und dass die „Universitätsfrage"
vieljähriger, für beide Theile ermüdender officieller Untersuchung unterzogen wurde, bei welcher es von vorn herein
auf die Aufhebung der bestehenden Ordnung abgesehen war.
Von Seiten des Ministerium wurde diese Untersuchung in
tendenziöser Weise, mit Unduldsamkeit gegen die Gegner
und mit unverhohlener Geringschätzung der mit seltener
Einstimmigkeit von den Sachkennern geäusserten Meinung
geführt. Seit sieben Jahren befindet der Stand unserer
Universitätslehrer sich in peinlicher Ungewissheit über seine
Stellung und müssen diese Männer ihre Zeit den Kämpfen
für die Erhaltung ihrer gegenwärtigen Position opfern.
Gegen das Universitätsstatut von 1863 und gegen die durch
dasselbe gewährte Lehrfreiheit wird unter dem Vorwande zu Felde gezogen, dass das gedachte Gesetz Deutschland nachgeahmt sei, der nämliche Einwand wurde
gegen die Beziehungen zwischen Studenten und Professoren erhoben, die man durchaus einengen und be-
schneiden wollte. Absichtlich wurde ausser Augen gesetzt,
dass viele dem Buchstaben nach von dem Gesetz von 1863
abweichende deutsche Einrichtungen thatsächlich unseren
Verhältnissen höchst ähnlich sahen und dass zu Folge der
eigenthümlichen Beschaffenheit unserer russischen Bildung
das Ministerium nicht ein Mal dasjenige Maass von Einfluss auf die Universitäten zu üben vermocht hatte,
den das mehrerwähnte Gesetz ihm zusprach. — Die literarischen Helfershelfer, auf welche das Ministerium sich
dabei stützte, waren Leute von allerzweifelhaftestem
Rufe. — Alle diese Umstände haben dazu beigetragen, die

Gesellschaft zu beleidigen und in den Zustand höchster
Erbitterung zu versetzen. Bei jedem neuen Schritte trat
deutlicher und immer deutlicher zu Tage, dass die von
dem Ministerium verfolgten Tendenzen Producte der Im-
potenz seien, welche die Absicht hatten, das höhere Unterrichtswesen zum Tummelplatz schrankenloser administrativer Willkür zu machen . . . . *).

IV.

Nur durch allgemeine Maassregeln kann die über
die gesammte russische Gesellschaft verbreitete, tief-
gehende Unzufriedenheit beseitigt werden, welche durch
eine falsche innere Politik erzeugt worden ist.

Die Regierung allein kann solche Maassregeln nicht
ergreifen, sie bedarf dazu der Beihilfe der gesammten
russischen Gesellschaft.

Jeder Blick auf die innere Lage lehrt, dass die Zeit
für eine Zusammenfassung aller gesunden Kräfte des
Landes gekommen ist. Alljährlich wachsen die Staats-
bedürfnisse, binnen zwanzig Jahren hat das Budget sich
mehr als verdoppelt, unabweisliche Anforderungen machen
weitere Erhöhungen der Einnahmen nothwendig, und die
ungeheuren Ausgaben, welche der letzte Krieg verschlungen hat, sind erst theilweise gedeckt worden. So
lange das gegenwärtige Steuersystem besteht, erscheint
es unmöglich, dem bereits überbürdeten Staate die Auf-

---

*) Die vorstehend erörterten Zustände sind in dem Buche
„Russland vor und nach dem Kriege" (Leipzig 1879, 2. Aufl.)
eingehend besprochen worden. Der verhasste Unterrichts-Minister
Graf Tolstoy wurde auf Andringen Loris-Melikow's im Frühjahre
1880 entlassen, Tolstoy's freisinniger und gebildeter Nachfolger
Saburow indessen bald nach der Thronbesteigung Alexanders III.
beseitigt.

bringung erhöhter Steuern zuzumuthen. Allerdings ist
es mit Hilfe neuer Papiergeld-Emissionen und zu Folge
eines momentanen Handelsaufschwungs während der beiden
letzten Jahre gelungen, die Budgetvoranschläge zu balan-
ciren und Zukurzschüsse zu vermeiden, — auf die
Wiederkehr gleich günstiger Ergebnisse ist aber nicht
ein Mal für das laufende Jahr (1880) zu rechnen. Die
Regierung selbst hat die Dringlichkeit einer Steuerreform
für Russland anerkannt. Mit der blossen gelegentlichen
Beseitigung gewisser alter Steuern und der gelegentlichen
Einführung neuer wäre indessen Nichts gethan: soll geholfen werden, so kann das nur durch eine Umgestaltung
unseres gesammten Steuersystems und durch eine Neu-
vertheilung der Steuerlast unter die verschiedenen Klassen
der Bevölkerung geschehen. Damit wird aber noch nicht
Alles gethan sein. Aus den vorhandenen Schwierigkeiten
werden wir nur herauszukommen vermögen, wenn zugleich die productiven Kräfte der Nation gehoben, die
Erträge der nationalen Arbeit erhöht werden. Mit diesen
Erträgen aber ist es, nach dem einstimmigen Urtheile
Aller, welche das wirthschaftliche Leben unserer Provinzen kennen, im Verlaufe der letzten Jahre nicht vorwärts, sondern rückwärts gegangen. Ein Drittheil Russlands leidet zur Zeit unter einer Bedrängniss, die sich
an einzelnen Orten bis zu förmlicher Hungersnoth gesteigert hat. Im Süden des Reichs richtet der Getreide-
Käfer furchtbare Verheerungen an, in andern Provinzen
hausen die Diphtheritis und andere ansteckende Seuchen,
in den Manufactur- und Fabrikdistricten werden Klagen
über ein allmäliges Erlahmen der Production und Befürchtungen vor einer abermaligen Krisis laut. Auf den
Märkten des Auslandes wird die Concurrenz der Vereinigten Staaten von Nord-Amerika für unsern Ausfuhr-

Handel immer bedenklicher, im Inlande greift eine
Theuerung um sich, die Einschränkungen des Bedarfs und
Schädigungen von Handel und Gewerbe im Gefolge hat.
Auf allen Gebieten des wirthschaftlichen Lebens, in allen
Ecken des Landes hat man die Empfindung der Un-
sicherheit und eines schleichenden, an den productiven
Kräften des Landes zehrenden Siechthums.

Dieses Gefühl der Unsicherheit ist aber mehr als
eine vorübergehende, bloss momentane Erscheinung, es
ist die natürliche Folge davon, dass unser staatlich-ad-
ministrativer Mechanismus hinter den in der Umgestaltung
begriffenen, immer complicirter werdenden Bedingungen
eines mächtig ausgedehnten Staates zurückgeblieben ist.
Grade wie in den Tagen unserer „guten alten Zeit" ist
das eifersüchtige Bemühen der Centralregierung darauf
gerichtet, die Gesellschaft von jeder Theilnahme an den
öffentlichen Angelegenheiten auszuschliessen und „für Alle
zu denken und zu handeln". So lange das Staats- und Volksleben sich in den alten Gleisen patriarchalischer Ordnung
bewegte, war das richtig und weise. Wer aber wüsste
nicht, dass diese alte Ordnung im Verlaufe der letzten Jahre
grössere und einschneidendere Veränderungen erfahren hat,
als sie jemals sonst irgend wo und irgend wann vorgekommen sind. Die Agrarreform hat die wirthschaftliche
Existenz und die gegenseitigen Beziehungen von Bauern
und Gutsbesitzern Russlands total umgestaltet. Neue
Verkehrsmittel haben Handel und Gewerbe in neue
Wege gewiesen, frühere Formen der gewerblichen Thätigkeit vernichtet, neue in's Leben gerufen, das Geschick
ganzer Landschaften von dem Belieben der Eisenbahn-
verwaltungen abhängig gemacht. Neue Creditinstitutionen
haben weit auseinander liegende Ortschaften mit der
Kette gemeinsamer Verhaftung umschlossen — allent-

halben sind tausend neue, früher unbekannt gewesene
Bedürfnisse und Fragen wach gerufen worden. Der
Zusammenhang zwischen den verschiedenen Theilen des
Staatsgebiets ist zu Folge dieser neu geschaffenen Interessen-
gemeinschaft ein so enger geworden, dass Hemmungen
und Unregelmässigkeiten der Entwickelung an einem
Orte häufig fern abliegende Gegenden in Mitleidenschaft
ziehen. Locale Verlegenheiten, mögen sie nun durch
Misswachs, Viehseuchen, ansteckende Krankheiten, Stö-
rungen des Eisenbahn- oder Schiffsverkehrs hervorgerufen
werden, werden alsbald zu Nöthen des gesammten Reichs.

Einem so complicirten Zustande gegenüber würde
eine Central-Verwaltung unzureichend sein, auch wenn
sie mit übermenschlicher Energie und Weisheit ausgestattet wäre: fallen ihr allein doch all' die unzähligen
Aufgaben des öffentlichen Lebens zu, wenn und so lange
die Gesellschaft von selbständiger Thätigkeit ausgeschlossen ist. Ganze Reihen von Bedürfnissen bleiben
entweder völlig unbefriedigt, oder sie werden ohne jede
Berücksichtigung der localen Interessen rein nach der
Schablone abgefertigt, oder es greift eine Systemlosigkeit
Platz, innerhalb welcher die ergriffenen Massregeln einander gegenseitig aufheben. Jeder dieser Missgriffe aber
trägt zur Verminderung des Ansehens der Regierung
und zur Verbreitung bittern Unmuthes gegen dieselbe bei.

Aus dem vitiösen Cirkel, in welchen wir gerathen
sind, kann Russland nur dadurch befreit werden, dass
eine selbständige Versammlung von Landschafts-Vertretern
eingeladen und zum Antheil am Staatsleben berufen
wird, nachdem den einzelnen Mitgliedern derselben
Freiheit der Person, der Meinung und des Worts gewährleistet worden.

Die Gewährung dieser Freiheit wird die besten Elemente der Nation an die Oberfläche ziehen, das schlummernde und stockende Leben wachrufen, reiche productive Kräfte entfesseln; nachdrücklicher als Repressiv-Massregeln es irgend vermöchten, wird die Freiheit aber zugleich die staatsfeindlichen, anarchistischen Parteien zum Schweigen bringen. In offenem Kampfe wird es nicht schwer halten, die Irrthümer der anarchistischen Theorie blosszulegen, durch Entfaltung einer gesunden Thätigkeit und Beseitigung der allgemeinen Unzufriedenheit möglich sein, ihrer schleichenden Propaganda den Boden zu entziehen.

Die russische Gesellschaft steht hinter der bulgarischen an Reife für freiheitliche Einrichtungen nicht zurück; sie fühlt sich dadurch gedrückt, dass sie noch länger unter Vormundschaft gehalten werden soll. Dumpf und verhalten (eine andere Art der Aeusserung ist unter der Herrschaft der gegenwärtigen Ordnung eben nicht möglich) wird allenthalben, in den Landschafts- und Adelsversammlungen nach diesen freiheitlichen Einrichtungen verlangt. Durch die Verleihung solcher Institutionen, an deren Spitze eine Versammlung von Landschafts-Repräsentanten zu treten hätte, würden einem grossen Volke neue Lebenskraft, neuer Glaube an die Regierung und Vertrauen auf die Zukunft eingeflösst werden. Als der letzte Krieg vorbereitet wurde, hegte die gesammte russische Gesellschaft instinctiv die Erwartung, dass das grosse Werk der Befreiung uns stammverwandter Völker zu einer gleichzeitigen inneren Befreiung führen werde. Sollte unserm Lande wirklich beschieden sein, sich mit dieser Erwartung getäuscht zu haben?“

Des Grafen Loris-Melikow Absicht, die Landschafts-Einrichtungen zum Centrum seines Reformprogramms zu machen, bezeugt, dass die vorstehende Denkschrift in der That den Punkt getroffen hatte, in welchem die Wünsche der meisten liberalen Russen einander begegneten und dem auch der „conservative" Nachfolger Loris-Melikow's nicht aus dem Wege gehen zu können scheint.

Unter Alexander III.

Zwei Monate nach der Thronbesteigung Alexander's III., am 1./13. Mai 1881, veröffentlichte der amtliche „Regierungs-Anzeiger" ein kaiserliches Manifest, in welchem der Selbstbeherrscher aller Reussen die Absicht aussprach, Selbstherrscher zu bleiben, „im Gehorsam gegen die Stimme Gottes die Zügel fest zu fassen und im Glauben an die Kraft und Wahrheit der selbstherrschenden Gewalt, diese Gewalt zu befestigen und vor allen Anfechtungen zu bewahren". Fünf Tage später legte der seitherige Minister des Innern, Graf Loris-Melikow, sein Amt in die Hände des Grafen Ignatjew nieder, am 8. Mai resignirte der Finanzminister Abasa, ohne dass ein Nachfolger für ihn hätte ausfindig gemacht werden können, und nach weiteren drei Wochen trat Graf Dmitri Miljutin, seit zwanzig Jahren Kriegsminister und als solcher Urheber der grossen Militär-Reorganisationen von 1863 und 1872, in das Privatleben zurück.

Zu der in der russischen Geschichte noch nicht dagewesenen Erscheinung eines freiwilligen Collectivrücktritts dreier kaiserlicher Minister hatte ein gleichfalls noch nicht dagewesener Vorgang die Veranlassung gegeben. Tags nachdem Loris-Melikow den von der Mehrzahl seiner Collegen gebilligten, angeblich aus der Hinterlassenschaft Alexander's II. stammenden Vorschlag, eine aus Landschaftsvertretern zusammengesetzte Notabelnversammlung

21 *

einzuberufen, dem Kaiser vorgelegt und, wie er glaubte, Sr. Majestät Bedenken gegen dieses Project beseitigt hatte, war einer der Hauptgegner desselben, der Oberprokureur des Synod, Herr Pobedonoszew, nach Gatschina beschieden und zu nochmaliger Begutachtúng des Melikow'schen Planes aufgefordert worden. Die Ergebnisse d i e s e r Verhandlung waren Verwerfung des ministeriellen Vorschlages und Erlass des erwähnten Manifestes vom 1./13. Mai gewesen, dessen Autorschaft man Herrn Pobedonoszew zuschrieb und auf welches Graf Loris-Melikow und dessen Collegen mit ihren Abschiedsgesuchen antworten zu müssen geglaubt hatten.

Die in Russland herkömmliche Art der Behandlung intimer kaiserlicher Entschliessungen lässt die Frage nach den Einzelheiten des erwähnten Vorganges ebenso überflüssig erscheinen, wie die Beschäftigung mit den bezüglichen Zeitungsnachrichten. Wir müssen uns daran genügen lassen, dass die Ueberraschung über diese unerwartete Wendung bei allen Betheiligten gross und bewältigend genug war, damit selbst die gewöhnlichsten der in St. Petersburg herkömmlichen Anstandsrücksichten gegen den Souverän für einen Augenblick bei Seite gelassen wurden. Als ob man sich an der Seine oder Themse und nicht in der Region des „beruhigenden" Newa-Eises befinde, nahm die Börse das Manifest vom 1./13. Mai höchst übellaunig, die periodische Presse dasselbe mit beleidigendem Schweigen auf, kamen Ovationen zu Ehren Loris-Melikow's bei Beamten und Nichtbeamten in die Mode und fand die in einem Gegen-Manifest der Revolutionspartei abgegebene Erklärung: „wir werden den uns aufgedrungenen Krieg annehmen" ein ungewöhnlich aufmerksames und zahlreiches Publikum. Allen officiellen und officiösen Anstrengungen zum Trotz liess sich nicht

ein Mal der S c h e i n einer beifälligen Aufnahme der Allerhöchsten Entscheidung vom 1. Mai herstellen, Inland und
Ausland zeigten sich vielmehr überrascht und misstrauisch,
und die von Moskau aus unternommenen Versuche, die
Stimme der nationalen Partei mit der Stimme Russlands
zu identificiren, machten die Sache eher schlimmer als
besser. Weder innerhalb noch ausserhalb des weiten Reiches
begegnete die von der „Mosk. Zeit." emphatisch abgegebene
Erklärung „dass Russland wieder frei athme, nachdem
ihm der selbstherrschende Zar wieder geschenkt worden"
Glauben und Zustimmung, — nirgend wollte man die neue
Katkow'sche Entdeckung gelten lassen, „dass man das
Vaterland nur für gerettet zu halten brauche, damit es
wirklich gerettet sei." In Russland hielt das Erstaunen
darüber, dass der von der öffentlichen Meinung längst
aufgegebene Kampf für die Erhaltung der absolutistischen
Staatsform noch ein Mal aufgenommen werden sollte, alle
übrigen Empfindungen nieder, — im westlichen Europa aber
prävalirte die Verwunderung über das eigenthümliche
Verhältniss, in welchem das vorgesteckte Ziel und das
angewendete Mittel zu einander standen.

Und zu solcher Verwunderung war in der That reich-
licher Grund vorhanden. [Der revolutionärste, waghalsigste
und grundsatzloseste Staatsmann, den das moderne Russland hervorgebracht hatte, der Bannerträger der grossen
südslavischen Umwälzung, der Anstifter des letzten Krieges,
der Urheber der demokratischen Verfassung Bulgariens,
der Mann, der an der Zerstörung des alten Russland grösseren Antheil gehabt hatte, als irgend ein anderer
Lebender, war an die Spitze einer Regierung gestellt
worden, welche (wie es in einem gleichzeitig mit dem
Manifeste erlassenen Hirtenbriefe des „Allerheiligsten"
Synod hiess) „den guten Saamen für kommende Ge-

schlechter streuen, Sittenreinheit, Frömmigkeit, Keusch-
heit und Tugend fördern", d. h. das alte, abgeschlossene,
selbstzufriedene patriarchalische Russland wiederherstellen
sollte. Der Mann, den man am goldenen Horn den „Vater
der Lüge" genannt hatte, wurde dazu berufen, „die Lüge
zu bekämpfen, Sittlichkeit und Treue zu erneuern", der
grundsatzlose Glücksspieler, der echte Sohn eines innerlich aufgelösten Zeitalters mit der Aufgabe betraut, die
gute alte Zeit und den alten Glauben an die Göttlichkeit
der unbeschränkten zarischen Gewalt wiederzubringen!

Und diese Aufgabe sollte Graf Ignatjew mit Hilfe
einer Anzahl unbedeutender, bisher völlig unbekannt gewesener Collegen und an der Spitze einer Partei lösen,
deren Zusammensetzung aus disparaten, zum Theil un-
berechenbaren Elementen jeden festen Rückhalt und jede
sichere Calculation ausschloss und zu der dem neuen
Minister überdies jedes nähere Verhältniss fehlte. Kein
Wunder, dass Niemand an die Dauer und Lebensfähig-
keit dieses Regiments glauben wollte, dass sich insbesondere dem Beamtenthum ein Gefühl der Unsicherheit mittheilte, das noch heute nicht gewichen ist. Monate vergingen, bevor man dem Frieden auch nur in jenen „inneren
Gouvernements" traute, deren Urtheilslosigkeit und Gefügigkeit gegen die Centralstelle sprichwörtlich ist, — weitere
Monate, bevor die Gouverneure der entfernteren Provinzen
nach St. Petersburg kamen, um dem Nachfolger Loris-
Melikow's die schuldige und herkömmliche Reverenz zu
machen. „Ich weiss ja nicht, wie die Dinge sich gestaltet
haben werden, bis ich in Petersburg angekommen bin",
soll ein ausserhalb des Eisenbahnnetzes residirender kaiserlicher Statthalter auf die Frage nach den Gründen seines
Zuhausebleibens geantwortet haben; „da ich nicht weiss,
ob ich rechts oder links treten soll, trete ich lieber gar

nicht in Petersburg auf", erklärte ein anderer, noch rou-
tinirterer Gouvernements-Chef. Wussten die mit den
Personalverhältnissen der kaiserlichen Umgebung näher
bekannten höheren Beamten doch noch genauer, als andere Leute, dass das Emporkommen einer „nationalen
Richtung" bei Hofe mit einem Parteiregimente im herkömmlichen Sinne des Worts schlechterdings nicht ver-
wechselt werden dürfe, — dass zu einem solchen Regimente nicht weniger als Alles fehle und dass der angebliche Hauptvertreter des „nationalen Programms"
programmloser als irgend einer seiner Vorgänger sei.

Da die Verhältnisse, welche Ignatjew's Berufung an
die leitende Stelle begleiteten, noch gegenwärtig fortdauern, wird eine kurze Bemerkung über das, was man
die „nationale Partei" in Russland nennt, am Platze sein.

Innerhalb der Gruppe, welche seit der Entlassung
Loris-Melikow's am Ruder ist, sind zwei, oder wenn
man will drei verschiedene Richtungen zu unterscheiden,
die wohl in der Absicht zusammentreffen, Russland seinen
nationalen Charakter und seinen nationalen, unumschränkten
Zaren zu erhalten, die im Uebrigen aber herzlich wenig mit
einander gemein haben. Der seinem kaiserlichen Bruder
besonders nahestehende Grossfürst Wladimir, der Minister
des kaiserlichen Hauses Graf Woronzow-Daschkow, Ignatjew's früherer Adjunct Tscherewin und in gewissem Sinne
auch der durch seinen kirchlichen Eifer bekannte Oberprocu-
reur Pobedonoszew wünschen nicht nur die uneingeschränkte
kaiserliche Gewalt, sondern zugleich möglichst Viel von
der alten Ordnung erhalten zu sehen. Diese Herren gelten
sich und Andern für „national", weil sie die liberalen und
constitutionellen Ideen des Westens und den Westen wegen
dieser Ideen hassen und weil sie die „Samodershawije"
(den Absolutismus) für ein nationales, altrussisches und

mit altrussischen Mitteln zu erhaltendes Institut ansehen.
Der sonstige Inhalt des „nationalen“ Programms liegt der
Natur der Sache nach Männern fern ab, die in Petersburg geboren und erzogen, als hohe Beamte und Garde-
Officiere emporgekommen sind und die das Heil darin
sehen, die herrschende Kaste in hergebrachter Manier
weiterregieren zu lassen. Der Inhalt des nationalen Gedankens erschöpft sich für die Woronzow-Daschkow und
Genossen in dem zarischen Absolutismus und in der Erhaltung des alten Brauchs, nach welchem der Zar seine
Diener vornehmlich aus den alten Geschlechtern des
Landes zu nehmen hat; wenn die Rebellion niedergetreten,
der liberalen Ausländerei ein Ende gemacht und dafür
gesorgt wird, dass die Beamten zur Ehrlichkeit, die übrigen
Unterthanen zum „Gehorsam“ bestimmt werden, so ist das
w a h r e nationale Russland bereits da und bedarf es eines
Weiteren nicht. — Ganz anders stellt sich Herr Katkow
und wieder anders Herr I. S. Aksakow die Sache vor. Der
Erstere (bis zum Jahre.1863 im Geruch englisch-constitu-
tioneller Neigungen stehend) hat sich seit dem polnischen
Aufstande allerdings consequent als Vorkämpfer des Absolutismus und des centralisirten russischen Nationalstaats
gebärdet, indessen niemals ein Hehl daraus gemacht, dass
ihm der Absolutismus vornehmlich als Waffe für die Verwirklichung des panslawistischen Programms von Werth
sei und dass die Erhaltung der bestehenden Staatsform
nur unter der Voraussetzung tiefgreifender, von einer gebildeten Büreaukratie auszuführender Neugestaltungen
möglich sein werde. — Aksakow’s Begeisterung für die
zarische Selbstherrlichkeit stammt von vorgestern und ist
für die vielen Leute, die den berühmten Iwan Sergejewitsch
im J. 1877 als Vorkämpfer der Idee des Semski Sobor
(der allgemeinen Landesversammlung) kennen gelernt

hatten, durchaus überraschend gekommen. Nach Aksakow's Anschauung muss der wahrhaft nationale Russe
zugleich Demokrat sein und ist nächst der verhassten
Hauptstadt an der Newa der russische Adel der getreuste
Repräsentant der russischen Ausländerei und des Abfalls
von den alten nationalen Traditionen. Liberalismus und
Constitutionalismus hasst Herr Aksakow eigentlich nur
wegen ihres heidnisch-europäischen Ursprungs, — liessen
diese sich in's Russische übersetzen oder gar als Ergebnisse einer nationalen Entwickelung aus vorpetrinischer
Zeit nachweisen und so einrichten, dass die von dem
fremdländischen Gifte angesteckten Classen jeder Theil-
nahme an der Regierung entrückt würden, so hätte Iwan
Sergejewitsch nichts oder doch nur sehr wenig gegen
eine Beschränkung des Absolutismus (wie er sie noch
vor vier Jahren selbst angerathen hatte) einzuwenden.
Die den Nationalen der Hofpartei und dem zünftigen
Beamtenthum alle Zeit verdächtig gewesenen Landschafts-
Institutionen haben Herrn Aksakow immerdar am Herzen
gelegen, — für die Selbstverwaltung und gegen die
Allgewalt der Büreaukratie hat er bis in die neueste
Zeit hinein Zeugnisse abzulegen gewusst, die „höheren
Orts" ausserordentlich missfällig aufgenommen worden
sind — und über die Frage, ob die „Samodershawije"
echt russischen oder petrinisch-europäischen Ursprungs
ist, sind des berühmten Publicisten Meinungen zu verschiedenen Zeiten verschiedene gewesen. Ob Herr Aksakow sich gleich gegenwärtig durch einen wahren Feuer-
eifer für das Zarenthum von Gottes Gnaden auszeichnet,
so ist er doch als Vertreter der äussersten Linken innerhalb der nationalen Partei anzusehen, während die Woronzow-Daschkow und Genossen die Rechte, Katkow und
dessen Freunde das Centrum repräsentiren. — Das Band,

welches die drei Gruppen zusammenhält, ist ein dünnes, aus Antipathie gegen die Sapadniki (Westlinge) geflochtenes. Ein diesen Namen verdienendes gemeinsames Programm hat die nationale Partei nie besessen und wird sie niemals zu Stande bringen.

Als Repräsentant einer slawistischen auswärtigen Politik, nicht als Anhänger der einen oder der anderen Gruppe ist der ehemalige Botschafter zu den Nationalen in Beziehung getreten, — als Urheber des letzten Krieges, Contrahent des Vertrages von San Stefano und Hauptgegner der Berliner Congressbeschlüsse ist der neue Minister von den Patrioten der Katkow-Aksakow'schen Schule willkommen geheissen worden. Es kam für ihn darauf an, einen Platz zwischen den drei Gruppen ausfindig zu machen, der allen dreien gleich nah benachbart war. Um sich bei Hofe zu behaupten, muss Ignatjew es den vornehmen Herren recht machen, die das Ohr des Kaisers haben und denen keine Repression energisch genug ist; auf Katkow's Unterstützung ist für die Dauer nur zu rechnen, wenn in allen Fragen innerer Politik nationale und centralistische Gesichtspunkte zur Geltung gebracht werden, — Herr Pobedonoszew meint, dass zu allen Dingen ein Stück kirchlicher Rechtgläubigkeit nützlich sei und mit Aksakow und den übrigen volks- und bauernfreundlichen Nationalen lässt sich nur leben, wenn die in der Semstwo vorhandenen „Keime" weiter entwickelt und die berechtigten Klagen der ländlichen Bevölkerung wenigstens bis zu einem gewissen Grade berücksichtigt werden. Für einen Mann von der unbefangenen Nüchternheit Ignatjew's konnte überdies nicht zweifelhaft sein, dass auch die Gegner nicht aufs Aeusserste getrieben, extreme Maassregeln überhaupt nach Möglichkeit vermieden werden müssten. Seine ersten Anstreng-

ungen waren demgemäss darauf gerichtet, nach allen Seiten
hin beruhigende Versicherungen zu geben und das peinliche Aufsehen zu beschwichtigen, welches durch seine
Ernennung zum Chef des wichtigsten Verwaltungszweiges
hervorgerufen worden war.

In diesem Sinne erliess der neue Minister des Innern
wenige Tage nach seinem Amtsantritt ein an die Provinzial-
Gouverneure gerichtetes Rundschreiben, welches die in dem
kaiserlichen Manifeste hervorgehobenen Principien erläu-
tern, die Ansicht der Regierung über die inneren Zustände
bekannt machen und auf die dunkeln Seiten der gegenwärtigen hinweisen, gleichzeitig aber darthun sollte, dass
der Minister nicht der Reactionär sei, für welchen man
ihn hielt. Die irreligiöse Erziehung der Jugend, die Un-
thätigkeit der Behörden, die Gleichgültigkeit öffentlicher Stellen dem allgemeinen Wohle gegenüber und die
gewinnsüchtige Behandlung des Staatseigenthums seien als
die Hauptübel des herrschenden Zustandes anzusehen. In
diesen Umständen sei die Erklärung der traurigen Thatsache zu suchen, dass die grossen Reformen der vorigen Regierung nicht den vollen Nutzen gebracht hätten, welchen
der verstorbene Kaiser erwarten durfte. Nur ein durch die
Anhänglichkeit und unbegrenzte Liebe des grossen Volks
starker Selbstherrscher könne bei der aufgeklärten Mitwirkung der besten Söhne des Vaterlandes das grosse
Uebel, woran Russland leide, mit Erfolg beseitigen. Die
erste Aufgabe sei die Ausrottung des rebellischen Geistes,
welchem die Gesellschaft aus eigener Initiative entgegen-
treten müsse. Die zweite Aufgabe sei die Bekräftigung
des Glaubens und der Moralität. Die Regierung werde
besonders dafür sorgen, Ordnung und Gerechtigkeit
in die von dem seligen Kaiser geschaffenen Institutionen

einzuführen. Bei einem Zusammenwirken der Regierung und der Gesellschaft würden die gegenwärtigen Schwierig-keiten bald schwinden. Unzweifelhaft werde der, der Stimme der Wahrheit und Ehre stets gehorchende Adel dazu auch beitragen. Der Adel und alle andern Stände sollen die Sicherheit besitzen, dass alle ihre Rechte un-angetastet bleiben. Der Bauernstand dürfte darauf rechnen, dass die Regierung nicht bloss alle ihm gewährten Rechte aufrechterhalten, sondern auch dafür sorgen werde, das Volk möglichst zu entlasten und seine wirthschaftlichen Verhältnisse zu bessern. Endlich werde die Regie-rung unverzüglich Maassregeln ergreifen, einen Modus festzustellen behufs Sicherung der Theilnahme der localen Kräfte an der Durchführung der Allerhöchsten Pläne.

Unter anderen als den gegebenen Umständen hätten die in dem ministeriellen Rundschreiben enthaltene Kritik des Beamtenthums und die Phrase von einer bevorstehen-den Organisation der „localen Kräfte" vielleicht einen ge-wissen Eindruck gemacht; wie die Dinge ein Mal lagen, musste man sich damit begnügen, dass einzelne, in ihrer Bestimmbarkeit einflusslose Organe der Presse das be-liebte Thema von dem Verhältniss zwischen Regierung und „Gesellschaft" neu variirten und dabei zu verstehen gaben, der Teufel werde wohl auch dieses Mal nicht ganz so schwarz sein, wie man ihn gezeigt habe. Noch bescheidener war das Ergebniss der von dem Pressbüreau angestellten Versuche, Herrn Ignatjew dem europäischen Publikum als liebenswürdigen Mazurka-Tänzer, harm-losen und im Grunde freisinnigen vornehmen Herrn vor-zustellen und die Besorgnisse vor slawistischen Plänen des ehemaligen Botschafters zu beschwören. Ein Ver-trauens-Votum, welches der Pariser Figaro zu Gunsten

des neuen russischen Machthabers ausstellte und die von
der Nordd. Allg. Zeit. abgegebene trockne Erklärung, dass
man in Berlin keinen Anstand nehme, den Grafen für einen
europäisch denkenden Kavalier anzusehen, war Alles was
sich vorläufig erreichen liess.

Dabei hatte es für eine Weile sein Bewenden. Die
Meinung des Auslandes als cura posterior zu behandeln
und sich zunächst in der schwierigen neuen Stellung
festzusetzen, lag für den Grafen Ignatjew um so näher,
als der Weg zu dem ersehnten Posten des Reichs-Vice-
kanzlers noch ein weiter war, als die nach Berlin abgegebenen Friedensversicherungen des Kaisers ihr Werk
gethan hatten und als noch ausserordentlich viel dazu fehlte,
damit auch nur den nächsten Erwartungen entsprochen
wurde, welche der Souverän, der Hof und die Parteigenossen an den 1./13. Mai geknüpft hatten. Um freie
Hand zu bekommen, musste der Minister eine ganze
Anzahl von Würdenträgern beseitigen, die er im Verdacht
feindlicher Gesinnung hatte, — um den kaiserlichen
Wünschen für Etablirung einer „ehrlichen" und „spar-
samen" Verwaltung zu entsprechen, mussten neue Männer
ausfindig gemacht, und den Eindruck von Ersparungen
machende Maassregeln in Vorschlag gebracht werden;
auf die Erhaltung des Kaiserlichen Vertrauens konnte
endlich nur gerechnet werden, wenn die immer noch un-
botmässige Presse gebändigt, mindestens der Schein
äusserer Ordnung und Sicherheit beschafft und Etwas,
wie eine Zustimmung der Massen zu der wiederherge-
stellten väterlich-patriarchalischen Stellung des Zaren in
Scene gesetzt wurde. Mit diesen durch das eigene Interesse bedingten Dingen aber sollte die eigentliche Re-
gierungsarbeit, der Beginn einer reformatorischen Thätigkeit im grossen Style Hand in Hand gehen, denn nur

von einer solchen konnte eine wirkliche Consolidirung
der „monarchischen" Ordnung und die Befriedigung der
Partei erwartet werden, für deren Führer der Minister
sich ansah und die er in seine Hände zu bekommen
hoffte.

Sehen wir zu, was zur Lösung dieser Aufgaben
bisher geschehen ist.

Seit Menschengedenken hat jeder russische Thronwechsel Minister- und Beamtenveränderungen und Umgestaltungen der büreaukratischen Organisation im Gefolge gehabt. Regelmässig ist der Gang der Dinge
dabei dieser gewesen, dass der neue Monarch „aus Pietät"
für seinen Vorgänger dessen Rathgeber beibehalten zu
wollen erklärte, dass er das eine Weile that und dass
neue Männer und neue Einrichtungen allmälig und
unmerklich an die Stelle der alten traten. Dieses Mal
geschah das Gegentheil. Unter Beiseitelassung aller herkömmlichen Rücksichten wurden bereits in den ersten
Monaten der neuen Regierung alle höheren Hof-, Militär-
und Verwaltungsämter neu besetzt. Unmittelbar nach
der Thronbesteigung Alexander's III. erhielten der Unterrichtsminister Saburow, der Domänen-Minister Fürst
Lieven, der St.-Petersburger Stadthauptmann Feodorow und
der Chef der Oberpress-Verwaltung Dr. med. Abasa ihre
Entlassung. Im Laufe des Maimonats schieden, wie wir
wissen, Loris-Melikow, der Finanzminister Abasa und Miljutin aus, um Ignatjew, dem interimistischen Verweser der
Finanzverwaltung Bunge und einem General Wannowski
Platz zu machen, deren Namen niemals früher genannt
worden waren. Dann legten die beiden Ohme des
Kaisers, der Reichsraths-Präsident und General-Admiral
Grossfürst Konstantin und (wenn auch nicht der Form,
so doch der Sache nach), der Chef des Geniewesens

Grossfürst Nikolai ihre Aemter nieder; Alexander's II.
nächster persönlicher Freund, Graf Alexander Adlerberg
übergab „Krankheit halber" das Ministerium des Kaiserlichen Hofs an den Grafen Woronzow-Daschkow ab, —
General Ryléjew, seit unvordenklichen Zeiten Commandeur des Kaiserlichen Hoflagers, machte einem General
von Richter Platz, der in früheren Jahren Begleiter des
verstorbenen Thronfolgers, dann des regierenden Kaisers
gewesen war; ebenso mussten der Bank-Director La-
manski und der wegen seiner Sparsamkeit bekannte Ver-
walter der Kaiserl. Hoftheater Herr v. Küster neuen
Männern das Feld räumen. Der Kriegsminister Wannowski debütirte damit, den Chef des Generalstabs Grafen
Heyden II, durch den seiner Zeit als Werber um die
französische Alliance und als Organisator „unserer Sicherheit an der Westgrenze" vielgenannten General Obrutschew (den „schönen" General, der sich auf seine Eleganz
ebenso viel zu Gute that, wie auf seine Ehrlichkeit) zu
ersetzen; da man eben mit der Beseitigung der Familie
Adlerberg beschäftigt war, musste des ehemaligen Hof-
ministers jüngerer Bruder die Statthalterschaft von Finnland niederlegen, in welche man den unbequem gewordenen bisherigen Chef des Generalstabs rücken liess.
Noch grösseres und allgemeineres Aufsehen erregte eine
andere, in der Militär-Verwaltung vorgenommene Veränderung: Ende Juni wurde der Chef der Artillerie-Verwaltung Baranzow (den der verstorbene Kaiser erst ein
Jahr zuvor zum Grafen gemacht und mit Zeichen der
Anerkennung überschüttet hatte) plötzlich des Amtes enthoben, dessen er viele Jahre lang mit anerkanntem Erfolge gewartet hatte. In militärischen wie in diplomatischen Kreisen machte diese Entlassung ausserordentlich
viel von sich reden. An Gegnern hatte es Herrn Baranzow

allerdings niemals gefehlt; aber auch diese hatten anerkennen müssen, dass ein Mann von der Umsicht und Sachkenntniss Baranzow's nicht so leicht zu finden sein werde und dass Miljutin durchaus wohl daran gethan habe, den ihm niemals besonders genehmen General seiner Stellung zu erhalten. Die Hauptvorwürfe, welche man dem Chef der Artillerie-Verwaltung bereits zur Zeit Miljutin's gemacht hatte, waren seine Neigung für preussische Muster und die Entschiedenheit gewesen, mit welcher er darauf bestand, die Neubewaffnung der russischen Artillerie nicht durch einheimische, sondern durch ausländische, namentlich deutsche Lieferanten besorgen zu lassen. Sein Werk war es, dass die russische Militärverwaltung ihr Hauptaugenmerk auf die in Preussen und Oesterreich bestehenden artilleristischen Einrichtungen lenkte und dass dieselben durch Männer von hervorragender Tüchtigkeit und Anstelligkeit studirt wurden. Als solche waren in den weitesten Kreisen der vieljährige Militäragent in Wien, Oberst Feldmann, der im Jahre 1872 verstorbene Militäragent in Berlin, Flügeladjutant und Oberst Doppelmair, dessen Nachfolger Daler und der 1866 dem preussischen Hauptquartier beigegebene, auch in Deutschland als Militärschriftsteller gerühmte Oberst Dragomirow bekannt. Auch der der Londoner Botschaft beigegebene, früher in Washington accreditirt gewesene General Gorlow wird für einen ungewöhnlich fähigen und kenntnissreichen Officier angesehen. Dass diese dem früheren Kriegsminister niemals sympathisch gewesenen Männer ihren Aemtern erhalten blieben, soll Baranzow's ausschliessliches Verdienst gewesen sein; seine Brauchbarkeit und — seine Redlichkeit sicherten ihm das unbedingte Vertrauen seines Chefs, obgleich er mit diesem sehr häufig verschiedener Meinung war und aus seiner

Ansicht niemals ein Hehl machte. Baranzow's Hauptgegner waren die Leiter der russischen Stückgiessereien,
welche dem General seine Vorliebe für Krupp'sche Fabri-
kate nicht verzeihen konnten und noch im Herbst 1880
an des berühmten Essener Grossindustriellen Aufenthalt
in St. Petersburg zu wüthenden publicistischen Ausfällen
gegen den „Deutschen" Veranlassung nahmen, der
„unseren Brüdern" das Brot vor der Nase wegschnappe.
Obgleich Miljutin selbst Artillerist war, überliess er diesen
Theil der Verwaltung so ausschliesslich Baranzow, dass
dieser als Urheber aller Umgestaltungen des russischen
Stückwesens angesehen wurde, zumal der nominelle Chef
desselben, Grossfürst Michael, seit dem Rücktritt des
Fürsten Barjätinski die Leitung der kaukasischen Statthalterschaft übernommen hatte und fast ununterbrochen
in Tiflis lebte; Jahre lang soll der sonst so eifrige und
fleissige Kriegsminister sich damit begnügt haben, die
Papiere zu unterschreiben, die der Adjunct des General-
direktors der Artillerie ihm vorlegte. Als besonderes
Verdienst Baranzow's wurde von den Technikern endlich
die Umgestaltung der St. Petersburger Artillerieschule
bezeichnet, welche unter seiner Leitung aus einer militärischen Dressur-Anstalt zu einem wissenschaftlichen
Institut geworden war, das zahlreiche tüchtige Offiziere
ausgebildet hat. Baranzow's Nachfolger war ein General
Sosionow, den Niemand kannte und der bis zur Stunde
unbekannt geblieben ist.

Mit der Ernennung Obrutschew's und Sosionow's fiel
die Reactivirung eines Militärs und Militärschriftstellers
zusammen, die für die Tendenzen der neuen Regierung
noch characterischer war, als die Beseitigung der genannten Fachautoritäten: derselbe General Fadejew, der
wegen seines Buchs über die „russische Kriegsmacht"

und wegen seiner leidenschaftlichen publicistischen Ausfälle gegen Oesterreich verabschiedet worden war, nachdem er (auf Anstiften des Feldmarschalls Fürsten Barjätinski), die Miljutinsche Militär-Reorganisation von 1871
und 1872 bekämpft und ein bezügliches Gegenproject
ausgearbeitet hatte, — der famose Fadejew wurde von
Ignatjew mit einer höheren Stellung in der Oberpress-
verwaltung bedacht und dem neuen Leiter derselben,
Fürsten Wjäsemski als Adlatus' beigegeben. Auch auf
den General Tschernajew (serbischen Andenkens) besann
man sich wieder; der kecke Abenteurer, der seine militärischen Misserfolge dadurch wett zu machen versucht
hatte, dass er den Fürsten Milan im Herbst 1877 als
König proklamirt hatte und der in dieselbe Ungnade gefallen
war, welche auf allen Combattanten des serbischen Feld-
zuges ruhte, — wurde plötzlich einer Kaiserlichen Audienz
gewürdigt und zu einem Commando in Asien bestimmt,
das er übrigens bis jetzt noch nicht angetreten hat.

Grösseren Anklang als diese Versuche, durch Re-
habilitirung angeblicher Opfer des früheren Systems po-
pulär zu werden, fanden zwei dem Herbst des v. J. an-
gehörige Personal-Veränderungen. Der unmittelbar nach
der Ermordung Alexanders II. zum St. Petersburger Stadthauptmann ernannte ehemalige Marine-Offizier Baranow
hatte seine Sache so schlecht gemacht, sich durch das
Institut eines von der Bevölkerung zu erwählenden Ausschusses zur Berathung der Polizei mit einem solchen
Abandon von Lächerlichkeit beladen, dass Ignatjew diesem
Herrn die wenig beneidete Stelle eines Gouverneurs von
Archangel übertrug und statt seiner den ehemaligen Gehilfen Trepow's, den als fähigen, humanen und energischen
Beamten bekannten Oberpolizeimeister von Moskau
General-Major Koslow nach St. Petersburg berief. Noch

grösseres Aufsehen erregte die Entlassung des Erfinders
der berühmten „Popowken" (eigenartiger Dampfkriegs-
fahrzeuge) und Präsidenten des technischen Marine-Co-
mités Vice-Admiral P o p o w, eines gelehrten Nautikers,
der Jahre lang als Hauptsäule des Schiffbauwesens und als
nationale Grösse ersten Ranges verehrt worden war und
dem jetzt Unordnung, schlechte Wirthschaft und Begünstigung von Unterschleifen zum Vorwurf gemacht
wurden *). — Ihre eigentliche Signatur erhielt die neue
Aera der „eminent ehrlichen" Leute aber erst dadurch,
dass im Oktober v. J. gegen einen Staatsmann die Anklage auf Verschleuderung von Staatsgut erhoben wurde,
den zu verdächtigen allerdings nicht gelang, dessen seit
lange angestrebte Beseitigung die Ignatjew und Genossen
indessen doch durchzusetzen wussten und mit dem der letzte
hervorragende Repräsentant der westeuropäischen Richtung
aus dem Rathe der russischen Krone geschieden ist.

Dieser Mann war der Präsident des Minister-Comités,
ehemalige Minister des Innern und spätere Minister der
Reichsdomänen Geheimrath Graf W a l u j e w. Um sein
erstes Ministerium war Walujew durch einen Conflict
gebracht worden, in welchen der Nothstand vom Winter
1867/68 ihn mit dem Präses des Nothstand-Comités, dem
damaligen Thronfolger, jetzigen Kaiser verwickelt hatte;
die acht Jahre lang (1872 bis 1880) geführte Verwaltung
der Reichsdomänen hatte er bei Gelegenheit des Re-
gierungsjubiläums Alexanders II. an seinen Adjuncten,
den Fürsten Andreas Lieven abgegeben und dafür die
Stellung eines Vorsitzenden des Minister-Comités (die
vor ihm Ignatjew's Vater, in noch früherer Zeit der Gross-

---

*) Herrn Popow ist neuerdings auch der Marineminister Pet-
schurow ins Privatleben gefolgt.

22*

fürst Constantin, Fürst P. P. Gagarin, und Graf Bludow
als höchstes Staats- und Ehrenamt bekleidet hatten) übernommen. Dass Walujew bei der Wahl seines Nachfolgers
keine glückliche Hand gehabt und dass dieses Nachfolgers
Sturz und die Entdeckung zahlreicher von demselben ge-
duldeter Missbräuche des Grafen Stellung erschüttert
hatten, war ebenso allgemein bekannt, wie dass der Hauptrepräsentant der liberalen und europäischen Periode
Alexanders II., bei dessen Nachfolger niemals *persona
grata* gewesen sei und dass die neuen Machthaber den
vieljährigen Bundesgenossen Schuwalow's tödtlich hassten.
Auch darüber waren Zweifel nicht übrig geblieben, dass
Walujew trotz seiner ungünstigen Meinung von Loris-
Melikows administrativen Fähigkeiten während der Krisis
vom 1.(13.) Mai auf der Seite der ministeriellen Mehrheit
gestanden und dass er die schliessliche Entscheidung des
Monarchen mit resignirtem Schweigen aufgenommen hatte.
Nichts desto weniger war die allgemeine Meinung gewesen, Walujew werde aus Rücksicht auf sein Alter, seine
zahlreichen unzweifelhaften Verdienste, seinen integren
Charakter, das hohe Ansehen, in welchem er unter der
vorigen Regierung gestanden, das ihm im Januar 1868
von dem damaligen Thronfolger angethane Unrecht, in
seinem — ziemlich bedeutungslos gewordenen — Amte
belassen werden; er selbst beobachtete eine so vorsichtige
und retirirte Haltung, dass an Zusammenstösse mit den
neuen Rathgebern Sr. Majestät nicht wohl zu denken war
und dass diese kein Interesse daran haben konnten, den trotz
seiner glänzenden Laufbahn vermögenlos gebliebenen, früh
gealterten Mann aus seinem *Otium cum dignitate* in ein
vollständiges und dignitätsloses Otium hinab zu stossen.
  Diese Voraussetzung war indessen falsch. Einen
Kollegen, der von der Verwaltung mehr verstand als er

selbst und der zudem über eine ausserordentlich scharfe
Zunge verfügte, wünschte Ignatjew nicht neben sich zu
sehen, — der jüngeren Generation der Grossfürsten und
Hofgenerale war der feingebildete, europäisch denkende
Mann mit den untadelig vornehmen Manieren mehr als
unbequem, die Katkow und Aksakow aber hassten in
Walujew den Gegner ihrer polenvernichtenden Politik
von 1863/64 und den rücksichtslosen Beamten, der die
von ihren publicistischen Organen bereits damals bean-
spruchte Ausnahmestellung niemals anerkannt, Aksakow's
„Djen" und „Moskwitsch" wiederholt, ein Mal sogar
Katkow's „Mosk. Zeit." öffentlich verwarnt und (als der
Abdruck dieser Verwarnung von dem hochmüthigen
Publicisten verweigert worden war) suspendirt hatte. —
Es kam nun darauf an, dass man die Sache beim rechten
Ende angriff, um auch Sr. Majestät plausibel zu machen,
dass ein Mann von der zweifelhaften und „liberalen" Vergangenheit Walujew's, nicht wohl im Amte bleiben könne.
Als geeignetestes Mittel zur Erreichung dieses Ziels em-
pfahl sich ein Appell an den Allerhöchsten Eifer für
strenge Ehrlichkeit und an das durch die Lieven'schen
Missgriffe wachgerufene Allerhöchste Misstrauen gegen
die Domainen-Verwaltung. Walujew war bis vor anderthalb Jahren Domainen-Minister, d. h. Oberverwalter des
Millionen von Dessjätinen umfassenden Staatsguts gewesen,
von welchem ein nicht ganz unerheblicher Theil zur Zeit
seiner Verwaltung an Private verkauft worden war.

An diese Thatsache wurde angeknüpft, ein angeblich allzu wohlfeiler Verkauf von Orenburg'schen Staats-
ländereien ausgegraben und gegen den ehemaligen Minister eine Untersuchung wegen Verschleuderung von
Staatsgut eingeleitet, deren Führung man dem wegen
seiner hochnationalen und hochkirchlichen Gesinnung be-

kannten Chef der zweiten (codificatorischen) Abtheilung
der kaiserlichen Kanzlei, dem Fürsten Urussow, übertrug. An eine wirkliche Verschuldung Walujew's glaubte
natürlich kein Mensch; es handelte sich lediglich um
einen Act modisch gewordener patriotischer Heuchelei
und um den Versuch, einen Mann zu beseitigen, der
dem Grafen Ignatjew unbequem geworden war. Das
Ministerium des Innern verschmähte nicht, die Nachricht
von der gegen Walujew eingeleiteten „Untersuchung"
durch sein neues Organ, die von dem berüchtigten Trub-
nikow geleitete, zu einer wahren Geissel für die periodische Presse gewordenen Telegraphen‑Agentur, unter
der Hand in's Ausland verbreiten zu lassen und zu
dulden, dass einzelne der im Uebrigen unter strengster
Controle gehaltenen Petersburger Zeitungen, halb ver-
deckte, aber für Jedermann verständliche Anspielungen
darauf machten, dass die neue Administration mit der
ihr eigenthümlichen Unparteilichkeit gegen einen hohen,
im Verdacht der Veruntreuung stehenden Beamten vorgegangen sei, dass der Name dieses Beamten mit W
anfange u. s. w. Natürlich erregte die Sache ungeheures
Aufsehen und thaten Walujew's zahlreiche Feinde das
Mögliche, um dieselbe auszubeuten und einen Mann zu
verdächtigen, an dessen gutem Namen nie ein Makel ge-
haftet hatte und vor welchem sie noch vor wenigen Monaten im Staube gekrochen waren. — Dass der schwer
beleidigte Präsident der höchsten Reichsbehörde die gegen
ihn erhobene Anklage widerlegte, verstand sich ebenso
von selbst, wie dass er seinen Abschied erbat — und dass
dieser ihm gewährt wurde.

Zum Nachfolger Walujew's wurde der ehemalige
Finanzminister M. Ch. von Reutern ernannt, ein erfahrener
Beamter, der seine frühere Stellung der Gunst des Gross-

fürsten Constantin zu danken gehabt, diesen Makel und den noch grösseren Makel baltisch-deutscher Herkunft aber längst durch unbedingte Gefügigkeit gegen die herrschende Strömung gut gemacht hatte.

Herr von Reutern, der erwähnte Oberpolizeimeister Koslow und der zu Anfang des neuen Jahres zum General-Gouverneur des Kaukasus ernannte Fürst Dundakow-Korssakow (s. Z. interimistischer Gouverneur von Bulgarien, als solcher Miturheber der bulgarischen Verfassung und der in Permanenz erklärten Anarchie dieses Landes und männiglich bekannter Vorkämpfer der Ignatjew'schen Orientpolitik) sind die einzigen von dem Ignatjew'schen Regime beförderten höheren Functionäre, deren Antecedenzien für in Betracht kommend angesehen werden können. Von den übrigen Repräsentanten der neuen Aera sind die Einen slawistische Parteigänger, deren die vorige Regierung sich so rasch wie möglich zu entledigen für gut gehalten hatte, die Andern *homines novi*, deren Hauptbestimmung darin besteht, die Nullen abzugeben, hinter welche die eine grosse Eins sich gestellt hat. Fragt man nach dem neuen Kriegsminister Wannowski, nach dem Finanzminister Bunge, dem Domänenminister Ostowski, dem Hofminister Grafen Woronzow-Daschkow, dem Oberpressdirector Fürsten Wjäsemski, dem General Sosionow, so erhält man zur Antwort, dass diese Herren für „moralische" und „ehrliche" Leute gelten, Leute denen nichts Uebles aber auch nichts Gutes nachgesagt werden könne und die „Allerhöchster Intention gemäss" mit ausserordentlichem Eifer auf Ersparungen bedacht seien. Von Herrn v. Bunge weiss man ausserdem noch, dass er ein gelehrter Mann ist, von dem Fürsten Wjäsemski, dass er ein Sohn des bekannten Dichters und ehemaligen Collegen des Unterrichts-

ministers ist; Graf Woronzow-Daschkow hat als Sohn
des ehemaligen Gesandten in Turin und als einer der
reichsten Männer Russlands Carrière gemacht, der Grossfürst Michael Nikolajewitsch hat mit seinem kaiserlichen Neffen von jeher auf besonders gutem Fuss gestanden, — der Unterrichtsminister Baron Nikolai war sein
Adlatus in der kaiserlichen Statthalterschaft, Grossfürst
Wladimir zeigte in früherer Zeit ein gewisses Interesse
für Landwirthschaft und General Tscherewin — der rasch
wie er gekommen wieder gegangen ist, — war während
des letzten Krieges Sr. Majestät Stabschef gewesen. Durch
die achtungswerthe Mittelmässigkeit und Privat-Respecta-
bilität der neuen Machthaber soll ausgeglichen werden,
was die alten, von westeuropäischer Corruption ange-
kränkelten Machthaber gesündigt haben; mit Löffeln soll
wieder eingebracht werden, was mit Scheffeln ausgethan
worden ist und fortwährend ausgethan wird, kleine
Oekonomien im Haushalt des Hofs und Ersparungen im
Militär-Etat, die im Kriegsfall durch dreifach grössere
Aufwendungen ausgeglichen werden müssten, sollen den
Beweis führen, dass der Finanznoth des Staats auch ohne
Zuthun und Controlle einer Volksvertretung gesteuert·
werden kann. Diejenigen Dinge, die allein durch über-
legenes Talent fertig gebracht werden können, gedenkt
Graf Ignatjew selbst zu besorgen und am besten dadurch
zu besorgen, dass er von Niemand genirt, von Niemand
in seinen genialen Intentionen gehindert wird. Im Kleinen
und Alltäglichen wird den Absichten des sittenstrengen
und gewissenhaften jungen Monarchen entsprochen und ohne
Rücksicht auf die die Betheiligten treffenden Folgen und
ohne Rücksicht auf das Ebenmaass der Gesammt-Organi-
sation gespart und „vereinfacht": kann da fehlen, dass
der Hauptrepräsentant des neuen tugendhaften Systems

in grossen Dingen freie Hand und die Möglichkeit der
Fürsorge dafür behält, dass die k l e i n e Moral der grossen
Staatsmoral nicht zum Schaden gereiche? Graf Woronzow-
Daschkow hat die Zahl der Hof- und Pallastbeamten auf
ein Viertel ihres bisherigen Bestandes gebracht, die
kaiserlichen Marställe als zweiter Herkules gereinigt, den
tscherkessischen Convoi Sr. Majestät als schädlichen Luxus
beseitigt und die Person des Monarchen statt mit asiatischen Fürsten mit bescheidenen Landeskindern umgeben;
der Minister des Innern hat auf die Aufhebung der kaukasischen Statthalterschaft hingewirkt, dieses kostspielige
Institut in ein bescheidenes General-Gouvernement verwandelt und dadurch dem Interesse des Staatssäckels
ebenso grosse Dienste erwiesen, wie der (von seinen
Moskauer Freunden beständig gepredigten) Sache einer
strafferen, beständig die Nationaleinheit im Auge behalten-
den Centralisation; General Wannowski hat zwanzigtausend
Mann weniger als im Vorjahre ausgehoben und unter
den entbehrlichen Regiments-Officieren so nachdrücklich
aufgeräumt, dass man sich eine Ersparniss von sechs
Millionen versprechen zu können glaubt. Auf sein Ge-
heiss ist der „grosse Generalstab“ in einen einfachen
„kaiserlichen Stab“, ein Dutzend von Gouvernements-
Militärchefs in blosse „Commandeurs von Platzbrigaden“
verwandelt, und als Frucht mehrmonatlicher Arbeit
eine Neuuniformirung der Armee zu Tage gefördert worden, die — ohne die eleganten Gewohnheiten der Garde zu
stören, — Soldaten und Officiere der Feldregimenter des
Segens wohlfeiler, knopfloser Röcke, schirmloser Kopf-
bedeckungen, hoher Stiefel und breiter Ledergürtel theil-
haftig, und die Geschmacklosigkeit dieser Kleidungs-
stücke durch Wohlfeilheit und „echt nationalen Zuschnitt“
mehr wie wett gemacht hat. Im nächsten Jahre sollen

die diesmaligen Ersparnisse der Militär-Verwaltung noch
übertroffen und ausserdem von dem Herrn Finanzminister
Vorkehrungen getroffen werden, welche die Erhöhung
anderer als productiver Ausgaben ein für alle Mal ausschliessen — lauter Dinge, die, weil sie bei Hof den
besten, ermuthigendsten Eindruck gemacht haben, auch
der Nation zur Befriedigung gereichen und die Welt davon überzeugen werden, dass eine Finanzverwaltung, die
von der Vermehrung der Branntweinaccise lebt, die die
behufs Hebung des Courses bewerkstelligten Wechsel-
ankäufe zu den „productiven Ausgaben“ rechnet und die
es dahin gebracht hat, dass der Creditrubel blosse 33 Procent unter Pari steht, dass eine solche Verwaltung aller
Ehren werth ist und zur Noth auch ohne Reformen aus-
kommen könne *).

*) Die Otgoloski (das Organ Walujew's) wiesen in einem
Ende Juni publicirten Aufsatz für die Jahre 1866—1880 folgendes
Anwachsen der jährlichen Staatseinnahmen nach: die Getränke-
steuer wuchs während dieses Zeitraums um 104 Millionen Rubel;
Zolleinnahmen um 61 Millionen; Kopfsteuer um 32 Millionen; Eisen-
bahn-Einnahmen und Einnahmen von der Schifffahrt um 31 Millionen;
Post und Telegraphen um 10 Millionen; Tabaksteuer um 9 Millionen; Forst-Einnahmen um 7 Millionen; Einnahmen vom Bergregal
um 7 Millionen; Stempeleinnahmen um 7 Millionen; neue Grundsteuer um 7 Millionen; Kaufschilling und Gerichtskosten um
5 Millionen; Obrok und andere bäuerliche Steuern um 4 Millionen;
Handelscertificate und Gildensteuer um 4 Millionen Rubel.

. Es ergiebt sich daraus, dass von den 288 Millionen, um
welche die jährlichen Staatseinnahmen Russlands in den letzten
14 Jahren gewachsen sind, blos 32 Millionen Kopfsteuer und
7 Millionen Grundsteuer auf die Bevölkerung als Zunahme ihrer
Steuern zu notiren sind — eine Ziffer, die geradezu geringfügig
ist. Dagegen übersteigt die Zunahme des Ertrags der Getränke-
steuer die directen Steuern um das Dreifache, und um 50 Millionen

Doch wir dürfen dem dieser Darstellung vorgezeichneten Gange nicht vorgreifen. — Ignatjew's Absicht, den Kaiser bei seiner am 1/13. Mai getroffenen Entscheidung und innerhalb des Kreises derjenigen Männer festzuhalten, welche er auszuwählen für gut gehalten hatte, war es wesentlich zugute gekommen, dass der Kaiser sich noch vor Beginn der wärmeren Jahreszeit aus St. Petersburg nach Peterhof, später nach Gatschina begeben und die Residenz nur höchst selten, immer nur auf kurze Zeit und nie anders, als unter starker militärischer Bedeckung betreten hatte. Der Grund davon war eine Unsicherheit der Strassen, Brücken, Plätze, öffentlichen Gebäude St. Petersburgs u. s. w. gewesen, die trotz aller Schutz- und Repressionsmaassregeln von Woche zu Woche zuzunehmen schien, die Leichtgläubigkeit und das Misstrauen der Bevölkerung weit über das landesübliche Maass hinaus steigerte und begreiflich erschienen liess, dass sich der Glieder der kaiserlichen Familie ein bis zur Krankhaftigkeit gesteigertes nervöses Angstgefühl bemächtigte. Wochen und Monate vergingen, während welcher von nichts als von neuentdeckten Minengängen, von unter den städtischen Brücken aufgefundenen oder

---

den Gesammtbetrag alles dessen, was überhaupt von den steuerpflichtigen Klassen in Russland zu erlegen ist.

Was den russischen Banknoten-Umlauf betrifft, so waren zu Anfang des laufenden Jahres 417 Millionen Rubel Banknoten zur Amortisirung bestimmt, indem der erwähnte Betrag grade diejenige Mehr-Emission repräsentirte, welche die Finanzlage so ungünstig gestaltete. Es wurde beschlossen, dass 17 Millionen Rubel zu Anfang des Jahres und dann acht Jahre hindurch je 50 Millionen jährlich amortisirt werden sollten. Es sind in der That in den ersten Monaten des Jahres von der Reichsrentei an die Reichsbank 17 Millionen Rubel zurückbezahlt worden. Diese 17 Millionen sind indessen nicht der Vernichtung überantwortet worden.

aus Canälen aufgefischten Dynamit-Patronen und Dynamit-Kissen die Rede war, — wo Berichte über angeblich oder wirklich stattgehabte Entdeckungen von Geheimdruckereien und Verschwörer-Schlupfwinkeln, von Verhaftungen schwer-compromittirter Beamten und Officiere, Umtrieben in den höheren Staatsschulen u. s. w. den Hauptinhalt der Zeitungs-berichte bildeten. Heute war es die Sadowaja, gestern die Konuschnaja, vorgestern die Gorochowaja, die zum Schau-platz neuer verbrecherischer Anschläge gemacht worden sein sollte; der Reihe nach wurden alle Brücken, welche über den Katharinen-Canal und die Fontanka führen, für unterhöhlt erklärt, — alle entfernteren Vorstädte als „Haupttummelplätze" von Nihilisten und in das nihilistische Interesse gezogenen Arbeitern verdächtigt; auf die Ver-haftung des Marine-Lieutenants Suchanow sollte die ge-fängliche Einziehung eines halben Dutzends anderer Flottenofficiere gefolgt sein, auf die Entdeckung „weit-verzweigter" revolutionärer Umtriebe in der Marine-schule, die Enthüllung einer noch schlimmeren und noch ausgedehnteren Propaganda unter den Zöglingen der Michailow'schen Militärschule; schliesslich sollte auch das vor Peterhof ankernde Wachschiff mit Dynamit geladen worden sein; auch hiess es, dass eigentlich keines der in der Umgebung St. Petersburgs belegenen kaiserlichen Lustschlösser Sr. Majestät volle Sicherheit biete und dass die Verschwörer bis in die nächste Umgebung des Kaiser-paars Verbindungen anzuknüpfen gewusst hätten. — Was an diesen Gerüchten im Einzelnen richtig war, liess sich nicht genau feststellen, — dass sie nicht aus blauer Luft gegriffen worden, bewiesen die zunehmende Aengstlich-keit und Vielgeschäftigkeit der Sicherheitspolizei und die immer länger werdenden Pausen zwischen den kurzen Besuchen, die der Kaiser seiner Hauptstadt abstattete, —

endlich die unheimliche Beschaffenheit der hauptstädtischen
Atmosphäre: die politische Mordlust schien in Petersburg
zu einer endemischen Krankheit geworden zu sein, die
sich selbst zufällig anwesenden Fremden mittheilte. Nach
Petersburg hatte der aus dem Vaterlande der Blutrache,
aus Montenegro stammende Strolch kommen müssen, der
gegen den Reisebegleiter des Fürsten Nikolaus, den Senator Plamenez einen seit Jahren geplanten Mordanschlag
ausführte.

Dieser Unsicherheit und der durch dieselbe erzeugten
Stimmung ein Ende zu machen, ist dem Grafen Ignatjew
bis zur Stunde nicht gelungen und wird ihm, allem An-
schein nach auch in Zukunft nicht gelingen: nach russisch-
revolutionärer Logik verstehen *ferrum et ignis* sich eben
von selbst, so lange die Anwendung konstitutioneller
medicamina dem kranken Staate von obrigkeitswegen
untersagt und so lange an der Fiction festgehalten wird,
bei gehöriger Diät werde das Uebel von selbst weichen! —
Gegen eines der Symptome der Krankheit, gegen die
frondirende Haltung der periodischen Presse ging der
neue Minister des Innern dafür mit einer Energie vor,
wie sie keiner seiner Vorgänger in gleich ausgiebiger
Weise jemals entwickelt hatte. Da der Kaiser eifriger
und wie es heisst gläubiger Zeitungsleser ist, war es von
eminenter Wichtigkeit, Sr. Majestät durch das gedruckte
Wort zu beweisen, dass die getroffene Entscheidung die
allein mögliche, die gewählte Vertrauensperson die richtige, die angeblich weit verbreitete Unzufriedenheit und
Unsicherheit die Erfindung einzelner verworfener Gesellschaftsschichten sei. Das zu diesem Behuf in Bewegung
gesetzte Mittel war das einfachste von der Welt: seinen
Gesinnungsgenossen Katkow und Aksakow gewährte Graf
Ignatjew unbeschränkte Freiheit in der Wahl der erörter-

ten Materien, in der Art und Methode der Discussion,
während er den Vertretern anderer Richtungen nicht nur
jedes nach Opposition schmeckende Wort, sondern jedes
überhaupt in Betracht kommende Wort unmöglich machte.
Ganze Gruppen öffentlicher Materien und regelmässig
diejenigen, welche dem Publicum das meiste Interesse
boten, wurden bald dem einen, bald dem andern westlicher oder liberaler Tendenzen verdächtigen Blatte —
zuweilen allen Blättern (natürlich die Organe Katkow's
und Aksakow's ausgenommen) untersagt. Die von Ignatjew selbst ins Leben gerufene Verfassung Bulgariens
wurde aufgehoben, — jedes Raisonnement über dieses
Thema indessen verboten und der weitverbreitete Golos, als er zum Raisonniren Miene machte, auf sechs
Monate suspendirt; einige Tage später erfolgte die Dienst-
entlassung des Grossfürsten Constantin, der Jahrzehnte
lang das russische Marinewesen geleitet hatte — auch
über dieses Thema sollte nicht raisonnirt werden und als
die an die Stelle des Golos getretene Nowaja Gaseta
dieses Gebot nicht genau innehielt, wurde sie unterdrückt; der „Russki Kurir" hatte einige Correspondenzen
über die Fortschritte des Nihilismus gebracht, er wurde
wegen Berührung dieser Materie unterdrückt; nur durch
äusserste Vorsicht wandte das gebildetste und maassvollste
Organ der Petersburger Presse, der Porjädok, die
gleiche, ihm wiederholt angedrohte Maassregel ab, —
Verbote des Strassenverkaufs, der Aufnahme von Inseraten
haben dieses Blatt, wie die übrigen Petersburger Journale
wiederholt getroffen. — Noch viel kürzeren Process machte
der Minister mit den (bekanntlich unter Präventiv-Censur
stehenden) Provinzial-Zeitungen. Da ein selbständiges
Raisonnement derselben nur in Ausnahmefällen vorkam,
in dieser Rücksicht mithin kaum Etwas zu verbieten

übrig blieb, so wurde auf die Aufnahme unliebsamer
Nachrichten mit einem Eifer Jagd gemacht*), der alles
Glaubliche übertraf und dennoch nicht zu hindern
vermochte, dass gelegentlich die bedenklichsten Dinge
unter die Presse kamen und dass die Meldungen aus
den grösseren Provinzialstädten es fast ausschliesslich
mit Kassendiebstählen, Unterschlagungen, Polizeiaus-
schreitungen, Belegen für den Mangel an Sicherheit und
Ordnung u. s. w. zu thun hatten.

Man würde durchaus fehl greifen, wenn man die
Hauptwirkung der vorstehend erörterten Maassregeln in
dem Aufhören einer gewissen Gattung von Raisonnements

---

*) Aus Kasan wurde im August (Juli a. St.) u. A. das Fol-
gende geschrieben: „Heute sind wir ohne „Börsenblatt" geblieben.
Ich mache mich zur Redaction auf: „Was ist geschehen?" — „Bitte,
hier, wenn es Sie interessirt." Allerdings, interessant war es, was
ich zu sehen bekam. Das Blatt wimmelte von rothen Kreuzen. —
„Wir waren beim Censor, beim stellvertretenden Gouverneur —
doch vergeblich." Sogar die Angabe des Wasserstandes der Wol-
gauntiefen war gestrichen worden (!!!). — Was war denn Besonderes gedruckt worden? — Sehen Sie selbst: „In der Stadt sind
eine Menge abgebrannter Bauern aus den umliegenden Dörfern,
welche betteln" — gestrichen. „Die Subalternbeamten erhalten in
den heissen Sommertagen nicht einmal auf eine Woche Urlaub" —
gestrichen. „Viele Angelegenheiten, die der Duma vorzulegen
sind, werden eigenmächtig vom Stadtamt entschieden" — gestrichen. „Die Erhöhung der Spiritusaccise hat die Fabrikanten
bereichert" — gestrichen. „Ein colossaler Diebstahl in der Ishewski'-
schen Fabrik" — gestrichen. „Die Perm'schen Nachtwächter leisten
den Dieben Vorschub" — gestrichen. „Im Gebiet von Orenburg
hat sich der Koloradokäfer gezeigt" — gestrichen. „Die Gesellschaft
„Kawkas und Merkur" expedirt, ungeachtet einer Subvention seitens
der Regierung im Betrage von 300,000 Rubel, Terminfrachten, wie
und wann sie will" — gestrichen etc. etc. Aus diesem Beispiel
ist zu ersehen, dass in der That Nichts bemerkenswerthes in der
confiscirten Nummer enthalten war!

und in der Monopolisirung von Raisonnements im Katkow-
Aksakow'schen Style sehen oder annehmen wollte, es
habe sich um Beschränkungen der Pressfreiheit gehandelt,
wie sie auch anderswo vorkommen, zu allen Zeiten vorgekommen sind und wahrscheinlich immer vorkommen
werden. Weder davon, noch von den herkömmlichen
Phrasen über Beschränkung der sog. Gedankenfreiheit
ist die Rede, sondern von einer systematischen Corruption und Discreditirung des gedruckten Worts, —
von der Aufstellung einer von Grund aus verlogenen
Publicitäts-Coulisse, die höchstens mit Potemkin's tauri-
schen Dorf-Coulissen verglichen werden kann. Man denke
sich einen ungeheuren, Millionen von Rubeln repräsen-
tirenden, Tausende von Menschen beschäftigenden, vor
einem nach Millionen zu berechnenden Publikum aufgestellten Apparat, der anerkannter Maassen zur Vermittelung der Kunde von den Vorgängen in der russischen
und ausserrussischen Welt bestimmt ist, den man fortbestehen lässt, gleichzeitig aber an der Erfüllung seiner
natürlichen Aufgabe verhindert. Urtheile, deren Unwahrheit weder Schreibern noch Lesern zweifelhaft ist, — Zu-
stimmungen zu der zeitweise verfolgten politischen Richtung, die ihren Urhebern künstlich abgepresst werden,
Darstellungen und Berichte, bei deren Abfassung die
Rücksicht auf die Wahrheit die letzte, die Rücksicht auf
die Vermeidung von Anstoss die erste Rücksicht gewesen ist, — Benutzung aller modernen Hilfsmittel zu
rascher Vermittelung der Kunde von dem Geschehenen
und dabei die ausgesprochene Absicht, die eigentlich in
Betracht kommenden Dinge, nie und unter keinen Umständen zur Sprache zu bringen! — Ein Petersburger
Bericht vom Ende des vorigen Jahres fasste den durch

das Ignatjew'sche Pressregiment erzeugten Zustand in die
folgenden Sätze zusammen:

„Die Nervosität und Leichtgläubigkeit unseres Publi-
kums nimmt in demselben Maasse zu, in welchem die
russische Publicistik sich zu einer durch und durch verlogenen Caricatur verzerrt. Zeitungen, die von allen
möglichen Dingen berichten, nur von denjenigen nicht,
welche das Publikum zunächst und vor Allem beschäftigen, — Telegramme aus Lissabon und Hongkong, nur
solche nicht, die über die Vorgänge in unserer nächsten
Umgebung eine Art Rechenschaft ablegten, — Raisonnements, die alle Minutien des Berliner und des Pariser
Parlaments betreffen, und dabei vollständiges Schweigen
über die Urtheile, die man sich alltäglich in die Ohren
flüstert, — Sorge um die Gefahren, welche die Sicherheit Irlands und das Gleichgewicht des spanischen Parlaments bedrohen und nie ein Wort der Warnung vor
dem Zusammenbruch unserer gesammten bestehenden
Ordnung — ist ein thörichterer, verderblicherer, entsitt-
lichenderer Zustand der Publicistik überhaupt denkbar?
Anderswo beziehen Fremde ihre Informationen von den
Einheimischen und lernt man die Landessprache, um über
die täglichen Ereignisse auf dem Laufenden zu bleiben:
bei uns sind gewisse privilegirte Ausländer die einzigen
Leute, die zuweilen via Paris, London, Wien oder Berlin
Nachrichten aus Gatschina, aus der uns gegenüber liegen-
den Peter-Paulsfestung und aus dem geheimnissvollen
Hause an der Liteinaja erhalten. Die arg geschwärzten
Zeitungen des Auslandes sind immer noch ausgiebiger,
als die „censurfreien", acht und zehn Riesenseiten um-
fassenden hiesigen Organe, deren Credit längst unter
Null gesunken ist und die ihre eigenen Herausgeber mit
Ekel erfüllen. Wie ist es denkbar, dass diese absicht-

lich entwürdigten Instrumente der öffentlichen Meinung
sich je auf ihre natürliche Aufgabe besinnen, dass sie
ihre Pflichten gegen die Regierung verstehen lernen,
dass sie dieser Regierung jemals eine wirkliche Unterstützung, einen wirklichen Anhalt gewähren?" — Und
in der That hat man nur nöthig, die stereotyp
wiederkehrenden Redensarten zu lesen, mit welchen die
Strana, das Nowoje Wremjä, die Russische Petersburger
Zeitung, die Wetschernaja Gasetta u. s. w. jede neue
Regierungs-Maassregel als rettende That und als einzigen
Weg zum Heil anpreisen, — jeden abgethanen Staatsmann und jede zum Abbruch bestimmte Institution ohne
Weiteres aufgeben, — um sich sagen zu müssen, dass
„so entwürdigte Instrumente" überhaupt unfähig geworden
sind, Träger einer ehrlichen und für ehrlich gehaltenen
Meinung zu werden. — Dass auch das „russische Wort",
dass auch die russische Publicistik nur eine Coulisse,
eine Coulisse unter anderen Coulissen bedeute, — das
ist nie deutlicher zu Tage getreten wie in diesen Tagen
Ignatjew'schen Regiments, wo neben den beiden wirklichen Zeitungen, auf welche dieses Regiment sich
stützt, blosse Kindertrompeten übrig gelassen wurden.

Parallel den Versuchen zur Herstellung eines homo-
genen Beamtenpersonals — zur Inaugurirung eines Zeitalters der Ehrlichkeit und Sparsamkeit und zur Bändi-
gung aller Pressstimmen, die den Monarchen verwirren
könnten, lief das Bestreben des Ministers, einen Chorus
zu schaffen, der den „sich selbst und der Nation wieder-
geschenkten selbstherrschenden Zaren" jubelnd begrüsste
und durch diesen Jubelruf das Einverständniss der Nation
mit der „rettenden That" vom 1./13. Mai zum Ausdruck
brachte. Mit den Klassen, welche (nach Katkow'scher
Terminologie) die russische Intelligenz, nach der Sprach-

weise „der Liberalen" die russische Gesellschaft repräsentirten, war in dieser Rücksicht einmal nichts anzufangen, —
man musste sich an das V o l k, an das „eigentliche", das
russisch gebliebene Russland wenden: da d i e Menschen,
die man bisher als allein in Betracht kommend behandelt
hatte, hartnäckig schwiegen, so mussten die S t e i n e zum
Reden gebracht werden. Und einem Stein war sie in der
That zu vergleichen, die ungeheure, schwerfällige und
schwere Masse, die sich noch auf dem nämlichen Fleck
befindet, auf welchem sie vor tausend Jahren zu finden
war und der aus der gesammten, seit den Tagen des
heiligen Wladimir verflossenen Zeit nur ein paar dumpfe
Erinnerungen geblieben sind, — die Erinnerung an den
Jurjewtag des Jahres 1592 *), an die Tage der „Verfolgung
der wahren Heiligen"*) und an das Jahr des Ansturms der
Gallier sammt den diesen verbündeten Nationen ***), endlich
die Erinnerung an jenen 19. Febr. 1861, der der Willkür
der Herren allerdings ein Ende gemacht, die auf „unserem
Bruder" ruhende Last wirthschaftlicher Bedrängniss zu erleichtern aber nicht vermocht hatte. Diesen Stein zum Reden
zu bringen war keine leichte Sache und die phantastischen
Pläne von einer mit Hilfe von Volkstheatern und Volks-
zeitungen zu improvisirenden Volks-Bildung, welche der
lebhaften Einbildungskraft des „geistreichen" Ministers vor-

---

*) Dem Tage, an welchem Boris Godunow der alten Frei-
züigigkeit der russischen Bauern ein Ende machte.

**) Die Zeiten des russischen kirchlichen Schismas von 1666,
in denen die von den Sympathien des niederen Volkes begleiteten,
fast ausschliesslich den ärmeren Klassen angehörigen A l t g l ä u -
b i g e n aus der officiellen Kirche ausgeschlossen und den härtesten
staatlichen Verfolgungen preisgegeben wurden.

***) Die kirchliche Bezeichnung für die Napoleonische Invasion
des Jahres 1812.

schwebten, liessen sich wenigstens über Nacht nicht in Ausführung bringen*). So musste man es bei der Anwendung eines einfacheren, dafür aber zahlreicher Wiederholungen•fähigen Mittels bewenden lassen.

Während der Kaiser im Uebrigen für eine nur höchst geringe Anzahl hochgestellter Personen sichtbar war und in einer Isolirung verharrte, die einer förmlichen Gefangenschaft ähnlich ˙sah (selbst die ungezählten Adels- und Städte-Deputationen, die zur Beerdigung Alexander's II. herbeigeeilt waren, hatten es zu Vorstellungen und Audienzen bei Sr. Majestät nicht zu bringen vermocht), liess Graf Ignatjew zu Beginn des Sommers Bauern-Deputationen über Bauern-Deputationen nach Gatschina kommen, die nicht nur Sr. Majestät, sondern auf Verlangen auch Ihrer Majestät und dem dreizehnjährigen Grossfürsten-Thronfolger vorgestellt und des Glücks gewürdigt wurden, ihre kindlichen Ergebenheits- und Loyalitätsgefühle „allerunterthänigst" zum Ausdruck bringen zu dürfen. In Ausdrücken, deren geschmacklose Sentimentalität im Rahmen officieller Berichte doppelt peinlich wirkte, berichteten Reg.-Anzeiger und Journal de St. Pétersbourg von den bei diesen Gelegenheiten vergossenen Thränen, von den Kniebeugungen der biederen Landleute und von den huld- und gnadenvollen Aeusserungen, zu denen I. I. M. M. sich herbeigelassen hätten.

---

*) Mit der Herausgabe einer (amtlich geleiteten) Bauern-Zeitung, des Selski Wesstnik ist wirklich ein Versuch gemacht worden. Dem Project, Volkstheater einzuführen, stand die „officiell" nicht zu beseitigende Schwierigkeit im Wege, Stücke herbeizuschaffen, die dem Volke verständlich gewesen wären, Schauspieler zu entdecken, die diese Stücke hätten spielen wollen und spielen können, endlich dem Volke die Einsicht beizubringen, dass eine andere Unterhaltung als diejenige in der Branntweinschenke überhaupt Unterhaltung sei.

Und da man ein Mal in gerührte und rührende Stimmungen gekommen war, liess man nach einigen Tagen im Idyllenstyl verfasste Schilderungen von den Besuchen des Kaiserpaares in der Gatschina benachbarten Hütte eines kinderreichen Fischers und von der den Herrschaften zur zweiten Natur gewordenen Einfachheit des äusseren Lebenszuschnittes u. s. w. folgen. — Von den Bauern-Deputationen wusste man, dass sie eine politische Seite hätten, dass der hohe Empfänger derselben durch Ausdrücke populären Dankes und populärer Loyalität ermuthigt und getröstet, — der Chorus aber unter der Hand auf gewisse dem Bauernstande zugedachte Erleichterungen vorbereitet werden sollte. Mit nicht misszuverstehendem Nachdruck wies der Minister in den seiner Seits ertheilten Audienzen darauf hin, dass die Gerüchte, von einer bevorstehenden theilweisen Zurücknahme der dem Bauernstande von dem in Gott ruhenden Kaiser-Märtyrer verliehenen Freiheiten jedes Grundes entbehrten und dass Se. Majestät sich mit der gnädigen Absicht trügen, der bedrängten wirthschaftlichen Lage des Landvolks durch Verminderung der bäuerlichen Lasten zu Hilfe zu kommen. Der Bauernstand werde sich der ihm zugedachten Wohlthaten durch streng gesetzliches Verhalten und vertrauensvolle Hingabe an den väterlichen Willen des Monarchen würdig zu machen haben, indem er den Einflüsterungen der gottlosen Frevler, die den Zaren-Befreier ermordet, sein Ohr verschliesse u. s. w.

Obgleich diese den Bauern-Deputationen ertheilten Rathschläge mit dem (weiter unten näher zu erörternden) Plane einer Herabsetzung der sogenannten Loskaufssumme in directem Zusammenhang standen, und obgleich alle Wahrscheinlichkeit dafür sprach, dass der Minister des Innern bei der Veranstaltung der Deputationen lediglich die Absicht verfolgt habe, die Popularität seiner Regierung zu erhöhen und auf Se. Majestät beruhigend einzuwirken, gaben die in Gatschina aufgeführten Scenen zu mancherlei ausschweifenden Befürchtungen Veranlassung. Wie man aus der einige Wochen später unternommenen Kaiserreise nach Moskau sofort Schlüsse auf eine bevorstehende Decapitirung der Newa-Residenz und auf eine „Verlegung des Schwerpunkts nach Osten" ziehen zu müssen glaubte, so folgerte man aus dem Contact, in welchen der sonst von aller Welt abgesperrte Kaiser zu dem „wahren Volke" getreten war, dass es auf ein Bündniss zwischen dem Zarenthum und den Massen abgesehen sei und dass die Spitze dieses Bündnisses gegen die gebildeten Klassen und deren Ansprüche gerichtet werden sollte. Möglich, dass Gedanken solcher Art den unruhigen Geist des Ministers zeitweise bewegt und dass die Aksakow'schen Predigten von der nothwendigen Wiederherstellung directer Beziehungen zwischen dem nationalen Herrscher und dem national gebliebenen Volke ihm einen gewissen Eindruck gemacht haben, — tiefgreifende Umgestaltungen der bestehenden Ordnung konnten die Sache eines Mannes nicht sein, der von der Hand in den Mund lebt, immer nur den momentanen Effekt im Auge hat und der ausserdem genau weiss, dass der einflussreichste Theil der Partei, auf welche er sich stützt, von einschneidenden Veränderungen der gewohnten Ordnung Nichts wissen, sondern das überkommene System und die überkommenen Lebensformen möglichst indirect aufrecht erhalten will. Die Nothwendigkeit einer Besserung der schier hoffnungslos gewordenen materiellen Lage des Landvolkes herbeizuführen, gehörte freilich zu den Dingen, über welche nicht mehr gestritten werden konnte und auch in den Hofkreisen

nicht mehr gestritten wurde, — an mehr als die Befriedigung dieses schreienden Gebots der Lage dachte
man aber nicht und dachte auch Graf Ignatjew nicht.
Der Augenblick erheischte, dass gegenüber den be-
gehrlichen Stimmen, die aus dem benachbarten Petersburg nach Gatschina hinüber klangen, andere Stimmen
(gleichviel welche) vernehmbar wurden, dass der Kaiser
den Eindruck einer populären Zustimmung zu seiner von
den gebildeten Klassen missbilligten Politik gewann und
dass der von den Moskauer Freunden so emphatisch behaupteten Befriedigung des eigentlichen Russland über die
Rettung des Zarenthums Etwas wie eine äussere Bestätigung zu Theil werde — und diese Zwecke wurden
durch die Bauern-Deputationen erreicht. Was weiter folgte,
musste sich finden, der momentan erforderliche Effect
war erzielt und um mehr als Effecte konnte es sich ja
überhaupt nicht handeln, wo Alles in unaufhörlichem
Auf- und Niederwogen begriffen ist und wo die Frage:
„Was wird morgen sein?" alle übrigen Fragen zum
Schweigen bringt.

Auf dem leichten Flugsande des russischen Lebens
haben die Füsse der zu den Rührstücken von Gatschina
commandirten Bauern-Deputationen denn auch keine
Spur hinterlassen: wo „die Erscheinungen einander in
wilder Flucht ablösen, während das Wesen der Dinge
immerdar bleibt, wie es zuvor gewesen", scheinen tiefer
gehende, dauernde Wirkungen ein für alle Mal ausgeschlossen zu sein. Die Bauern-Deputationen, von denen im
Frühling angenommen wurde, dass sie Vorläufer eines gegen
die Mittelclassen abgeschlossenen Bündnisses mit den Massen seien, waren im Herbst v. J. bereits vergessen und
durch die herkömmlichen Audienzen Sr. Majestät besonders
gut empfohlener Adels-Marschälle, Gouverneure und

General - Adjutanten abgelöst worden. Folgen und zwar
Folgen der ernstesten und bedrohlichsten Art hat nur
eines der von dem Grafen Ignatjew vermittelten „volks-
thümlichen" Spectakelstücke vom April v. J. hinterlassen:
der um jene Zeit zu Gatschina stattgehabte Empfang einer
Deputation sog. Vertreter des estnischen Volkes
hat in der Geschichte des einzigen alle Zeit loyal befundenen Theils der russischen Monarchie, in der Geschichte der baltischen Provinzen Epoche gemacht.
Wegen des Lichts, welches diese Angelegenheit auf das
Ignatjew'sche System und auf die vollendete Frivolität
wirft, mit welcher der leitende Staatsmann die conservativen Interessen des Staats behandelt, bedarf dieselbe
eingehenderer Erörterung.

Seit den legislativen Umgestaltungen, welche um die
Mitte der sechziger Jahre in den ländlichen Verhältnissen der Ostseeprovinzen Liv-, Est- und Kurland Platz
griffen, sind Wohlstand, Bildung und Selbstbewusstsein
der lettisch-estnischen Landbevölkerung dieser Provinzen
in einem Aufschwung begriffen, der Vergleichungen mit
Zuständen anderer Theile des russischen Reichs vollständig ausschliesst. Mehr als die Hälfte aller bäuerlichen Höfe der drei Provinzen sind in das Eigenthum
ihrer ehemaligen Pächter übergegangen, der Rest wird
auf Grund erprobter, den schottischen nachgeahmter
Pachtordnungen von durchschnittlich wohlsituirten Zeit-
pächtern besessen; ihre administrativen und ökonomischen
Angelegenheiten verwalten die Landgemeinden unter Ausschluss jedes Einmischungsrechts der Grossgrundbesitzer
in selbständiger Weise; das von den Ritterschaften und
der Geistlichkeit geleitete Volksschulwesen hat die Letten
und Esten ihren vielbeneideten finnländischen Nachbarn
ebenbürtig gemacht, der Wohlstand so rasch und in so

erheblichem Maasse zugenommen, dass das Landvolk
die wirthschaftliche Entwickelung der baltischen Städte
nächstens überflügelt haben wird. Trotz ihrer systematischen Feindschaft gegen die baltischen Provinzen musste
die russische Presse einräumen, dass das Press- und
Vereinswesen der Letten und Esten Liv-, Est- und Kur-
lands einen Bildungszustand repräsentire, hinter welchem
Gross-, Klein- und Weissrussland um Generationen zurückgeblieben sind, und dass an Volks- und Sängerfeste, wie
sie in den Jahren 1879 und 1880 zu Riga, Dorpat und
Reval gefeiert worden, östlich vom Peipussee, südlich vom
Niemen und nördlich von der Narowa in absehbarer Zukunft nicht zu denken sein werde. Und diese Entwickelungen
waren trotz aller ihnen bereiteten Hemmungen und trotz
des von den Nachbarprovinzen gegebenen übeln Beispiels,
durchaus friedlich vor sich gegangen. Regierungsseitig
hatte anerkannt werden müssen, dass ungeachtet der
vielfachen Rechtsverletzungen, welche den deutschen
Ständen der Ostseeprovinzen in russificatorischer und
büreaukratisch-uniformirender Absicht zugefügt worden,
Ruhe und Ordnung dieser Länder ungestört geblieben
seien und dass niemals der geringste Verstoss gegen die
Legalität und Loyalität vorgekommen sei. Die Dorpater
Hochschule war (neben der finnländischen Hochschule
Helsingfors) die einzige, welche von studentischen Unruhen
verschont geblieben war und an welchen die von Petersburg und Moskau gelegentlich importirten revolutionären
und nihilistischen Lehren vollständige Abweisung erfahren
hatten. Keine der zahllosen Verschwörungen, die im Lauf
des letzten Jahrzehnts entdeckt worden, ist in die Ostseeprovinzen verzweigt, an keiner ein deutscher Liv-, Est-
oder Kurländer betheiligt gewesen. Wie an einem Wall
waren die das russische Leben bewegenden Strömungen

an der festen Structur des baltischen Gemeinwesens zurück-
geprallt, das mit unerschütterlicher Treue gegen die Dy-
nastie unerschütterliche Treue gegen seine deutsch-pro-
testantischen Traditionen zu verbinden gewusst hat.

Aus den Tagen des feindlichen Gegensatzes zwischen
den Interessen des Grossgrundbesitzes und denjenigen der
bäuerlichen Bevölkerung war innerhalb der baltischen Provinzen indessen ein Element übrig geblieben, das sich als
Waffe gegen die bestehende Ordnung gebrauchen liess: eine
von verbildeten Schulmeistern, im Subalterndienst emporgekommenen Beamten, zu Pfarr- und Gymnasialämtern gelangten Gelehrten bestehende lettisch-estnische Nationalpartei, welche von der Utopie träumte, die deutsche Bildung
mit Hilfe der russischen Demokratie verdrängen und durch
eine neue, die Signatur des lettisch-estnischen Volksthums
tragende Cultur ersetzen zu können. — Entstehung und Entwickelung dieses junglettischen, bez. jungestnischen Nationalismus brauchen nicht besonders erörtert zu werden: sie
sind getreue Abbilder desselben Wesens und Unwesens, das
in Finnland von den sog. Fennomanen, in Kärnthen und
Krain von den Slowenen, in Galizien von gewissen ruthenischen Elementen getrieben wird und das in all' diesen
Ländern die Beschäftigung mit Volksliedern, Volksbräuchen
und andern Ueberbleibseln untergegangener nationaler
Bildungen zum Ausgangspunkte für Agitationen rein politischer, genauer gesagt, demagogischer Natur genommen
hat. Dass diese Propaganda für Lettisirung und Esti-
sirung einer auf der Höhe deutscher Bildung stehender
Landschaft an sich völlig aussichtslos ist und dass die
einzige für sie mögliche Rolle diejenige einer Handlangerin
der Russificirung des Ostseegebiets sein kann, versteht
sich von selbst. In diesem Sinne ist das Jungestenthum
denn auch vom Grafen Ignatjew utilisirt worden. Seiner

Vermittelung bediente sich eine Handvoll zu höheren
socialen Stellungen gelangter Agitatoren, um im Frühling
v. J. als Repräsentation des Estenvolks bei Hofe vorgestellt zu werden, Sr. Majestät eine Abhandlung über
die geschichtlichen Beziehungen und die natürlichen Sympathien zwischen Russen und Esten vorzutragen und,
nach Hause zurückgekehrt, ihre seit den agrarischen Reformen der sechziger Jahre gegenstandslos gewordene
Propaganda neu in Schwung zu bringen. Die Hauptrolle
spielte dabei eine Adresse, welche die Herren in den
Händen des Ministers zurückgelassen hatten und die u. A.
Beseitigung der uralten drei Provinzialkörper Liv-, Est-
und Kurland und Verwandlung derselben in ein estnisches
und ein lettisches Gebiet, — Erhebung der beiden Volks-
idiome zur Stellung von Landessprachen, Einführung derselben in die höheren Schul- und Bildungsanstalten, allmälige Zurückdrängung des deutschen Elementes, Einführung der russischen Landschafts-Institutionen u. s. w.
forderten. Dank der Connivenz, welche die sonst unnach-
sichtlich strenge Censurverwaltung den publicistischen
Organen der jungestnischen und junglettischen Partei
leistete, gingen die in der Esten-Adresse formulirten
Forderungen wie ein Lauffeuer durch das Land, um eine
Erregung der Gemüther zu erzeugen, deren Sinnlosigkeit
nur durch ihre Leidenschaftlichkeit übertroffen wurde. Die
abweichenden Stimmen des besonneneren und ruhigeren
Theils der baltischen Landbevölkerung wurden überschrieen, — gegen Adel, Geistlichkeit und Bürgerthum
des Landes wilde Drohungen geschleudert, — freche
Reden von einer bevorstehenden Austreibung der deutschen „Eindringlinge" und von einem anti-germanischen
Bruderbunde zwischen Russen, Esten und Letten geführt, gelegentlich der Stadtverordneten-Wahlen in Riga

und Reval „nationale" Wahlcomité's organisirt — und das
Alles unter dem lauten Beifall der russischen Presse und
unter dem stillen Beifall der russischen Regierungs-Macht-
haber. In Riga stellten sich ein paar rabulistische Advocaten lettischer Herkunft, im esthnischen Norden Livlands und in Esthland aufgeblasene Schulmeister und
zweideutige Journalisten an die Spitze der Bewegung, um
zunächst an die (von Deutschen begründete) lettische
literarische Gesellschaft ihre Hebel zu setzen, bei Gelegenheit von Prediger-Wahlen die Aufstellung von Candidaten ihrer Partei zu verlangen, kurz ihre Volksgenossen
in den Wahn zu wiegen, dass eine Umgestaltung im Sinne
der Partei von der Regierung gewünscht werde und unmittelbar vor der Thüre stehe. Am Schlimmsten sah es
in dem dem russischen Gouvernement Pleskau benachbarten nordöstlichen Theile Livlands aus, wo Brand-
stiftungen und Gehorsamsverweigerungen und schliesslich
ein gegen einen geachteten lutherischen Prediger unternommener Mordversuch von der wahren Natur des in die
Mode gebrachten estnischen Nationalismus unwiderspBech-
liche Zeugnisse ablegten*).

_____

*) Die in der estnischen Presse getriebene Agitation kann
nicht besser als durch den Wiederabdruck des nachstehenden
Briefes der „Neuen Dörptschen Zeitung" über den im December
vor. J. erschienenen „Neuen estnischen Volkskalender"
bezeichnet werden. Es heisst a. a. O.: Da stossen wir zunächst
auf eine erbauliche Erzählung „Arm und Reich". In glühen-
den Farben wird da das üppige, nichtsthuerische Wohlleben des
den Armen bedrückenden, stolzen reichen Mannes, der mit vier
Hengsten fährt, in weichem Daunenbette schläft etc. etc., geschildert und ihm ein Lazarus mit allem Elend der Armuth, mit aller
Plage schwerer Arbeit und mit allen Tugenden des Herzens ent-
gegengestellt, ein Lazarus, der auch dieser seiner spärlichen Habe
noch vom reichen Manne beraubt wird. Da tritt ein Prophet auf

Dabei ist es indessen nicht geblieben. Als ob es direct darauf abgesehen sei, der durch die Esten-Depu-

und kündet dem reichen Manne: „So sprechen die Weisheit und die Macht: Alles, was in Deinen Häusern ist, wird nach Babel hinweggeführt werden. Die Häuser und all Deine grossen Werke wird ein von Osten wehender frischer Wind über den Haufen stürzen und Dein Name wird beim Volke zum Stanke werden, weil Du Unrecht gethan und am Gute des Armen Deine Hände besudelt hast!" . . . Wen wird wohl das Volk unter diesem Reichen zu verstehen suchen und welche praktischen Lehren aus solcher Erzählung schöpfen?

Hieran schliessen sich etliche „Sinnsprüche", von denen der erste gewissermaassen die Summe der obigen Erzählung zieht. Derselbe lautet: „Welcher Friede besteht zwischen Wolf und Hund oder Reich und Arm? Gleichwie die Gazellen ein Frass sind der Löwen, so sind die Armen ein Frass der Reichen."

„Fremde Geschöpfe" (d. i. Dohlen, Amphibien, Halbdeutsche, Wachholder-Deutsche *), Baltiker etc.) bilden das Thema des folgenden Artikelchens. Es herrscht — dies der Gedankengang desselben — das herrlichste Frühlingswetter; hell scheint die Sonne, es grünt und blüht; Alle leben in Zufriedenheit und Reichthum, die Kornkammern sind gefüllt mit Getreide, die Truhen strotzen von Gold und kostbarem Geräth; Ungerechtigkeit und Sittenlosigkeit sind nicht anzutreffen, Alles lebt in Reinheit und unverkümmertem Rechte etc. Da wandelt sich plötzlich Alles: furchtbare Staubwolken wirbeln auf und „ein böser Weststurm trägt die Sklaverei in unser Land." Schliesslich freilich verscheucht „ein guter Engel" die Wolken und „unser Volk" erlangt wieder die Freiheit. Aber es ist nicht mehr das, was es ehedem gewesen: seine einstigen blendenden Tugenden sind in der langen Zeit der Sklaverei in den Schmutz gezerrt und die Fremdlinge haben Unkraut gesäet und hoch aufgeschossen sind die geilen Schösslinge desselben. Noch immer aber treiben diese fremden Geschöpfe ihr Unwesen und zwar wären da zu nennen: 1) „Die Dohlen (die Pastoren), schwarz befiederte Vögel, die scheusslich schreien und krüchzen; kein Freund der reinen Gottesnatur will

*) Germanisirte Esten.

tation und durch die vom Grafen Ignatjew entgegen-
genommene Esten - Adresse erzeugten Aufregung die ge-

---

deren Geschrei anhören." 2) „Die Amphibien — Thiere, welche
auf dem Lande und im Wasser leben, wie Frösche, Kröten,
Molche etc. Sie regen sich nur zum eigenen Vortheil. Wehe
dem Volke, bei welchem dieses Gezücht sich einnistet. Sie sind
ihrem Gehalte nach so schlecht, dass ich über sie weiter keine
Worte verlieren mag und nur wünsche, dass dieses Gezücht völlig
ausgehe." 3) „Die Halbdeutschen, auch Wachholder-Deutsche und
Buschklepper genannt, sind den Amphibien beinahe gleich. Dieselben kann man daran erkennen, dass sie, wo es nur irgend
möglich erscheint, deutsch zu sprechen versuchen und sich wie
Erbsenscheuchen mit entsprechenden Kleidern ausstaffiren. . . .
Auch wollen sie gleich ihren Vorbildern auf grossem Fusse leben;
dazu aber haben sie selbst nicht Geld genug, und leihen es daher
von ihren Nachbarn, ohne je an eine Wiederzahlung zu denken.
Viele wackere Männer haben dadurch ihr mühsam Erspartes verloren und sind in Jammer und Elend gestürzt worden. Fort also
auch mit den Halbdeutschen." 4) „Die Baltiker. Einst hielten die
Dohlen, die Hühnerhabichte, die Geier, Amphibien, die Halbdeutschen und viele derartige schädliche Thiere eine grosse Zu-
sammenkunft, wo sie wie aus einem Munde klagten, das Volk
sei zu klug geworden und erkenne überall das von ihnen gesäete
Unkraut und suche dasselbe zu ersticken" . . . Dort sei der Name
„Baltiker" erfunden worden und darum trügen alle obenerwähnten
schädlichen Thiere fortan den Namen „Baltiker". — Wie wohl das
„Volk" diese Theorieen des „Volks-Kalenders" ins Praktische übersetzen wird?

Es folgt ein Gedicht „Der Schmalztopf der Baltiker" mit
verschiedenen, auf einen bekannten Publicisten gemünzten an-
muthigen Anspielungen auf angeblich von ihm angestrebte Aus-
pressung des Volkes, Regalirung desselben mit Stock und Knute
und ähnlichen, die Gemüther beruhigenden Andeutungen; sodann
ein Erguss über eine „Böse Krankheit", d. i. die „Tollheit", deutsch
zu sprechen und sich in deutsche Tracht zu kleiden, nebst den
aufmunternden Schlussversen:

> „Mag auch die „Dohle" krächzen
> Mag auch die „Eule" grollen,

hörige Nahrung zu bieten, eröffnete ein im November v. J. an die Ritterschaften der drei Provinzen gerichtetes

–

> Sei drum dennoch unbesorgt
> Und kämpfe fröhlich fort:
> Die Tollheit schwindet bald."

Hieran schliesst sich zwanglos ein Lobpreis der „Jung-Esten". „Wie die Chroniken, Sagen, Lieder, Sprüche und sonstigen Denkmäler der Vergangenheit beweisen" — diese Worte eröffnen den Ehrenkranz — „war das Estenvolk vor der Leibeigenschaftsperiode ein starkes, denkendes, verständiges und berühmtes Volk. Aber die Leibeigenschaft mit ihrer Härte, Strenge und Strafe hat Vieles von diesem Guten vernichtet und zu Grabe getragen" . . .

Zum Schluss werden alle glänzenden Eigenschaften der „Jung-Esten" aufgezählt, welche Liebe und Vertrauen zur väterlichen Regierung des russischen Reiches predigten, wider die schädlichen Sitten der „fremden Geschöpfe" zu Felde zögen, die Unterstellung der Volksschulen unter die Krone anstrebten etc. etc.

Wir übergehen das hieran sich knüpfende „Volkslied", einen in leicht errathbarer Tendenz an das Volk gerichteten „Trostspruch" für alle ausgestandenen Qualen der Vergangenheit und wenden uns den „Wetterprophezeihungen" zu. Dieselben enthalten lediglich politische Weissagungen, wie beispielsweise: „Januar, zweite Woche: die Studirenden sprechen schon estnisch . . . Schönes und klares Wetter." Oder: „Februar, zweite Woche: die Kaufleute kämpfen zwischen Deutschen-Furcht und russischen Tabakblättern; die Aerzte rathen zu den russischen Tabak-Blättern." Oder: „Die „Sakala" (ein jung-estnischer Verein) bereitet für die Prussaken ein Pulver. Heftige Kälte, stürmisch." Oder: „Die „Sakala" wird allenthalben gefeiert; auch die „Schwarzen" gehen an ihr nicht vorüber, Einige legen die Artikel derselben als Text ihren Predigten zu Grunde." Oder: „Die „Petersburger Esten" stopfen den schädlichen „Stier" in den Sack, hängen ihm einen grossen Stein um und ersäufen ihn in der Newa." Oder (1. December-Woche): „Flintengeknatter und Braten der Katzen. Die „Sakala" beansprucht für die Bauern das Jagdrecht, damit die nützlicheren Vögel freier leben können. Einige be-

Rescript des Ministers den baltischen Ständen, es sei von
Sr. Majestät die Ausdehnung der russischen Landschafts-
Institutionen auf Liv-, Est-, Kurland und die Insel
Oesel beschlossen und angeordnet worden, dass die Mo-
dalitäten einer den örtlichen Verhältnissen entsprechenden
Einführung mit thunlichster Beschleunigung von den resp.
ständischen Körperschaften in Berathung gezogen werden
sollten *).

---

kommen Bauchgrimmen. Es schneit" u. s. w. Was
bedeutet -- so muss nach der ganzen Anlage des Kalenders auch
der unschuldigste Leser fragen — dieses angekündigte „Flintengeknatter", dieses „Braten der Katzen" etc.? Sollte nicht einer
„der nützlicheren Vögel" jüngst in Kannapäh die praktische Consequenz dieser ungemein ermuthigenden Weissagung bereits (durch
den Mordanfall auf den Pastor Holst) gezogen haben?

Wir denken, die vorstehenden Proben reichen hin, um die hier
heraufbeschworenen Geister genügend zu charakterisiren. Wir
übergehen daher die sonstigen Artikel entsprechenden Inhalts,
eine treffliche Wolfsgeschichte, Sinnsprüche etc. und beschränken
uns darauf, das diese Abtheilung abschliessende Gedicht „das
„Zu-Viel" aus alter Zeit" wiederzugeben. Dieses „Volkslied"
lautet:

> „Hu, hu, hu! zu viele Wölfe!
> Hinterm Hause zu viel Geister!
> Zu viel Gold beim bösen Herren!
> Zu viel Stöck' beim Spitzbub-Kubjas!
> Zu viel Ruthen hat der Wächter,
> Zu viel Schmerz das arme Volk
> Und der Lohnknecht zu viel Arbeit!
> Zu viel Faulheit in den Sälen,
> Zu viel Pergel bei den Bauern
> Und im Hinterstübchen stecken
> All zuviel der reichen Schätze!"

*) Die bezügliche amtliche Mittheilung der Rig. Zeit. vom
9. November (28. October) lautete wie folgt:

„Se. Majestät der Herr und Kaiser hat am 14. September cr.
Allerhöchst zu befehlen geruht:

Und um alle Zweifel daran auszuschliessen, dass es sich
bei dieser Maassregel nicht um die Befriedigung realer
Bedürfnisse, sondern lediglich um einen Schachzug im
Sinne der Moskauer Nationalpartei und ihrer lettisch-
estnischen Jüngerschaft handle, erklärte ein wenige Tage
später publicirter kaiserlicher Erlass, d a s s d i e i n d e n
i n n e r e n r u s s i s c h e n G o u v e r n e m e n t s b e s t e h e n-

dass in Grundlage des am 1. Januar 1864 Allerhöchst bestätigten Reichsraths-Gutachtens, betreffend die Ordnung für die
Einführung der Landschafts-Institutionen in denjenigen Theilen
des Kaiserreichs, welche nach besonderen Institutionen verwaltet
werden — die Fragen über die Art und Weise der Einführung
der Verordnung über die Landschafts-Institutionen dem livländischen und oeselschen Landtage zur Beurtheilung vorzulegen
wären, wobei die localen Eigenthümlichkeiten und Bedürfnisse
unter der Bedingung in Berücksichtigung gezogen werden können,
dass die Hauptgrundlagen der Landschaftsordnung nicht verletzt
würden.

Die Beschlüsse der Landtage sind, mit den detaillirten Erwägungen und dem Gutachten des Gouverneurs, dem Minister
des Innern vorzustellen.

Wie uns aus Petersburg mitgetheilt wird, sollen ministerielle
Schreiben gleichen Inhalts auch an die Gouverneure von Kurland
und von Estland zur Uebermittelung an die betreffenden Landes-
vertretungen erlassen worden sein." —

Ein Rescript, wie das in Rede stehende, ist dem livländischen
Landraths-Collegium bereits ein Mal und zwar vor 102 Jahren
(Frühjahr 1779) zugegangen. Damals wurde die russische Adels-
ordnung eingeführt, neben der den alten Einrichtungen indessen
ein gewisser Fortbestand gewährt wurde: s e c h s J a h r e s p ä t e r
s c h a f f t e m a n d i e s e l b e n i n d e s s e n v o l l s t ä n d i g a b. Während der folgenden fünfzehn Jahre galten in Liv- und Estland
ausschliesslich die russischen Adels- und Stadt-Institutionen, —
der schliessliche Erfolg aber war, dass der Kaiser Paul dieselben
sofort nach seiner Thronbesteigung wieder aufhob und „den getreuen Livländern wiedergab, was ihnen mit Unrecht genommen
worden war."

den Landschafts-Institutionen sich nicht bewährt, sondern zu so peinlichen Reibungen
mit den staatlichen Verwaltungsbehörden geführt hätten, dass eine Revision und Umgestaltung des bezüglichen Statuts nothwendig und
dass behufs Vornahme derselben bei dem Ministerium des Innern eine besondere Commission niedergesetzt worden sei!

Von dem Eindruck, den es in den in ihrem uralten
politischen Besitzstande bedrohten baltischen Provinzen
machen musste, in einem und demselben Athem darüber
belehrt zu werden, dass die Ausdehnung der russischen
Landschaftseinrichtungen auf nicht-russische Gebietstheile
dringend nothwendig geworden sei und dass diese Institutionen sich an der Stätte ihres Ursprungs so schlecht
bewährt hätten, dass eine Totalreform derselben bevorstehe, — von diesem Eindruck schweigen wir. Für die
Systemlosigkeit der gegenwärtigen Regierung und für den
vollendeten Widersinn dessen, was Graf Ignatjew seine
Methode nennt, können schlagendere Belege, als die vorstehend erörterten aber überhaupt nicht beigebracht werden. Dass die rechte Hand nicht weiss, was die linke
thut und dass heute in den Staub gezogen wird, was
gestern auf das höchste Piedestal gestellt worden, kann
allerdings nur als alter, durch die Gewohnheit geheiligter
russischer Landesbrauch bezeichnet werden. Welche Bezeichnung aber verdient eine Politik, welche in Tagen
tödtlicher Gefahr für die bestehende Ordnung und das
absolutistische System, den einzigen von dem Revolutions-
geiste unberührten Theil des Staatsgebiets gewaltsam in
die Strudel derselben Bewegung zu ziehen versucht, der
man eben erst den Krieg bis auf's Messer angekündigt
hat? Der Champion der unbeschränkten Monarchie, der

conservative Staatsretter, der die revolutionäre Feuersbrunst mit Polizeimaassregeln und büreaukratischen Lösch-
mitteln zu ersticken unternommen hat, legt mit eigener
Hand Feuer an das einzige feste Gebäude, das überhaupt
noch übrig geblieben ist! In seiner Eigenschaft als nationaler Parteimann sucht Graf Ignatjew die Gemeinschaft
von Leuten, die er als höchster Wächter der öffentlichen
Ordnung unter besonders genaue Aufsicht zu nehmen hat,
und weil diese Leute als Werkzeuge zur Unterminirung
einer ihm antipathischen staatlichen Bildung zu brauchen
sind, vergisst er, dass dieselben sich über Nacht in ein
Hilfscorps der nihilistischen Propaganda verwandeln
können! Wo Alles darauf ankommt, die spärlichen conservativen Elemente des Staatslebens zu sammeln und an
ihnen einen Rückhalt gegen die Forderungen einer
Gewaltentheilung zwischen Souverän und Nation zu gewinnen, begiebt die Regierung selbst sich in den Dienst
eines „Nationalismus", dessen Verwandtschaft mit dem
jungrussischen Radicalismus sich bereits bei seinem ersten
Auftauchen verrathen hat!

Mit den durch die Bauern-Deputationen von Gatschina
hervorgerufenen Eindrücken hing es zusammen, dass die im
Hochsommer unternommene Reise des Kaiserpaares nach
Moskau und Nischni-Nowgorod vielfach als Vorläuferin
einer Verlegung der Residenz von der Peripherie in den
Mittelpunkt des Reichs angesehen wurde und dass Russland und Europa sich eine Weile mit der Besorgniss
trugen, Graf Ignatjew beabsichtige, — nach dem Beispiel
der altrussischen Politiker aus der Zeit Peter's II. und
Elisabeth's — die Abwendung von den „westlichen Ideen"
auch äusserlich zum Ausdruck zu bringen. Die Ge-
flissentlichkeit, mit welcher die Moskauer Presse den
Kaiserbesuch zu einem geschichtlichen Ereigniss aufzu-

putzen, den naiven Enthusiasmus der alten Hauptstadt
politisch fruchtbar zu machen und Petersburgs Stellung
herabzudrücken suchte, waren in der That danach angethan, die Befürchtungen zu wecken, denen einzelne
der grossen Petersburger Blätter bereits offenen Ausdruck
verliehen und die von deutschen Zeitungen mit gewohnter
Uebertreibungslust wieder gegeben wurden. In Wahrheit handelte es sich für den Minister, der sein Terrain
genau genug kannte, um sich auf Neuerungen im grossen
Styl gar nicht einzulassen, nur um ein Paar neue patriotische Effecte, um die Hervorbringung von Reiseein-
drücken, welche dem Kaiserpaar die in Peterhof und
Gatschina gewonnenen günstigen Impressionen bestätigten.
Darauf war es bei den grossen Schaustellungen im Moskauer Kreml und vor dem Kaufhof der Stadt Minin's
und Posharski's, — darauf bei den ungeheuren Volks-
ansammlungen, die auf den blitzschnell durcheilten Eisen-
bahnstationen veranstaltet worden waren, darauf bei dem Besuch abgesehen, den Alexander III. der Stadt Kostroma, der
Wiege seines Geschlechtes abstattete! In die Gewohnheiten
des Monarchen, des Hofs und der herrschenden Kaste stärker
und nachhaltiger, als durch die Verhältnisse unbedingt
geboten war, einzugreifen und die grossen und zahlreichen Interessen, welche an die Erhaltung des Bestehenden geknüpft waren, in Feindeslager zu treiben, — das
konnte die Sache eines politischen Geschäftsmannes nicht
sein, dem zum nationalen Fanatiker so gut wie Alles
fehlt und dessen nüchterner Natur Entschliessungen ohne
greifbaren, momentanen Nutzen, — geschweige solche
von wesentlich principieller und symbolischer Natur,
vollendete Thorheiten dünken. — Dass die entgegengesetzte Auffassung Tage und Wochen hindurch die
herrschende war, ist, soweit es sich um Petersburg handelt,

auf das böse Gewissen dieser Stadt, soweit das Ausland dabei in Betracht kam, auf das deutsche Bedürfniss nach historischen Analogien und nach einem „System" zurückzuführen, in welches man die Politik des Mannes der kleinen Mittel und der kleinen Zwecke auffangen wollte. Bei nüchterner Betrachtung hätte man sich sagen müssen, dass Besuche in der ersten Hauptstadt des Reichs zu den ersten Pflichten neu auf den Thron gelangter russischer Herrscher gehören, — dass Alexander III. die Erfüllung dieser Pflicht ungewöhnlich lang hinausgeschoben und sich (was die Dauer seines Moskauer Aufenthalts anlangt) mit derselben ungewöhnlich kurz abgefunden hatte. Seit des Kaisers Rückkehr an die Newa-Mündung ist von der Eventualität einer Verlegung der Residenz niemals auch nur mit einer Sylbe die Rede gewesen! Würde nach landläufiger Auffassung eine solche Neuerung doch ungleich wichtiger und ungleich schwerer zu bewerkstelligen sein, als selbst eine Abänderung des Reichsgrundgesetzes.

Hing es mit dem peinlichen und verwirrenden Eindruck zusammen, den die Kaiserreise nach Moskau in einem grossen Theil Europa's gemacht hatte, dass derselben der vielbesprochene Besuch Alexander's III. in Danzig auf dem Fuss folgte? Die damals in Umlauf gesetzten Redensarten von einer „Befreiung" des Kaisers aus dem ihn umgebenden „slavischen Ring" sind das an sie verschwendete Papier nie werth gewesen, und überdiess durch die Thatsache widerlegt, dass die Kaiserbegegnung vom September v. J. an dem Charakter der russischen Politik keine irgend bemerkbare Veränderung hervorgebracht hat. So weit sich übersehen lässt, ist für diese Fahrt über die Ostsee ein Motiv ausserordentlich einfacher Art maassgebend gewesen. Zu den nicht eben zahlreichen Glaubenssätzen, aus welchen der politische

Katechismus Alexander's III. sich zusammensetzt, gehört
neben dem Glauben an die Unveräusserlichkeit der
„Samodershawije" (des Absolutismus) und an die Nothwendigkeit strenger Sparsamkeit die Ueberzeugung, dass
der Frieden um jeden Preis erhalten werden müsse und
dass Erhaltung des Friedens und Erhaltung guter Beziehungen zu Deutschland und Oesterreich gleichbedeutend
seien. Diesen Glaubenssätzen hat sich auch Graf Ignatjew fügen. müssen und Abweichungen von denselben
sind ihm regelmässig schlecht bekommen. Es ist bekannt, dass des Ex-Botschafters Versuche, Herrn von
Giers aus dem Sattel zu heben, sämmtlich gescheitert sind
und dass die Erschütterungen der Stellung Ignatjew's,
über welche die Presse periodisch zu berichten wusste,
regelmässig mit verunglückten Sturmläufen gegen die
Stellung des Verwalters des Auswärtigen Departements in
Zusammenhang standen. Weder die Suspension der Verfassung Bulgariens, noch die Preisgebung des serbischen Metropoliten Michael, noch die Anknüpfung von Verhandlungen
mit der römischen Curie und ebenso wenig der Vertrag
über die Wiedergabe Kuldshas sind nach Ignatjew's
Geschmack gewesen; ihm, der auf die Erwerbung der
Turkmenischen Steppen das höchste Gewicht legte und
der durch seine Presse wiederholt die Frage aufwerfen
liess, ob Russland nicht am Besten thäte, wenn es seine
sämmtlichen an kleinen europäischen Staaten accreditirten
Gesandten (sogar der Gesandte in Lissabon ist hierher
gezählt worden) abberiefe und dafür die Zahl seiner Agenten
im Orient verdoppelte, — ihm war es im höchsten Grade
peinlich, einen Diplomaten der vermittelnden Richtung neben
sich zu dulden und Russlands Beziehungen zum Auslande
nach Gesichtspunkten regeln zu sehen, die den Moskauer
Freunden und Genossen nur allzu gegründeten Anstoss

gaben. — Da der Monarch in den Punkten, die seine feststehenden Ueberzeugungen bilden, ein Mal nicht mit sich handeln liess, und da die Vermeidung von Differenzen ohnehin ein dringendes Gebot der Selbsterhaltung bildete, blieb dem Minister Nichts übrig, als zu schweigen, wo mit Reden Nichts zu erreichen war. Aus Moskau zurückgekehrt, hatte der Kaiser die Empfindung, dass sein Entschluss den Frieden mit den Nachbarn zu erhalten, ebenso äusseren Ausdrucks bedürfe, wie sein auf die Erhaltung der uneingeschränkten kaiserlichen Gewalt gerichteter Wille. Das Gleichgewicht der Politik, welches er sich zur Aufgabe gesetzt hatte, wurde am passendsten zum Ausdruck gebracht, wenn auf die Fahrt nach Osten eine Fahrt in den nächstgelegenen Hafen des westlichen Nachbarreichs folgte, dessen Freundschaft ein so wesentliches Stück der kaiserlichen Haustradition bildet. Dem Entschluss folgte die That so schleunig auf dem Fuss, dass die am kaiserlichen Hoflager weilenden Gäste des dänischen Königshauses ihres Wirths eine Weile entbehren mussten, und dass die Kunde von Sr. Majestät jüngster Entschliessung in Petersburg erst anlangte, als der Kaiser und seine Begleiter bereits auf hoher See waren.

Seit seiner Rückkehr aus Danzig hat Alexander III. die Villeggiaturen von Peterhof und Gatschina (die Uebersiedelung in den Verbannungsort Kaiser Paul's fand am 15./27. Oct. statt) nicht wieder verlassen. Zu dem Zusammentreffen mit Kaiser Franz Joseph von Oesterreich ist es trotz des Umschwunges, welcher zu Folge der Ernennung Kalnokys in den russisch-österreichischen Beziehungen des Augenblickes eingetreten ist, nicht gekommen und den Bürgern seiner ersten Residenz- und zweiten Hauptstadt hat der junge Selbstherrscher sich nur selten und immer nur auf kurze Zeit gezeigt. Von dem was sich in Gatschina be-

giebt, dringt nur seltene und spärliche Kunde in die Stadt,
die von Alters her gewohnt ist, den Inhalt ihrer geistigen
Existenz von dem Monarchen und dessen Umgebung bestritten zu sehen. Aus den officiellen Verzeichnissen über
die Damen und Herren, welche Ihren Majestäten vorgestellt worden, lässt sich gar Nichts herauslesen und alle
übrigen Nachrichten sind unsicher, widerspruchsvoll,
mindestens zur Hälfte entstellt und übertrieben. Darin
aber treffen all' diese Meldungen zusammen, dass Misstrauen und Unsicherheitsgefühl des kaiserlichen Herrn
in beständiger Zunahme begriffen sind und dass die demselben alltäglich unterbreiteten Berichte der politischen
Polizei diese Empfindungen nähren und steigern. Seit
Beginn des Herbstes ist die niemals in Stillstand ge-
kommene Thätigkeit der revolutionären Geheim-Gesell-
schaften offenbar wieder in der Zunahme begriffen, die
Aussicht auf Zertretung des Kopfes der sich immer wieder
erneuernden Schlange immer schwächer geworden. Im
September v. J. kam die Polizei hinter weitverzweigte
Umtriebe unter den Fabrikarbeitern der Vorstädte, im
October erschien eine ganze Anzahl neuer revolutionärer
Proclamationen und wurde die bereits gelegentlich der
Socialisten-Versammlung von Chur verlautbarte Nachricht
bestätigt, dass die radicale Partei der städtischen Revolutionäre (des sog. Tscherny Peredel) über die Partei der
„Propaganda unter den Bauern" (Semljä und Woljä) das
Uebergewicht erlangt habe; gleichzeitig kam man einer
revolutionären Brüderschaft unter den Beamten und Be-
amtinnen der Telegraphenverwaltung auf die Spur und
wurde die Vertheilung aufrührerischer Proclamationen
unter die Truppen so massenhaft und so schwunghaft betrieben, dass wiederholte und mehrtägige Consignationen
gewisser Garde-Regimenter in ihren Kasernen nothwendig

erschienen. Obgleich um dieselbe Zeit die Festnahme der Drucker des Revolutions-Journals „Tscherny Peredel" gelang und obgleich von der Regierung die Anstrengung von Processen gegen den gefürchteten Trigonja und zwei und zwanzig andere Haupturheber der „verbrecherischen Umtriebe" angekündigt werden konnte, vermochte eine Beruhigung der öffentlichen Meinung nicht Platz zu greifen. Unaufhörliche neue Verhaftungen hielten die Residenz in Athem und der von der Regierung angekündigte Ausschluss der Oeffentlichkeit der vor den Gerichtshöfen verhandelten politischen Processe beweist, dass die Regierung selbst an eine Besserung der Lage nicht glaube. Und wo sollte eine solche Besserung und Wiederkehr des öffentlichen Vertrauens auch herkommen, wo der wichtigste aller seit Monaten instruirten Processe, der Process gegen den General Mrowinski und die übrigen nachlässigen Beamten, denen indirecte Mitschuld an der Katastrophe vom 1. (13.) März zur Last gelegt worden, — eine Summe büreaukratischer und polizeilicher Fahrlässigkeit, Corruption und Unfähigkeit blosslegte, die es verwunderlich erscheinen liess, dass der zum Dienst der öffentlichen Sicherheit bestimmte Apparat überhaupt noch zusammenhielt und weiter fungirte. Kaum aber hatte man sich von dem Entsetzen über diese (zur übeln Stunde der Oeffentlichkeit übergebenen) Entdeckungen erholt, so schlug das Attentat Melnikow's gegen den Minister-Gehilfen Tscherewin wie ein Blitzstrahl d'rein, um die Unzureichenheit der getroffenen Schutz- und Sicherheitsmaassregeln wieder ein Mal auf das Deutlichste zu illustriren. Die politischen Folgen dieses Zwischenfalls werden am zweckmässigsten im Zusammenhang mit den sog. positiven Schöpfungen Ignatjew's erörtert werden, — die Sache selbst fiel in einen Zeitpunkt, zu welchem das allgemeine

Unbehagen sich über das gewöhnliche Maass hinaus gesteigert hatte und in dem nicht ein Mal die Allmacht der
Ignatjew'schen Pressverwaltung fertig zu bringen vermochte, dass die officiösen Angaben über den durchaus
unpolitischen Charakter des Melnikow'schen Verbrechens
Glauben fanden.

Unter dem Eindruck der zunehmenden Verdüsterung
des Kaisers, der tiefen Depression, welche auf der
körperlich und geistig leidenden Kaiserin lastete, und im
Angesicht der Unfruchtbarkeit aller polizeilichen Bemühungen um die Herstellung einer Art von Sicherheit für
die Person des Monarchen, war im Laufe des Sommers
eine Anzahl vornehmer jüngerer Officiere und Hof-Cava-
liere auf den Gedanken gekommen, in der Stille eine
anti-revolutionäre Liga (Swätaja Drushina, wörtlich heilige
Schaar) zu begründen, welche dem Revolutionsgeist nach-
spüren und ihn in seinen sämmtlichen Erscheinungsformen
bekämpfen und ausrotten sollte. Ueber die Form, in
welcher dieser Gedanke zum Ausdruck gebracht worden,
und darüber, ob eine organisirte Vereinigung der bezeichneten Art zu Stande gekommen ist, fehlen uns die
Angaben, — Thatsache ist, dass sich eine Anzahl von
leidenschaftlichem Hass gegen alle revolutionären und liberalen Ideen erfüllter jüngerer Elemente der Hofgesellschaft
zusammengefunden hat, um auf eigene Hand Repressionspoli-
tik zu treiben, — dass diese Verbündeten unter dem Schutz
des Grossfürsten Wladimir und des Grafen Woronzow-Daschkow stehen und es zwischen ihnen und dem Minister des
Innern wiederholt zu heftigen Zusammenstössen gekommen
ist. Zusammenstösse zwischen Gliedern der Kaiserl. Familie
und Würdenträgern des Staats gehörten sonst zu den
unerhörten Dingen; mit dem guten Beispiel der Fern-
haltung von aller Politik glaubten ja vor Allem die An-

gehörigen des Monarchen vorangehen zu müssen. Zu den Traditionen des Hofs stand die Ausnahmestellung, zu welcher der Grossfürst Wladimir gelangt ist und die ihm die Möglichkeit geboten hat, den Berathern der Krone gegenüber mit seiner Person hervorzutreten in ausgesprochenem und nicht eben wohlthätigem Gegensatz: dass der Grossfürst sich dabei auf eine „Partei" stützt, die zu dem leitenden Minister in einem wenigstens angeblichen Gegensatz steht und dass auf solche Weise an die Stelle e i n e r, alle übrigen in wesenlosen Schein zurückdrängenden Person, verschiedene in Betracht kommende Personen und Richtungen getreten sind, hat die Sache noch schlimmer gemacht und dazu beigetragen, dass (wie neulich aus St. Petersburg geschrieben wurde) „selbst die Kanzlei- und Amtsstuben nur noch dazu da zu sein scheinen, damit Hunderte erregter und geängsteter Menschen einander hin- und herschieben, und zu erfahren suchen, welche Ordres sie am nächsten Tage erhalten und von wem sie diese Ordres erhalten werden .... Dieses Fragen und Drängen aber erklärt sich daraus, dass sich Niemand in seiner Stellung sicher fühlt, dass Niemand zu errathen vermag, von wem auch nur die nächsten Veränderungen ausgehen werden, dass Niemand eine Vorstellung davon hat, wer noch „gilt" und welcher Wille der in letzter Instanz maassgebende ist. Man weiss überhaupt nur, dass arretirt und wieder arretirt wird, dass das Misstrauen der Regierung gegen die eigenen Organe beständig zunimmt, dass immerfort irgend Etwas gefürchtet wird, dass trotz der fieberhaften Geschäftigkeit der Ministerien und der zahlreichen Specialcommissionen, eine eigentliche Förderung der Geschäfte nicht stattfindet und dass die getroffenen Entscheidungen nur dazu da sind, um vorläufig suspendirt zu werden."

Es bedarf vielleicht der näheren Bekanntschaft mit
dem Wesen eines nie des Staates, sondern immer nur
des Monarchen wegen dagewesenen Beamtenmechanismus,
damit man sich den lähmenden Einfluss vergegenwärtige
den die blosse Vorstellung von dem Nebeneinander-
oder Gegeneinander-Wirken verschiedener Elemente an
der einen leitenden Stelle in der Petersburger Büreaukratie erzeugt hat. Dass diese Vorstellung keine willkür-
liche, sondern eine auf Thatsachen beruhende sei, hat
sich inzwischen deutlich und unwidersprechlich gezeigt:
die Geschichte der Entlassung des Minister-Gehilfen
Tscherewin, der just als er die ihm von der „Drushina"
hingehaltene Leiter besteigen und an die Spitze einer
selbstständigen Verwaltung treten wollte, zu Fall gekommen ist, gehört zu den bemerkenswerthesten und
lehrreichsten Episoden neurussischer Geschichte; sie steht
mit den Bestrebungen der jüngsten unter den jungrussischen conservativen Parteien im engsten Zusammenhang.

Zu den nicht eben zahlreichen Einrichtungen der Loris-
Melikow'schen Verwaltungs-Periode, welche ihren Urheber
überlebt haben, gehört die durch den Ukas vom 6. (18.)
August 1880 ausgesprochene Aufhebung der „dritten
Abtheilung" d. h. die Unterordnung der bis dahin eigen-
herrig gewesenen geheimen oder politischen Polizei unter
den Chef der gesammten Polizeiverwaltung, den Minister
des Innern. Dieser wesentlich auf den Schein berechneten Maassregel eine liberale Bedeutung und geschichtliche
Tragweite zuzuschreiben, ist natürlich das Privilegium
unvollständig informirter Journalisten gewesen; das Wesen der Sache beschränkt sich auf die Beseitigung einer
mit dem Ministerium des Innern concurrirenden Verwal-
tungsstelle und auf eine erhebliche Erweiterung der Zu-
ständigkeiten dieses Ministers, der eine unbequeme Con-

trolle losgeworden war und die gesammte Polizeigewalt in
seine Hände bekommen hatte. Immerhin hatte die Sache er-
hebliches Aufsehen erregt, auf das grosse Publikum einen günstigen Eindruck gemacht und — wenigstens *in thesi* — eine
Vereinfachung des Polizei- u. Verwaltungs-Apparates ermög-
licht. Bereits unter Loris-Melikow waren die Functionen
der ehemaligen dritten Abtheilung einem besonderen Departement des Ministeriums zugetheilt und der Specialleitung
eines der „Minister-Collegen" (Unterstaats-Secretär) übertragen worden. Ignatjew hatte in dieser Stellung den
mehrgedachten General Tscherewin vorgefunden, — dieser aber an dem Orientirungsbedürfniss seines neuen
Chefs und an der durch die Umstände bedingten Wichtigkeit seines Verwaltungszweiges Veranlassung genommen,
sich als selbstständiger Würdenträger zu gebärden und
über den Kopf Ignatjews hinweg, direct mit dem
Kaiser zu verhandeln. Durch das gegen seine Person
gerichtete Melnikow'sche Attentat noch wichtiger geworden, als er bereits war und von dem Wunsche erfüllt,
als allein verantwortliches Oberhaupt der Sicherheitspolizei
an die Spitze der „Drushina" zu treten, wusste Herr
Tscherewin durchzusetzen, dass der Kaiser die Errichtung
eines besonderen Polizei-Ministeriums, „wie ein solches
bereits unter der Regierung Alexanders I. — in den
Jahren 1809 bis 1819 — bestanden hatte *)", in's Auge fasste
und dass die Welt mit der anfangs December veröffentlichten telegraphischen Meldung überrascht wurde, dass
„für den Beginn des neuen Jahres eine Wiederabzweigung
der politischen Polizei bevorstehe". Diese Meldung
wurde von Ignatjew nicht nur als Emancipations-Versuch
eines ehrgeizigen Würdenträgers zweiten Ranges, sondern

---

*) Vgl. die Note im Anhang I.

als zum Mindesten indirecte Streitankündigung der jungen
Hofpartei und ihres grossfürstlichen Protectors angesehen.

Und das nicht ohne Grund. Stellte sich neben den Minister des Innern ein demselben coordinirter Polizeimi-
nister, so hatte der Erstere als Chef der inneren Verwaltung thatsächlich abgedankt und lag die directe Gefahr
vor, dass (wie in den Tagen der Benkendorf und
Schuwalow) die innere Politik hinfort von dem obersten
Wächter über die Sicherheit der kaiserlichen Person geleitet wurde. War Herr Tscherewin dieser oberste Wächter, so kam zugleich die „Drushina" in die Lage, dem
Minister des Innern d'reinreden zu dürfen, dessen Pläne
zu kreuzen, und ihre Auffassung von den Zielen wahrhaft nationaler Politik mit denjenigen des Ministeriums concurriren zu lassen. — Mit ihm sonst nicht eigen-
thümlicher Entschiedenheit machte Ignatjew den Verzicht [auf die Errichtung eines besonderen Polizeimini-
steriums zur Bedingung seines Verbleibens im Amte, —
die Moskauer guten Freunde, denen der Gegensatz
ihrer und der höfischen Auffassung niemals zweifelhaft
gewesen war, wurden zur Hilfe entboten, die sonst in
strengem Zügel gehaltenen Zeitungen ermächtigt, für das
Misstrauen der „Gesellschaft" gegen jede Art von Reactivirung der „dritten Abtheilung" Zeugniss abzulegen —
und auf solche Weise die Tscherewin'schen Pläne in das
Licht directer Staatsgefährlichkeit gerückt. Der Herr
Minister-Gehilfe musste seinen Abschied nehmen und die
Heisssporne der Camarilla erhielten die Weisung, sich
auf Eingriffe in die Sphäre des Ministers, den sie selbst
in den Sattel zu heben gefolgt hatten, nicht wieder einzulassen. — Es versteht sich von selbst, dass der Gegensatz zwischen Ignatjew und den Stimmführern der Hofpartei durch diesen Zwischenfall noch verschärft worden

ist — thatsächlich war dieser Gegensatz schon früher
vorhanden gewesen und hatte der Minister des Innern,
sobald er über den Kreis des Partei-Interesses und der
zur Sicherung desselben erforderlichen Veranstaltungen
hinaus griff, Erfahrungen machen müssen, die seinen ursprünglichen Standpunkt erheblich verrückten und demjenigen, den Loris - Melikow eingenommen hatte, an-
näherten.

An die vorstehenden Ausführungen mag eine kurze,
auf das hauptstädtische Gesellschaftsleben des letzten
Winters bezügliche Bemerkung geknüpft werden. Zufolge
der Uebersiedelung des Hofs nach Gatschina, war die
höhere Petersburger Gesellschaft so vollständig aus den
gewohnten Bahnen gebracht worden, dass es an jedem
Mittelpunkt für dieselbe fehlte, dass die Mehrzahl der
aristokratischen Salons (das Haus des Fürsten Demidow-
San Donato machte eine Ausnahme) zeitweilig geschlossen
wurde und dass die concurrenzlos gewordenen Empfangs-
abende der Grafen Adlerberg und Walujew eine Anziehungskraft gewannen, welche den neuen Machthabern
unbequem zu werden drohte. Daran hat Graf Ignatjew
Veranlassung genommen, seine in der Liteinaja belegene
Amtswohnung an vier Abenden der Woche „der Gesellschaft" zu öffnen, den Kreis dieser Gesellschaft über die
gewohnten Grenzen hinaus zu erweitern und sich auf
solche Weise einen socialen Rückhalt zu schaffen. Er
wünscht neue Verbindungen zu schliessen, die Aristokratie
für die Entfernung des Hofs zu entschädigen, der modischen
Jugend andere Tummelplätze als diejenigen in den Sälen
der beiden ehemaligen Minister zu bieten, und einen
von der „Drushina" unabhängigen gesellschaftlichen
Mittelpunkt herzustellen. In diesem für die gegenwärtige
Lage bezeichnenden Bestreben wird der Minister durch

das gesellschaftliche Talent seiner Gemahlin (einer geborenen Fürstin Galyzin) wirksam unterstützt. Er selbst erscheint gewöhnlich erst zu später Abendstunde an dem Theetisch der Gräfin, weiss seine Gäste für diese Entbehrung indessen durch die Zwanglosigkeit und Beweglichkeit seines Wesens und durch eine studirte „Unvorsichtigkeit" seiner Unterhaltung reichlich zu entschädigen. Dazu kommt, dass er die ehemalige Ausschliesslichkeit der höheren russischen Gesellschaft niemals mitgemacht und dass er einflussreiche Personen zweiten Ranges bei sich eingeführt hat, welche die Möglichkeit, sich des Verkehrs mit Ministern und Leuten der grossen Welt rühmen zu dürfen, mit jedem dafür geforderten Preise bezahlen. — Auf des Ministers Neigung, durch gelegentliche Abweichungen vom Herkommen Effect zu machen, ist auch die vielbesprochene Erhebung des ranglosen Gutsbesitzers Galagan (der sich als Mitglied der Commission zur Herabsetzung der Loskaufssummen bekannt gemacht hat) in den Reichsrath zurückzuführen.

Die bisherigen Leistungen und Unternehmungen der Ignatjew'schen Verwaltung zerfallen (soweit sie nicht Personalverhältnisse und Parteirücksichten betreffen) in z w e i äusserlich n i c h t geschiedene, aber innerlich zu unterscheidende Gruppen: in Maassregeln, welche durch a u g e n b l i c k l i c h e Schwierigkeiten und Nothstände veranlasst worden sind, und solche, welche wirkliche Reformabsichten verfolgen. Der ersteren Kategorie werden (wie wir vorweg bemerken) auch die Entscheidungen zuzuzählen sein, die sich auf die Russland benachbarten südslawischen Länder beziehen und denen man auf den ersten Blick den durch besondere Verhältnisse bedingten Ausnahme-Charakter ansieht. Am deutlichsten trägt die in Sachen der Verfassung Bulgariens getroffene Entscheidung diese Signatur. Von dem Fürsten von Battenberg war bereits bei Gelegenheit von Alexander's II. Regierungsjubiläum (März 1880) zur Sprache gebracht worden, dass sich mit der von den Ignatjew und Dundakow-Korssakow in's Leben gerufenen bulgarischen Constitution schlechterdings nicht leben lasse, und dass dieselbe das neue Fürstenthum zum Tummelplatz demagogischer Umtriebe der Unruhestifter aller slawischen Länder mache. Der verstorbene Kaiser hatte von Vorschlägen zur Umgestaltung der neugeschaffenen Ordnungen des Fürstenthums indessen Nichts wissen wollen, alles Gewicht darauf gelegt, dass eine russische Parteinahme im Sinne der Reaction den russischen Einfluss unter den Südslawen vermindern und Oesterreich zu Gute kommen würde und seinen fürstlichen Vetter zu Geduld und Vertrauen ermahnt. Dieses Mal (d. h. im März 1881) resolvirte man sich in entgegengesetztem Sinne, weil man unter dem Eindruck stand, dass die grösste aller Gefahren die revolutionäre sei und weil Belege dafür vorlagen, dass die russischen Geheimbünde in Sophia und Belgrad Freunde und Helfershelfer zählten. Mit den Jungbulgaren, die dem Battenberger Prinzen jede geordnete Regierung unmöglich machten, standen Leute in Verbindung, die aus Russland geflohen und jenseit der Grenze mit Conspirationen beschäftigt gewesen waren, deren letzte Ziele den russischen Thron ebenso bedrohten wie den bulgarischen. Das Gelingen des Attentats vom 13. März war von serbischen und bulgarischen Unzufriedenen als Erfolg einer gemeinsamen Sache gefeiert und in Kreisen bejubelt worden, die ihrer Zeit unter dem directen Schutz der „nationalen" Diplomatie gestanden hatten. Das genügte, um Alexander III. zur Genehmigung der Vorschläge seines fürstlichen Vetters zu bestimmen und all' die Stim-

men zum Schweigen zu bringen, welche die Suspension
der bulgarischen Verfassung und die Preisgebung der
serbischen Actionspartei Namens der russischen Interessen
widerrathen hatten. Während man eben damit beschäftigt
war, die seit Jahr und Tag „zur Wahrung der staatlichen
Ordnung und öffentlichen Ruhe" Russlands erlassenen Verordnungen codificatorisch zusammen zu fassen und in ein
System zu bringen, durfte man nicht wohl die Hand dazu
bieten, dass an der russischen Grenze und in Russland er-
gebenen Ländern der Umsturz organisirt werde. Dass eine
Anzahl notorischer Nihilisten und Aufwiegler von der bulgarischen Regierung verhaftet worden war, wog schwerer
als die Rücksicht auf das russenfeindliche Geschrei, mit
welchem Bulgarien erfüllt wurde und noch gegenwärtig
erfüllt wird und als dessen Urheber man Leute kennt,
die unter den Tscherkasski und Dundakow-Korssakow
ihre ersten Sporen verdient hatten. Das Hemd der
eigenen Sicherheit war eben wichtiger als der grossssla-
wische Mantel, den man sonst zu tragen gewohnt gewesen war und der jetzt in Stücke gerissen wurde.

Der nämlichen Auffassung der Lage entsprechen die
im Innern ergriffenen Maassnahmen. Unter den zahlreichen vom Grafen Ignatjew niedergesetzten Commissionen
war die Commission zur Zusammenfassung der behufs
Wahrung der Ordnung und Sicherheit früher erlassenen
Verordnungen eine der ersten gewesen. Der Kaiser
hatte die zahlreichen Beschwerden über Willkür der
Administration, Verletzung der gerichtlichen Zuständig-
keiten, widergesetzlich vorgenommene Verhaftungen, jahrelange Untersuchungsgefangenschaften u. s. w. gegenstand-
los machen und zugleich dafür Sorge tragen wollen, dass
die zum Schutz der öffentlichen Sicherheit erforderlichen
Maassnahmen auf fester, für Niemand zweifelhafter Grund-

lage ergriffen werden könnten. Zu diesem Behuf war
der Staatssecretär Kochanow (einer der thätigsten Mitarbeiter der Loris-Melikow'schen „höchsten Commission" und
des ehemaligen Ministers erster Adjunct) an die Spitze
einer Special-Commission gestellt worden, welche das ihr
übertragene Werk nach mehrmonatlicher Arbeit fertig
gestellt und Mitte September v. J. publicirt hat. — Der
innere Widerspruch der dem ehemaligen Minister-
Gehilfen gewordenen Aufgabe, ein Gesetz so einzurichten,
dass durch dasselbe Willkürlichkeiten unmöglich gemacht,
gleichzeitig aber die discretionären Befugnisse der Administration von allen lästigen Schranken befreit werden,
prägt sich in nahezu jedem der zahlreichen Paragraphen
dieses eigenthümlichen Elaborats aus. Es werden ein „Zustand des einfachen Schutzes", ein „Zustand des verstärkten Schutzes" und ein „Zustand des ausserordentlichen
Schutzes" unterschieden und für jeden dieser drei Zustände minutiöse Regeln erlassen, deren Beobachtung der
Natur der Sache nach aber stets in den Händen derselben
Beamten und Verwaltungsstellen liegt. Sicherheiten gegen
die Willkür der Verwaltung, die der einzelne Staatsbürger anrufen könnte, sind in keinem der drei Fälle
geboten, — die unterscheidenden Merkmale zwischen den
Schutzmaassregeln erster, zweiter und dritter Kategorie
beschränkten sich vielmehr darauf, dass die weitgehendsten
Repressionen nur vom General-Gouverneur bez. dem Minister, die übrigen je nach ihrer Tragweite entweder vom Gouverneur oder vom Bezirks- und Stadthauptmann angeordnet
werden dürfen und dass die bezüglichen Befugnisse untereinander abgegrenzt sind. An dem Verhältniss der Verwaltung
zur Justiz ist eben so wenig Etwas verändert worden, wie an
der Uebertragung judiciärer Befugnisse auf polizeiliche und
militärische Instanzen oder an der Erweiterung der Zu-

ständigkeit der Militärgerichte „sobald eine solche im Interesse der öffentlichen Ordnung für nothwendig gehalten wird". Alle bezüglichen älteren Bestimmungen sind ihrem vollen Umfange nach aufrecht erhalten und so formulirt worden, dass jede andere als die bureaukratische Controlle ausgeschlossen erscheint. — Beruhigende Wirkungen hat diese Codificirung des Uncodificirbaren denn auch nirgend geübt und nirgend üben können, — ja es hat sich Niemand gewundert, dass unmittelbar nach Veröffentlichung des Kochanow'schen Elaborats Erlasse des Militär-Befehlshabers von Odessa bekannt wurden, welche weder in den Rahmen des verstärkten noch in den Rahmen des einfachen Schutzes passten. Trotz besten Willens vermochten nicht einmal die abhängigsten und servilsten Organe der Petersburger Presse die Rolle der durch das neue „Schutzgesetz" Befriedigten durchzuführen: ein Artikel der „Nowosti", der mit der (zum hundert und ersten Male abgegebenen) Versicherung eingeleitet war, „dass Russland nunmehr frei athmen könne", schloss mit den Worten: „Aus dem Zustande vollster Unbestimmtheit sind wir nunmehr zu der Möglichkeit übergegangen, unsere Rechte ausnützen und unsere Pflichten erfassen zu können!" — Relativ erfolgreicher ist die um dieselbe Zeit vorgenommene Durchsicht aller auf administrative Einsperrungen bezüglichen Acten gewesen. Wenigstens einige Hundert arbiträr verhaftet und internirt gewesener Menschen (darunter drei altgläubige Sectirer-Prälaten, die 25, sage fünfundzwanzig Jahre vorläufig eingesperrt gewesen waren) erlangten ihre Freiheit wieder. Daran, dass eine zehnfach grössere Zahl neuer Verdächtiger „auf administrativem Wege" der Freiheit beraubt wurde, daran wollte und konnte die „Verordnung über die Schutzmaassregeln" Nichts ändern.

Ziemlich gleichzeitig mit der Kochanow'schen wurde eine andere, gleichfalls durch Bedürfnisse des Augenblickes nothwendig gewordene Commission, die Commission betr. die Verhältnisse der Juden in Russland, niedergesetzt. Die Veranlassung dazu ist zu einer traurigen Berühmtheit gelangt. Bei Gelegenheit der Feier des Osterfestes kamen in den von Juden bewohnten Theilen Süd- und Kleinrusslands Judenverfolgungen vor, wie sie gleich umfangreich und gleich brutal seit Menschengedenken nicht mehr erlebt worden waren. Hunderte von Menschen wurden an Leben und Gesundheit schwer verletzt und Tausende um ihr Vermögen gebracht und von rasenden Pöbelmassen Werthe vernichtet, die man nach Millionen berechnet hat. Beinahe allenthalben waren die Behörden zu spät eingeschritten, mindestens in einer grossen Anzahl von Fällen liess sich nachweisen, dass dieselben ihre Pflichten nur ungern und unvollständig erfüllt hatten und dass die nationale Abneigung gegen die „Ungläubigen" nicht nur von Polizisten und Soldaten, sondern auch von Staatsanwälten, Richtern und höheren Beamten getheilt werde. Für die vielfach ausgesprochene Behauptung, dass die Revolutionspartei bei den Judenverfolgungen die Hand im Spiel gehabt habe, konnten durchschlagende Beweise nicht beigetragen werden, deutlich trat dagegen zu Tage, dass Presse, Publikum und Behörden für die Geschädigten eine nur sehr geringe Theilnahme übrig hatten und dass sie bei diesen selbst und nicht bei den rohen Pöbelmassen die Hauptschuld an den stattgehabten Excessen suchten. Wesentlich damit hing es zusammen, dass in weiten Gebieten der Glaube verbreitet war, der Zar selbst habe die Plünderung der ungläubigen Blutsauger angeordnet und dass die jüdische Bevölkerung des gesammten russischen Reiches in fieberhafte Erregung gerieth, massenhafte

Auswanderungen plante und schliesslich nirgend mehr ihres Lebens sicher zu sein glaubte. Nachdem verschiedene, aus angesehenen jüdischen Kaufleuten zusammengesetzte Deputationen von dem Kaiser, dem Grossfürsten Wladimir und dem Minister des Innern empfangen worden waren, wurde ein Erlass publicirt, der vor Gewaltthätigkeiten gegen die jüdischen Einwohner warnte, — gleichzeitig aber von einer Anzahl localer Behörden so energisch mit Ausweisungen nicht niederlassungsberechtigter Juden vorgegangen und dabei mit solcher Strenge und Rücksichtslosigkeit verfahren, dass sich schliesslich nicht die Bedrohten, sondern vielmehr die Bedroher ermuthigt fühlten, und dass die Central-Regierung mit aus- und inländischen Gesuchen um Schutz der jüdischen Unterthanen Sr. Majestät und um Neuregulirung der gesetzlichen Stellung derselben förmlich überlaufen wurde. — Wesentlich um auf diese Petitionen delatorischen Bescheid geben zu können, wurde die erwähnte, noch gegenwärtig tagende Commission zur „Prüfung der rechtlichen Stellung der russischen Juden" niedergesetzt.

Leistungen hat diese Commission nicht aufzuweisen gehabt und Leistungen sind von derselben auch nicht zu erwarten. Das Material für die zu fällende Entscheidung ist längst vorhanden, die Abhörung der aus den verschiedensten Theilen des Reichs verschriebenen „Experten" eine blosse Formalität. Einer diesen Namen verdienenden Lösung der russischen Judenfrage steht das nämliche Hinderniss im Wege, an welchem alle früheren, in dieser Rücksicht unternommenen Versuche gescheitert sind, — das Nationalvorurtheil, an welchem zu rütteln dem Grafen Ignatjew schon aus Rücksicht auf seine Moskauer Freunde niemals in den Sinn kommen wird. Bürgerrecht besitzen die Juden allein im Königreich Polen, in den ehemals

polnischen Ländern (Kurland, Littauen, West- und
Kleinrussland), in der Krim, am Schwarzen Meer und in
Bessarabien gesteht das Gesetz ihnen lediglich ein Nieder-
lassungsrecht zu, — aus dem eigentlichen Russland (Grossrussland) sind sie grundsätzlich ausgeschlossen. An dieser Ausschliessung hat (wie die Nationalen
mit Nachdruck geltend zu machen pflegen) auch Peter der
Grosse nicht gerüttelt und die ungeheure Mehrheit aller
Russen wünscht dieselbe aufrecht erhalten zu sehen. Auf
einen verhältnissmässig engen Raum beschränkt, von einer
grossen Anzahl bürgerlicher Beschäftigungen gesetzlich,
von anderen gewohnheitsmässig und durch ihre Abneigung
gegen harte körperliche Arbeit ausgeschlossen, von den
Behörden und von der Bevölkerung gehasst und missachtet,
sind die Juden West- und Südrusslands in der That sich selbst
und Anderen zur Plage geworden; in denjenigen Theilen des
Reiches, von denen sie gesetzlich ausgeschlossen sind und in
denen sie als zeitweise geduldete Gäste (oft ein halbes und
ganzes Leben lang) existiren, tragen sie als Objecte polizeilicher Erpressungen erheblich zur Entsittlichung des
Beamtenthums bei. Geholfen kann nur werden, wenn
die bisherige Einsperrung in gewisse, von Juden
übervölkerte Provinzen aufhört und wenn innerhalb dieser
Provinzen der Beschränkung auf diejenigen Thätigkeiten
ein Ende gemacht wird, durch welche die concurrirenden
Juden einander bisher gegenseitig ruiniren und demora-
lisiren. Von der Beseitigung der ersteren Schranke will
Niemand in Grossrussland etwas wissen, weil die Befürchtung allgemein ist, das bestimmbare, leichtlebige, zu ernsthafter Concentration seiner Kräfte unfähige Gross-Russen-
thum werde von der überlegenen semitischen Race wirthschaftlich und moralisch vergewaltigt, am Ende gar vollständig aufgefressen werden. Eine schrittweise Emancipation

innerhalb der Länder, in welchen die Juden seit polnischer (beziehungsweise tatarischer) Zeit leben, hält man
schon wegen der ungeheuren Zahl dieser Individuen für
unmöglich, denen Kirche und Regierung Russlands bisher schlechterdings nicht beizukommen gewusst hatten.
So lange diese beiden Grundlinien des bisherigen Zustandes nicht weggewischt werden, so lange man die Juden in
dem e i n e n Theil Russlands nur ausnahmsweise und nur so
lange duldet, als sie das Wohlwollen der Polizei zu erkaufen
wissen, während sie in dem a n d e r n Theil des Reichs
den gegenseitigen Ruin professionell betreiben, hat das
herkömmliche, von der Ignatjew'schen Commission um ein
paar neue Redewendungen bereicherte Gerede von schritt-
weiser Emancipation und von allmäliger Assimilation des
jüdischen Elements durch das russische absolut keinen Sinn
— so lange wird es dabei bleiben, dass Judenthum und
Russenthum auf dem Kriegsfuss leben und dass der russischen revolutionären Bewegung ein immer zahlreicher
werdendes jüdisches Contingent zugeführt wird. Seit Jahr
und Tag hat die Sache so grosse Verhältnisse angenommen, dass sie die ernsteste Berücksichtigung der Regierung verdient, — diejenige Berücksichtigung, die allein
helfen könnte, wird ihr aber vorenthalten bleiben, so
lange die Bewegung im Cirkel die einzige ist, die der
vorhandene bureaukratische Mechanismus ohne Gefähr-
dung seines Zusammenhaltes vornehmen zu können glaubt.

Die Zahl senatorischer und anderer ausserordentlicher „Revisionen", welche in besonderer Veranlassung
von der Ignatjew'schen Verwaltung angeordnet wurden,
vermögen wir nicht anzugeben. Hier lag nicht einmal
der S c h e i n einer Neuerung oder organischen Umgestaltung vor, da in ähnlicher Weise bereits zur Zeit des
Kaisers Nikolaus vorgegangen zu werden pflegte, so oft

ausserordentliche Verbrechen oder Verwaltungsmissbräuche
in grösserem Stil aufgedeckt worden waren. Proceduren
dieser Art sind überall und zu allen Zeiten von den
nämlichen Vortheilen und Nachtheilen begleitet gewesen
und der gesammte Unterschied gegen früher beschränkt
sich darauf, dass die Revisionen der neuen Zeit in der
Regel länger gedauert und grösseren Lärm angerichtet
haben, als diejenigen der guten alten Zeit. Auch da wo
mit Gründlichkeit und Unbefangenheit zu Werke gegangen
wird, ist unvermeidlich, dass plötzlich über die Provinzial-
Verwaltungen verhängte und mit einem gewissen Pomp
inscenirte Prüfungen durch hohe Petersburger Beamte den
regelmässigen Geschäftsgang unterbrechen, dass sie das
ohnehin zweifelhafte Ansehen der Localautoritäten erschüttern und dass sie die Bevölkerung an den Gedanken
gewöhnen, dass es ausserordentlicher Veranstaltungen
bedürfe, damit die Verwaltung zu einer mindestens noth-
dürftigen Erfüllung ihrer Pflichten genöthigt werde.
Bringen diese „Senatoren-Revisionen" auch den Provinzen,
für welche sie angeordnet werden, in vielen Fällen einen
nicht zu bestreitenden Nutzen, so muss doch dagegen
Verwahrung eingelegt werden, dass man dieselben wie organische Einrichtungen neuester Erfindung behandelt und
als Panacee gegen alle Mängel und Schäden des russischen Verwaltungs-Organismus anzupreisen versucht.
Auch in dieser Rücksicht bewegt der Mann der neuesten
Aera sich in alten längst ausgetretenen Geleisen, die mit
dem Schein der Neuheit und Volksthümlichkeit zu umgeben, sein Talent und seiner publicistischen Freunde
Lieblingsbeschäftigung ist.

Wenden wir uns zum Schluss der eigentlichen Reform-
thätigkeit Ignatjew's, d. h. denjenigen Maassregeln des
neuen Ministers zu, welche es weder mit den Inter-

essen der herrschenden Partei, noch mit den wechselnden Nöthen des Augenblicks, sondern mit der Aufgabe zu thun haben, Russland neu zu gestalten und dadurch der Revolutionsgefahr zuvorzukommen, so haben wir zunächst zu constatiren, dass von den zahlreichen Reform-Commissionen, die im Lauf der letzten Monate niedergesetzt wurden, nur eine, die Commission zur Herabsetzung der sogenannten Loskaufssumme, ein Resultat aufzuweisen gehabt hat. Neben der Commission für Umgestaltung der Local- und Landschafts-Verwaltung ist diese Loskaufs-Commission, rücksichtlich ihrer Aufgabe wie rücksichtlich ihrer Zusammensetzung, die wichtigste aller *ad hoc* niedergesetzten Beamten- und Experten-Vereinigungen gewesen, — ein Umstand, der sich bereits äusserlich dadurch ankündigte, dass eine Anzahl bekannter und angesehener Parteiführer zu derselben einberufen, dass der Presse jede Beschäftigung mit den einberufenen Persönlichkeiten untersagt wurde und dass die Berathungen einem schwierigen, sehr verschieden beurtheilten und ernsthaft discutirten Problem galten. Indem wir nur noch erwähnen, dass die Erwartungen auf ein einstimmiges und opferfreudiges Entgegenkommen der dem Stande der Gutsbesitzer angehörigen Commissionsglieder nationaler Richtung sich nicht erfüllten und dass gerade von dieser Seite energischer Widerspruch gegen das Maass der den Bauern zugedachten Erleichterungen erhoben wurde, wenden wir uns sofort dem am 1. (13.) Januar d. J. veröffentlichten Elaborat der Commission und dem gleichzeitig publicirten Gesetz betreffend den Loskauf der Landantheile zu.

Bei Erlass des Emancipationsgesetzes vom 19. Februar (3. März) 1861 war es der Entscheidung der Bauerngemeinden überlassen worden, ob dieselben nach erfolgtem

Ankauf ihrer (aus Haus und Garten bestehenden, von
dem Ackerlande getrennten) Gehöfte, das (bekanntlich
im Collectivbesitz der Gemeinde befindliche) Ackerland
ganz oder theilweise kaufen oder ob sie dasselbe pachten
wollten. Diese Pacht konnte in Geld oder durch Arbeits-
leistungen prästirt werden, deren Umfang in beiden Fällen
gesetzlich regulirt wurde; leitender Grundsatz war dabei,
dass überall, wo die Geldpacht bereits eingeführt war,
diese aufrecht erhalten blieb, dass keine Rückkehr zur
Arbeitspacht stattfinden durfte und dass die unter Mitwirkung der Behörden vereinbarten Pachtbeträge zwanzig
Jahre lang (also bis zum Jahre 1882) in Geltung bleiben
sollten. — In dem grössten Theil des Reichs wurde sofort zu Loskaufsverträgen geschritten und zwar vielfach
auf Andrängen der Gutsbesitzer, welche die Schwierigkeit der Pachteinziehung von eben emancipirten Bauern
genau genug kannten, um augenblickliche Verluste dem
Fortbestande eines innerlich unhaltbaren Verhältnisses
vorzuziehen. Da die Regierung den zum Ankauf ihres
Ackerlandes entschlossenen Gemeinden, je nachdem das
bezügliche Areal ganz oder theilweise gekauft wurde, vier
Fünftheile oder drei Viertheile des Kaufpreises in 5½ pro-
centigen Bankscheinen vorstreckte, bekam der Gutsbesitzer in solchem Falle eine bestimmte, wenn auch mässige
Summe, mit welcher er sich neu einrichten konnte, sofort
zu freier Verfügung in die Hände und dieser Umstand
entschied dafür, dass die bisherigen Berechtigten in sehr
zahlreichen Fällen ihren Einfluss zu Gunsten des definitiven Arrangements einsetzten. Nichtsdestoweniger blieb
eine erhebliche Anzahl von Gemeinden übrig, welche
sich mit dem (in jedem Falle eintretenden) Loskauf der
Gehöfte begnügte und den Loskauf des Gemeinde-Acker-
landes hinausschob. Dabei waren je nach den Verhältnissen

der betreffenden Theile des Reichs Motive sehr verschiedener Art maassgebend; an dem einen Ort hatte es
mit dem Absatz der Producte so grosse Schwierigkeiten,
dass die Bauern der Arbeitspacht vor jeder anderen Art
der Leistung den Vorzug gaben, an anderen Orten erklärten die Bauern, dass die geforderte und von dem
Friedensvermittler taxmässig festgesetzte Summe zu hoch
sei, um aufgebracht werden zu können, an dritten Orten
endlich trugen die Gemeinden vor der Uebernahme des
ihnen zustehenden Areals Scheu, weil ihnen dasselbe zu
gross zu sein dünkte, d. h. weil die auf den Einzelnen
kommenden Parcellen zu umfangreich waren, als dass man
Neigung verspürt hätte, sich für alle Zukunft zur Bear-
beitung derselben und zur Tragung der darauf ruhenden
Lasten zu verpflichten. Diese Motive waren vornehmlich
im Norden maassgebend, wo die auf dem bäuerlichen Areal
haftenden Lasten den Ertrag nicht selten übersteigen und
wo die Bauern demgemäss eine natürliche Tendenz haben,
sich ihres Grund und Bodens möglichst zu entäussern.
Umgekehrt liegt die Sache in dem fruchtbaren und korn-
reichen Süden, wo die Gutsbesitzer (namentlich seit Eröffnung der zahlreichen neuen Eisenbahnen) nur ungern
verkaufen, weil die Loskaufssummen hinter dem Werthe,
den der Boden im Lauf der Jahre erreicht hat, erheblich
zurückbleiben. Auf solche Weise war es geschehen, dass
überall da, wo die Loskaufsoperation nicht im ersten Anlauf
und während der auf das Emancipationsgesetz folgenden
Uebergangsfrist vorgenommen worden war, das als blosses
Interimisticum gedachte Pachtverhältniss aufrecht erhalten blieb, — dass nicht einmal der Uebergang zum
Geldpachtsystem Fortschritte machte und dass der no-
torische Rückgang des bäuerlichen Wohlstandes den
Uebergang zu definitiven Verhältnissen, d. h. zur Ver-

wandlung des bäuerlichen Pachtbesitzes in freies Eigenthum, in unabsehbare Ferne rückte. Mit dem Wohlstande des Bauernstandes aber war es in den meisten
Gegenden Grossrusslands und namentlich im Norden und
Osten während der letzten Jahre so rapide rückwärts
gegangen, dass die Unhaltbarkeit der gegebenen Verhältnisse zu den Dingen gehörte, über welche unter Sachkennern nicht mehr gestritten wurde. Nicht mehr nach
Hunderten, sondern nach Tausenden zählten die bankerott
gewordenen nord- und mittelrussischen Wirthschaften, für
welche sich kein Uebernehmer finden wollte, weil die
öffentlichen Lasten den gesammten Ertrag verschlangen.
Sollte geholfen werden, so mussten in den losgekauften
Territorien die beim Loskauf früher stipulirten Summen
reducirt, — da, wo die Bauern noch Pächter waren, aber
Anstalten zu einem beschleunigten, möglichst günstig
normirten Loskauf getroffen werden, bevor die pachtenden
Gemeinden *in qualitate qua* ruinirt waren.

Zu diesem längst nothwendig gewordenen Schritte
hat die russische Regierung sich im Laufe des vorigen
Jahres entschlossen. Der erwähnte Ukas vom 1. (13.) Januar dieses Jahres ordnet an, dass die anderthalb Millionen
noch im Pachtverhältniss befindlicher gross- und kleinrussischer Bauern im Laufe des Jahres 1882 ihr Ackerland zum Eigenthum (sc. der Gemeinde) erwerben sollen.
Für die Dauer des laufenden Jahres ist der Abschluss
von Loskaufsverträgen der Uebereinkunft von Grundbesitzern und Bauern überlassen. Am 1. Januar 1883
werden alle derartigen Vereinbarungen als perfect betrachtet und alle zeitweilig pflichtigen Bauern, die zu
jenem Zeitpunkt sich noch nicht losgekauft haben, erhalten
Loskaufs-Repartirungs-Bogen, auf Grund welcher sie an-
statt der Pacht Ablösungsgelder zahlen sollen. Als Vor-

schuss gewährt die Regierung achtzig Procent von der örtlichen für je einen Seelenlandantheil bestehenden Tax-summe.

Gleichzeitig hiermit ist das von der in Rede stehen-den Commission ausgearbeitete Gesetz über die Herab-setzung der Loskaufszahlungen bestätigt worden. Das-selbe tritt am 1. Juli 1882 in Kraft und erstreckt sich in einem Betrage von 7 Millionen Rubel auf alle Theile des eigentlichen Russland, weil fast allenthalben die Er-fahrung gemacht worden, dass der bäuerliche Grund und Boden zu theuer bezahlt worden. In den grossrussischen Gouvernements erfolgt die Verminderung im Maassstabe von 1 Rubel pro Seele (eine Reduction der Loskaufs-summe um etwas mehr als den sechsten Theil), in Klein-russland (wo nicht nach Seelenantheilen gerechnet wird) um 16 Procent*). Das ist die **allgemeine Herabsetzung** der Ablösungsgelder. Was die **specielle** betrifft, so kommt sie auch überall im Reiche, je nach Maassgabe der Zahlungsfähigkeit der Bauern zur Ausführung und zwar in einem Gesammtbetrage von 5 Millionen Rubel. **Ueber das Wie und Wo der Anwendung der speciellen Herabsetzung werden von den Landschaften Auskünfte verlangt werden.** Die Operation muss in 1½ Jahren beendet sein.

Der Schwerpunkt der getroffenen Entscheidung ist in der Bestimmung zu suchen, nach welcher die specielle Reduction der Loskaufssummen durch die Landschaften (Semstwos) erfolgen soll. Darüber Feststellungen im

---

*) Bei Ausrechnung der Ablösungssummen war vorgeschrieben worden, dass das Verkaufskapital den 16²/₃ fachen Betrag der früher gezahlten Pachtsumme betragen sollte. Von dieser Summe soll der ²⁵/₄ Theil, 10 Procent, nachgelassen werden.

Einzelnen zu treffen sind die Commission und die Regierung ausser Stande gewesen — Alles, was von dieser Seite fertig gebracht worden, beschränkt sich auf die Normirung des Betrages, welcher in Summa nachgelassen werden soll — für das Detail kann die Mitwirkung der „Gesellschaft" nicht entbehrt werden. Damit ist Graf Ignatjew bei dem Punkte angelangt, an welchem sein Vorgänger Loris-Melikow gescheitert war. Das einzige unter seiner Aegide fertig gestellte Werk, die wichtigste Frucht des Systems der zur Berathung der Regierung einberufenen speciellen Commissionen besteht in einer Anweisung auf die Thätigkeit und Beihilfe der bisher systematisch ignorirten und in ihren wichtigsten Befugnissen eingeschränkten Landschaftsversammlungen*) — derselben Landschaftsversammlungen, denen Graf Loris-Melikow nur noch durch Einberufung einer von ihren Vertrauensmännern gebildeten allgemeinen Notabeln-Versammlung neues Leben einflössen zu können gemeint hatte.

Dass es bei dem bisherigen Zustande der Semstwos sein Bewenden nicht behalten könne, hat Graf Ignatjew bereits beim Beginn seiner neuen Laufbahn anerkannt und diese Anerkennung in dem Schlusspassus seines ersten an die Gouverneure gerichteten Circulars direct ausgesprochen, indem er auf die Nothwendigkeit hinwies, die „lokalen Kräfte" neu zu organisiren. Einige Wochen später (im Juni d. J.) hat er die Landschaften (im Gegensatz zu der bisher üblich gewesenen möglichsten Ignorirung der Semstwos) aufgefordert, sich über die nothwendig gewordene Umgestaltung der bäuerlichen Behörden zu äussern, im November v. J. endlich eine Commission nieder-

---

*) Vgl. Von Nicolaus I. zu Alexander III. Leipzig 1881, 2. Aufl. p. 377 ff.

gesetzt, welche die zahlreichen aus den Provinzen eingegangenen Entwürfe für die Umgestaltung der Selbstverwaltung in ein von dem Minister-Comité zu prüfendes Reform-
Programm zusammenzufassen beauftragt ist. Der Niedersetzung dieser Commission war der oben erwähnte Erlass
vorher gegangen, der das bestehende unklare und ver-
wirrte Verhältniss zwischen der Zuständigkeit der Landschaften und derjenigen der Regierungsbehörden als Quelle
der ungenügenden Leistungen der ersteren bezeichnete und
eine „systematische Umgestaltung dieses gesammten Verwaltungszweiges" ankündigte. Ein ferneres, wenigstens indirec-
tes Zeugniss für die Bedeutung der Semstwos hat der Minister
endlich dadurch abgelegt, dass er anordnete, diese Institutionen sollten auf die Ostseeprovinzen ausgedehnt werden, —
eine Anordnung, die, wie erwähnt, der Ankündigung
einer Total-Umgestaltung des Landschaftswesens unmittelbar vorausgegangen war. Und jetzt sollen dieselben Landschaften, deren Umgestaltung an Haupt und Gliedern im
Stadium der e r s t e n Vorbereitung begriffen ist, zur Lösung der wichtigsten und dringendsten aller dem Russland
von 1882 bevorstehenden Aufgaben, zur Normirung der
binnen 18 Monaten zu bewerkstelligenden Herabsetzung der
speciellen Loskaufssummen herangezogen werden!

So ergiebt sich als Summe unserer Betrachtung, dass
Graf Ignatjew mit seinen R e f o r m bestrebungen grade
da angekommen ist, wo sein Vorgänger stehen geblieben
war und dass diese Bestrebungen innerhalb seiner Ge-
sammtthätigkeit einen nur sehr beschränkten Raum eingenommen haben. Graf Ignatjew hat (um mit Alexander
Herzen zu reden) vornehmlich F a ç a d e n a r b e i t getrieben; seine Bemühungen um Befestigung der eignen
Stellung, um Befriedigung der nationalen Liebhabereien
s einer Parteigenossen, um Erfüllung der Specialwünsche

des Monarchen und um die Herstellung einer slawistisch
und volksthümlich angestrichenen Coulisse sind die Hauptsache gewesen; was er auf reformatorischem Gebiet geleistet hat, beschränkt sich auf die Ausstellung von politischen Zahlungsanweisungen, welche hier von *ad hoc*
niedergesetzten Regierungs-Commissionen, dort von den
Semstwos eingelöst werden sollen. Wie die Landschafts-
Versammlungen es anfangen sollen, den an sie gestellten
Anforderungen zu entsprechen, solange sie in einem
Zustande verbleiben, welchen der Minister selbst verurtheilt und als einer Totalreform bedürftig bezeichnet hat,
— ist schlechterdings nicht abzusehen. Das den Semstwos
durch den Ukas vom 1. (13.) Januar aufgetragene Werk
ist das schwierigste, mit welchem dieselben jemals betraut
worden, es müsste wunderbar zugehen, wenn dasselbe
in Ausführung gebracht würde, ohne dass diese Körperschaften vorgängige Erfüllung der ihnen gemachten
Versprechungen und Abhilfe ihrer Klagen verlangten.
Bereits bei Gelegenheit der Einziehung von Gutachten
betreffend die Umgestaltung der bäuerlichen Behörden
(Mitte Juni v. J.) war dem Minister von der Landschaft
des Gouvernements Charkow zur Antwort gegeben worden,
dass eine das gesammte Reich betreffende Angelegenheit
nicht durch zwanzig verschiedene Provinzial-Gutachten
geregelt werden könne und dass in Fällen von der Beschaffenheit des vorliegenden, von einer Befragung des
Landes entweder vollständig abgesehen oder aber für die
Herbeiführung eines Collectiv-Gutachtens sämmtlicher
Landschaften Veranstaltung getroffen werden müsse.
Bietet die Aufgabe, einen Nachlass von fünf Millionen
Loskaufsgeldern über die verschiedenen Theile des Reichs
zu repartiren und Vorschläge zur Umgestaltung des gesammten Landschaftswesens zu formuliren, nicht eine

directe und noch sehr viel nähere Veranlassung zur
Wiederholung dieses Wunsches? Die Verwaltung durch
die Landschaften und die Landschaften durch die Verwaltung reformiren wollen, heisst sich im Kreise herum-
drehen und in diesen Kreis ist Graf Ignatjew gerathen:
die Nothwendigkeit eines beschleunigten Ausgangs aus
demselben hat er aber selbst gesteigert, indem er zum
Ersten die Unerträglichkeit des gegebenen Zustandes mit
allem Nachdruck her-vorhob und indem er zum Andern die
Ausführung der einzi n unter seiner Verwaltung zu Stande
gekommenen Reform von der Bureaukratie ab- und den
Verwaltungskörpern zuwälzte.

Die Ausführung dieser Reform ist aber nicht nur um
ihrer selbst willen, sondern auch aus allgemeinen Gründen
unvermeidlich geworden. Die Empfindung, dass man nicht
nur nicht vorwärts gekommen, sondern in die Gefahr gerathen
sei, noch tiefer als zuvor in Verwirrung und Rathlosigkeit zu
versinken, breitet sich über immer weitere Kreise und allmälig auch über d i e Kreise aus, die dem neuen Minister mit
dem meisten Vertrauen entgegen kamen. Dass die dem Grafen Ignatjew befreundeten Organe der nationalen Presse,
Katkow's „Mosk. Zeit." und Aksakow's „Russj" auf's Neue
dabei angelangt sind, die „demoralisirenden" Wirkungen des
Berliner Vertrages für die Hauptquellen aller auf Russland drückenden Schwierigkeiten zu erklären und von
den erlösenden Folgen zu declamiren, welche eine auswärtige Action im Gefolge haben würde, — was heisst das
anders, als dass auch die beiden Moskauer Haupt- und
Erzpatrioten an der Möglichkeit einer friedlichen Staats-
rettung irre zu werden beginnen *)! In derselben Tonart

*) Zum Schluss des alten Jahres entwarf die Aksakow'sche
„Russj" folgende Schilderung der gegenwärtigen Lage:

„Wie ein Nebel hat der Missverstand sich über unser Land

hat ein dritter „grosser Patriot", General Skobelew, am Jahrestage der Einnahme Gödök-Tepes geredet, — von keiner Seite aber sind dem herrschenden System Worte

gelagert, hat die Wahrheit verdeckt, Maass und Farbe entstellt — Alles ist schwankend, falsch und Schein. Missverstand — das ist das Wort, das die gegenwärtige Stimmung in Russland am besten charakterisirt. Zwischen Obrigkeit und Land, Regierung und Gesellschaft, Intelligenz und einfachem Volke, ja selbst zwischen den Vertretern der einen und anderen diese Gruppen unter einander herrscht schwerwiegender, quälender Missverstand. Alles ist augenscheinlich aus seiner Bahn gerathen, hat seine alte Basis verloren und den Glauben an die Unerschütterlichkeit seines Fundaments, an die Festigkeit und Sicherheit der Lage und Verhältnisse; Alles ist unzufrieden; Jedermann wünscht irgend Etwas, jagt irgend Etwas nach, strebt nach irgend Etwas und sucht es zu erringen, und dabei nach Verschiedenem; es ist, als ob Alle im Dunkeln hin und her tappen, sich gegenseitig überrennen, sich nicht begreifen und verstehen und das Gesuchte nicht finden würden. Das Volk horcht auf alles das, was in den höheren Schichten von ihm gesprochen und geschrieben wird und was es hört, weckt phantastische Vorstellungen in ihm; jedes fragmentarische *on dit* wird zur Legende und begierig wird jedes Gerücht aufgenommen, das seinen Phantasien und Träumen schmeichelt, und wenn das Volk auch noch nicht in stürmischen Wogen geht, so wird es doch schon durch dunkle Gerüchte, beunruhigende Missverständnisse erregt. Und höher hinauf — wie sieht's da aus? Hier trägt sich alles sicher mit den ausschweifendsten Wünschen; alles sucht, einem Alchymisten des Mittelalters gleich, das Lebenselixir zu finden, die Quintessenz, die Wahrheit des Volkslebens zu entdecken, sie aufzufangen in seiner Retorte, und nach eigener Façon approbirt, formulirt, sie Regierung und Gesellschaft zur Sanctionirung und zum Gebrauche darzubieten. Und doch bekommt jeder nur einen Flicken zu packen und Niemand noch hat die ganze Wahrheit erfasst und gefunden! Warum? Darum, weil wie Schreiber dieses vor langer, langer Zeit schon einmal geäussert hat:

„Wir reden klug — doch sind es leere Worte,
Vom Leben sprechen wir — doch ohn' zu leben."

26 *

der Ermuthigung und des Vertrauens geworden. Und
wo sollte dieses Vertrauen herkommen, so lange der Zar
in Gatschina eingesperrt bleibt, weil die Unsicherheit seiner
Hauptstadt ihm die Rückkehr in dieselbe unmöglich
macht, — so lange nihilistische Kundgebungen und ge-
heimnissvolle Verhaftungen das tägliche Brot bilden, —
so lange jedes neu erscheinende Zeitungsblatt neue Belege für die sittliche Verwilderung der Provinzen und für die
Ohnmacht der Behörden beibringt, so lange das Finanz-
wesen und der ungünstige Coursstand auf dem alten Flecke
bleiben und solange die Leistungen des Gouvernements
sich auf die Niedersetzung immer neuer Commissionen
beschränken? Dass dem bereits unregierbar gross gewordenen Reiche ein neues, von asiatischen Barbaren be-
wohntes Gebiet zugefügt, dass im Sinne verschärfter
Centralisation die kaukasische Statthalterschaft zu einem
blossen General-Gouvernement degradirt und dass Miene
gemacht worden ist, die baltischen Länder mit lettisch-
estnischer Hilfe in die „russische gesellschaftliche Bewegung" mit hinein zu ziehen, — das kann höchstens
den Thoren zur Befriedigung gereichen, welche den
äusseren Anstrich der Dinge mit der inneren Beschaffenheit derselben zu verwechseln gewohnt sind und die absichtlich übersehen, dass nicht ein Mal den beiden ersten
Geboten ihres nationalen Katechismus, der Aussöhnung
mit dem Polenthum und der Kräftigung der Sympathien
des ausserrussischen Slawenthums unter der neuesten
nationalen Aera nachgelebt worden ist.

Der russische Absolutismus ist abermals um ein Jahr
gefristet worden, — das ist Alles, was der Ignatjew'schen
Verwaltung nachgerühmt werden kann. Aelter ist man
während dieses Jahres in Russland geworden, reifer nicht.
Gereift ist nur die unheimliche Saat, welche der Revolu-

tionsgeist in die Fugen und Spalten des brüchigen alten
Gebäudes gestreut hat, gereift die Einsicht, dass es auf
dem bisherigen Wege nicht weiter gehe, gereift die Befürchtung, dass die künftige Fortbewegung sich auf un-
gebahnten Wegen vollziehen werde. Dieselben Kreise,
welche vor Jahresfrist verkündeten, dass es zur Rettung
des Staats nur ein Mittel gebe, die Befolgung einer
streng nationalen inneren Politik, geben heute mit zu-
nehmender Deutlichkeit zu verstehen, dass auch dieses
Mittel nicht mehr zureiche; das Verlangen nach einer
rettenden auswärtigen Diversion ist zur *ultima ratio* der
Partei geworden, von der man annehmen sollte, dass sie
das höchste Interesse daran habe, durch Erhaltung des
Friedens ihre Stellung und ihren dominirenden Einfluss
zu erhalten. Des Grafen Ignatjew eigne Anhänger lassen
sich dadurch nicht mehr täuschen, dass der officielle
Lenker des Staatswagens dieselbe zuversichtliche Miene
zeigt, die er von Constantinopel nach Plewna, von Plewna
nach San-Stefano und von San-Stefano nach Petersburg
mitbrachte, mit der er 1881 das Loris-Melikow'sche Programm zerriss und 1882 ein von demselben kaum mehr
zu unterscheidendes Programm entwarf — auch von den
Katkow und Aksakow wird eingeräumt, dass die an den
1. (13.) Mai 1881 geknüpften Hoffnungen sich nicht erfüllt haben und dass das „neue System" eben so rasch
abgewirthschaftet haben wird, wie das mit den alten
Systemen der Fall war. Dass Graf Ignatjew Nichts
dawider hätte, wenn ihm die Gelegenheit geboten würde,
auf auswärtigem Gebiete auszugleichen, was er als Leiter
der inneren Angelegenheiten dem Staate und den eignen
Freunden schuldig geblieben ist, das haben seine Parteigenossen im Voraus verrathen, als sie die Ernennung des Gam-
betta'schen Botschafters Chaudordy und den Besuch der

Botschafterin Frau Adam mit lautem Jubelruf begrüssten:
intime Beobachter des gesellschaftlichen Lebens der Newa-
residenz haben sogar den der Schauspielerin Bernhardt in
Petersburg und Moskau bereiteten Ovationen eine symbolische Bedeutung beilegen zu müssen geglaubt. Deutlicher
noch hat die nationale Ungeduld nach einem „erlösenden
Wort" sich in der Theilnahme ausgeprägt, die man der revolutionären Erhebung in der Herzegowina zuwendet. — Nach
wie vor ist es dabei geblieben, dass die gesammte Entwickelung einer gewaltsamen Lösung zudrängt und
dass die Regierung von der einen Seite zu einer constitutionellen, von der anderen zu einer kriegerischen
Rettung des Vaterlandes gemahnt wird. Bis jetzt hat
Alexander III. beide Auswege für mit dem dynastischen
Interesse unvereinbar erklärt und auf Grund der von seinem
Vater gemachten Erfahrungen vor liberalen Velleitäten
ebenso ängstliche Scheu gezeigt, wie vor Experimenten auf
internationalem Gebiet. Wie lange wird er dabei auszu-
harren vermögen, — wie lange wird der merkwürdige Zustand fortdauern, dass der Staatsmann, dessen auswärtige
Politik der Sohn Alexander's II. mit gutem Grunde ver-
worfen hat, als Leiter der inneren russischen Angelegenheiten in der Lage bleibt, die Dinge so zu lenken, dass
eine gewaltsame äussere Ableitung der im Innern des
Staatskörpers hausenden Krankheit schliesslich unvermeidlich wird?

Anhang A.

† Note zu p. 381.

Wie hoch Alexander's I. Misstrauen gegen seine Umgebung während der letzten Jahre seiner Regierung ge-
stiegen und wie bedenklich die Stimmung der höheren
Kreise bereits vor sechzig Jahren beschaffen war, geht
aus der nachstehenden unter dem 4. Januar 1821 zu
L a i b a c h erlassenen geheimen Ordre mit wahrhaft erschreckender Deutlichkeit hervor.

I.

Laibach, 4. Jan. 1821.   Dem sei also *)
                                    Alexander.

Das Commando des Garde-Corps muss nicht nur
über alle Vorgänge innerhalb der ihm anvertrauten
Truppenabtheilung, sondern ganz besonders über die geistige
Richtung, die Ideen und Tendenzen der Garde-Militärs
aller Grade auf das Genaueste unterrichtet sein. Diese
Truppenabtheilung umgiebt die Person des Monarchen,
hat die Residenzstadt zum Garnisonsort und steht —
im Gegensatz zu den durch weite Entfernungen getrennten Armee-Regimentern, — in beständiger gegen-
seitiger Berührung und in ununterbrochenem Zusammenhang. Die Quellen, aus welchen die Befehlshaberschaft
ihre Nachrichten schöpft, sind ungenügend und vielfach

---

*) Diese Worte bilden die herkömmliche Formel für vom
Kaiser ausgesprochene Bestätigungen.

unzuverlässig. Die gewöhnliche Information erfolgt durch
die Regiments-Commandeure; es geschieht aber nur allzu
häufig, dass diese Commandeure, sei es aus eigennützigen
Motiven, sei es aus falscher Auffassung ihrer Stellung wichtige und in Betracht kommende Vorgänge verheimlichen, —
dessen zu geschweigen, dass sie zuweilen selbst der Beaufsichtigung bedürfen. Vergehungen und Unterlassungen,
welche der höheren Verwaltung unbekannt bleiben oder ver-
spätet zur Kenntniss derselben gelangen, können aber die
Untergebenen zur Unzufriedenheit veranlassen, und sonstige
schädliche Wirkungen üben. Auf solche Weise wird die
Gelegenheit zur Vorbeugung und rechtzeitigen Reparatur
des Uebels verabsäumt und die Nothwendigkeit erzeugt,
nachträglich bedenkliche Maassregeln zu ergreifen.

Aber selbst wenn die Regiments-Commandeure Alles
was in den Regimentern passirt, in Erfahrung bringen
und der Obrigkeit berichten, genügt das noch nicht.
Die Officiere besuchen die Gesellschaft und unterhalten
allerlei Verbindungen; jene unruhige Erregung der Gemüther, welche seit den jüngsten Ereignissen ganz Europa
ergriffen hat, kann sich auch ihnen mittheilen; es können
sich überwollende Leute einfinden, die mit jeder, auch
der besten Regierung unzufrieden sind und in selbst-
süchtiger Absicht verderbliche Pläne schmieden; es kann
endlich geschehen, dass Ausländer, welche Russland um
seine Grösse beneiden, geheime Agenten in das Land
senden und sich in die Gesellschaft einschleichen. Der
Natur der Sache nach wird die Aufmerksamkeit solcher
Leute sich zunächst auf die Garde richten. Da den
Regiments-Commandeuren alle bezüglichen Mittel fehlen,
ist höchst wahrscheinlich, dass dieselben nichts davon
erfahren; und selbst wenn man ihnen solche Mittel
zur Verfügung stellte, würde das häufig unnütz

sein, da sie (die Commandeure) von ihren Untergebenen keine Mittheilungen erhalten würden.

Danach erscheint unter den gegenwärtig gegebenen Verhältnissen dringend geboten, dass bei dem Gardecorps eine Militär-Polizei eingerichtet werde, welche die in der Residenz und in der Nähe derselben garnisonirenden Truppentheile zu überwachen hat. Bezüglich der übrigen Truppen würde der grossen Entfernungen wegen eine solche Beaufsichtigung nicht zweckmässig und ausserdem minder wichtig sein. —

Diese Polizei muss so eingerichtet werden, dass ihre Existenz von dem tiefsten Geheimniss umgeben wird. Das Geheimniss wird ihre Zuverlässigkeit und ihren Nutzen erhöhen; erhalten auch nur andere Behörden Kenntniss von derselben, so würde es wahrscheinlich binnen kürzester Frist um das Geheimniss geschehen sein.

Diejenige Person, welcher die Leitung dieser Verwaltung übertragen wird, muss direct unter den Befehlshaber des Corps gestellt werden und von diesem ihre Anweisungen und Vorschriften erhalten. Diesem Leiter muss das gesammte Erkundigungs- und Nachforschungswesen unterstellt werden; seine Wohnung muss den Mittelpunkt desselben bilden, damit ein etwaiges Aus- und Eingehen neuer Personen in der Corps-Dujour-Verwaltung, nicht die Neugier reize und den Zweck der Sache störe oder beeinträchtige.

Sämmtliche Beamte dieser Verwaltung und ins Besondere der Chef derselben müssen mit äusserster Vorsicht ausgewählt werden, da die Berichte der Civilpolizei niemals so verderbliche Folgen haben können, wie falsche, erfundene oder übertriebene Denunciationen der Militärpolizei sie üben würden. Es wird dafür Sorge getragen werden müssen, dass der leitende Beamte unbedingt zu-

verlässig, den Interessen seines Monarchen mit ganzer
Seele ergeben, gründlich und sachkundig sei, dass er die
Bedeutung seiner Stellung verstehe und dass er von
Rücksichten auf diejenigen Leute unabhängig sei, deren
Missbräuche ans Licht gezogen werden könnten. Seine
Ernennung wird unter Allerhöchster Bestätigung durch
den Commandeur des Gardecorps zu geschehen haben, —
die übrigen Beamten hat er, nach erfolgter Bestätigung
durch den Commandeur, selbst anzustellen. Anlangend den
leitenden Beamten soll gestattet sein, dass derselbe zugleich
eine andere Stellung im Stabe bekleide; die übrigen Beamten sollen nicht förmlich im Dienste zählen; wenn sie
sich besonders auszeichnen, indessen unter a n d e r n Vor-
wänden belohnt werden.

Der dirigirende Beamte soll allwöchentlich Bericht
erstatten, erforderlichen Falls ausserdem besondere Denk-
schriften überreichen. Alle von ihm berichteten Dinge
sollen sich ausnahmslos auf die Militärverwaltung beziehen
und Civil-Angelegenheiten nur berücksichtigen, in soweit dieselben sich auf die Armee beziehen, — über dieselbe verbreitete Gerüchte, Beförderungen, höhere Anordnungen u. dgl. betreffen. — Die erforderlichen Summen
sollen auf den Namen des Corps-Commandeurs ausgezahlt,
nur dem dirigirenden Beamten eingehändigt, übrigens
nicht in das Dujourbuch eingetragen und pränumerando
angewiesen werden, damit erforderlichen Falls das nöthige
Geld sofort bei der Hand ist.

II.

Laibach, 4. Febr. 1821.   Dem sei also
               Alexander.

Anschlag betr. die für die Militär-Polizei
des Garde-Corps erforderlichen Ausgaben:

9 Aufseher, welche über alle Vorgänge
in den Regimentern und unter den Gemeinen, wo dieselben sich auch befinden
mögen, bei der Arbeit, in Badestuben u. s. w.,
berichten, erhalten je 600 Rbl., in Summa   5400 Rbl.

Für Auslagen der Aufseher, Agenten
derselben, Fahrgelder u. s. w. in Summa   5000 Rbl.

1 Beamter zur Besorgung der Controlle-
führung, der den Inspectoren unbekannt
bleibt und im Uebrigen selbst nicht unter-
richtet ist (wörtlich: selbst nicht weiss) . .   1400 Rbl.

3 zur Beaufsichtigung der Officiere bestimmte Aufseher, welche alle Mittel haben
müssen, um Verbindungen zu unterhalten
und von Officieren frequentirte öffentliche
Orte und Privatgesellschaften zu besuchen,
je 3000 Rbl., in Summa . . . .   9000 Rbl.

1 Schriftführer, der die Correspondenz
zu besorgen, das Journal zu führen hat u. s. w.   1200 Rbl.

Der dirigirende Beamte erhält als solcher
keinen Gehalt, da er in seiner sonstigen
Stellung zu honoriren ist. Für eine an-
gemessene Wohnung sammt Heizung und
Beleuchtung, Fahrgeldern u. s. w. sind dem-
selben auszuzahlen . . . .   6000 Rbl.

Kanzlei-Kosten . . . .   2000 Rbl.

Für ausserordentliche Ausgaben als:
Bewirthungen bei Nachforschungen, Sen-
dungen, Belohnungen bei Auszeichnungen
u. s. w. . . . .   10000 Rbl.
                                                   40000 Rbl.

Beim Jahresschluss übrig gebliebene Be-
träge sind auf das folgende Jahr zu übertragen.

Für die erste Einrichtung werden
bewilligt . . . . 5000 Rbl.

(NB. Die vorstehenden Actenstücke sind in dem Nachlass
des verstorbenen General K. B. Tschewkin vorgefunden worden.
Tschewkin war während der ersten Regierungsjahre Alexander's II.
General-Director der öffentlichen Bauten, später Mitglied des
Reichsraths. Vgl. Russk. Starina Jan. 1882.)

Anhang B.

Nachtrag zu dem Aufsatz
„Russisch-polnische Aussöhnungsversuche".

Der Druck der vorliegenden Schrift war bereits beendet, als dem Verfasser von bestunterrichteter Seite Mittheilungen zugingen, nach welchen Marquis Wielopolski, bevor er die Sache der Aussöhnung zwischen Russen und Polen in Angriff nahm, Versuche angestellt hat, um Verständigungen zwischen seinen unter preussischem und österreichischem Scepter lebenden Landsleuten und deren Regierungen herbeizuführen. Bezügliche Verhandlungen mit den polnischen Abgeordneten zum vereinigten preussischen Landtage sollen im Jahre 1847, mit den galizischen Landboten im Jahre 1848 angeknüpft worden sein.

Die Veröffentlichung einer ausführlichen Darstellung, betreffend diese Vorgänge, hat der Gewährsmann des Verfassers sich selbst vorbehalten. An dieser Stelle ist von der Sache Act genommen worden, weil dieselbe die in der vorliegenden Schrift ausgesprochene Behauptung, dem Marquis Wielopolski seien eigentlich panslawistische Pläne zu Unrecht unterstellt worden, bestätigt. W. war zugleich Pole und Conservativer und als solcher darauf gerichtet, seine Landsleute, soweit möglich, mit der bestehenden Ordnung (in Russisch-Polen mit der russischen Regierung) auszusöhnen. Dass er dabei an die panslawistischen Tendenzen gewisser Machthaber appellirt hat, dürfte wesentlich aus tactischen Gründen geschehn) sein.